NOTIZEN
KULTURANTHROPOLOGIE

Die Schriftenreihe des Instituts für
Kulturanthropologie und Europäische Ethnologie
der Universität Frankfurt am Main

Band 58 September 1997

Gabriele Hofmann

Muslimin werden

Frauen in Deutschland
konvertieren zum Islam

Die vorliegende Arbeit wurde im Sommersemester 1996 vom Fachbereich Klassische Philologie und Kunstwissenschaften der Johann Wolfgang Goethe-Universität Frankfurt am Main als Dissertation angenommen.
Erstgutachter: Prof. Dr. Max Matter

Titelbild:
    Foto: Erich Popp
    Gestaltung und digitale Bildbearbeitung: Hans D. Baumann

Druck:
    F.M.-Druck, Karben

© by Institut für Kulturanthropologie und Europäische Ethnologie der Universität Frankfurt, Bettinaplatz 5, 60325 Frankfurt am Main

Die Deutsche Bibliothek – CIP-Einheitsaufnahme

Hofmann, Gabriele:
Muslimin werden : Frauen in Deutschland konvertieren zum Islam / Gabriele Hofmann. - Frankfurt am Main : Inst. für Kulturanthropologie und Europ. Ethnologie, 1997
    (Kulturanthropologie-Notizen ; Bd. 58)
    Zugl.: Frankfurt (Main), Univ., Diss., 1996
    ISBN 3-923992-59-9

INHALT

Dank

Einleitung: Der Forschungsprozeß   7

    1 Mein Zugang zur Thematik   7
    2 Die Feldphase   11
    3 Die Konversionserzählung als Lebensrückblick   17
    4 Die Fragestellung   27

**I Der Kontext der Konversion:
Gesellschaftliche Umbrüche**   32

    1 Gesellschaftliche Individualisierungsprozesse   33
    2 Die „halbierte Moderne"–
       Frauen zwischen Familie und Individualisierung   43
    3 Individualisierung und Identität   51

II Der Islam   63

    1 Grundzüge des Islam   63
       1.1 Der Koran   64
       1.2 Sunna und Hadith   66
       1.3 „Die fünf Säulen"   67
       1.4 Islamische Gruppierungen   70
    2 Der deutschsprachige Islam   71
       2.1 Die Deutsche Sektion des
           Islamischen Weltkongresses   73
       2.2 Die „Gruppe deutschsprachiger Muslime"   75
       2.3 Weitere islamische Gruppen in Deutschland   77

III Biographische Skizzen　　　　　　　　　80

1 „Netzwerk deutschsprachiger Islam"　　　82
　　Elisabeth　　　　　　　　　　　　　　　82
　　Angelika　　　　　　　　　　　　　　　85
　　Fatimah　　　　　　　　　　　　　　　88
　　Monika　　　　　　　　　　　　　　　90
　　Jutta　　　　　　　　　　　　　　　　92
　　Halima　　　　　　　　　　　　　　　95
　　Asma　　　　　　　　　　　　　　　　97
　　Asiye　　　　　　　　　　　　　　　　99
　　Zainab　　　　　　　　　　　　　　　101
　　Kamile　　　　　　　　　　　　　　　103
　　Maryam　　　　　　　　　　　　　　　104
2 Karin　　　　　　　　　　　　　　　　　106
3 Ahmadiyya　　　　　　　　　　　　　　108
　　Malika　　　　　　　　　　　　　　　108
4 Die Sufis　　　　　　　　　　　　　　　111
　　Jamila　　　　　　　　　　　　　　　111
　　Rabiya　　　　　　　　　　　　　　　114
5 Übersichtstabelle　　　　　　　　　　　　116

IV Die Konversionsgeschichte: Zwischen Abgrenzung und Übereinstimmung　　　　　　　　　117

1 Die Vorgeschichte: Fremdheit　　　　　　117
2 Exkurs: Das Bild des Islam in Europa　　　130
3 Die Entwicklung zum Islam: Faszination　　133
　　3.1 Das Fremdbild vor der Konversion　　133
　　3.2 Die emotionale Faszination　　　　　135
　　3.3 Die intellektuelle Faszination　　　　141
　　3.4 Die charismatische Faszination　　　145
　　3.5 Bedeutung des Ehemannes bei der Konversion　　152
4 Nach der Konversion: Kontinuität und Wandel　　157
　　4.1 Kontinuität der Andersartigkeit　　　159
　　4.2 Wachsen am Konflikt　　　　　　　168
　　4.3 Strategien der Auseinandersetzung　　174
　　4.4 Alte und neue signifikante Andere　　179

V Faszination und Plausibilität: Geschlechter- und Familienbilder — 187

1 Die Differenz der Geschlechter — 190
2 Entfremdung und Selbstverwirklichung von Frauen — 197
3 Nähe und Distanz: Weibliche und männliche Identität — 208
4 Das Konzept Familie — 215
    4.1 Die Beziehung der Geschlechter in der Familie — 216
    4.2 Aufgabenverteilung in der islamischen Familie — 222
    4.3 Die Familie als Ort der Sexualität — 232
    4.4 Die Familie als Zufluchtsstätte — 239
5 Die weibliche islamische Kleidung als Ausdruck des Geschlechterkonzepts — 250
6 Emanzipation unter dem Schleier? Feminismus und Islam — 265

Nachwort — 274

Umschrift der arabischen Buchstaben — 278

Literatur- und Quellenverzeichnis — 279
    Quellenverzeichnis — 279
    Literaturverzeichnis — 287

Anhang: Frageleitfaden — 304

Dank

Eine solche Arbeit kommt niemals ohne die wissenschaftliche Begleitung, die Hilfe, Unterstützung und Anteilnahme des Freundeskreises, der Angehörigen und der untersuchten Gruppe zustande.

Ich danke herzlich meinen Gutachtern Prof. Dr. Max Matter und Prof. Dr. Angelika Hartmann sowie Dr. Hans D. Baumann, Peter Bertram, Wilfried Körner, Kirsten Salein, Dr. Hanne Straube und Sabine Zinn, die mir in unterschiedlichen Stadien meiner Arbeit zur Seite standen.

Ganz besonders bedanke ich mich bei meinen muslimischen Gesprächspartnerinnen für ihre Offenheit und Hilfsbereitschaft. Ich hoffe, daß ich ihnen gerecht werden konnte.

Einleitung: Der Forschungsprozeß

1 Mein Zugang zur Thematik

Im Herbst 1991 besuchte ich eine Tagung, die den Islam in Deutschland zum Thema hatte. Als ich den Tagungsraum betrat, fielen mir unter den Tagungsbesucherinnen sogleich einige auf, die ein dicht geschlossenes Kopftuch sowie den ganzen Körper verhüllende Kleidung trugen. Auch auf dem Podium bemerkte ich eine Frau, die entsprechend gekleidet war: Über ihren Hosen trug sie eine weite Bluse, die bis zum Knie reichte, darüber einen aufgeknöpften Mantel und schließlich ein großes Kopftuch, das Nacken und Hals bedeckte und tief in die Stirn gezogen war; nur ihr Gesicht und ihre Hände waren entblößt. Zu meiner Verblüffung entpuppte sich die Frau als gebürtige Deutsche, die zum Islam konvertiert war. Auf der Tagung hielt sie einen Vortrag zur Stellung der Frau im Islam, wobei sie die „Innensicht", d.h. die Sicht einer bestimmten Gruppe von Muslimen und Musliminnen[1] auf den Islam, darlegte. Schon während ihres Vortrages entstand unter dem Tagungspublikum, das zu einem großen Teil aus jungen, in Deutschland aufgewachsenen Türkinnen und Türken bestand, Unruhe. Im Anschluß an den Vortrag kam es zu einer heftigen, sehr emotional ausgetragenen Diskussion. Vor allem die türkischen, aber auch die anderen Tagungsteilnehmerinnen und -teilnehmer wehrten sich vehement gegen die von der Vortragenden vorgenommene Deutung des Islam. Die Frauen im Publikum, die ähnlich wie die Referentin gekleidet waren – zum Teil Deutsche, zum Teil Frauen aus islamischen Ländern –, unterstützten die Vortragende und erläuterten zusammen mit ihr einzelne Aspekte des Vortrags, was jedoch die Emotionalität der Diskussion eher steigerte.

Auch mich hatte der Vortrag emotional berührt, ich war ebenso aufgebracht wie fasziniert. Warum ich aufgebracht war, hätte ich damals allerdings nicht genau zu sagen vermocht. Erst später wurde mir klar, daß mich vor allem die Vermischung der Positionen verschiedener politischer und ideologischer Richtungen – von rechter Familienpolitik bis zur feministischen Kritik daran – sowie die selektive und damit verzerrende Darstellungsweise verärgert hatte.

---

[1] Männliche Angehörige des Islam bezeichne ich in dieser Arbeit als „Muslim" bzw. im Plural als „Muslime", weibliche Angehörige als „Muslimin" bzw. „Musliminnen". Die befragen Frauen bezeichnen sich selbst häufig auch als „Muslima", so daß diese Form in den Interviewzitaten gelegentlich auftaucht. Eine andere in den Zitaten gelegentlich auftauchende Form ist „Moslem".

Durch den Bezug auf feministische Gesellschaftskritik erschien mir das Gesagte in vielerlei Hinsicht einleuchtend, gleichzeitig verursachten jedoch die gezogenen Schlüsse und Folgerungen, die auf eben dieser Basis von Vermischung und Selektion erfolgten, mir Unbehagen. Um ein Beispiel zu nennen: Zwar wurden die gesellschaftlichen Probleme von Frauen klar erkannt, die von der Frauenforschung herausgearbeitete Ursache dieser Probleme – die strukturelle Ungleichheit von Mann und Frau – jedoch nicht erwähnt. Stattdessen wurde im Sinne einer konservativen Kulturkritik mit der Abkehr der Geschlechter von ihren traditionellen Rollen, denen im islamischen Denken ein göttlich-natürlich gegebener Geschlechtscharakter zugrundeliegt, argumentiert. Diese Abkehr der Geschlechter von ihren traditionellen Rollen wiederum wurde als Folge des Emanzipationsbestrebens von Frauen wahrgenommen. Durch die selektive Nutzung der Ergebnisse der Frauenforschung konnten Ursache und Wirkung vertauscht werden. Statt Emanzipationsbestrebungen als eine Reaktion auf das eigentliche Problem, das der strukturellen Ungleichheit, zu sehen, wurden sie zur Ursache der Probleme von Frauen in unserer Gesellschaft.[2]

Die derart zusammengesetzte Darstellungsweise führte bei mir zu einer Gefühlsmischung aus Zustimmung und Ablehnung. Einerseits wurden – in der Darstellung der gesellschaftlichen Problemlage – viele meiner eigenen Erfahrungen als Frau angesprochen, andererseits widersprach das Gesagte – in der Ursachenanalyse – den Schlüssen, die ich selber in meiner Leben aus der konstatierten Problemlage gezogen hatte.

Gerade die Gefühlsmischung jedoch sowie meine damalige Unfähigkeit, diese zu analysieren, führte zu einer – durchaus widerwilligen – Faszination, die mich veranlaßte, das Dissertationsthema, mit dessen Bearbeitung ich gerade angefangen hatte, fallenzulassen und der Frage der Konversion von Frauen zum Islam nachzugehen. Damals interessierten mich vor allem zwei Fragen: Zum einen wollte ich wissen, ob der von mir und in mir wahrgenommene Bezug des islamischen Geschlechterkonzeptes[3] zu der gesellschaftlichen Erfah-

---

[2] Die Inhalte und Aussagen des damaligen Vortragstextes hörte ich später noch in den Interviews und fand sie auch in deutsch-islamischen Publikationen. Eine Darlegung und Analyse des gesamten Komplexes erfolgt in der vorliegenden Arbeit in Kapitel V.

[3] Wenn ich hier oder im folgenden vom „islamischen Geschlechterkonzept" spreche, so meine ich im allgemeinen das Konzept, wie es in einer deutschsprachigen islamischen Gemeinschaft vertreten wird. Eine ausführliche Darstellung und Analyse dieses Konzepts erfolgt im letzten Kapitel dieser Arbeit. Hier sei vorläufig nur soviel gesagt: Basis dieses Konzepts ist die Annahme einer göttlich-biologisch gegebenen Differenz zwischen Männern und Frauen. Diese Annahme führt zu einer durch das Geschlecht bestimmten Verteilung der Aufgaben in Familie und Gesellschaft sowie zu der Annahme von durch das Geschlecht bestimmter Wesenseigenschaften. Sollte ich den Begriff „islamisches Geschlechterkonzept" in einem anderen Sinne benutzen, so werde ich im Text darauf hinweisen.

rung von Frauen die Konversion mitverursacht hatte, die konvertierten Frauen also entsprechende Erfahrungen gemacht hatten. Zum anderen fragte ich mich, wie es dazu kommen konnte, daß Frauen bereit waren, die in ihrer Religion verankerte Grundposition einer göttlich-biologisch Ungleichheit der Geschlechter zu akzeptieren und mitzutragen.

Vor allem die erste Frage legte einen bestimmten methodischen Zugang nahe. Indem ich nach der gesellschaftlichen Erfahrung von Frauen fragte – nach ihrer Wahrnehmung von Weiblichkeit, ihrer eigenen Rolle in der Gesellschaft, nach ihren Alltagsproblemen etc. –, fragte ich auch nach meiner eigenen Erfahrung in dieser Gesellschaft. Ich baute also eine gemeinsame Betroffenheit als Frau auf und nahm meine eigene Wahrnehmung sowie meine eigenen internalisierten Bilder als Grundlage, um meine Gesprächspartnerinnen zu verstehen. Damit ging ich zunächst von einem einfühlenden Verstehen aus. Das heißt, ich ging davon aus, daß ich – zumindest hinsichtlich der gesellschaftlichen Grundlagen von Weiblichkeit – in mir das fühlen und erleben konnte, was auch die befragten Frauen erlebten und fühlten[4]. Von dieser Annahme ließ ich mich in der Interpretation meiner Daten immer wieder leiten. Eine Vorgehensweise, die eigene Erfahrungen, Wahrnehmungen und internalisierte Bilder als eine Quelle der Erkenntnis nutzt, ist gerechtfertigt, da wie Brückner ausführt, jeder Mensch in einem „Spannungsfeld von individuellem und sozialem Sein (...) Selbst- und Fremdbilder als Ausdruck eigener und kollektiver Wünsche und Verdrängungen (entwickelt). Daher erscheint die Erfassung des Sinngehaltes dieser Bilder über meine eigene Subjektivität als eine angemessene Methode"[5].

Ein auf Betroffenheit und Einfühlung beruhender Ansatz trägt die Risiken der voreiligen Interpretation, der Projektion, Verdrängung, Übertragung oder Gegenübertragung in sich[6]. Nun kann aber Subjektivität in Form von Projektionen, Verdrängungen und Übertragungen aus einem sozial- oder kulturwissenschaftlichen Forschungsprozeß niemals ausgeschlossen werden[7]. Jedoch

---

[4] Vgl. dazu Schachtner, Christel: Zum empirischen Vorgehen einer interpretativen Psychologie. In: Keupp, Heiner (Hrsg.): Perspektiven einer reflexiven Sozialpsychologie. Frankfurt a.M. 1994. S. 275-294, hier S. 278.
[5] Brückner, Margrit: Die Liebe der Frauen. Über Weiblichkeit und Mißhandlung. Frankfurt a.M. 1988a. S. 45; Vgl. zur Subjektivität in der Frauenforschung auch Mies, Maria: Methodische Postulate zur Frauenforschung. In: Beiträge zur feministischen Theorie und Praxis 11 (1987). S. 7-26.
[6] Vgl. Schachtner 1994, S. 284; Groffmann, Anne Claire: Frauen und Rechtsradikalismus. Orientierungs- und Handlungsmuster am Beispiel weiblicher Mitglieder der „Republikaner". Unveröffentl. Magisterarbeit im Fach Kulturanthropologie und Europäische Ethnologie der Universität Frankfurt a.M. 1992. S. 7.
[7] Vgl. dazu: Devereux, Georges: Angst und Methode in den Verhaltenswissenschaften. Frankfurt a.M. 1984.; Nadig, Maya: Die verborgene Kultur der Frau. Ethnopsychoanalytische Gespräche mit Bäuerinnen in Mexiko. Frankfurt a.M. 1986.

kann an Stelle einer willkürlichen Subjektivität eine kontrollierte Subjektivität stehen, die sich des eigenen Vorverständnisses und eigener Voreingenommenheiten bewußt wird[8]. Voraussetzung der kontrollierten Subjektivität ist die reflektierende Distanz zu sich selbst, aber auch zu dem Forschungsfeld. Distanz zu mir selbst habe ich mit Hilfe eines Forschungstagebuches hergestellt, in das ich nach jedem Gespräch und jeder Begegnung meine Erfahrungen, Beobachtungen und Gefühle eingetragen habe. Das Schreiben diente dazu, mich zu zwingen, Gefühle und Einstellungen in Worte zu fassen und sie mir dadurch selbst bewußt zu machen, es diente später auch dazu, meine eigenen verinnerlichten Bilder zu erkennen. Eine reflektierende Distanz zum Forschungsfeld gelang mir ebenso dadurch, daß ich ab dem Zeitpunkt, da ich begann, die Interviews systematisch zu interpretieren, den Kontakt zu den konvertierten Frauen zunächst abbrach. Nur so wurde es mir möglich, mich von einem einfühlenden, dabei aber halbbewußten Verstehen zu lösen und zu einer allgemeineren Wahrnehmung zu gelangen, die die subjektiven Erfahrungen in ihren gesellschaftlichen und historischen Zusammenhängen beleuchtet. Während so das einfühlende Verstehen dazu beitrug, die „Themen" zu erkennen, die die Frauen bewegten und die damit verbundenen Gefühle zu spüren, war die Distanzierung notwendig, um den Sinn nachzuzeichnen, den meine Interviewpartnerinnen den islamischen Konzepten unterlegten.

Mein Verstehen im Forschungsprozeß pendelte so zwischen zwei Formen, die von Lamnek als „psychologisches Verstehen" im Gegensatz zum „Sinn-Verstehen"[9] bezeichnet werden. Das psychologische Verstehen sieht er als „Sichhineinversetzen", das Sinn-Verstehen hingegen als *„Verstehen eines Sachverhaltes durch die Beleuchtung und Erfassung des Sinnzusammenhanges"*[10]. Bei dieser letztgenannten Form des Verstehens wird der Bezug zu einem übergeordneten gemeinsamen Sinnsystem hergestellt. Das heißt, die inneren Erfahrungen müssen veräußerlicht und in einen übergeordneten Kontext gestellt werden, sie werden von einer impliziten auf eine explizite Ebene versetzt und können so eingeordnet werden. Nun sind die einzelnen Positionen in diesem übergeordneten Kontext einander nicht eindeutig zuzuordnen, so daß die Herstellung des Zusammenhanges der subjektiven Auslegung bedarf, je nach Perspektive wird also ein anderer Zusammenhang hergestellt. Um die Zusammenhänge zu verstehen, in die ein anderes Individuum seine eigenen Erfahrungen stellt, ist es notwendig, dessen Perspektive einzunehmen. Dies er-

---

[8] Devereux und Nadig wollen sogar die Gegenübertragung als wissenschaftliches Datum behandelt sehen. Jedoch bedarf es für eine solche Vorgehensweise einer psychoanalytischen Ausbildung oder zumindest einer Supervision während der Forschung.
[9] Lamnek, Siegfried: Qualitative Sozialforschung. Band 1: Methodologie. München und Weinheim 1988. S. 74.
[10] Lamnek 1988, S. 74 (Kursiv im Original).

fordert eine Distanzierung von der eigenen Perspektive, die dadurch erfolgt, daß die eigene Perspektive bewußt gemacht wird, d.h. die Relation zwischen der eigenen gefühlten Erfahrung und dem übergeordneten Kontext geklärt wird.

Während mein Verstehen der Bedeutung des islamischen Weiblichkeitskonzeptes für die Frauen von einem einfühlenden zu einem „Sinn-Verstehen" verlief, hatte mein Verstehen der Konversionsgeschichte von der Tendenz her eher eine umgekehrte Richtung. Indem ich mich bemühte, die für mich zunächst sehr unverständliche Sinnsuche der befragten Frauen zu verstehen, brachte ich auch etwas in mir zum „Klingen". Ich begann zu begreifen, was den Frauen vor ihrer Konversion möglicherweise gefehlt hatte.

Bis heute entzieht sich meinem Verstehen jedoch der religiöse Aspekt der Konversion; als nicht gläubiger Mensch stoße ich hier an eine Grenze. Zwar läßt sich der emotionale Ausdruck der spirituellen Erfahrung der Frauen wissenschaftlich beschreiben, jedoch bleibt dabei immer ein Rest: Für einen nicht-gläubigen Menschen ist Gottvertrauen nicht nachvollziehbar. Für die konvertierten Frauen hingegen ist es gerade dieser hier nicht zu klärende Rest, der die Konversion letztendlich plausibel macht.

2 Die Feldphase

Im Frühjahr 1992 wurde von der Volkshochschule Frankfurt a.M. eine Vortragsreihe zum Islam angeboten, die ich einerseits aus Interesse am Thema, andererseits aber in der Hoffnung, dort deutsche konvertierte Frauen kennenzulernen, besuchte. Ich hatte tatsächlich Glück. Schon zu dem ersten Vortrag erschienen mehrere Frauen, deren Kleidung auf ihre Islamzugehörigkeit wies. Zwei davon gaben sich in ihren Diskussionsbeiträgen als konvertierte Musliminnen zu erkennen. Nach der Veranstaltung sprach ich beide Frauen an, erklärte mein Anliegen und bat um Interviews. Beide gingen bereitwillig auf meine Bitte ein, und wir verabredeten Interviewtermine. Von diesen zwei Frauen erhielt ich weitere Adressen von deutschen Musliminnen. Zu anderen Interviewpartnerinnen bekam ich über islamische Vereinigungen Kontakt, die ich angeschrieben hatte und von denen sich einige als sehr entgegenkommend erwiesen. Auf diese Weise lernte ich eine Reihe von Frauen kennen, von denen ich insgesamt fünfzehn interviewte.

Alle fünfzehn Interviews fanden in den Wohnungen der Befragten statt und wurden auf Band aufgenommen. Bei einem der Gespräche gab es ein Problem mit der Aufnahme, so daß hier ein Teil des Interviews als Gedächtnisprotokoll vorliegt. Sieben Gespräche fanden in Gegenwart von Kindern statt, bei zwei weiteren Gesprächen war der Ehemann und in einem Fall eine Freundin der befragten Frau die ganze Zeit anwesend; die restlichen fünf Interviews fanden – abgesehen von kurzzeitiger Teilnahme anderer erwachsener Personen – unter vier Augen statt. Mit zwei der Frauen sprach ich einige Monate nach dem ersten Gespräch ein zweites Mal. Beiden Frauen ließ ich vor dem zweiten Interviewtermin das Transkript des ersten Gespräches zukommen, mit der Bitte, dieses zu lesen. Ein Interviewtermin dauerte zwischen drei und fünf Stunden, wobei das eigentliche, auf Band aufgenommene Gespräch manchmal nur einen Teil der Zeit einnahm.

Im allgemeinen begann ich das Gespräch mit einer kurzen Einführung in meine Forschungsabsicht. Dann versuchte ich – im Sinne des narrativen Interviews – eine Frage zu stellen, die die Erzählung in Gang brachte. Dazu stellte ich meistens die sehr allgemeine Frage, wie es denn zur Konversion gekommen sei. In drei Fällen bat ich meine Gesprächspartnerinnen mir zunächst ihren Lebensverlauf bis zu ihrer Konversion darzustellen. Beide Eingangsfragen führten in fast allen Fällen zu einem Erzählfluß, den ich lediglich durch Paraphrasen oder Verständnisfragen unterbrach. Erst im Anschluß an die erste Erzählphase knüpfte ich an das Erzählte an, indem ich weiterführende Fragen stellte oder einzelne Themen anschnitt, die mir wichtig erschienen, die jedoch noch nicht zur Sprache gekommen waren. In meinem Interviewstil paßte ich mich an die Frauen an und vermied Konfrontationen. Ich ließ mich also auf sie ein, akzeptierte im allgemeinen, was sie sagten, ohne ihre Ausführungen zu hinterfragen. Gelegentlich kam es zu Diskussionen einzelner Aussagen, aber auch hierbei verhielt ich mich immer nachgebend. Auf diese Weise wurde der Interviewverlauf weitgehend von den Frauen selbst bestimmt. Zwar hatte ich als Gedächtnisstütze einen Frageleitfaden[11] erstellt, den ich während der Interviews gelegentlich vor mir liegen hatte, doch hielt ich mich nur selten daran, da im Gesprächsverlauf häufig schon viele Themen des Frageleitfadens von den befragten Frauen angesprochen wurden, ohne daß ich nachfragen mußte. Eine Beschreibung der jeweiligen Interviewsituation findet sich in einer Anmerkung zu Beginn einer jeden biographischen Skizze.

Nicht in allen Interviews wurden immer alle Themen besprochen. Dies hatte seinen Grund entweder in äußeren Faktoren, wie z.B. häufige Unterbrechungen des Gesprächs, oder aber darin, daß die Frauen selbst je nach Lebenssituation mehr Gewicht auf das eine oder das andere Thema legten. So sprachen beispielsweise die Frauen, die Kinder hatten, eher über die Probleme, die eine islamische Erziehung in Deutschland mit sich bringt, während andere Gesprächspartnerinnen es vorzogen, von ihren religiös-spirituellen Erfahrungen, ihren Erfahrungen mit der nicht-muslimischen Umwelt oder weiteren, sie besonders beschäftigenden Themen, zu berichten. Auch meine Interessens-

---

[11] Siehe Anhang.

schwerpunkte verlagerten sich im Verlaufe meiner Beschäftigung mit dem deutschsprachigen Islam und meiner wachsenden Informiertheit, so daß ich in den zuletzt geführten Interviews zum Teil ganz andere Fragen stellte als in den anfänglich durchgeführten Gesprächen. Ich achtete jedoch darauf, daß die Kernthemen, d. h. die Bereiche, die meine Frage danach, was besonders Frauen zum Islam führt, klären könnten, immer zur Sprache kamen. Die Ausführlichkeit, mit der einzelne Themen behandelt wurden, wurde, abgesehen von den äußeren Bedingungen, auch durch die jeweilige Dauer des Interviews eingeschränkt. Einige der Frauen sagten von vornherein, daß sie nur recht wenig Zeit hätten, in anderen Fällen wäre zwar ausreichend Zeit gewesen, jedoch trat im allgemeinen nach spätestens drei Stunden intensiven Gesprächs Ermüdung, sowohl meinerseits als auch auf Seiten meiner Interviewpartnerinnen, auf. Ich brach dann das offizielle Gespräch ab, indem ich das Tonband ausschaltete. In einigen Fällen erhielt ich danach noch aufschlußreiche Informationen.

Meine Rolle in den Interviews war unterschiedlich. In den Gesprächen, in denen ich alleine mit annähernd gleichaltrigen oder jüngeren Frauen sprach, war ich einfach eine andere Frau, die sich für die Lebensgeschichte ihrer Gesprächspartnerin interessierte. Diese Gespräche waren locker und ungezwungen und hatten eine von „Frau-zu-Frau-Atmosphäre". Häufig wurde dabei auch auf einer persönlichen Ebene gesprochen, wobei gelegentlich Aussagen – vor allem solche zum Geschlechterverhältnis – mit Bemerkungen wie „Du weißt schon, was ich meine" oder „Das kennst du sicher auch" untermalt wurden. Dies läßt darauf schließen, daß die von mir angenommene gemeinsame Betroffenheit auch von den befragten Frauen wahrgenommen wurde. Auch mit älteren Frauen, mit denen ich alleine sprach, ergab sich eine ähnliche Atmosphäre, wenn auch weniger persönlich.

Ergänzt wurde die Rolle der „anderen Frau" durch meine Rolle als Schülerin[12], die ich in einigen Fällen einnahm. Extrem wurde diese Rolle, wenn Männer anwesend waren. Diese bemühten sich immer, mir den Islam zu „erklären", so daß ich mitunter Mühe hatte, wieder auf die Konversionsgeschichte der befragten Frauen zurückzukommen. Einige dieser Männer sahen in mir offensichtlich eine potentielle Konvertitin oder bemühten sich, aus mir eine solche zu machen. Keine der Frauen zeigte eine solche Haltung[13].

---

[12] Zu der Rolle von Interviewern in Gesprächen mit religiös orientierten Männern und Frauen vgl. Rohe, Cornelia; Sauter, Sven: Von Gurus, Schülern und Klienten. Ein Beitrag zur Verstehensproblematik, oder: warum es manchmal sowohl an Verstehen als auch an Verständnis mangelt. In: Greverus, Ina-Maria; Welz, Gisela (Hrsg.): Spirituelle Wege und Orte. Untersuchungen zum New Age im urbanen Raum (Kulturanthropologie-Notizen 33) Frankfurt a.M. 1990. S. 201-248.
[13] Schiffauer machte bei seinen Untersuchungen in islamisch fundamentalistischen Gruppen ähnliche Erfahrungen hinsichtlich der geschlechtlichen Verteilung der missionarischen Rede.

Cornelia Rohe und Sven Sauter schreiben in ihrer Analyse der Beziehungen zwischen Interviewer und Interviewten, daß wohl in jeder Interviewsituation Forscher oder Forscherin auch die Rolle von Aggressoren einnehmen: „Die Rolle des Aggressors ist wohl kennzeichnend für jede Forschungssituation, in der Befragungen durchgeführt werden. Angst und Unsicherheit werden ausgeblendet, ungefragt und ungebeten bricht der Forscher in fremde Lebenswelten ein, fragt und hinterfragt, fordert Rechtfertigungen und Antwort – ohne eine entsprechende Gegenleistung zu bieten."[14] Eine solche Sichtweise ist insofern einseitig, als sie die Motive übersieht, die die Erforschten haben, an einer Forschung teilzunehmen. So äußerten einige der von mir befragten Frauen, daß ihnen das Interview die Möglichkeit gegeben habe, über ihre Konversion nachzudenken. Im Gespräch mit mir, in der Notwendigkeit der Erklärung – vielleicht sogar der Rechtfertigung – konnten sie sich über einiges klar werden, wurden sie sicherer in ihrer Begründung der Konversion. Gerade bei Konversionen ist das Bedürfnis, darüber sprechen zu können, aufgrund der Notwendigkeit, die Konversionsentscheidung sich selbst und anderen gegenüber zu legitimieren, von Bedeutung. In diesem Sprechen verfestigt sich die neue bzw. differente Wirklichkeitssicht konvertierter Männer und Frauen[15].

Eine Rolle als Aggressorin nahm ich allerdings teilweise durch meine Besuche bei einer islamischen Frauengruppe ein. Einige der befragten Frauen hatten mir in Interviews von dieser Gruppe erzählt und mich eingeladen, an einem oder mehreren Treffen teilzunehmen. Bevor ich zum ersten Mal zu einem Gruppentreffen ging, rief ich die Leiterin dieser Gruppe an, um sie um ein Interview zu bitten. Sie lehnte ein Gespräch mit der Begründung, daß sie schon zu oft die Erfahrung hätte machen müssen, daß ihre Aussagen verfälscht dargestellt wurden, ab. Ich akzeptierte dies, fragte aber gleichzeitig, ob ich zu einem Besuch der Gruppe kommen könnte. Weder bejahte, noch verneinte sie, sie erwähnte lediglich, daß sie auch mit solchen Besuchen schlechte Erfahrungen gemacht hätte. Da ich keine direkte Ablehnung erhalten hatte, und andere Frauen mich zu einem Besuch der Gruppe eingeladen hatten, beschloß ich hinzugehen. Bei meinem Eintreffen dort, stellte ich mich der Gruppenleiterin als die Frau vor, mit der sie kürzlich telefoniert hatte, und ich wurde von ihr freundlich begrüßt. Erst später stellte sich heraus, daß sie mich mit einer Frau verwechselt hatte, die an einer Konversion interessiert war. Durch mein Verhalten in der Gruppe, durch meine Fragen und dadurch, daß ich ständig eifrig

---

Vgl. Schiffauer, Werner: Die Migranten aus Subay. Türken in Deutschland. Eine Ethnographie. Stuttgart 1991. S. 222.
[14] Rohe und Sauter 1990, S. 205.
[15] Vgl. dazu Berger, Peter L.; Luckmann, Thomas: Die gesellschaftliche Konstruktion der Wirklichkeit. Eine Theorie der Wissenssoziologie. Frankfurt a.M. 1984. Im vierten Kapitel zeigt sich die Notwendigkeit dieses Sprechens für die Stabilisierung der Wirklichkeitssicht bzw. die Distanzierung, die unternommen wird, wenn ein solches Sprechen nicht möglich ist.

mitschrieb, wurde ihr nach zwei Treffen klar, daß ich die Forscherin war, die angerufen hatte. Beim dritten Treffen stellte sie mich zur Rede. Ich wurde ausführlich zu meinem Fach und meiner Arbeit befragt und wurde schließlich von den Frauen gebeten, sie „fair" zu behandeln, d.h. ihnen gerecht zu werden – was ich auch versprechen konnte.

Daß ich zwar nicht in den Einzelgesprächen, jedoch in der Gruppe als Aggressorin und Eindringling empfunden wurde, hatte damit zu tun, daß ich in der Gruppe den Frauen genau das nahm, was ich in den Einzelgesprächen gab: die Möglichkeit zur Stabilisierung ihrer Wirklichkeitssicht. In den Einzelgesprächen mit mir waren die Frauen gezwungen, ihren Übertritt in einer Art und Weise darzustellen, die ihn mir verständlich machte. Die Wirklichkeitssicht wurde dadurch insofern stabilisiert, daß eher vage Zusammenhänge und Gründe in Worte gefaßt werden mußten und damit auch für sie selbst klarer hervortraten. Die Stabilisierung der Wirklichkeitssicht in der Gruppe hingegen erfolgte auf der Basis geteilter Selbstverständlichkeiten, die Frauen konnten davon ausgehen, daß alle Personen in der Gruppe eine gemeinsame Sichtweise hatten. Diese geteilte Weltsicht äußerte sich beispielsweise darin, daß die anderen Frauen der Gruppe während der Erzählung eines Alltagserlebnisses aus muslimischer Sicht an der „richtigen" Stelle lachten und Empörung zeigten oder mit zu erwartenden Kommentaren reagierten. Die Reaktion der anderen stellte somit eine Bestätigung des eigenen Verhaltens dar und gab Sicherheit. Ich hingegen reagierte „falsch", lachte nicht, drückte vielleicht, zwar nicht mit Worten, jedoch in meiner Gestik und Mimik, meine Mißbilligung aus und gab damit zu verstehen, daß ich anders dachte. Meine Anwesenheit wurde so zu einem Störfaktor, der den internen Austausch in der Gruppe verhinderte und den Frauen die Möglichkeit nahm, unkontrolliert und unzensiert zu sprechen. Dadurch nahm ich ihnen auch die Möglichkeit, auf der Basis geteilter Selbstverständlichkeiten, ihre Wirklichkeitssicht zu verfestigen.

Neben der Interviewtätigkeit und der relativ regelmäßigen Teilnahme an den Treffen der islamischen Frauengruppe, besuchte ich etwa über den Zeitraum eines Jahres hinweg Gebetsveranstaltungen verschiedener Gruppierungen und hörte eine Reihe von Vorträgen von deutschen Muslimen und Musliminnen, in denen sie ihre Sichtweise des Islam darstellten. Außerdem hatte ich anläßlich verschiedener Veranstaltungen zum Islam die Gelegenheit, die Diskussionsbeiträge deutscher Muslime und Musliminnen zu hören. Im Sommer 1993 schließlich besuchte ich einige Veranstaltungen der Islamwoche in Darmstadt. Die Vorträge und Diskussionen nahm ich teilweise auf Band auf; in den anderen Fällen machte ich mir Notizen und fertigte Protokolle an. Weitere Informationen gewann ich durch Lesen zahlreicher Broschüren, die von muslimischen Gruppen in deutscher Sprache herausgegeben wurden, sowie durch die Durchsicht und Auswertung von zehn Jahrgängen fünf deutschsprachiger muslimischer Zeitschriften[16]. In dieser Herangehensweise an den deutschsprachigen Islam – von den Interviews abgesehen – folgte ich einem Weg, den vor mir häufig auch schon die konvertierten Frauen gegangen sind, d.h. mir erschloß sich der deutschsprachige Islam ähnlich wie diesen Frauen vor, während oder nach ihrer offiziellen Konversion.

Schon während der Erhebungsphase begann ich mit der Transkription der Interviews und damit auch den ersten Auswertungsschritten. Die durch das angestrengte Hören und die Vertextung der aufgenommenen Gespräche hervorgerufene intensive Auseinandersetzung mit den Interviews und der Thematik, führte zu ersten Erkenntnissen und beeinflußte natürlich – ebenso wie die Lektüre von deutsch-muslimischen Texten – die weiteren Befragungen. Jedes geführte und jedes transkribierte Interview führte auf neue Wege und zu weiteren Fragen, so daß ich, während ich noch Befragungen durchführte, schon verschiedene Theorien entwickelte und zum Teil wieder verwarf oder aber weiterentwickelte. Nach Abschluß der Erhebungs- und Transkriptionsphase begann ich schließlich mit dem Erstellen einer Themenmatrix. Dazu ordnete ich einzelne Interviewpassagen Themengruppen zu, die sich aus den Interviews selber ergaben, ich gab den jeweiligen Interviewabschnitten also eine Überschrift. Eine solche Zuordnung ist schon stark interpretierend, da einzelne Abschnitte hierbei verworfen, ausgewählt, hervorgehoben, verkürzt und schließlich unter andere Abschnitte untergeordnet werden. Gleichzeitig mit der Erstellung der Themenmatrix wurde der Verlauf der einzelnen Interviews stichwortartig dokumentiert, so daß eine Auswertung auf zwei Ebenen stattfand. Zum einen hatte ich nun eine Reihe von Einzelfalldarstellungen und zum anderen einen Querschnitt aller Interviews. Beides bildete die Grundlage für die Interpretation. In der Interpretation der Interviews ließ ich mich von der beschriebenen Pendelbewegung zwischen „psychologischem Verstehen" und „Sinn-Verstehen" leiten.

Ursprünglich hatte ich vorgehabt, im Verlaufe meiner Arbeit meine Interpretationen immer wieder mit einem Teil meiner Interviewpartnerinnen zu diskutieren. Diese Absicht habe ich aus obengenanntem Grund fallen lassen: Ich benötigte die Distanz, um zu einer angemessenen Interpretation zu gelangen. Jedoch schickte ich allen befragten Frauen einige Wochen vor dem von mir veranschlagten Abgabetermin ein Exemplar meiner Arbeit zu und bot ein Gespräch an. Es kamen jedoch kaum Reaktionen, nur drei Frauen meldeten sich. Zwei davon baten um kleine Änderungen in der Darstellung ihrer Biographie, eine Frau, Kamile, wollte ihre Biographie in dieser Arbeit ganz gestrichen haben. Lediglich die Aufnahme von biographischen Daten wie Alter, Beruf, Fa-

---

[16] Eine genaue Auflistung der gelesenen und ausgewerteten Texte findet sich im Quellenverzeichnis.

milienstand etc. akzeptierte sie. Ich habe den biographischen Teil entsprechend geändert.

3 Die Konversionserzählung als Lebensrückblick

Konversionserzählungen unterliegen wie jede autobiographische Erzählung, den Prozessen, die eine retrospektive Betrachtung des eigenen Lebenslaufes mit sich bringt. Eine Sichtung der Literatur zur biographischen Forschung läßt vier Faktoren erkennen, die die erzählerischen Prozesse wesentlich mitsteuern: Die Erzählsituation, der historisch-kulturelle Kontext einer Erzählung, die Erzählgemeinschaft sowie die Eigenwahrnehmung.

Zunächst ist die Erzählsituation, in die die biographische Erzählung eingebettet ist, von großer Bedeutung. Das Verhältnis von Erzähler oder Erzählerin zu Zuhörer oder Zuhörerin, der Ort, an dem das Gespräch stattfindet bzw. welchen Zweck das Gespräch verfolgt, sind die Rahmenbedingungen, die die Gesprächssituation beeinflussen. So folgt die Präsentation einer Biographie etwa als Teil eines Bewerbungsgespräches anderen Regeln als die Schilderung von Ereignissen des eigenen Lebens im Freundeskreis, ebenso wird im kleinen Kreis oder unter vier Augen anders erzählt als in einer größeren Gruppe.

Wie ein Lebenslauf erzählt wird, ist auch abhängig vom historisch-kulturellen Kontext, in dem die Erzählung angesiedelt ist. In biographischen Schilderungen werden historische Ereignisse mit der eigenen Biographie verknüpft; sie werden eingeordnet in die eigene Erfahrungswelt und vor dem persönlichen Hintergrund interpretiert. Sie stellen aber auch Markierungen innerhalb der eigenen Lebensgeschichte dar, dienen der zeitlichen Orientierung in der Erzählung, können zudem Anreiz zum Erzählen persönlicher Erfahrungen geben, die mit diesem Ereignis verknüpft sind. Der historisch-kulturelle Kontext, in dem erzählt wird, liefert auch Erzähltraditionen, bestimmt die Erzählform, wie beispielsweise den dramatischen Aufbau einer Erzählung und beeinflußt den Inhalt einer Erzählung.

Kollektive, von einer ganzen Gruppe geteilte Erfahrungen, stellen, wie Lehmann es nennt, „Leitlinien des Erzählens"[17] dar; sie sind gemeinsame Bezugspunkte einer Gruppe, die die Erzählung strukturieren. Die Basis, auf die sich die erzählende Gruppe bezieht, kann sowohl der gemeinsame soziokulturelle Hintergrund als auch eine geteilte individuelle Erfahrung sein – wie es beispielsweise für das Erleben der gleichen Krankheit zutrifft. Solche Gruppen

---

[17]Lehmann, Albrecht: Erzählstruktur und Lebenslauf. Autobiographische Untersuchungen. Frankfurt a.M. und New York 1983. S. 17f.

bilden Erzählgemeinschaften[18], in denen zunächst „eine Gemeinsamkeit des Erfahrens (existiert). Aus ihr ergibt sich im Lebensprozeß eine Gemeinsamkeit des Erinnerns. Schließlich kann daraus eine Gemeinsamkeit des Erzählens werden."[19] In Erzählgemeinschaften wie Vereinen, Schulklassen, Familien, aber auch Alters- oder Geschlechtsgruppen etc. werden die geteilten Erfahrungen besprochen, miteinander verglichen, gemeinsam gedeutet und interpretiert. Die Rückschau auf geteilte Erfahrungen wird gleichsam „ausgehandelt", es entstehen allseitig geteilte Erinnerungen und „offizielle" Deutungsmuster, die auch tradiert werden können; abweichende Varianten werden vergessen. Lehmann weist darauf hin, daß aber auch außerhalb des Gruppenrahmens geführte Diskurse[20], wie beispielsweise ein Mediendiskurs, Einfluß auf die Interpretationen einer Erzählgemeinschaft haben kann[21]. Gemeinsames Erleben, geteilte Erinnerungen und koordiniertes Erzählen haben eine gemeinschaftsstiftende Wirkung, die vor allem dann, wenn diese Gemeinschaft nach außen demonstriert wird, eine Gruppe als geschlossen oder unzugänglich erscheinen läßt. Innere Konflikte und Auseinandersetzungen, die Prozesse des „Aushandelns" werden häufig von Außenstehenden nicht bemerkt.

Selbst die rückblickenden Wahrnehmungen des ureigenen Erlebens beziehen sich – wie Halbwachs nachzuweisen versucht[22] – immer auf einen sozialen Kontext, der Erinnerungen formt und strukturiert. Das individuelle Gedächtnis funktioniert demnach nicht als ein akkurater Speicher des Erlebten, sondern nur in Bezug auf ein umgebendes Ganzes, das er mit dem Begriff des „kollektiven Gedächtnis" beschreibt: „Jede noch so persönliche Erinnerung, selbst von Ereignissen, deren Zeuge wir alleine waren, selbst von unausgesprochenen Gedanken und Gefühlen, steht zu einem Gesamt von Begriffen in Beziehung, das noch viele andere außer uns besitzen, mit Personen, Gruppen, Orten, Daten, Wörtern und Sprachformen, auch mit Überlegungen und Ideen, d.h. mit dem ganzen materiellen und geistigen Leben der Gruppen, zu denen wir gehö-

---

[18] Lehmann 1983, S. 25.
[19] Lehmann 1983, S. 24f.
[20] Wenn ich in dieser Arbeit den Begriff des Diskurses benutze, so beziehe ich mich dabei auf die Definition Hartmanns. Er bezeichnet Diskurse als „Denk- und Argumentationssysteme", die sich, wie er in Anlehnung an Titzmann weiter ausführt, durch einen gemeinsamen Redegegenstand, den Regularien der Rede über diesen Gegenstand sowie in Relation zu anderen Diskursen konstituieren. Siehe dazu: Hartmann, Andreas: Über die Kulturanalyse des Diskurses – eine Erkundung. In: Zeitschrift für Volkskunde 87/1 (1991). S. 19-28, hier S. 20. Auf diese Definition gestützt, würde ich Diskurse in der in dieser Arbeit benutzten Terminologie als Rede einer Erzählgemeinschaft bezeichnen, die in eben dieser Erzählgemeinschaft nach deren Regeln und in Relation zu anderen Erzählgemeinschaften „ausgehandelt" wird.
[21] Lehmann 1983, S. 26.
[22] Halbwachs, Maurice: Das Gedächtnis und seine sozialen Bedingungen. Frankfurt a.M. 1985. S. 71.

ren oder gehört haben."²³ Die uns umgebende soziale Gesamtheit sowie individuelle psychische Prozesse beeinflussen unser Erinnern und Vergessen, machen unsere Erinnerung selektiv. So zeigt sich, daß herausragende einmalige Ereignisse im allgemeinen eher erinnert, Alltagsroutinen hingegen häufiger vergessen werden²⁴. Angenehme Erlebnisse bleiben eher im Gedächtnis als unangenehme²⁵; bewahrt werden aber auch vor allem Ereignisse, die uns in unserem Lebenszusammenhang von Bedeutung erscheinen, d.h. solche, die uns der Erinnerung wert erscheinen. So „hebt jemand, wenn er Rückschau über sein Leben hält, nach Maßgabe seines eigenen Bewußtseins Ereignisse heraus und behält sie in Erinnerung, und er läßt andere Ereignisse seines Lebens in Vergessenheit geraten. Die Erlebnisse, die er in Erinnerung bewahrt, sind jene, welche ihm dabei helfen, sein Leben zu strukturieren."²⁶ Der retrospektive Blick ist geprägt durch die momentane Stimmung, durch sich wandelnde Kontexte – das kann sowohl eine veränderte Umgebung im persönlichen Bereich als auch soziokultureller Wandel sein –, aber ebenso durch den bewußten oder unbewußten Wunsch, das erlebte Leben in Übereinstimmung mit der gegenwärtigen Situation zu bringen. Ebenso lassen aber auch neue Informationen, Einsichten und Erfahrungen frühere Erlebnisse in einem anderen Licht erscheinen, so daß sie vor dem anderen Hintergrund „sowohl einen neuen Sinn als auch eine neue psychische Wirksamkeit"²⁷ erhalten und in der retrospektiven Betrachtung „umgeschrieben" werden. Die rückwirkende Strukturierung des eigenen Lebens erfolgt vor dem Hintergrund des Selbstbildes und wahrgenommenen Fremdbildes zur Zeit des Rückblickes. Die biographische Erinnerung ist auf die Erzählzeit, auf die Gegenwart des Erzählens zugeschnitten, d.h. im Erinnern muß das eigene Leben als strukturiert, geordnet und sinnvoll erscheinen. In der retrospektiven Betrachtung gewinnt das gelebte Leben Kontinuität und inneren Zusammenhang. Das Herstellen von Kontinuität in der rückwirkenden Verarbeitung wird umso notwendiger, je weniger diese sich selbstverständlich aus dem jeweiligen Lebenszusammenhang ergibt. Ein Leben in einer stabilen, sich wenig verändernden Umwelt erfordert weniger biographische Verarbeitung als häufig wechselnde Orts- und Gruppenbezüge. So betrachtet sind Lebensgeschichten keine Abbilder eines gelebten Lebens, keine

---

[23] Halbwachs 1985, S. 71.
[24] Fuchs, Werner: Biographische Forschung. Eine Einführung in Praxis und Methoden. Opladen 1984. S. 69ff.
[25] Vgl. Bertaux, Daniel; Bertaux-Wiame, Isabelle: Autobiographische Erinnerungen und kollektives Gedächtnis. In: Niethammer, Lutz (Hrsg.): Lebenserfahrung und kollektives Gedächtnis. Die Praxis der »Oral History«. Frankfurt a.M. 1985. S. 149.
[26] Lehmann 1983, S. 21.
[27] Becker-Schmidt, Regina: Zur Bedeutung feministischer Diskurse in der soziologischen Lehre. In: Sommerkorn, Ingrid (Hrsg.): Lehren und Lernen in der Soziologie heute. Aktuelle Fragen zu einem alten Problem. Berlin 1990. S. 147-150, hier S. 148.

Aneinanderreihungen objektiver Tatsachen, sondern Bearbeitungen und Interpretationen von Erfahrungen: „Life histories are accounts, representations of lives, not lives as actually lived."[28] Lebensgeschichten als Repräsentationen eines Lebens, als erzählerische oder gedankliche Konstruktionen können zu einer neuen Wirklichkeitssicht führen, können dadurch die eigene Identität sichern und gestalten.

Biographische Erzählungen sind jedoch keine pure Fiktion, sondern Ergebnisse eines gelebten Lebens, ihnen liegen erfahrene Ereignisse, „a basic story"[29], zugrunde, auf die sich die Erzählung bezieht. Erzählungen sind so auf zwei zeitlichen Ebenen angesiedelt: einmal auf der Ebene der „erzählten Zeit", d.h. der Zeitpunkt oder Zeitraum, *über* den berichtet wird, sowie der Ebene der „Erzählzeit"[30], d.h. der Zeitpunkt oder Zeitraum, *zu* dem berichtet wird. Die Ebene der „erzählten Zeit" ist der Fokus der Erzählung, die wiederum auf einer anderen Ebene, der „Erzählzeit", angesiedelt ist. Erzählte Zeit und Erzählzeit sind voneinander getrennt durch die hier beschriebenen Prozesse des Erzählens, durch Erzählgemeinschaften, den historisch-kulturellen Hintergrund, die Erzählsituation und durch die Empfindungen, Gefühle, Wünsche und Gedanken, die der Erzähler oder die Erzählerin in der Zwischenzeit erfahren hat. Die Kontexte der Erzählung wirken als Filter, der hinzufügt, wegnimmt, verändert, neue Perspektiven provoziert und letztlich zwischen erzählter Zeit und Erzählzeit vermittelt.

Im Nachdenken über die eigene Entwicklung, die der Erzählung der Biographie zugrundeliegt, konstituiert sich eine Identität, die sich aus der – erzählerisch konstruierten – Kontinuität des eigenen Lebens ergibt. In der Erzählung werden unverbundene Ereignisse verbunden, es werden Brücken geschlagen zwischen divergierenden Erfahrungen, es wird vermittelt und geglättet. Indem das eigene Leben als linear und ungebrochen begriffen wird, wird eine Einheit der Person hergestellt. Das gegenwärtige Ich stellt einen Fluchtpunkt dar, zu dem hin Vergangenes ausgerichtet wird, auf den das Vergangene bezogen ist.

Der Überblick über die Prozesse des biographischen Erzählens macht deutlich, daß Lebensdarstellungen nicht unreflektiert als Quelle „objektiver" Daten in der empirischen Forschung genutzt werden können, sondern daß die geschilderten Prozesse bei der Auswertung des erhobenen Materials berücksichtigt werden müssen.

---

[28] Bruner, Edward M.: Introduction: The Opening Up of Anthropology. In: ders. (Hrsg.): Text, Play and Story. The Construction and Reconstruction of Self and Society. (Proceedings of The American Ethnological Society) Washington D.C. 1984. S. 1-18, hier S. 7.
[29] Bruner 1984, S. 6.
[30] Vgl. zu den Begriffen der „erzählten Zeit" und der „Erzählzeit": Ulmer, Bernd: Konversionserzählungen als rekonstruktive Gattung. Erzählerische Mittel und Strategien bei der Rekonstruktion eines Bekehrungserlebnisses. In: Zeitschrift für Soziologie 17/1 (1988). S. 19-33, hier S. 22.

Als eine besondere Form der biographischen Erzählung unterliegen auch Konversionserzählungen den genannten Mustern. Sie unterscheiden sich aber von einer „normalen" Erzählung dadurch, daß sie einen Bruch, eine krasse Veränderung des eigenen Lebens thematisieren: „Wissenssoziologisch gesehen, beziehen sich Konversionen (...) auf radikale Veränderungen der ‚Struktur' subjektiver Weltsichten. Sie sind radikal in dem Sinne, daß sie jene Elemente dieser Weltsicht betreffen, die alle anderen Inhalte in einer (zumeist hierarchischen) Struktur der Relevanz ordnen, die also in der Luckmannschen Theoriesprache das ‚system of ultimative significance' bilden. Vollzogene Konversion bedeutet also nicht den theoretisch wie praktisch kaum vorstellbaren vollständigen Austausch der Inhalte von Realitätsauffassung, sondern die Neustrukturierung von alten und neuen Inhalten."[31] Aufgrund der Krassheit des Bruches mit dem früheren Leben, bedarf die Konversion eines ausgeprägten Legitimationsaufwandes gegenüber dem eigenen Selbst, gegenüber den früheren signifikanten Anderen und gegenüber den neuen signifikanten Anderen[32]. Die Konversion muß als „ernsthaft, glaubwürdig und dauerhaft"[33] dargestellt werden. Dementsprechend hat die Konversionserzählung einen starken legitimatorischen Charakter und daraus resultierend einen, wie Sprondel bemerkt, institutionalisierten Aufbau: „Diese Schilderungen folgen einem institutionalisierten Muster, das sich typologisch und in seiner funktionalen Bedeutung nachzeichnen läßt, auch dann, wenn die Konvertiten ihre Wandlung als hochindividualisierten, inneren Vorgang erleben und schildern."[34]

Der Versuch, das allgemeine Muster einer Konversionserzählung herauszuarbeiten, wurde von Ulmer[35] unternommen. In seinem Aufsatz schließt er sich den Kritikern der bisherigen Konversionsforschung an, die beanstanden, daß der Erzählcharakter der Schilderungen von Bekehrungen kaum thematisiert wurde, obwohl diese Erzählungen den meisten Untersuchungen zu Konversionen als hauptsächliche Datenquelle zugrunde liegen. Er verweist darauf, daß Konversionsgeschichten nicht als Quelle „objektiver" Fakten genutzt werden können: „Bei Darstellungen der eigenerlebten Konversion handelt es sich eben nicht um unvoreingenommene ‚objektive' Schilderungen, sondern um Rekonstruktionen, bei denen biographische Erlebnisse so selektiert, geordnet und gedeutet werden, daß ein konsistenter Lebenszusammenhang sichtbar wird, der in Einklang mit der durch die Konversion erworbenen Identität des Darstellers

---

[31] Sprondel, Walter M.: Subjektives Erlebnis und das Institut der Konversion. In: Soziologie und gesellschaftliche Entwicklung. Verhandlungen des 22. Deutschen Soziologentages in Dortmund 1984. Hrsg. im Auftrag der Deutschen Gesellschaft für Soziologie von Burkart Lutz. Frankfurt a.M. und New York 1985. S. 549-558, hier S. 551.
[32] Sprondel 1985, S. 555f.
[33] Sprondel 1985, S. 555.
[34] Sprondel 1985, S. 557.
[35] Ulmer 1988.

steht."[36] Für Ulmer ist es demzufolge vorrangig, Konversionserzählungen auf ihre erzählerische Struktur zu untersuchen, wobei er annimmt, daß allen Schilderungen einer Bekehrung unabhängig von individuellen Erzählweisen, Gesprächssituationen oder religiöser Anschauung ein „einheitliches kommunikatives Muster zugrunde liegt"[37].

Nach diesen Vorbemerkungen versucht er, dieses einheitliche Muster anhand der Analyse von Konversionserzählungen zehn Befragter mit heterogenem Hintergrund[38] herauszuarbeiten. Dabei stellt er zunächst fest, daß in Konversionserzählungen eine Dreiteilung der Lebensgeschichte in die Zeit vor einem Übertritt, die Zeit danach und einem Wendepunkt zu erkennen ist.

Die Erzählung der Zeit vor der Konversion ist laut Ulmer gekennzeichnet durch den Versuch, die später erfolgende Konversion erzählerisch einzuführen, indem der Beginn des Bekehrungsprozesses auf einen sehr frühen Zeitpunkt in der Biographie, zum Teil schon in die Kindheit, gelegt wird. Ein weiteres Charakteristikum der Schilderung dieser Zeit ist die retrospektive negative Bewertung der damaligen Verhaltensweisen und die Abgrenzung davon. Trotzdem wird aber von den Erzählern versucht, das Leben vor dem Übertritt in das Leben danach zu integrieren, indem beispielsweise das Leben vorher als unabdingbare Vorstufe der Konversion gedeutet wird. Als weiteres Kennzeichen der Schilderung des Lebens vor der Konversion stellt Ulmer die Beschreibung einer Lebenskrise fest, wobei er den Begriff der Krise sehr weit faßt; er nennt Trennungen von Lebenspartnern, Frustrationen, Diskriminierungserfahrungen sowie Minderwertigkeitsgefühle. Weniger die Auslöser oder die Art der Krise sind für ihn von Bedeutung als vielmehr die Darstellung des Krisenerlebnisses als ein Problem, das mit gängigen Mitteln nicht zu lösen ist und das vor allem als innere, individuelle Erfahrung und Auseinandersetzung erlebt wird.

Diesem Abschnitt folgt dann laut Ulmer als Höhepunkt der Schilderung die Darstellung des eigentlichen Konversionsereignisses, das in vier Erzählsequenzen unterteilt ist: Auf die Beschreibung einer 1.) Phase der Öffnung folgt 2.) die Schilderung eines ungewöhnlichen Erlebnisses, das 3.) eine emotionelle Erschütterung auslöst und schließlich 4.) in eine Entscheidungsphase einmündet. Kennzeichen für den Erzählstil in diesem Abschnitt ist der Hinweis der Erzählenden darauf, daß die Erfahrung, die schließlich zur Konversion führte, im Grunde genommen nicht erzählbar und vermittelbar sei, darstellbar sind lediglich die damit verbundenen Gefühle und daraus resultierenden Handlungen.

---

[36] Ulmer 1988, S. 19.
[37] Ulmer 1988, S. 20.
[38] Sowohl hinsichtlich des biographischen Hintergrunds – Alter, Geschlecht, Familienstand, soziale Herkunft etc. –, als auch der religiösen Gruppe, zu der konvertiert wurde, gab es Unterschiede zwischen den Befragten.

Als charakteristisch für die Erzählung des nachkonversionellen Erlebens sieht Ulmer die Schilderung der Auswirkungen der Konversion, die Darstellung der Veränderungen, die konvertierte Männer und Frauen an sich wahrnehmen, die Auflösung der Krise sowie die Beschreibung der veränderten Lebensweise und der religiösen Grundeinstellungen. Das zentrale Problem der Konversionserzählung sieht Ulmer darin, „die persönliche religiöse Erfahrung, die vom Erzähler als Ursache und Anlaß der eigenerlebten Konversion geltend gemacht wird, auf plausible und glaubwürdige Weise darzustellen und intersubjektiv zu vermitteln."[39] Hier wird das Problem der Legitimation angesprochen, das auch Sprondel als zentral für die Konversionserzählung sieht. Der Lösung dieses zentralen Problems dient der dramatische Aufbau der Konversionserzählung in die erwähnten drei Teile, wobei im ersten Teil allgemein akzeptierte Begründungen für eine spätere Lösungssuche angesiedelt werden, im zweiten Teil innere Vorgänge in äußeren Entsprechungen (z.B. die emotionelle Erschütterung) beschrieben werden und im dritten Teil schließlich die Konversion als erfolgreiche Problemlösung und damit als richtige Entscheidung begründet wird.

Anders als Ulmer, der die Konversionserzählung nur im Hinblick auf den rekonstruktiven Charakter untersucht, thematisieren andere Autoren das Verhältnis von Bekehrungsschilderungen zu ihren jeweiligen Kontexten. Zu nennen wären hier besonders Beckford[40] und Peacock[41], die beide auf den Einfluß der Erzähltraditionen bzw. der Glaubensgrundsätze der religiösen Gruppen, denen die Erzählenden angehören, für die Darstellungen der religiösen Biographie hinweisen. Beckford hat die Bekehrungsschilderungen von konvertierten Männern und Frauen untersucht, die der Gruppe der „Zeugen Jehovas" beitraten. Dabei stellte er fest, daß die Erzählungen des Übertritts die offiziellen Deutungsmuster der Gruppe spiegelten. So wurde beispielsweise die Konversion als langer Prozeß, den die männlichen und weiblichen Konvertiten u.a. durch eigene Leistung herbeigeführt haben, geschildert, nicht aber als plötzliche Erleuchtung, was mit den Darstellungsmustern der „Zeugen Jehovas" nicht vereinbar gewesen wäre. Beckford weist darüber hinaus anhand veröffentlichter Konversionsgeschichten nach, wie sich mit dem Wandel der offiziellen Weltsicht auch die Erzählungen der Konversion zu den „Zeugen Jehovas" verändert haben. Ähnlich wie Beckford, verweist Peacock in seiner Analyse auf die strukturellen Ähnlichkeiten zwischen der Darstellung religiöser Biographien

---

[39] Ulmer 1988, S. 31.
[40] Beckford, James A.: Accounting for conversion. In: British Journal of Sociology 29/2 (1978). S. 249-262.
[41] Peacock, James L.: Religion and Life History: An Exploration in Cultural Psychology. In: Bruner, E. (Hrsg.): Text, Play and Story. The Construction and Reconstruction of Self and Society. (Proceedings of The American Ethnological Society) Washington D.C. 1984. S. 94-116.

und den Glaubenssystemen, in denen die Biographie ihren erzählerischen Ursprung hat. Allerdings bilden nicht Konversionsgeschichte, sondern ganz allgemein religiöse Karrieren die Grundlage seiner Untersuchung. Zschoch, die in ihrer Magisterarbeit die Konversionserzählungen von Deutschen, die zum Islam konvertiert sind, untersucht, kommt zu einem vergleichbaren Ergebnis. Auch sie meint, daß die Schilderungen des Übertritts stark durch den deutschislamischen Kontext, in dem die Konversion stattfindet, geprägt ist[42].

Betrachte ich die mir vorliegenden Interviewtranskripte vor dem Hintergrund der in der Erzähl- und Konversionsforschung ermittelten Ergebnisse, so zeigt sich, daß sowohl die rekonstruktiven Erzählstrukturen, die Ulmer herausarbeitet, als auch die Anlehnung an die Kontexte der Erzählgemeinschaft „religiöse Gruppe", wie Beckford und Peacock sie beschreiben, darin auftauchen. Zwar erscheinen nicht *alle* von Ulmer herausgearbeiteten kommunikativen Muster in *jedem* von mir erhobenen Interview – ein Anspruch, den Ulmer äußert – doch wäre es möglich, aus der Gesamtheit der mir vorliegenden Interviews eine idealtypische Konversionsgeschichte zu erstellen, die vollständig die von Ulmer genannten Strukturen enthält. Auch eine Betrachtung der Interviews vor dem Hintergrund der Erzählgemeinschaft, der meine Interviewpartnerinnen angehören, läßt nicht zu, ein allgemeingültiges Erzählschema zu erstellen, das auf alle Konversionserzählungen von Deutschen, die zum Islam oder auch nur einer bestimmten islamischen Gruppe konvertierten, anzuwenden wäre. Jedoch lassen sich immer wiederkehrende Themen als Leitlinien des Erzählens ausmachen, die zum Teil ihre Entsprechung in den Interpretationsmustern der deutschsprachigen islamischen Gemeinschaft haben. Nicht in jedem Interview kommen alle Themen zur Sprache, doch wenn sie auftauchen, weisen sie inhaltliche Ähnlichkeiten auf.

Die Bedeutung der Erzählgemeinschaft als Kontext der Konversionserzählung wird offensichtlich durch den Vergleich meiner Interviewtexte mit an anderer Stelle veröffentlichten Konversionsschilderungen. Sei es in anderen wissenschaftlichen Untersuchungen[43] zu Männern und Frauen, die zum Islam

---

[42] Vgl. Zschoch, Barbara: Deutsche Muslime – Biographische Erzählungen über die Konversion zum fundamentalistischen Islam. Unveröff. Magisterarbeit im Fach Völkerkunde, Philosophische Fakultät der Universität Köln. Köln 1992. S. 75f.

[43] Vgl. Abdullah, Muhammad S.: Geschichte des Islams in Deutschland. Graz, Wien und Köln 1981. S. 46ff. (Abdullah referiert hier die Ergebnisse einer vom Islamischen Weltkongreß in Auftrag gegebenen Untersuchung; die Untersuchung wurde nicht veröffentlicht.); Borchers, Ulrike: Deutsche Frauen konvertieren zum Islam. Eine psychologische Untersuchung. Unveröffentlichte Diplomarbeit im Fach Psychologie der Universität Köln. Köln 1991; Leggewie, Claus: Faszination des Islam – Europäische Konversionen. In: ders.: Alhambra – Der Islam im Westen. Reinbek 1993a. S. 123-132; Rocher, Lisbeth; Cherqaoui, Fatima: D'une foi l'autre. Les conversions à l'islam en Occident. Paris 1986; Ülker, Bettina: Fremd im eigenen Land – Islam als neue Hoffnung: Zur Problematik deutscher muslimischer Frauen zwischen zwei Welten.

konvertieren, sei es in Zeitungsberichten über diese oder in Selbstdarstellungen in von Muslimen herausgegebenen Zeitschriften und Broschüren[44]: überall werden die Motive der Konversion mit ähnlichen Worten und Inhalten beschrieben. Die Bedeutung der Erzählgemeinschaft wird fernerhin unterstrichen durch eine Interviewpassage, die ich hier wiedergeben möchte. Auf meine Frage, wie sie denn damit zurechtkomme, daß von ihr als muslimischer Frau Gehorsam dem Mann gegenüber erwartet werde, zögerte meine Interviewpartnerin Halima mit ihrer Antwort, worauf ich weiter nachfragte, ob ihr diese Regelung unbekannt sei. Nun antwortete Halima: *„Nein, ich weiß nur nicht mehr, wie die Antwort darauf war."* Erst daraufhin begann sie meine Frage mit Erklärungen zu beantworten, die mir zu dem Zeitpunkt schon vertraut waren. Halimas Suche nach der „richtigen" Antwort verweist auf ein Deutungssystem, das von den deutschsprachigen Muslimen erfragt, diskutiert, in Form von Informations- und Wissenspartikeln transferiert und weitergegeben wird und das sich auch interessierten Nicht-Muslimen schnell erschließt. In dieses System lassen sich Antworten auf Fragen wie „Was sage ich, wenn jemand nach Polygamie (Stellung der Frau, Scheidungsrecht, Islam und Demokratie etc.) fragt?" einordnen.

An der Erarbeitung dieser „offiziellen" Lehrmeinung sind eine Reihe verschiedener Gruppierungen und Einzelpersonen mit unterschiedlichem Islamverständnis und Interessen beteiligt. So zeigt eine Sichtung deutsch-islamischer Zeitschriften, daß innerhalb eines vorgegebenen Rahmens eine Vielzahl von Interpretationen, Auslegungen und Deutungen einen Platz haben. Diese können durch individuelle Unterschiede, aber auch durch die Geschlechtszugehörigkeit oder Nationalität bestimmt werden. Es finden sich unterschiedliche Auslegungen der Lehrmeinung seitens weiblicher oder männlicher Muslime, deutlich wird aber auch eine Spannung von christlich-abendländischen zu islamisch-orientalischen Traditionen, die sich durch die Partizipation von in unterschiedlichen kulturellen Kontexten sozialisierten Diskursteilnehmern ergibt. Die „offizielle" Lehrmeinung entsteht auch in Reaktion auf Informationen zum Islam, die in der nicht-muslimischen Umwelt verbreitet sind und den Muslimen in Diskussionen häufig begegnen. Sie soll das als vorherrschend empfundene negative Islambild durch ein positives – im islamischen Verständnis „richtiges" Bild – ersetzen. Dieses „richtige" Bild des Islam wird in Gruppen aktiv erarbeitet, eingeübt und geschult, es wird in Vor-

---

Unveröffentl. Diplomarbeit im Fachbereich Sozialwesen, Hochschule Bremen. Bremen 1993; Zschoch 1992.

[44] Hier seien besonders einzelne Artikel in der Zeitschrift „Al-Islam", die unter dem Titel „Mein Weg zum Islam" Anfang bis Mitte der 80er Jahre in unregelmäßigen Abständen veröffentlicht wurden, sowie die Broschüre „Deutsche von Allah geleitet", herausgegeben von M. Rassoul, Köln 1982, genannt.

trägen der nicht-muslimischen Öffentlichkeit präsentiert und ist Teil der Da'wa-Arbeit[45]. Da die Haltung der nicht-muslimischen Umwelt häufig ablehnend und aggressiv ist, wird in Reaktion darauf eine Lehrmeinung herausgebildet, die einen ausgeprägten legitimatorischen Charakter hat. Das heißt, in der nach außen getragenen Darstellung des Islam tauchen die internen Diskussionen, Auslegungen und Interpretationen nicht auf, das gezeigt Bild wirkt einheitlich und starr.

Eine Betrachtung von Konversionserzählungen ausschließlich unter der Perspektive ihrer erzählerischen Struktur kritisiert Wiesberger, der eine detaillierte Aufarbeitung der Konversionsforschung[46] veröffentlicht hat. Ihm erscheint es vielmehr notwendig, sowohl die „basic story", auf der die biographische Erzählung beruht, also die der Erzählung zugrunde liegenden Lebensereignisse und Erfahrungen, als auch die erzählerischen Strukturen in die Analyse von Konversionsschilderungen einzubeziehen. Er schlägt vor, „Konversionsmotive und Konversionserfahrungen als Produkt zweier Ebenen zu sehen: 1. dem Rohmaterial der früheren biographischen Erfahrungen als erstem Level sozialer Realität, 2. dessen Verarbeitung gemäß den neuen Standards der Gruppe, ihren paradigmatischen Berichten (...) sowie den prägenden historisch spezifischen Einflußfaktoren zum Zeitpunkt der Formulierung dieser Berichte."[47] Als weiteren Kritikpunkt an einer analytischen Vorgehensweise, die Konversionserzählungen allein als rekonstruktiv oder auf die Erzählgemeinschaft bezogen betrachtet, möchte ich anführen, daß eine solche Sichtweise die aktive Rolle der konvertierten Frauen und Männer vernachlässigt. Obwohl die Erzählforschung

---

[45] Da'wa bezeichnet die Missionierungsarbeit und bedeutet nach muslimischer Interpretation „Einladung zum Islam". Sie richtet sich zum einen an den Muslim, der den Islam (noch) nicht vollständig angenommen hat und zum anderen an den Nicht-Muslim. Im letzteren Fall hat Da'wa die Aufgabe, den Islam bekannt zu machen, darauf aufmerksam zu machen, daß es ihn gibt und schließlich über ihn zu informieren. Dies beinhaltet den Versuch, Vorurteile abzubauen und Falschinformationen zu korrigieren. Dazu ist es im Verständnis der Muslime notwendig, auf Nicht-Muslime zuzugehen, sie einzuladen, sie zu besuchen, islamisches „Schrifttum" zu verbreiten und schließlich im Umgang mit Nicht-Muslimen ein Vorbild für die richtige islamische Lebensweise abzugeben. Da'wa dient dazu, die „innere wie auch räumliche Entfernung" (Denffer 1983, 18) zwischen Muslim und Nicht-Muslim zu überbrücken und wird verstanden als Aufgabe wie auch als Pflicht eines jeden Muslim und einer jeden Muslimin. Praktische Umsetzung findet die Idee des Da'wa in Form von Büchertischen, Verteilen von Flugblättern, Informationsveranstaltungen, Vorträgen etc. Vgl. dazu: Denffer, Ahmad von: Da'wa hier und heute. In: Da'wa hier und heute. Beiträge zum 18. Treffen deutschsprachiger Muslime in Aachen (= Schriftenreihe der Treffen deutschsprachiger Muslime, Nr. 5). Lützelbach, Haus des Islam 1983. S. 9 – 19; Esposito, John L. (Hrsg.): The Oxford Encyclopedia of Modern Islam World. New York und Oxford 1995. Stichwort: Da'wah.
[46] Wiesberger, Franz: Bausteine zu einer soziologischen Theorie der Konversion. Soziokulturelle, interaktive und biographische Determinanten religiöser Konversionsprozesse. Berlin 1990.
[47] Wiesberger 1990, S. 84.

gerade auf den aktiven Anteil der Erzählenden an der Gestaltung des Rückblicks auf ihr eigenes Leben verweist, erscheinen die Erzählenden in den Analysen der Erzählstruktur doch häufig als passive Objekte ihrer unbewußten Erzählzwänge. Dabei werden die oben erwähnten Hintergründe der biographisch späteren Umdeutung von Lebensereignissen übersehen, d.h. es wird übersehen, daß Umdeutung auf der Basis neuer Erkenntnisse und Einsichten erfolgt, die „frühere Meinungen als Folge eines ‚Irrtums' oder ‚mangelnder Einsicht"[48] erscheinen lassen. Ebenso wird bei der Betrachtungsweise von Konversionsschilderungen aus der Perspektive der Erzählstruktur vernachlässigt, daß die konvertierten Frauen und Männer innerhalb der sie aufnehmenden Gruppe aktiv an der Gestaltung der Deutungsmuster mitarbeiten. Selbst bei Gruppen mit hierarchischer und autoritärer Struktur haben die Gruppenmitglieder ihren Anteil an der Ausgestaltung der genormten Deutungsmuster, da die Autorität der Führungspersönlichkeiten auf Zuschreibungen[49] der Gruppenmitglieder beruht.

Vor dem dargestellten Hintergrund wird eine Analyse der komplexen Konversionsschilderungen möglich, indem die verschiedenen Kontexte, in denen die Erzählung eingebettet ist, in die Analyse einbezogen werden. Das heißt, eine solche Analyse muß vor dem Hintergrund der Erzählsituation, des aktuellen historisch-kulturellen Rahmens sowie unter Einbeziehung des Diskurses der Erzählgemeinschaft erfolgen. In der vorliegenden Arbeit habe ich mich bemüht, diesen Anforderungen an eine Analyse von Konversionserzählungen gerecht zu werden.

4 Die Fragestellung

Die vorausgegangenen Überlegungen zum rekonstruktiven Charakter von biographischen Erzählungen allgemein und Konversionserzählungen im besonderen lassen erkennen, daß die Frage nach der ursprünglichen Motivation zur Konversion allein aufgrund der Schilderungen konvertierter Männer und Frauen nicht beantwortet werden kann. Die damaligen Gründe und Motivationen können nicht mehr rekonstruiert werden, da sie unter dem Einfluß der Konversion bearbeitet, neu gedeutet und „umgeschrieben" wurden. Andererseits kann davon ausgegangen werden, daß die Konversion keine „Gehirnwäsche" ist, sondern daß die Deutungsmuster der Gruppe, zu der konvertiert wird, an eigene Deutungsmuster anknüpfen: „Bei allen Formen der Bekehrung ist aber von der Notwendigkeit einer minimalen Übereinstimmung von Wissensvorrat des

---

[48] Nunner-Winkler, Gertrud: Identität und Individualität. In: Soziale Welt 4 (1985). S. 466-482, hier S. 480.
[49] Siehe hierzu Wiesbergers Ausführungen über charismatische Beziehungen. Wiesberger 1990, S. 123.

Konvertiten und Perspektive der Gruppe auszugehen."[50] Eine Konversion zum Islam bedeutet also nicht das Ersetzen von alten durch neue Deutungsmuster[51], sondern es handelt sich um die Umstrukturierung der alten Muster. Statt nach Ursachen und Gründen für die Konversion zu fragen, soll in dieser Arbeit deshalb die Struktur der Deutungsmuster untersucht werden. Es soll danach gefragt werden, an welche Deutungsmuster der Islam, wie die befragten Frauen ihn sehen, anknüpft, danach also, worin die Übereinstimmung des Wissensvorrates der Frauen und der islamischen Perspektive liegt.

Deutungsmuster stehen in einem soziokulturell und historisch geprägten Kontext und können nicht losgelöst von diesem betrachtet werden. Dementsprechend muß auch die Konversion in diesem Zusammenhang gesehen werden. Der Kontext der Konversion der von mir befragten Frauen ist ein Ausschnitt aus dem Prozeß der Moderne. In diesem Prozeß hat sich ein neues Verhältnis von Individuum und Gesellschaft herausgebildet. An Stelle der Gruppen und sozialen Verbände ist das Individuum getreten, das als selbstbestimmt und eigenständig begriffen wird: „Der Begriff ‚Individuum' heute hat vor allem die Funktion, zum Ausdruck zu bringen, daß jeder Mensch in der ganzen Welt ein autonomes, sich selbst regierendes Wesen ist oder sein soll"[52]. Jedoch erfüllte sich der „Traum der Beherrschung des eigenen Lebens"[53] weder für alle, noch bruchlos. Selbstbestimmt und autonom waren mit der einsetzenden Moderne zunächst vor allem die Männer, und auch hier galt das nur für die kleine Gruppe der bürgerlichen Männer. Erst in der zweiten Hälfte des 20. Jahrhunderts wurde auch für Frauen der Wunsch nach Selbstbestimmung, Eigenständigkeit und Unabhängigkeit erfüllbar. Die Einlösung des Versprechens der Moderne konnte auf breiterer Basis gefordert werden.

Als Kehrseite der Vielfalt der Möglichkeiten sowie der Entwicklung von Individualität, Eigenständigkeit und Freiheit wird jedoch häufig der Verlust eines der vormodernen Welt zugeschriebenen Gefühls von Sicherheit, Gemeinsamkeit, Zugehörigkeit und Übereinstimmung gesehen. Die gegenwärtige Welt erscheint als kalt und anonym, ohne Regeln und ohne feste Werte, vielen bedeutet dieses Leben Belastung, sie leiden unter ihrer Einsamkeit und inneren Zerrissenheit. Der Islam – wie er sich in einer deutschsprachigen und von Deutschen geprägten islamischen Gemeinschaft, zu der meine Interviewpartnerinnen Kontakt haben, darstellt – scheint dazu eine Gegenwelt zu bilden. In ihm scheint sich die Sehnsucht nach den verlorenen Werten, nach Gemeinschaft, Wärme und ungebrochener Identität zu erfüllen. Gegenwelten sind jedoch nicht losgelöst von der eigenen Welt, ihre Qualität beziehen sie gerade

---

[50] Wiesberger 1990, S. 96.
[51] Vgl. dazu Wiesberger 1990, S. 100ff.
[52] Elias, Norbert: Die Gesellschaft der Individuen. Frankfurt a.M. 1991. S. 210.
[53] Schiffauer 1991, S. 13.

aus dem Bezug zu dieser. Gegenwelten sind imaginäre Orte, sie dienen als Flächen, auf die eigene Wünsche und Vorstellungen projiziert werden können, und sie vermögen so Defizite und Brüche der eigenen Welt auszugleichen. Dabei ist die Gegenwelt nicht nur ein phantastisches, von jeder Realität losgelöstes Gebilde, sondern die andere Wirklichkeit geht in die eigene Vorstellung ein. Sie dient als Folie der „Umschreibung".

Die sich aus dieser Überlegung ergebende Frage danach, warum der Islam sich als Folie der Umschreibung eignet, schließt an die weiter oben angerissene Frage nach der Übereinstimmung von Wissensvorrat der Frauen und islamischer Perspektive an und wird zentral in dieser Untersuchung sein. Über diesen Aspekt hinaus führt aber die sich ebenfalls ergebende Frage danach, was genau dem Islam zugeschrieben, welche Bedeutung ihm gegeben wird. In der Beantwortung dieser Frage läßt sich erkennen, welche Defizite in unserer Gesellschaft wahrgenommen werden, welche Brüche erfahren werden und wie sich diese im Leben der Individuen auswirken. Denn die Zuschreibung von Bedeutungen stellt einen Versuch dar, die erfahrenen Defizite und Brüche auszugleichen, ist somit als Versuch, Einheitlichkeit und innere Übereinstimmung herzustellen, zu werten. Besonders diesen Aspekt der Fragestellung präzisiere ich im ersten Kapitel.

Die Arbeit ist in fünf Kapitel unterteilt: Im ersten Kapitel stelle ich den oben schon angedeuteten Prozeß der Moderne und die aus diesem resultierenden Probleme ausführlicher dar. Im Mittelpunkt steht dabei die Darstellung des Individualisierungsprozesses sowie die Frage danach, welche Auswirkungen dieser auf Frauen hatte und hat. Im Anschluß daran beschäftige ich mich mit dem Verhältnis von Individualisierung und Identität, wobei ich hier insbesondere nach den Auswirkungen der Individualisierung auf die Identitätsbildung von Frauen frage.

Das zweite Kapitel beschäftigt sich mit dem Islam. Hier gehe ich auf die Entwicklung des Islam ein und stelle einige seiner Grundlagen und Glaubensregeln vor. Zudem gebe ich in diesem Kapitel einen Überblick über die wichtigsten deutsch-islamischen Gruppierungen. Dieses Kapitel soll ein besseres Verständnis der Aussagen der befragten Frauen ermöglichen.

Im dritten Kapitel stelle ich die Konversionsgeschichten der von mir befragten Frauen in zusammenhängender Form vor. Dabei wird ein Einblick darin gegeben, wie die Frauen ihre Konversionsgeschichte erzählen und es wird gezeigt, welche Zusammenhänge und Bezüge sie selber herstellen.

Das vierte und das fünfte Kapitel stellen den Hauptteil der Arbeit dar. Hier zeichne ich interpretierend die Konversion nach. Dazu werden zunächst im vierten Kapitel die Konversionsgeschichten daraufhin befragt, wo sich im individuellen Lebenslauf erste Ansätze zeigen, die zur späteren Konversion führen. Es wird nach Brüchen im Leben meiner Interviewpartnerinnen gefragt, da-

29

nach, welches Verhältnis sie zu der sie umgebenden Gesellschaft entwickelt haben sowie auch danach, wo sich in der Biographie Momente der Abgrenzung von der eigenen Kultur zeigen. In einem nächsten Schritt versuche ich aus der Erzählung der Frauen die Struktur der individuellen Faszination durch den Islam zu erschließen. Dazu analysiere ich die Schilderungen des ersten Kontakts zum Islam im Hinblick darauf, was als besonders anziehend geschildert wurde und in welchem Verhältnis dies zur westlichen Gesellschaft steht. In dritten Teil dieses Kapitels arbeite ich heraus, wie sich in der Erzählung der Frauen eine Veränderung der Selbstwahrnehmung, hervorgerufen durch die Entwicklung zum Islam, erkennen läßt. Insgesamt wird in diesem Kapitel der Verlauf der Identitätsbildung der Frauen sowie die Entwicklung zum Islam nachgezeichnet.

Im fünften Kapitel schließlich arbeite ich die Struktur des deutschislamischen Diskurses am Beispiel von Familien- und Geschlechterkonzepten heraus und zeige auf, wo der islamische Diskurs an den westlichen Diskurs anknüpft, worauf er zurückgreift, welche einzelnen Teile zusammengesetzt werden und welche Muster sich daraus ergeben. Ich zeige weiterhin auf, vor welchem Hintergrund der islamische Diskurs für die Frauen einen Sinn ergibt, wie er sich auf die Alltagsrealität von Frauen bezieht und die spezifisch weibliche Identitätsproblematik aufgreift und verarbeitet.

Eine Arbeit, die wie die vorliegende einem verstehenden Ansatz verpflichtet ist, kann nicht repräsentativ im klassischen Sinne sein. Jedoch entbehrt ihre Aussage nicht der Allgemeingültigkeit, die sich herstellt über die Gemeinsamkeit von geteilten „Prinzipien, Denkweisen, Verhaltensmustern, die in die Individualität hineingenommen werden, ohne diese zu tilgen."[54] Diese Gemeinsamkeit verweist auf den Begriff der Objektivität, wie er in der Wissenssoziologie verwendet wird. Gesellschaftlich, d.h. in der Interaktion, konstruierte Deutungsmuster, Bilder, Regeln, Normen und Institutionen verselbständigen sich und gewinnen Eigenständigkeit, sie werden vergegenständlicht. In dieser Form werden sie „als objektive Wirklichkeit erlebt"[55], d.h. die gesellschaftlichen Konstrukte werden als von der Person unabhängig und als verbindlich erfahren. Sie begegnen dem Individuum als überindividuelles gesellschaftliches Symbolsystem, das erst als solches eine Verständigung erlaubt: „Jedes Wort, jeder Satz, jede Gebärde oder Höflichkeitsformel, jedes Kunstwerk und jede historische Tat sind nur verständlich, weil eine Gemeinsamkeit den sich in ihnen Äußernden mit den Verstehenden verbindet; der einzelne erlebt, denkt und handelt stets in einer Sphäre von Gemeinsamkeit, und nur in

---

[54] Schachtner 1994, S. 292.
[55] Berger und Luckmann 1984, S. 64.

einer solchen versteht er."[56] Der Begriff der Objektivität in diesem Sinne kann nicht, wie Lamnek betont, als „absolut" verstanden werden, er verweist nicht auf eine allgemeingültige Wahrheit, sondern er ergibt sich in der Abgrenzung von „Subjektivität" und ist relativ, d.h. er ist in Zeit und Raum veränderbar.[57] In dieser Arbeit wird Bezug genommen auf diese Objektivität, es wird Bezug genommen auf gemeinsam geteilte Vorstellungen und Bilder und es wird danach gefragt, welche Formen des Deutens, Erlebens und Handelns diese Gemeinsamkeiten erlauben.

---

[56] Dilthey, Wilhelm: Gesammelte Schriften. Bd. V: Die geistige Welt I. Stuttgart 1991. S. 146. Zit. nach Lamnek 1988, S. 77.
[57] Lamnek 1988, S. 76f.

I Der Kontext der Konversion: Gesellschaftliche Umbrüche

So unterschiedlich der Lebensweg von zum Islam konvertierten Männern und Frauen auch sein mag, so einhellig ist die Einbettung ihrer Konversionsentscheidung in eine Kritik der Lebensweise in den westlichen Industriegesellschaften. Unabhängig davon, ob es sich um Äußerungen in den von mir durchgeführten Interviews handelt, um Veröffentlichungen in Zeitschriftenartikeln, Broschüren und Büchern oder um Darstellungen in Vorträgen: In den Äußerungen der deutsch-islamischen Gemeinschaft wird die westliche Welt als Welt in einer ethischen und sozialen Krise wahrgenommen. Die wesentlichen Elemente dieser Krise faßt Murad Wilfried Hofmann, deutscher Muslim und einer der bekanntesten Vertreter der deutschen muslimischen Gemeinschaft, in seinem Buch „Der Islam als Alternative" in wenigen Worten zusammen:„So kann Individualismus umschlagen in Narzißmus, Brüderlichkeit in das pararationale Kollektivverhalten der Groupies bei Rock-Konzerten, Selbstbestimmung („Mein Bauch gehört mir") in moralische Anarchie, Liberalität in Libertinage, Toleranz in Wertneutralität, Wettbewerb in Konsumwahn, Gleichheit in Gleichmacherei (statt gleicher Chancen gleiches Ergebnis), Sensitivität in Weinerlichkeit, Vorsicht in Risikoverweigerung, Fleiß in workoholism, Flexibilität in Traditionsfeindlichkeit."[1] Anders ausgedrückt: Für deutsche Muslime – als deren Vertreter hier Hofmann spricht – liegt die Ursache der Krise in einer Verkehrung, Umdeutung und Überzogenheit traditioneller, grundsätzlich vernünftiger Werte. Diagnostiziert wird so Maßlosigkeit, unbegrenzte Freiheit und Bindungslosigkeit – besonders als Verlust religiöser Bindungen verstanden – und daraus resultierend Orientierungslosigkeit, Sinnverlust und Leere. Als Ausdruck dieses gesellschaftlichen Verfalls werden im deutsch-islamischen Diskurs häufige Trennungen und Scheidungen, Zerfall der Familie, Vernachlässigung von Alten und Kindern, Neutralisierung der geschlechtlichen Unterschiede etc. gesehen. Einhergehend damit wird eine Zunahme von Einsamkeit und Anonymität in der Gesellschaft konstatiert, als deren Ergebnis wiederum erhöhte Kriminalität und Gewalt, „Asozialität", Krankheit und Sucht, Unzufriedenheit etc. erscheinen[2].

---

[1] Hofmann, Murad Wilfried: Der Islam als Alternative. München 1992. S. 22.
[2] Einzelne Elemente des hier geschilderten Bildes vom Westen – beispielsweise Materialismus mit den daraus resultierenden Folgen wie Egoismus, Anonymität sowie Unmoral und sexuelle Libertinage – finden sich auch bei islamistischen Gruppen in islamischen Ländern. Vgl. dazu

In der Kritik der deutschen Musliminnen und Muslime an der westlichen Gesellschaft spiegeln sich derzeitige Umbruchs- und Umordnungsprozesse, die von einigen gesellschaftlichen Gruppen als Chance zur Neubildung der Gesellschaft, von anderen – insbesondere konservativen – Gruppen als Verlust oder eben als Ursache der Pervertierung von Werten gesehen werden. Diese Umordnungsprozesse stehen in einem engen Zusammenhang mit einem veränderten Verhältnis von Individuum und Gesellschaft, das in der wissenschaftlichen Debatte häufig als „Individualisierung" beschrieben wird. Im folgenden zeichne ich diese Prozesse der Individualisierung als gesellschaftlichen Hintergrund der Konversion nach. Dabei werde ich – da mein Arbeit darauf zielt, eine „spezifisch weibliche Sinnkrise" zu erfassen – besonders auf die Frage nach der Position von Frauen im Individualisierungsprozeß eingehen. Das heißt, ich werde darstellen, wie sich Individualisierung für Frauen ausdrückt und welche geschlechtsspezifischen Probleme sich daraus ergeben. Im engen Zusammenhang mit der Individualisierung steht die Frage nach der Identitätsbildung, der ich im letzten Abschnitt dieses Kapitels nachgehen werde.

1 Gesellschaftliche Individualisierungsprozesse

In einem 1917 erschienenen Aufsatz unterscheidet Georg Simmel zwei Formen von Individualismus, die er den „romanischen" und den „germanischen" Individualismus nennt. Den „romanischen" Individualismus beschreibt er als einen Individualismus, der sich durch sein Verhältnis zu einem „Anderen" herstellt, sei es durch Vergleich, Ablehnung oder Aneignung. Dieser Individualismus bedarf demnach dieses „Anderen" und spiegelt es, so daß sich in diesem „romanischen" Individualismus auch immer das Allgemeine, das Typische zeigt: „Jener Individualismus des Renaissancemenschen war ein soziologischer, in dem Anders-Sein, dem Sich-Abheben bestehender; er bedarf der Vergleichung und setzt gerade darum ein Allgemeines, Normgebendes, außerhalb der Individuen Stehendes voraus, an dem ihre Besonderheit sich messe."[3] Der „germanische" Individualismus hingegen wird von Simmel als eine Form des Individualismus beschrieben, der aus sich selbst erwächst und der unbekümmert vom „Anderen" sich selbst darstellt. Dieser Individualismus bedeutet, daß „das Leben des Menschen aus seinem für sich bestehenden, für sich ver-

---

Rotter, Gernot: Wurzeln der Angst – das Feindbild der anderen Seite. In: ders. (Hrsg.): Die Welten des Islam. Neunundzwanzig Vorschläge, das Unvertraute zu verstehen. Frankfurt a.M. 1993. S. 219-222.
[3] Simmel, Georg: Individualismus. In: ders.: Schriften zur Soziologie. Eine Auswahl. Hrsg. und eingeleitet von Heinz-Jürgen Dahme und Ottheim Rammstedt. Frankfurt a.M. 1983 (Erstmaliges Erscheinen: 1917). S. 267-274, hier S. 270.

antwortlichen Wurzelpunkt entwickelt wird, unbekümmert darum, wie viele solcher Wurzeln etwa noch daneben die gleich Erscheinung hervorgetrieben haben."[4] Auch Richard Sennett trifft eine vergleichbare Unterscheidung, indem er sozialen Ausdruck als *Darstellung* von Gefühlen und als *Verkörperung* von Gefühlen differenziert. Die Darstellung von Gefühlen bedarf des Publikums, des Vergleichs und des Typischen, auch der Selbstdistanzierung, die Verköperung von Gefühlen hingegen lebt aus sich selbst heraus, bedarf nicht der Distanzierung. Die Fähigkeit zur Darstellung, zum Spielen einer Rolle und zum spielerischen Umgang mit Gesellschaft, schreibt Sennett den Menschen des 18. Jahrhunderts zu, im Menschen des 20. Jahrhunderts hingegen scheint für ihn diese Fähigkeit verlorengegangen zu sein. In einem Satz charakterisiert er den Unterschied zwischen beiden: „Sie [die Menschen des 18. Jahrhunderts, G.H.] bringen nicht *sich* zum Ausdruck, sondern *sind* expressiv."[5] Der Wunsch nach Ausdruck des Selbst, der den zeitgenössischen Menschen beherrsche, wird von Sennett aus einer sozialpsychologischen Perspektive als eine Form von Narzißmus gedeutet, für den „jede Gestaltung, jede Objektivierung die ausgedrückten Gefühle ihrer Authentizität zu berauben (scheinen)."[6]

Die scharfe analytische Trennung in zwei Idealtypen, die Simmel und Sennett unternehmen, relativiert sich in der Darstellung von Elias, der die beschriebenen beiden Typen als Endpunkte einer Skala sieht, die er als „Wir-Ich-Balance" beschreibt. Er geht davon aus, daß es keine Ich-Identität ohne Wir-Identität gibt, daß Individualität und Besonderheit, das Bewußtsein eines einzigartigen „Ichs" nur durch die Existenz von anderen entstehen kann: „Man könnte sich nicht als Individuum von anderen Menschen unterscheiden, wenn es keine anderen Menschen gäbe. Ich habe schon häufiger darauf hingewiesen, daß das Wörtchen ‚ich' bedeutungslos wäre, wenn man nicht bei seinem Aussprechen zugleich auch die auf andere Menschen bezüglichen oder mitbezüglichen persönlichen Fürwörter vor Augen hätte."[7] Im Prozeß der Individualisierung sieht Elias dementsprechend nicht eine Auflösung der Wir-Identität, sondern eine Verschiebung innerhalb des Musters der Wir-Ich-Balance hin zu einer stärkeren Ich-Identität. Die Extremform einer solchen Entwicklung bezeichnet er als „Wirloses Ich", als eine Form der Identitätsbildung, bei der die Wir-Identität so schwach ausgebildet ist, daß sie nicht vorhanden zu sein scheint. Dennoch ist sie, wie Elias weiter ausführt, auch in den westlichen Industriegesellschaften weiter vorhanden, wenn auch nicht als Identifikation mit den das Individuum unmittelbar umgebenden Gruppen, sondern auf einer all-

---

[4] Simmel 1983, S. 270.
[5] Sennett, Richard: Verfall und Ende des öffentlichen Lebens. Die Tyrannei der Intimität. Frankfurt a.M. 1991. S. 339. (Kursiv im Original).
[6] Sennett 1991, S. 422.
[7] Elias 1991, S. 246.

gemeineren Ebene. Die gesellschaftliche Integration des Individuums erfolgt – so Elias – in den westlichen Gesellschaften auf der abstrakten nationalstaatlichen Ebene. Die Vergesellschaftung auf dieser sehr hohen Integrationsebene läßt das Individuum „wirlos" erscheinen.

Für Martin Kohli[8] drückt die derzeitige Individualisierungstendenz ebenso wie für Elias eine historische Veränderung aus. Diese bewirkt seiner Ansicht nach, daß sich die Person nicht über die Zugehörigkeit zu einem bestimmten Stand oder zu einer sozialen Gruppe, „einem sozialen Aggregat"[9], herstellt, sondern der Lebenslauf wird zum die Person konstituierenden Element – ein Aspekt, auf den später noch einzugehen sein wird. Kohli weist auch darauf hin, daß damit nicht gesellschaftliche Steuerungen außer Kraft gesetzt werden, sondern sich lediglich verändern: „In soziologischer Sicht ist entscheidend, daß Individualisierung nicht einfach – wie im idealistischen Denken – als Rückgang gesellschaftlicher Steuerung aufgefaßt wird, sondern als Substitution eines Vergesellschaftungsmodus durch einen neuen, der am Individuum ansetzt. Die Sozialstruktur löst sich also nicht auf, sondern verändert sich: indem sie das Individuum als neue soziale Einheit konstituiert und auf sie zugreift. Das Individuum wird zum grundlegenden Träger des sozialen Lebens. Individualität wird mit anderen Worten gesellschaftlich institutionalisiert. Allerdings (...) ist damit *auch* eine Veränderung des Verhältnisses von Struktur und Handeln verbunden; das Individuum wird zum Handlungszentrum, dem eine eigenständige Lebensorientierung sozial ermöglicht und sogar abverlangt wird."[10]

Sowohl in den Ansätzen Elias' als auch Kohlis wird Individualisierung als eine Form der Vergesellschaftung beschrieben. Für Elias erfolgt diese auf einer derart hohen Integrationsebene, daß das Individuum nicht mehr in seinem Verhältnis zu anderen sichtbar wird. Es erscheint „wirlos" und damit als grundlegender Träger des sozialen Lebens im Sinne Kohlis. Individualisierung mutet so als „germanische" Individualisierung, wie Simmel sie beschreibt, an, jedoch zeigen die Überlegungen Elias' auch, daß die anderen Menschen als Forum zum Vergleich und zur Abgrenzung sehr wohl vorhanden sind, wenn auch auf der individuellen Ebene kaum sichtbar. Das Individuum erscheint autonom, unabhängig von anderen und aus sich selbst heraus existierend. Als solches wird es zum erstrebenswerten gesellschaftlichen Modell.

Mit ihrer Darstellung der Individualisierungsthese betonen Elias wie auch Kohli das historisch-prozeßhafte des Geschehens, eine Sichtweise, die auch

---

[8] Kohli, Martin: Normalbiographie und Individualität. Zur institutionellen Dynamik des gegenwärtigen Lebenslaufregimes. In: Brose, Hanns-Georg; Hildenbrand, Bruno (Hrsg.): Vom Ende des Individuums zur Individualität ohne Ende. Opladen 1988. S. 33-53.
[9] Kohli 1988, S. 35.
[10] Kohli 1988, S. 35f. (Kursiv im Original).

von den exponiertesten Vertretern der Individualisierungsthese im deutschsprachigen Raum, Ulrich Beck und Elisabeth Beck-Gernsheim, mit ihren Vorstellungen einer „Risikogesellschaft"[11] eingenommen wird. Beck und Beck-Gernsheim sehen die derzeitigen Individualisierungsprozesse als eine sich seit dem 2. Weltkrieg anbahnende Phase der Transformation, die in der Kontinuität der Moderne steht. Anders ausgedrückt: Die – sich vorläufig nur als Tendenz zeigenden – Veränderungen wurzeln in der modernen Industriegesellschaft und führen über sie hinaus. „Ähnlich wie im 19. Jahrhundert Modernisierung die ständisch verknöcherte Agrargesellschaft aufgelöst und das Strukturbild der Industriegesellschaft herausgeschält hat, löst Modernisierung heute die Konturen der Industriegesellschaft auf, und in der Kontinuität der Moderne entsteht eine andere gesellschaftliche Gestalt."[12] Mit der derzeitigen Individualisierung wird also auf breiter Basis ein Prozeß fortgesetzt, der mit der Herausbildung von Werten wie individuelle Freiheit und Gleichheit in der kleinen Gruppe des Bürgertums seinen Anfang nahm.

Was passiert aber nun im Zuge der Individualisierung, welche andere gesellschaftliche Gestalt zeichnet sich da ab? Wo zeigt sich diese? Um diese Fragen zu beantworten, ist es zunächst notwendig, einen Blick auf den Zeitpunkt zu werfen, zu dem sie gestellt werden. Beck und Beck-Gernsheim betonen, daß ihre Analyse der Individualisierungsprozesse zu einem Zeitpunkt ansetzt, da sich eben erst die ersten Brüche erkennen lassen. Sie versuchen, einen Trend aufzuzeigen, in dem sich anbahnendes Neues abzeichnet, nicht aber ein repräsentatives Abbild der Gesellschaft zu geben[13]. Auch Kohli weist darauf hin, daß die Individualisierungsthese empirisch wenig abgesichert und deshalb auch umstritten sei[14]. Er wie auch Beck und Beck-Gernsheim machen darauf aufmerksam, daß nach sozialer Gruppe, Milieu und Region unterschieden werden müsse[15]. Kohli zeigt zudem auf, daß die Anzeichen von Individualisierung in einzelnen gesellschaftlichen Bereichen unterschiedlich auftreten. So stellt er

---

[11] Vgl. dazu: Beck, Ulrich: Risikogesellschaft. Auf dem Weg in eine andere Moderne. Frankfurt a.M. 1986; Beck, Ulrich; Beck-Gernsheim, Elisabeth: Das ganze normale Chaos der Liebe. Frankfurt a.M. 1990b; Beck, Ulrich; Beck-Gernsheim, Elisabeth: Individualisierungen in modernen Gesellschaften – Perspektiven und Kontroversen einer subjektorientierten Soziologie. In: Beck, Ulrich; Beck-Gernsheim, Elisabeth (Hrsg.): Riskante Freiheiten. Individualisierungen in modernen Gesellschaften. Frankfurt a.M. 1994b. S. 10-39.
[12] Beck 1986, S. 14.
[13] Beck, Ulrich; Beck-Gernsheim, Elisabeth: Riskante Chancen – Gesellschaftliche Individualisierung und soziale Lebens- und Liebesformen. In: Beck, Ulrich; Beck-Gernsheim, Elisabeth: Das ganze normale Chaos der Liebe. Frankfurt a.M. 1990a. S. 7-19, hier S. 18; Beck und Beck-Gernsheim 1994b, S. 16.
[14] Kohli, Martin: Institutionalisierung und Individualisierung der Erwerbsbiographie. In: Beck, Ulrich; Beck-Gernsheim, Elisabeth (Hrsg.): Riskante Freiheiten. Individualisierungen in modernen Gesellschaften. Frankfurt a.M. 1994. S. 219-244, S. 231f.
[15] Beck und Beck-Gernsheim 1994b, S. 16; Kohli 1988, S. 44f.

für den Bereich der Arbeit bisher wenig durchschlagende Änderungen fest, im Gegensatz zum familialen Bereich, in dem er den Wandel hin zu einer Vielfalt von Konstellationen und Verlaufsmustern als dramatisch beschreibt[16]. Dementsprechend läßt sich auch die Struktur der Individualisierung am besten anhand der Veränderungen in der Familie feststellen. So ist auch der Bereich der Familie am ausführlichsten auf die Frage der Individualisierung hin erforscht worden – ein Aspekt, den auch ich weiter unten noch aufgreifen werde. Zunächst stelle ich jedoch die grundlegende Struktur der Individualisierung, wie sie vor allem von Beck und Beck-Gernsheim dargelegt wird, ausführlicher dar.

Wie auch Kohli sehen Beck und Beck-Gernsheim den Individualisierungsprozeß als eine neue Form der Vergesellschaftung, die am Individuum als sozialer Einheit ansetzt. Dadurch wird das Individuum freigesetzt aus den sozialen Großgruppen und Verbänden, die sich im 19. bzw. beginnenden 20. Jahrhundert gebildet hatten. Diese verlieren damit als verbindliche handlungsanleitende Gruppen an Bedeutung und das Individuum wird sein eigenes Handlungszentrum, das den individuellem Lebenslauf selbst herstellt. Es muß – wie Beck es ausdrückt – „... bei Strafe seiner permanenten Benachteiligung lernen, sich selbst als Handlungszentrum, als Planungsbüro in bezug auf seinen eigenen Lebenslauf, seine Fähigkeiten, Orientierungen, Partnerschaften usw. zu begreifen."[17] Für das Individuum bedeutet das einerseits eine Erweiterung seines Handlungsspielraumes, die Möglichkeit zur Wahl zwischen einer Reihe von Alternativen zur eigenen Lebensgestaltung, andererseits jedoch bedeutet es den Zwang zur Wahl. Beck und Beck-Gernsheim zitieren dazu Hannah Arendt, die von einer „Tyrannei der Möglichkeiten"[18] spricht. Eine Vergesellschaftung, die am Individuum ansetzt, bedeutet jedoch auch, daß gesellschaftliche Probleme, Widersprüche und Konflikte zu individuellen werden können, indem sie nach subjektiven Lösungsmöglichkeiten verlangen. Dementsprechend wird ein gescheiterter Lebenslauf – da vom Individuum selbst „gewählt" – als persönliches Versagen gedeutet, gesellschaftliche Aspekte des Scheiterns treten in den Hintergrund. Es wird eine individuelle Machbarkeit suggeriert, die gesellschaftliche Grenzen übersieht.

In der subjektiven Wahrnehmung erscheinen die vielfältigen Möglichkeiten, sein Leben zu gestalten, häufig als Regel- und Grenzenlosigkeit. Beck und Beck-Gernsheim weisen jedoch darauf hin, daß das Subjekt sich nicht in einem gesellschafts- und damit regelfreien Raum bewegt, sondern daß eine Vielzahl von Vorgaben das Leben regulieren. Jedoch unterscheiden sich ihrer An-

---

[16] Kohli 1988, S. 42.
[17] Beck 1986, S. 117.
[18] Hannah Arendt, zit. nach Beck und Beck-Gernsheim 1994b, S. 18. (Beck und Beck-Gernsheim verweisen hier lediglich auf den Namen, ein vollständiger Literaturnachweis liegt nicht vor.)

sicht nach die derzeitigen Vorgaben hinsichtlich ihrer Qualität von traditionellen Vorgaben. Während traditionelle Vorgaben eher Handlungsbeschränkungen oder -verbote (z.B. Heiratsverbote) beinhalten, stellen derzeitige Vorgaben eher Handlungsangebote oder -gebote dar (z.B. Bausparprämien, Versicherungspflicht): „Vereinfacht gesagt: In die traditionelle Gesellschaft und ihre Vorgaben wurde man hineingeboren (wie etwa in Stand und Religion). Für die neuen Vorgaben dagegen muß man etwas *tun*, sich aktiv bemühen."[19]

Einhergehend mit der Freisetzung der Individuen aus den traditionellen sozialen Verbänden lassen sich Prozesse der Institutionalisierung erkennen, die auf mehreren Ebenen stattfinden. Ausführlich beschrieben werden diese Prozesse von Kohli in seinem Konzept der „Institutionalisierung des Lebenslaufes". Dieser zunächst schwer faßbare Begriff wird von ihm wie folgt definiert: „Vom Lebenslauf als einer gesellschaftlichen Institution zu sprechen, mag noch ungewohnt sein. Wir verbinden mit dem Begriff ‚Institution' landläufig eher die Vorstellung eines sozialen Aggregats. Hier ist dagegen ein Handlungsregulativ gemeint, das am Individuum ansetzt. Der Lebenslauf kann als ein Regelsystem gefaßt werden, das die zeitliche Dimension des individuellen Lebens ordnet. Dieses System ist heute eine der wesentlichen Vermittlungsinstanzen zwischen Gesellschaft und Individuum."[20] Mit anderen Worten: An Stelle von Klassen oder Schichten ist die historisch neue Institution „Lebenslauf" getreten. Die lange Zeit für die Politik relevanten gesellschaftlichen Großgruppen wurden durch Gruppen in besonderen Lebenslagen abgelöst, wie beispielsweise Rentner, Mütter mit kleinen Kindern, Jugendliche usw. Die individuelle Lebensphase bestimmt so die Gruppenzugehörigkeit, die temporären Charakter hat.

Voraussetzung dieses historischen Prozesses ist für Kohli eine Entwicklung, die er mit den Begriffen Kontinuität, Sequenzialität und Biographizität[21] beschreibt, wobei Kontinuität und Sequenzialität in einem engen Zusammenhang stehen.

Kontinuität bedeutet für ihn, daß für die Menschen der Industriegesellschaften die Voraussetzungen bestehen, eine verläßliche Lebensspanne wie auch einen vorhersehbaren Lebensverlauf erwarten zu können. Grundlage für eine relativ gesicherte Lebensspanne ist die Konzentration der Sterbefälle im höheren Alter im Verlaufe des letzten Jahrhunderts. Anders als die Menschen der vor- oder frühindustriellen Zeit kann der größte Teil der Bevölkerung der westlichen Industriegesellschaften davon ausgehen, erst im Alter zu sterben.

---

[19] Beck und Beck-Gernsheim 1994b, S. 12 (Kursiv im Original).
[20] Kohli, Martin: Gesellschaftszeit und Lebenszeit. Der Lebenslauf im Strukturwandel der Moderne. In: Berger, Johannes (Hrsg.): Die Moderne. Kontinuitäten und Zäsuren. Göttingen 1986. S. 183-208, hier S. 183.
[21] Kohli 1994, S. 220; Kohli 1988, S. 37.

Vorhersehbar wird der Lebensverlauf innerhalb dieser Lebensspanne durch die Sequenzialität, d.h. durch den am chronologischen Lebensalter orientierten Ablauf der einzelnen Lebensereignisse, besonders im Bereich der Familie und der Erwerbsarbeit. In beiden Bereichen hatte im letzten Jahrhundert eine Vereinheitlichung stattgefunden. Bezogen auf den Familienzyklus heißt das, daß erst in der Familie der Moderne eine klar voneinander unterscheidbare Abfolge unterschiedlicher Konfigurationen von Familienmitgliedern sowie eine Verbindung der Familienphasen mit dem Lebensalter zu erkennen waren. Im Erwerbsbereich bildete sich die klassische Dreiteilung der beruflichen Biographie in Ausbildung, Erwerbstätigkeit, Rente heraus, die zumindest für Männer breite Gültigkeit hatte. Der derart geordnete Lebenslauf, die „Normalbiographie" unterteilte das Lebens in Etappen, die „Teile eines einheitlichen, übergreifenden und als solches antizipierbaren Ablaufprogrammes"[22] bildeten.

In beiden Bereichen gibt es allerdings mittlerweile Umbrüche. Im Bereich der beruflichen Biographie haben Phänomene wie Zeitarbeit, freie Mitarbeit, Teilzeitarbeit, Flexibilisierung der Übergänge, aber auch Arbeitslosigkeit neue Bedingungen geschaffen. Trotzdem ist in diesem Bereich die klassische Dreiteilung des beruflichen Lebenslaufs für Männer weitgehend ungebrochen wirksam, während Frauen sich ebenfalls zunehmend entsprechend dieser beruflichen Normalbiographie ausrichten[23].

Im familialen Bereich hingegen hat es wesentliche Strukturveränderungen gegeben. Beck und Beck-Gernsheim sprechen hier von einer Auflösung von Selbstverständlichkeiten oder Entroutinisierung des Alltags. Wichtig im Zusammenhang mit der Institutionalisierung ist jedoch, daß der in der Moderne entstandene Familienzyklus und die damit verbundene (besonders weibliche) Normalbiographie weiterhin einen hohen Orientierungswert hat und damit auch als Institution wirksam bleibt. Tatsächlich stellt sich die erfahrene gesellschaftliche „Krise" zu einem großen Teil über die Diskrepanz zwischen Institutionalisierungs- und De-Institutionalisierungsprozessen im familialen Bereich her. Das heißt, die institutionalisierte Vorgabe eines kontinuierlichen familialen Zyklusses wird als handlungsanleitend empfunden. Abweichungen davon, wie beispielsweise späte Elternschaft, Teil- und Stieffamilien in verschiedenen Varianten, werden als „unnormal" empfunden.

Die dritte Komponente der Institutionalisierung des Lebenslaufes, die Biographizität hingegen tritt in den letzten Jahrzehnten verstärkt in den Vordergrund. Für Kohli besteht Biographizität darin, „die Anregung oder gar Verpflichtung, sein Leben teleologisch zu ordnen, d.h. auf einen bestimmten biographischen Fluchtpunkt hin (das verwirklichte Selbst, die entfaltete Lebensstruktur); und (damit verwandt) in einer narrativen Erzählstruktur, in der das

---

[22] Kohli 1994, S. 222.
[23] Kohli 1994, S. 231.

eine aus dem anderen folgt, also einer Sequenz- bzw. Entfaltungslogik gehorcht"[24]. Hierbei handelt es sich um die Tendenz, die gemeinhin mit dem Begriff Individualisierung in Verbindung gebracht wird, um die eigentliche „institutionalisierte Individualität".

Ein wesentlicher Faktor bei der Institutionalisierung des Lebenslaufes im Sinne von Sequenzialität ist der Staat. Karl Ulrich Mayer und Walter Müller[25] stellen dar, wie im Verlaufe der Prozesse der Verstaatlichung eine Verlagerung von Zuständigkeiten für Aufgaben wie Erziehung, Ausbildung, Bildung, Versorgung und Absicherung usw. stattfand. Aufgaben, die in der vormodernen Gesellschaft zu einem großen Teil von überschaubaren sozialen Verbänden wie Familie, Nachbarschaft usw. übernommen worden waren, lagen nun im Zuständigkeitsbereich des Staates. Damit fand auch eine Standardisierung statt, da die Zugänge zu den einzelnen Bereichen über das Alter geregelt wurden. Erst dadurch entstanden klar voneinander abgrenzbare Lebensabschnitte und ihnen zugeordnete Lebensformen auf breiter Basis.

Mayer und Müller zeigen jedoch auch, daß die gesetzlichen Verordnungen nicht alleine strukturierende Wirkung hatten, sondern daß diese häufig auf schon vorhandene soziale Normen aufbauten oder aber daß gesetzliche Regelungen ohne entsprechende ökonomische oder demographische Faktoren keine Wirkung zeigten. So konnte sich die Einhaltung einer allgemeinen Schulpflicht erst durchsetzen, als die Kinder nicht mehr für Arbeiten im Haus oder Hof eingesetzt wurden oder als die Ausbildung ihrer Kinder den Eltern als Wert erschien. Mit der Übernahme der beschriebenen Aufgaben durch den Staat wird jedoch nicht nur der Lebenslauf in einzelne Segmente unterteilt, sondern gleichzeitig wird damit für Kontinuität über die einzelnen Segmente hinweg gesorgt; indem materielle Lücken ausgeglichen oder finanzielle Zugangsmöglichkeiten erst geschaffen werden. Die Verstaatlichung wirkt so gleichermaßen differenzierend wie auch integrierend und vereinheitlichend: Einerseits sorgt sie auf einer horizontalen Ebene für eine Ausdifferenzierung von gesellschaftlichen Lebenslagen, d.h. Unterteilung in eine Vielzahl von Segmenten und Kleingruppen. Andererseits findet auf der vertikalen Ebene des Lebenslaufes eine Vereinheitlichung und Standardisierung statt.

Bedeutsam für die Institutionalisierung des Lebenslaufes ist der Staat auch insofern, als „die Staatsentwicklung sukzessive jene Bedingungen geschaffen hat, die das Individuum als Objekt der Staatstätigkeit und als eigenständigen, mit eigenen Rechten versehenen Akteur ins Leben gerufen hat. (...) Die Ratio-

---

[24] Kohli 1994, S. 221.
[25] Mayer, Karl Ulrich; Müller, Walter: Individualisierung und Standardisierung im Strukturwandel der Moderne. Lebensverläufe im Wohlfahrtsstaat. In: Beck, Ulrich; Beck-Gernsheim, Elisabeth (Hrsg.): Riskante Freiheiten. Individualisierungen in modernen Gesellschaften. Frankfurt a.M. 1994. S. 265-295.

nalität des Gesetzes setzt das Individuum als den bevorzugten Träger von Rechten und Pflichten ein und macht ihn zum primären Objekt bürokratischer Maßnahmen."[26] Indem der Staat das Individuum zum Träger seiner Maßnahmen macht und nicht die Gruppe, zu der das Individuum gehört, konnten die beschriebenen Prozesse der Individualisierung auf breiter Basis erst ermöglicht werden. Durch an die Person gebundene finanzielle Absicherung können z.B. Jugendliche mit Stipendien ihr Elternhaus verlassen, erwerbstätige Ehepartner sich trennen, Rentner alleine leben usw., entstehen also individuelle Handlungschancen. Eine Grundlage der Individualisierung ist so die Institutionalisierung durch den Staat.

Jedoch greifen die staatlichen Maßnahmen nicht für jedes Individuum gleichermaßen, sie sind vielmehr zugeschnitten auf erwerbstätige oder erwerbsbereite – und damit immer noch vorwiegend männliche – Personen. Durch die Berufstätigkeit wird so einerseits die individuelle Eigenständigkeit und Freiheit gesichert, andererseits aber wird dadurch das Individuum abhängig vom Arbeitsmarkt. Zu erwähnen sei hier auch noch einmal, daß die Freisetzung des Individuums nicht nur Handlungschancen eröffnet, sondern ebenso auch Handlungszwänge. „Individualisierungsprozesse", so faßt Beck-Gernsheim zusammen, „(...) haben stets ein Doppelgesicht. Auf der einen Seite ist darin die Chance zu mehr Freiheit enthalten, verstanden als Erweiterung des Lebensradius, als Gewinn an Handlungsspielräumen und Wahlmöglichkeiten. Auf der anderen Seite kommen aber neue Risiken, Konflikte und Brüche im Lebenslauf auf."[27] Ob jedoch von einzelnen Individuen eher ein Zuwachs an Handlungsspielräumen oder eher ein Anwachsen von Unsicherheiten wahrgenommen wird, hängt vom Zugang des Individuums zu materiellen und sozialen Ressourcen ab. Auch hierbei spielt der Arbeitsmarkt eine entscheidende Rolle, ebenso aber auch das Herkunfts-, Ausbildungs- und Berufs- sowie das regionale Milieu.

Der Zugang zu materiellen wie sozialen Ressourcen spielt auch eine entscheidende Rolle dabei, ob Individualisierung als Chance oder als Defizit im Sinne von Vereinzelung oder Verlust von Geborgenheit in einer Gemeinschaft empfunden wird. Das Gefühl der Geborgenheit in der Gemeinschaft wird beeinflußt vom Grad der Einknüpfung des einzelnen in soziale Netzwerkbeziehungen und der damit verbundenen sozialen Unterstützung bei der Bewältigung von alltäglichen Belastungen und Krisen. Das traditionelle soziale Netz – Familien- und Verwandtschaftsverband – ist charakterisiert durch die Selbstverständlichkeit, mit der das Individuum darin eingebunden ist. Es wird in

---

[26] Mayer und Müller 1994, S. 274.
[27] Beck-Gernsheim, Elisabeth: Freie Liebe, freie Scheidung. Zum Doppelgesicht von Freisetzungsprozessen. In: Beck, Ulrich; Beck-Gernsheim, Elisabeth: Das ganze normale Chaos der Liebe. Frankfurt a.M. 1990b. S. 105-134, hier S. 105.

diese Gruppe hineingeboren und gehört ihr an, ohne sich aktiv darum zu bemühen, wenn es auch ihre Regeln einhalten muß, um soziale Unterstützung zu erhalten. Diese Form des sozialen Netzwerkes hat sich bis heute nicht aufgelöst. So wird im Familien- und Verwandtschaftskreis immer noch ein großer Teil der sozialen Unterstützung geleistet – wenn auch mit abnehmender Tendenz[28]. Daneben haben sich im Zuge der Individualisierung vor allem in den großstädtischen Zentren zunehmend Netzwerke herausgebildet, die auf der Basis von Wahl entstehen. Dabei handelt es sich also um Gruppen selbstgewählter Freunde und Bekannter, die sich auf der Grundlage gleicher Interessen und Lebensstile formen. Derartige Netzwerke sind von geringerer Intensität und Stabilität als die traditionellen Netzwerke, sie sind somit lockerer geknüpft und sie verändern sich. Es muß an ihnen „gearbeitet" werden und sie müssen ständig neu verknüpft werden, die Regeln des Umgangs miteinander sind nicht selbstverständlich vorgegeben, sondern müssen geschaffen werden. Netzwerke dieser Art sind weniger restriktiv als traditionelle Netzwerke und weniger begrenzt, d.h. ihre Reichweite ist größer, dafür sind sie weniger dicht. Jedes Individuum ist Teil einer Vielzahl von sozialen Netzen – seien es traditionelle, seien es neuere Formen – und damit in eine Netzwerkstruktur integriert. Jedoch während der Zugang zu den traditionellen Netzen qua Geburt geregelt ist, unterliegt die Möglichkeit der Partizipation an einem „gewählten" Netzwerk soziokulturellen Zwängen. So zeigen Untersuchungen von Netzwerken, daß Bildungsstand und Einkommen, aber auch Faktoren wie Alter, Geschlecht sowie die Phase im Lebenszyklus, in der man sich befindet, den Zugang zu sozialen Netzwerken beeinflussen[29]. Armut und geringe Bildung beispielsweise erschweren den Zugang zu Netzwerken, im Alter werden Netzwerke kleiner, das Individuum isolierter – eine Tendenz, von der vor allem ältere Männer betroffen sind. Frauen, die Mütter von Kleinkindern sind, haben eingeschränkte Kontaktmöglichkeiten, hingegen haben Frauen insgesamt mehr Kontakt zu Verwandten und intensivere soziale Beziehungen als Männer[30]. Das Gefühl von Vereinzelung entsteht also weniger aus der Auflösung traditioneller sozialer Netze, sondern vielmehr aus der Veränderung von Netzwerken. Es ist der Verlust der Selbstverständlichkeit der sozialen Unterstützung, der dieses Gefühl erzeugt, der Zwang, immer wieder Bedingungen zu schaffen, in denen soziale Unterstützung möglich ist – Bedingungen, die von einem großen

---

[28] Keupp, Heiner: Soziale Netzwerke – Eine Metapher des gesellschaftlichen Umbruchs? In: Keupp, Heiner; Röhrle, Bernd (Hrsg.): Soziale Netzwerke. Frankfurt a.M. und New York 1987. S. 11-53, hier S. 47.
[29] Keupp, Heiner: Auf der Suche nach der verlorenen Identität. In: Keupp, Heiner; Bilden Helga: Verunsicherungen. Das Subjekt im gesellschaftlichen Wandel. Göttingen, Toronto und Zürich 1989. S. 47-69, hier S. 58.
[30] Keupp 1989, S. 58.

Teil der Bevölkerung aufgrund fehlender Ressourcen nicht geschaffen werden können. Entscheidend für die Wahrnehmung der Individualisierung als Erweiterung von Handlungsspielräumen oder als Vereinzelung ist in diesem Zusammenhang auch die weiterhin bestehende Orientierung an den traditionellen Bindungen. Gemeinschaft, Familie und Verwandtschaft in der Vergangenheit werden idealisiert und zu stabilen, harmonischen und solidarischen Verbänden hochstilisiert. Sie werden zu einem Mythos, an dem gemessen andere existierende soziale Bindungen an Qualität verlieren. Auch die Zugehörigkeit zu einer Vielzahl von sozialen Netzwerken vermag vor diesem Hintergrund die Sehnsucht nach der „verlorenen Gemeinschaft"[31] nicht stillen. Die Prozesse der Individualisierung werden umso schärfer empfunden, als sie mit einem mythischen „Früher" in Beziehung gesetzt werden, das in der Form nie existiert hat: „Der einzelne wußte, wohin er gehörte und immer gehören würde, aber der Ort seiner Zugehörigkeit bedeutete oft Armut und Existenzangst. Sollte man diese Dumpfheit des Selbstverständlichen, diese sichere Kontinuität der Unsicherheit mit dem Etikett Identität versehen? Sie ist jedenfalls die Kehrseite jener ruhigen Stetigkeit und jenes langen Atems, die als wesentliches Merkmal der alten Volkskultur galten und gelten."[32]

2 Die „halbierte Moderne" – Frauen zwischen Familie und Individualisierung

Im Zentrum der subjektiven Erfahrung einer gesellschaftlichen „Krise" steht die Wahrnehmung des Zerfalls der Familie. Diese Wahrnehmung wird hervorgerufen durch wachsende Scheidungsziffern, Berichte über Stieffamilien in allen Varianten, die Anzahl von Single-Haushalten in den Städten usw. Dabei ist bis heute umstritten, ob es sich bei dieser Wahrnehmung lediglich um ein durch die Medien forciertes Konstrukt handelt oder ob die Zahlen tatsächlich für bedeutende Umbrüche im familialen Bereich sprechen[33] – die Statistiken lassen sich unter den verschiedensten Blickwinkeln lesen. Für die gesellschaftlich verbreitete Wahrnehmung des Zerfalls spielen die Statistiken jedoch nur

---

[31] Keupp 1989, S. 57.
[32] Bausinger, Hermann: Identität. In: ders. u.a. (Hrsg.): Grundzüge der Volkskunde. 2., unveränd. Aufl. Darmstadt 1989. S. 204-263, hier S. 220.
[33] Vgl. Nave-Herz, Rosemarie: Familie heute. Wandel der Familienstrukturen und Folgen für die Erziehung. Darmstadt 1994; Beck-Gernsheim, Elisabeth: Auf dem Weg in die postfamiliale Familie. Von der Notgemeinschaft zur Wahlverwandtschaft. In: Beck, Ulrich; Beck-Gernsheim, Elisabeth (Hrsg.): Riskante Freiheiten. Individualisierungen in modernen Gesellschaften. Frankfurt a.M. 1994. S. 115-138.

eine untergeordnete Rolle. In der öffentlichen Meinung „zerbricht" die Familie, was von den einen als willkommener Wandel begrüßt, von den anderen als wachsende Unsicherheit beklagt wird. Für Maria Rerrich stecken hinter der Vorstellung einer Familie in der „Krise" zwei Grundannahmen: Zum einen werde von einer Familienform ausgegangen, die sie mit dem Begriff „traditionelle Familie" bezeichnet. Damit meint Rerrich die „Zweigenerationen-Familie, in der typischerweise ein berufstätiger Vater mit seiner Ehefrau zusammenlebt, die als Hausfrau für die Hausarbeit und die Betreuung der gemeinsamen Kinder zuständig ist"[34], eine Familienform, die in der Tradition der bürgerlichen Familie steht. Hinzuzufügen wäre hier noch, daß im allgemeinen mit dieser Familienform auch die Vorstellung einer stabilen, lebenslangen Partnerschaft verbunden ist[35]. Zum anderen steckt in dem Begriff der „Krise" die Annahme, daß es die beschriebene Familienform zu irgendeinem historischen Zeitpunkt in allgemeiner Verbreitung gegeben habe. Daß das nicht zutrifft, wurde mittlerweile von Familiensoziologen und Historikern umfassend belegt[36]. Immer schon hat es unterschiedliche Ausprägungen von Familie gegeben. Wenn schon nicht die Familienform selber, so hat diese jedoch als gesellschaftliches Leitbild, das individuell nachvollzogen wurde, allgemeine Akzeptanz und Gültigkeit bekommen. Die traditionelle Familie ist als Idee noch heute höchst wirksam[37]. Wenn also von einer „Krise" der Familie ausgegangen werden kann, so handelt es sich weniger um den Zerfall einer ehemals bestehenden und intakten Familienform als vielmehr um eine immer deutlicher werdende Diskrepanz zwischen gesellschaftlichen Leitbildern und den tatsächlich gelebten Formen. Diese Diskrepanz aber, so lautet die zentrale These Rerrichs, ist in dem Modell der traditionellen Familie bzw. in deren Vorläuferin „bürgerliche Familie" selber schon angelegt[38]. So konstituierte sich die bürgerliche Familie „in einer Gesellschaftsordnung, deren zentrale Werte sie nach außen mittrug und im Inneren an die folgende Generation weitervermittelte. In ihrer Binnenstruktur bewahrte sie und beruhte sie auf Momenten, die zu diesen Werten im Widerspruch standen"[39].

Zentrale Werte dieser neuen bürgerlichen Gesellschaftsordnung – sie seien hier noch einmal wiederholt – waren die Vorstellungen von individueller Frei-

---

[34] Rerrich, Maria S.: Balanceakt Familie. Zwischen alten Leitbildern und neuen Lebensformen. 2., aktualisierte Aufl. Freiburg 1990. S. 21f.
[35] Vgl. Beck 1990, S. 27.
[36] Vgl. dazu z.B.: Mitterauer, Michael; Sieder Reinhard (Hrsg.): Historische Familienforschung. Frankfurt a.M. 1982; Rosenbaum, Heidi: Formen der Familie. Untersuchungen zum Zusammenhang von Familienverhältnissen, Sozialstruktur und sozialem Wandel in der deutschen Gesellschaft des 19. Jahrhunderts. Frankfurt a.M. 1982; Nave-Herz 1994.
[37] Vgl. Nave-Herz 1994, S. 14.
[38] Rerrich 1990, S. 18.
[39] Rerrich 1990, S. 19.

heit und Gleichheit sowie von persönlicher Autonomie – Werte, die im Gegensatz zu denen der ständisch-feudal strukturierten Gesellschaft standen, in der die soziale Position des Individuums durch den Stand bestimmt war. In der bürgerlichen Gesellschaft galt der Gedanke, die soziale Position durch eigene Leistung und persönliche Tugenden erringen zu können[40]. Die bürgerliche Familie stand dieser Idee in mehrfacher Hinsicht entgegen. Mit der zunehmenden räumlichen Trennung von (männlicher) Erwerbsarbeit und Wohnen hatte sich die Familie als Heim, als Ort der Privatheit konstituiert. Im Gegensatz zur vorindustriellen Familie, die als Wirtschaftseinheit auch nichtblutsverwandte Personen miteinander verband, wurden in der bürgerlichen Familie die Begriffe „Blutsverwandtschaft" und „Familie" zu Synonymen – eine Identifizierung, die auch heute unser Denken bestimmt. Die Familie, derart als Heim für blutsverwandte Personen herausgebildet, bekam im folgenden die Qualität eines Schutzraumes, der im krassen Gegensatz zur gefährlichen und harten Außenwelt stand, das Heim wurde mehr und mehr zu einer Gegenwelt zur Erwerbssphäre, in der die Kälte und der Materialismus der als feindlich empfundenen Außenwelt kompensiert werden sollte[41]. Waren also in der „Außenwelt" Tugenden wie Rationalität, individuelle Leistung, persönliches Durchsetzungsvermögen und damit auch Härte gefragt, so wurde die Familie zum Ort der Wärme, des Gefühls und der Gemeinschaft – hier stand also die Familie im Gegensatz zu zentralen Werten der Gesellschaft. Gleichzeitig jedoch reproduzierte sie diese Werte, indem sie einerseits als innere Gegenwelt die Außenwelt stärkte und sie andererseits die gesellschaftlichen Werte in der Kindererziehung verfestigte. Anders als in der vor-industriellen Familienform des ganzen Hauses, in der Kinder eher „nebenbei" großgezogen wurden, wurden Kinder nun im Sinne der gesellschaftlichen Werte erzogen, Kindererziehung bekam einen zentralen Stellenwert[42]. Die Veränderungen in Familie und Kindererziehung wirkten sich insofern auf die geschlechtliche Aufgabenverteilung aus, als der Frau die Aufgabe der wichtig gewordenen Kindererziehung zufiel. Einhergehend damit wurde ihr gesamter Bereich auf das Haus und die darin anfallenden Arbeiten begrenzt. Dem Mann hingegen fiel die Erwerbsarbeit und das Wirken in der öffentlichen Sphäre zu.

Gegen Ende des 18. Jahrhunderts begannen sich zudem anstelle von ständisch geprägten Vorstellungen hinsichtlich Tugenden, Aufgaben und Charak-

---

[40] Dies sagt noch nichts darüber aus, inwieweit diese Idee auch gesellschaftlich realisiert wurde. Als Idee hatte dieser Gedanke Allgemeingültigkeit, in der Umsetzung galt er nur für erwachsene Männer des Bürgertums.
[41] Diese Entwicklung ist vielfach beschrieben worden. Vgl. dazu z.B.: Rerrich 1990; Weber-Kellermann: Die deutsche Familie. Versuch einer Sozialgeschichte. Frankfurt a.M. 1974; Becher, Ursula: Geschichte des modernen Lebensstils. Essen – Wohnen – Freizeit – Reisen. München 1990.
[42] Vgl. dazu: Ariès, Philippe: Geschichte der Kindheit. 8. Aufl. München 1988.

tereigenschaften Aussagen zu einem Geschlechtscharakter zu häufen[43]. Damit fand – wie Rerrich es interpretiert[44] – eine Umkehrung des Ständedenkens statt: War das Geschlecht in der vorindustriellen Gesellschaft dem sozialen Stand untergeordnet, so wurde es nun zum bestimmenden Moment in der individuellen Biographie – nicht der Stand, sondern das Geschlecht war nun Schicksal. Analog der gesellschaftlichen Polarisierung von Heim und Welt fand so eine Polarisierung der Geschlechter statt, Prozesse, die in enger Wechselwirkung zueinander standen. Die Geschlechtseigenschaften, die den Frauen zugeordnet wurden, standen in Zusammenhang mit ihren Aufgaben in der Familie; sie wurde als passiv, schwach, emotional, und geduldig beschrieben, ihr Sein wurde als Da-Sein für andere gedacht. Ihre Aufgaben waren nicht nur die Führung des Haushaltes, sondern ebenso der Erhalt der Familie. Sie war zuständig für den emotionalen Stand der Familie, ihre Bestimmung war es, zu vermitteln und sich fürsorglich zu verhalten; dafür bekam sie die materielle Versorgung wie den Schutz ihres Ehemannes. Mit der Zuschreibung des „Da-Seins für andere" stand die Rollenbeschreibung der Frau im Gegensatz zu dem gesellschaftlichen Leitbild des autonomen Individuums[45], womit innerhalb der Familie eine entscheidende Spannung angelegt war. Zwei Spannungspunkte waren also strukturell in der bürgerlichen Familie angelegt, die letztlich zu ihrer Auflösung beitragen konnten: Zum einen war es die mit der Familie verbundene Rolle der Frau, die diese aus den Vorstellungen von individueller Freiheit und Gleichheit ausschloß, zum anderen war es die Konstitution der Familie als Gegenwelt – zwei Dimensionen, die eng miteinander verbunden waren. Rerrich beschreibt die derart vorgestellte bürgerliche oder traditionelle Familie als „unvollständig modernisiert, (da) in ihr die Verteilung von Chancen, Abhängigkeiten, Lebenslagen und Arbeitsaufgaben einer gänzlich anderen Logik gehorcht als andere zentrale Institutionen der Moderne."[46] Trotzdem war die traditionelle Familie ein Produkt und Teil der Moderne, da sie „ein wesentliches und tragendes Element des entstehenden Kapitalismus gewesen ist."[47] Ihre Aufgabe als Gegenwelt wurde durch die Außenwelt bestimmt und

---

[43] Hausen, Karin: Die Polarisierung der Geschlechtscharaktere. Eine Spiegelung der Dissoziation von Erwerbs- und Familienleben. In: Rosenbaum, Heidi (Hrsg.): Seminar: Familie und Gesellschaftsstruktur. Materialien zu den sozio-ökonomischen Bedingungen von Familienformen. Frankfurt a.M. 1978. S. 161-190.
[44] Rerrich 1990, S. 43f.
[45] Die Individualisierung ging nicht vollständig an der Frau vorbei. So weist Rosenbaum darauf hin, daß die Vorstellung einer aus Liebe geschlossenen Ehe – eine Vorstellung, die gerade bei der bürgerlichen Eheschließung die Basis bildete – die Wahrnehmung von Personen als Individuen voraussetzt. Nicht zwei Familien verbinden sich, sondern zwei Individuen. In diesem Kontext also wurde auch die Frau als Person mit individuellen Zügen und nicht allein in ihrer sozialen Rolle gesehen. Vgl. Rosenbaum 1982, S. 266.
[46] Rerrich 1990, S. 42 (Kursiv im Original).
[47] Rerrich 1990, S. 42.

stützte diese, indem sie weiterhin Funktionen innehatte, die in der Außenwelt (noch) nicht vollständig oder schlechter geleistet werden konnten (z.B. Pflege, Erziehung, Reproduktion etc.)[48].

Gestützt wurde die familiale Situation durch die ökonomische Abhängigkeit von Frauen, ihre mangelnde Ausbildung sowie durch die rechtliche Ungleichheit, die in Deutschland erst mit dem 1949 im Grundgesetz gegebenen Gebot der Gleichberechtigung der Geschlechter aufgehoben wurde. Durch diese rechtlichen Ungleichheiten waren Frauen nicht nur durch ihre Geschlechtszuschreibungen auf die Arbeit in der Familie festgelegt, sondern ebenso auch dadurch, daß sie kaum die Möglichkeit hatten, als selbständige Person am öffentlichen Leben teilzunehmen. Darüber hinaus war die Vormachtstellung des Mannes innerhalb der Familie durch die rechtliche Situation abgesichert.[49] Als weiteres, die Familie stabilisierendes Element, sieht Rerrich, in Anlehnung an Hausen[50], die gedachte Komplementarität der Geschlechtscharaktere. Nur zusammen als Paar war es möglich, charakterliche Vollständigkeit, Harmonie und Einheit zu erreichen. Dieser Vorstellung gemäß bedurften Männer und Frauen einander nicht nur auf der sexuellen oder ökonomischen Ebene, sondern ebenso auch als Basis „höherer Humanität"[51], zum vollendeten Mensch-Sein. Für Rerrich erklärt sich aus dem normativen Anspruch dieses Konstruktes die Bereitschaft vor allem des bürgerlichen Mannes, sich der Spannung zwischen dem gesellschaftlichen Versprechen der individuellen Autonomie einerseits und den Anforderungen des Kollektivs „Familie" – d.h. der Versorgung von Frau und Kindern – anderseits auszusetzen.

Anders als für das Bürgertum ließ sich das Leitbild der bürgerlichen Ehe in Arbeiterfamilien schwerlich erfüllen. Hier war Lohnarbeit auch für Frauen die Regel; Privatsphäre war selten gegeben, die Beziehung der Familienmitglieder untereinander war nur wenig emotional und die Kinder hatten auch kaum die Bedeutung, die ihnen im bürgerlichen Haushalt gegeben wurde. Daß sich das Leitbild der bürgerlichen Familie trotzdem auch im proletarischen Milieu durchsetzen konnte, liegt für Rerrich in dem Kontrast begründet, in dem es zu

---

[48] Auch der Staat begann im 19. Jahrhundert einen Teil dieser Aufgaben durch Schule, Sozialversicherung usw. zu übernehmen. Jedoch hatte die staatliche Fürsorge und Versorgung nur einen kleinen Teil der Bevölkerung erfaßt. Vgl. dazu: Mayer und Müller 1994, S. 278f. Zu beachten ist in dieser Darstellung der Familie auch, daß es sich um gesellschaftliche Leitbilder und Ideale handelte. Gelebt wurde diese Familienform nur bei einer kleinen Gruppe – im Bürgertum. Ansonsten war die Pluralität der familialen Lebensstile im 19. Jahrhundert zum Teil nicht weniger ausgeprägt als heute, nur wurden die unterschiedlichen Formen anders bewertet. Vgl. dazu: Nave-Herz 1994, S. 12
[49] Vgl. Gerhard, Ute: Die Rechtsstellung der Frau in der bürgerlichen Gesellschaft des 19. Jahrhundert. Frankreich und Deutschland im Vergleich. In: Kocka, Jürgen (Hrsg.): Bürgertum im 19. Jahrhundert. Deutschland im europäischen Vergleich. Bd. 1. München 1988. S. 439-468.
[50] Hausen 1978.
[51] Hausen 1978, S. 170.

den Arbeitsbedingungen, die die proletarischen Frauen erfuhren, stand. Vor dem Hintergrund der Lohnarbeit erschien das bürgerliche Familienideal als Symbol des besseren Lebens; gleichzeitig war es auch Zeichen eines erstrebenswerten sozialen Status, Ausdruck davon, daß man es sich „leisten" konnte, daß die Frau nicht arbeiten ging.[52] Dazu kam, daß im ersten Viertel des 20. Jahrhunderts im öffentlichen Diskurs verstärkt Familienleben nach dem Vorbild der bürgerlichen Familie propagiert wurde. Im Zentrum der Familienpolitik stand eine Aufwertung der Mütterlichkeit, d.h. Frauen wurden zunehmend in ihrer Rolle als Mutter angesprochen und für das Wohl ihrer Kindern verantwortlich gemacht. Getragen wurde dieses Leitbild von Psychologen, Ärzten, Bevölkerungspolitikern, Mütter- und Familienberatungsstellen sowie von Fürsorgeeinrichtungen, die zur Verbreitung dieses Familienleitbildes im proletarischen Milieu beitrugen.[53]

In den letzten hundert Jahren, besonders aber in den letzten drei Jahrzehnten hat es eine Reihe komplexer, miteinander verwobener Entwicklungen gegeben, die dazu führten, daß die im bürgerlichen Familienmodell angelegten Spannungen aufgebrochen sind. Es würde in diesem Rahmen zu weit führen, diese Entwicklungen, in denen sich ökonomische, technische, soziale, religiöse und politische Komponenten miteinander vermischen, im einzelnen darzustellen. Mich interessieren im folgenden die Veränderungen in der weiblichen Normalbiographie und damit einhergehend veränderte Wert- und Normvorstellungen. Herbeigeführt wurden diese im entscheidenden Maße durch die rechtliche Gleichstellung von Männern und Frauen, die Angleichung der Bildungsmöglichkeiten der Geschlechter, die Durchsetzung der weiblichen Berufstätigkeit sowie die Liberalisierung der Geschlechterbeziehungen[54]. Besonders durch die verbesserten Bildungschancen für Mädchen, sowie durch ihre Berufstätigkeit hat sich für Frauen tendenziell eine entscheidende Wende vom „Dasein für andere" als bestimmender Wert hin zu Bestrebungen nach Selbstverwirklichung, Autonomie und Eigenständigkeit vollzogen: Die Erfüllung des Versprechens von individueller Freiheit und Gleichheit der bürgerlichen Gesellschaft ist nun auch für Frauen in greifbare Nähe gerückt. Anders ausgedrückt: Die gesellschaftlichen Individualisierungstendenzen, die für Frauen bisher nur bedingt galten, haben auch auf diese übergegriffen[55]. Da Individualisierung eng mit

---

[52] Rerrich 1990, S. 62.
[53] Vgl. dazu Ratzenböck, Gertraud: Mutterliebe. Bemerkungen zur gesellschaftlich konstruierten Verknüpfung von Mutterliebe und Familie. In: Bernold, Monika u.a. (Hrsg.): Familie: Arbeitsplatz oder Ort des Glücks? Historische Schritte ins Private. Wien 1990. S. 19-49.
[54] Vgl. zu den genannten Veränderungen: Beck-Gernsheim, Elisabeth: Vom Geburtenrückgang zur Neuen Mütterlichkeit? Über private und politische Interessen am Kind. Frankfurt a.M. 1989a. S. 27ff.
[55] Natürlich haben diese Tendenzen auch erst später auf andere soziale Schichten als das Bürgertum übergegriffen, so daß beispielsweise für Arbeiter die Individualisierung erst nach

dem Arbeitsmarkt zusammenhängt, erhält Erwerbsarbeit so auch für Frauen eine wesentliche Bedeutung, nicht nur als Grundlage materieller Versorgung, sondern ebenso auch als identitätsbildendes Element. Trotzdem ist die Individualisierung für Frauen noch unvollständig, da zwar einerseits die weibliche Beteiligung am Arbeitsmarkt notwendig wird, andererseits Frauen immer noch die Hauptverantwortung für familiale Aufgaben haben. Damit liegt der gesellschaftlichen Individualisierung ein geschlechtsspezifisches Muster zugrunde, das Diezinger mit dem Begriff der „kontrollierten Individualisierung"[56] bezeichnet.

Aus dieser Entwicklung ergeben sich für Frauen ein Reihe von Widersprüchen, die ihren Ursprung zwar auf der gesellschaftlichen Ebene haben, aber häufig auf der subjektiven Ebene gelöst werden müssen. Im Zentrum dieser Widersprüchlichkeiten steht eine Erwartungshaltung Frauen gegenüber, die aus der „kontrollierten Individualisierung" resultiert und die Rerrich mit dem Begriff des „doppelten Leitbildes der Frau"[57] beschreibt: In der ersten Lebenshälfte, als Kinderlose, wird von Frauen Selbstbewußtsein erwartet, die Fähigkeit, einem qualifizierten Beruf nachzugehen sowie finanzielle Selbständigkeit, nach der Geburt eines bzw. spätestens nach der des zweiten Kindes soll für Frauen der berufliche Erfolg zumindest vorübergehend zweitrangig werden: „Dieselben Frauen, denen nicht nur zugestanden wird, sondern von denen neuerdings verlangt wird, daß sie vor der Familiengründung beruflich erfolgreich und selbständig eigene Lebenspläne entwickeln, sollen aber mit der Geburt eines Kindes ihre eigenen Interessen zumindest für die Phase der Kleinkinderziehung zurückstellen und ganz im Dasein für die Familie aufgehen."[58] Im engen Zusammenhang damit steht auch die Haltung von Männern gegenüber Hausarbeit; unabhängig von der Erwerbstätigkeit ihrer Frauen bleibt die Beteiligung der Männer an Hausarbeiten „bescheiden"[59], zum „Da-Sein für die Familie" gehört deshalb auch die Übernahme derartiger Tätigkeiten. Diese gesellschaftliche Erwartungshaltung wirkt sich auf die Planung des Lebenslaufes von Frauen aus. In einer Studie zur Lebensplanung von Frauen haben Birgit Geissler und Mechtild Oechsle vier Typen weiblicher Lebensplanung unterscheiden können:

---

dem 2. Weltkrieg volle Auswirkungen zeigte. Doch von der Idee her, waren auch die Männer aus der Arbeiterklasse in diese Tendenzen eingeschlossen, während für Frauen selbst die Idee erst spät Gültigkeit bekam.
[56] Diezinger, Angelika: Frauen: Arbeit und Individualisierung. Chancen und Risiken. Eine empirische Untersuchung anhand von Fallgeschichten. Opladen 1991. S. 26.
[57] Rerrich 1990, S. 22.
[58] Rerrich 1990, S. 123; Vgl. dazu auch die Statistiken in Nave-Herz 1994, S. 41.
[59] Beck-Gernsheim, Elisabeth: Arbeitsteilung, Selbstbild und Lebensentwurf. Neue Konfliktlagen in der Familie. In: Kölner Zeitschrift für Soziologie und Sozialpsychologie 2 (1992). S. 273-191, hier S. 273.

die doppelte, die familienzentrierte, die berufszentrierte und die individualisierte Lebensplanung[60].

Die erste Form, die doppelte Lebensplanung, versucht die Lebensbereiche Partnerschaft/Familie und Beruf möglichst gleichgewichtig zu berücksichtigen. Die Frauen versuchen, eine gute Ausbildung zu erhalten und sich beruflich zu etablieren, bevor sie für die Familienphase ihre Berufstätigkeit bis zum Kindergartenalter bzw. der Schulpflichtigkeit des Kindes oder der Kinder unterbrechen. Danach ist der Wiedereinstieg in den Beruf vorgesehen. Berufsarbeit ist für diese Frauen Teil ihrer Persönlichkeitsentwicklung und wird als Bereicherung erfahren.

Die familienzentrierte Lebensplanung als zweite Form stellt den Versuch dar, die traditionelle Frauenrolle aufrecht zu erhalten, da diese als biologisch begründet wahrgenommen wird. Zwar wird Berufstätigkeit vor der Phase der Familiengründung auch hier eingeplant – und dementsprechend ein Beruf erlernt –, doch wird das Dasein als Ehefrau und Mutter als eigentliche Bestimmung von Frauen gesehen. Erwerbsarbeit wird nicht als Bereicherung und Teil der Persönlichkeitsentwicklung empfunden, sondern als Zwang.

Dem entgegengesetzt steht der Beruf im Zentrum der dritten Form der Lebensplanung. Hier ist eine existenzsichernde Erwerbsarbeit, also lebenslange, kontinuierliche Vollzeitarbeit, von höchster Bedeutung. Die Einstellung zur Erwerbsarbeit ist dabei instrumentell, die Inhalte der Arbeit sind zwar nicht unwesentlich, werden jedoch der Erwerbstätigkeit als solcher untergeordnet. Im Bereich der Partnerschaft wird versucht, Autonomie zu bewahren und Festlegungen zu vermeiden, beispielsweise durch getrennte Wohnungen.

Die vierte Form, die individualisierte Lebensplanung rückt weder Beruf noch Familie/Partnerschaft in das Zentrum, sondern die Entfaltung des Selbst. Leben wird als Entwicklung gesehen, Familien- und Berufsplanung erscheinen als Ergebnis von Selbstreflexion und sind häufig situationsbedingte Entscheidungen.[61]

Geissler und Oechsle deuten nur an, welche Probleme der Umsetzung die beschriebenen Typen der Lebensplanung jeweils mit sich bringen. Jedoch lassen sich diese leicht vorstellen. So entspricht die doppelte Lebensplanung dem häufig propagierten 3-Phasen-Modell und dürfte dementsprechend die damit verbundenen – in der Literatur vielfach erörterten – Probleme haben. Zu nennen wären hierbei insbesondere das Problem des beruflichen Wiedereinstiegs, besonders in Zeiten hoher Arbeitslosigkeit, das Gefühl der Zerrissenheit zwi-

---

[60]Geissler, Birgit; Oechsle, Mechtild: Lebensplanung als Konstruktion: Biographische Dilemmata und Lebenslauf-Entwürfe junger Frauen. In: Beck, Ulrich; Beck-Gernsheim, Elisabeth (Hrsg.): Riskante Freiheiten. Individualisierungen in modernen Gesellschaften. Frankfurt a.M. 1994. S. 139-167, hier S. 152.
[61] Geissler und Oechsle 1994, S. 152ff.

schen Beruf und Familie, Mehrfachbelastungen, ein schlechtes Gewissen gegenüber den Kindern usw. Dies alles vor dem Hintergrund einer gestiegenen Bedeutung von Kindern – es gibt zwar weniger Kinder, diese haben aber eine viel stärkere emotionale Bedeutung für die Eltern erhalten[62] –, höheren Erziehungsanforderungen[63] sowie allgemein wachsender Komplexität von Alltagsanforderungen[64]. Ebenso können die Frauen mit dieser Lebensplanung – je nach individueller Lebenssituation – zu denen gehören, die auf die Versorgung durch den Mann angewiesen sind und möglicherweise nach einer Scheidung verarmen[65].

Versorgungsabhängigkeit vom Ehemann und Risiko der Verarmung sind auch die Hauptprobleme der familienzentriert ausgerichteten Frauen, obwohl ein solches Problem auf der subjektiven Ebene erst nach dem Scheitern einer Beziehung wahrgenommen werden dürfte. Problematisch ist bei dieser Lebensplanung aber auch die Legitimationsbedürftigkeit solcher Lebensziele gegenüber anderen Lebensweisen, da dieses traditionelle Modell seine allgemeine Gültigkeit verloren hat[66].

Das Hauptproblem der dritten Form der Lebensplanung, einer berufszentrierten Lebensweise, dürfte die schwierige Vereinbarkeit von Beruf und Kinderwunsch sein, ein Problem, das häufig auf der individuellen Ebene durch organisatorische Höchstleistungen gelöst wird. Die Problemlage der vierten Gruppe von Frauen dürfte den hier geschilderten entsprechen, jedoch innerhalb der Gruppe aufgrund der individualisierten Lebensplanung auch individuell unterschiedlich.

Die Probleme von Frauen, die sich aus der doppelten Anforderung ergeben, werden im empirischen Teil ausführlich behandelt.

3 Individualisierung und Identität

Die beschriebenen Prozesse der Individualisierung mit ihren widersprüchlichen Anforderungen zwischen Institutionalisierung und De-Institutionalisierung, zwischen Selbst- und Fremdbestimmung werfen die Frage nach der Identitäts-

---

[62] Vgl. Beck-Gernsheim 1989a, S. 128.
[63] Beck-Gernsheim, Elisabeth: Alles aus Liebe zum Kind. In: Beck, Ulrich; Beck-Gernsheim, Elisabeth: Das ganze normale Chaos der Liebe. Frankfurt a.M. 1990a. S. 135-183, S. 142ff.
[64] Rerrich, Maria S.: Zusammenfügen, was auseinanderstrebt: Zur familialen Lebensführung von Berufstätigen. In: Beck, Ulrich; Beck-Gernsheim, Elisabeth (Hrsg.): Riskante Freiheiten. Individualisierungen in modernen Gesellschaften. Frankfurt a.M. 1994. S. 201-218, hier S. 206.
[65] Pfaff, Anita B.: Feminisierung der Armut durch den Sozialstaat. In: Armut im modernen Wohlfahrtsstaat. Kölner Zeitschrift für Soziologie und Sozialpsychologie, Sonderheft 32 (1992). S. 421-445.
[66] Geissler und Oechsle 1994, S. 159.

bildung der Individuen auf, die mit diesen widersprüchlichen Anforderungen leben. Anders ausgedrückt: Welche Identität kann sich bei einer Form der Vergesellschaftung entwickeln, die am Individuum als sozialer Einheit ansetzt und nach subjektiven Lösungsmöglichkeiten für gesellschaftliche Probleme verlangt?

Identität hat mehrere Dimensionen, an die ich mich im folgenden annähern möchte. Dabei fasse ich Identität als Entwurf von Einheitlichkeit im Spannungsfeld des Verhältnisses des einzelnen zu anderen. Hierbei sollen vor allem zwei Betrachtungsweisen von Identität hervorgehoben werden, denen für die Interpretation des vorliegenden empirischen Materials besondere Bedeutung zukommt. Einmal soll Identität als Frage nach der Relation des Individuums zur Gesellschaft im Sinne von Allgemeinheit und Besonderheit begriffen werden. Dabei wird das Verhältnis von Übereinstimmung mit und Abgrenzung von anderen in den Mittelpunkt der Betrachtung gerückt. Mit anderen Worten, es wird der Frage nach der Selbstverortung von Individuen im Sinne von Zugehörigkeit zu einer Gruppe oder dem Gefühl von Fremdheit nachgegangen.

Die zweite Betrachtungsweise hängt damit eng zusammen, hebt aber einen eigenen Aspekt hervor, den des Verhältnisses von „Ich und die anderen" im Sinne von Nähe und Distanz bzw. Getrenntheit und Ungetrenntheit. Identität aus dieser Perspektive betrachtet, beleuchtet weniger das Gefühl der Zugehörigkeit bzw. der Fremdheit, als vielmehr die Rolle, die die anderen in der Konstitution des Selbst spielen. Hier wird nicht nur nach Übereinstimmung und Abgrenzung gefragt, sondern auch danach, in welchem Ausmaß die eigene Identitätsbildung die anderen benötigt. Beide Betrachtungsweisen werden vor allem im interaktionistischen Identitätsmodell, dessen herausragende Vertreter George H. Mead und Erving Goffman sind, behandelt, so daß ich mich im folgenden diesem Modell zuwende.

Für Mead ist Identität kein bei der Geburt gegebener Zustand, sondern ein Phänomen, das sich „innerhalb des gesellschaftlichen Erfahrungs- und Tätigkeitsprozesses, das heißt im jeweiligen Individuum als Ergebnis seiner Beziehungen zu diesem Prozeß als Ganzem und zu anderen Individuen innerhalb dieses Prozesses"[67] entwickelt. Identität im Mead'schen Sinne entsteht also in einer Interaktions- oder Kommunikationsstruktur. Die Position des Individuums innerhalb dieser Struktur bestimmt Mead durch die Unterscheidung von zwei Aspekten von Identität, die er „me" und „I" nennt. „Me" verkörpert den Anteil der Gesellschaft im Individuum, den Mead als den „generalisierten Anderen" bezeichnet. Der Prozeß der Vergesellschaftung erfolgt, indem das Individuum lernt, zunächst die spezifischen Haltungen der es umgebenden anderen (z.B. direkte Bezugspersonen) ihm selbst gegenüber oder zueinander in die

---

[67] Mead, George H.: Geist, Identität und Gesellschaft aus der Sicht des Sozialbehaviorismus. 9. Aufl. Frankfurt a.M. 1993 (Engl. Originalausgabe 1934). S. 177.

konkrete gesellschaftliche Situation, an der es teilhat, einzuordnen. Diese konkreten Haltungen werden verallgemeinert, d.h. sie werden von Einzelpersonen und spezifischen Situationen auf die Gesamtheit von Situationen, wie auf die gesamte Gruppe übertragen, wo sie als Totalität der gesellschaftlichen Haltungen organisiert erscheinen. Diese Totalität steht dem Individuum als „generalisierter Anderer" einerseits gegenüber, anderseits wird sie in das Individuum als ein Anteil der Identität hineingenommen.

Dadurch, daß das Individuum die Haltung der anderen auch in sich selber trägt, wird es in die Lage versetzt, diese Haltung bei anderen zu antizipieren. Das heißt auch, daß das Individuum die Haltung der anderen sich selbst gegenüber einnehmen kann. Das Individuum vermag sich selbst also mit den Augen von anderen zu sehen, und ist damit in der Lage, sich selbst zum Objekt zu machen.

Voraussetzung der Antizipation der Haltung der anderen ist ein System von Symbolen, dessen Bedeutung für alle Mitglieder einer Gruppe verständlich ist. Mead spricht in diesem Fall von „signifikanten Symbolen" und meint damit Gesten, insbesondere „vokale Gesten" – also Sprache –, die in allen Mitgliedern einer Gruppe die gleiche Reaktion auszulösen vermögen. Die Vorstellung der Übernahme der anderen Haltung sich selbst gegenüber ist zentral im Mead'schen Konzept, da er diese Fähigkeit als Grundlage des Denkens, das er als Kommunikation begreift[68], und damit auch des Bewußtseins wie der Identität sieht. Nur dadurch, daß das Individuum sich selbst als Objekt zu sehen vermag, erhält es Identität, d.h. ohne die anderen könnte sich kein Individuum seiner selbst bewußt sein. Dabei bedeutet das Einnehmen der Haltung der anderen nicht, daß man mit dieser Haltung übereinstimmt, es kann genauso gut eine Abgrenzung bedeuten. Wesentlich ist jedoch, daß sowohl Übereinstimmung als auch Abgrenzung die Antizipation der Haltung der anderen voraussetzt. „Wir können uns selbst nur insoweit verwirklichen, als wir den anderen in seiner Beziehung zu uns erkennen. Indem der Einzelne die Haltung der anderen einnimmt, ist er fähig, sich selbst als Identität zu verwirklichen."[69]

---

[68] „Nur durch Gesten [auch vokale Gesten, also Sprache, G.H.] qua signifikante Symbole wird Geist oder Intelligenz möglich, denn nur durch Gesten, die signifikante Symbole sind, kann Denken stattfinden, das einfach ein nach innen verlegtes oder implizites Gespräch des Einzelnen mit sich selbst mit Hilfe solcher Gesten ist. Dieses Hineinnehmen-in-unsere-Erfahrung dieser äußerlichen Übermittlung von Gesten, die wir mit anderen in den gesellschaftlichen Prozeß eingeschalteten Menschen ausführen, macht das Wesen des Denkens aus. Die so nach innen genommenen Gesten sind signifikante Symbole, weil sie für alle Mitglieder einer gegebenen Gesellschaft oder gesellschaftlichen Gruppe den gleichen Sinn haben, d.h. daß sie jeweils in dem die Geste setzenden wie auch in dem auf sie reagierenden Individuum die gleichen Haltungen auslösen." Mead 1993, S. 87.
[69] Mead 1993, S. 238.

Dem „me" steht als weiterer Anteil der Identität das „I" gegenüber. Im Gegensatz zum „me" stellt das „I" den eher kreativen und spontanen Anteil der Identität dar. Während die Reaktionen des „me" in einer gegebenen Interaktionssituation für das Individuum vorhersehbar sind – die internalisierte Haltung der anderen „weiß", welche Reaktion erwartet wird – sind die Reaktionen des „I" unbestimmt. Als Beispiel für das Verhältnis von „me" und „I" nennt Mead einen Mannschaftsspieler: Dieser weiß, was die anderen von ihm in bestimmten Spielsituationen erwarten und wird versuchen, danach zu handeln; er weiß aber nicht, wie diese Handlung beschaffen sein wird[70]. Da die Reaktionen des „I" nicht vorhersehbar sind, beschreibt Mead das „I" als den Anteil in der Identität, dessen man sich nur in der Erinnerung bzw. Erfahrung bewußt wird. Man weiß nicht, wie man reagieren wird, aber man weiß, wie man reagiert hat. Als Erfahrungswissen kann die jeweilige Reaktion dann in das „me" eingehen, dieses verändern und die nächste Situation mitgestalten. In den Worten Meads ist das „I" die „Reaktion des Einzelnen auf die Haltung der Gemeinschaft, so wie diese in seiner Erfahrung aufscheint. Seine Reaktion auf diese organisierte Haltung ändert wiederum diese."[71] Mead spricht in diesem Zusammenhang auch davon, daß das „I" das Gefühl von Freiheit und Initiative vermittele. Im Gegensatz zum „me", das auf der Basis von Erfahrungswissen handelt, schafft der Einzelne mit dem „I" neue Situationen und verändert diese „indem er sich selbst ausdrückt"[72].

Das Zusammenspiel von „me" und „I" bezeichnet Mead als einen gesellschaftlichen Prozeß, in dem die beiden Anteile ihren jeweiligen Platz haben. Zusammen machen sie Identität aus, wobei die jeweiligen Anteile variieren. Mead betont ausdrücklich, daß beide Anteile notwendig sind, daß das Individuum sowohl nach gesellschaftlicher Anerkennung verlangt als auch nach Unterscheidung von anderen. Daß jedes Individuum in seiner Identität sowohl individueller Ausdruck eines generalisierten Anderen als auch Ausdruck einer spezifischen Individualität ist, ist für Mead keine unvereinbare Tatsache. Für ihn spiegelt das Individuum sowohl die gesellschaftliche Haltung als auch eine spezifische Haltung wider, da jedes Individuum eine spezifische Perspektive auf die Gesellschaft hat: „In anderen Worten, die organisierte Struktur jeder einzelnen Identität innerhalb des menschlichen gesellschaftlichen Erfahrungs- und Verhaltensprozesses spiegelt die organisierten Beziehungen dieses Prozesses als Ganzen wider und wird durch ihn gebildet. Jede einzelne Identitätsstruktur spiegelt aber (und wird gebildet durch) einen andersartigen Aspekt

---

[70] Vgl. Mead 1993, S. 218.
[71] Mead 1993, S. 240.
[72] Mead 1993, S. 241.

oder eine andere Perspektive dieser Beziehung, weil eine jede diese Beziehungen aus ihrer eigenen einzigartigen Position spiegelt."[73]

Diese Darstellung gesellschaftlicher Prozesse erscheint bei Mead als relativ neutraler Akt. Nur selten läßt er anklingen, daß die antizipierte Haltung der anderen auf Ablehnung, Unbehagen oder identifikatorische Probleme beim Individuum stoßen könnte. Gerade diesen Aspekt aber betont Goffman in seiner Darstellung des Umgangs mit Stigmatisierungen, wie er beschädigte Identitäten bezeichnet. Goffman unterscheidet drei Aspekte von Identität: die soziale Identität, die persönliche Identität und schließlich die Ich-Identität.

In der sozialen Identität sind für ihn die Zuschreibungen, Erwartungen oder gar Forderungen zu finden, die an ein Individuum aufgrund seiner Zugehörigkeit zu einer sozialen Kategorie gerichtet werden. Basis der sozialen Identität ist für ihn die gesellschaftliche Einteilung von Personen in Kategorien, denen ein bestimmter Satz von Attributen zugeschrieben wird. In der Begegnung mit Unbekannten wird versucht, diese in eine vorhandene Kategorie einzuordnen, indem ihre soziale Identität antizipiert wird. Wesentlich an diesem Akt der Antizipation ist dessen normativer Anspruch; mit der Einordnung in eine bestimmte soziale Kategorie ist die Erwartung verbunden, sich entsprechend der damit verbundenen Attribute zu verhalten. Die Zuschreibungen entsprechen der gesellschaftlichen Vorstellung von Normalität, die mit der jeweiligen sozialen Kategorie verbunden ist.

Auch die persönliche Identität, wie Goffman sie beschreibt, hat vor allem einen sozialen Aspekt. Hierbei geht es um die Einzigartigkeit eines Individuums im Sinne von Unterscheidbarkeit oder Identifizierbarkeit. Mit der persönlichen Identität verbunden sind – wie Goffman es nennt – „positive Kennzeichen oder Identitätsaufhänger und die einzigartige Kombination von Daten der Lebensgeschichte, die mit Hilfe dieser Identitätsaufhänger an dem Individuum festgemacht wird."[74] Unter „Identitätsaufhänger" versteht Goffman persönliche Kennzeichen wie eine bestimmte Körperhaltung, Fingerabdrücke, aber auch eine spezifische Position in einem Verwandtschaftsverband, anhand derer ein Individuum positiv identifiziert werden kann. Zur Unterscheidung von sozialer und persönlicher Identität zieht Goffman das Beispiel einer Ehefrau heran: Als Ehefrau gehört sie einer sozialen Kategorie an, die mit bestimmten Erwartungen verbunden ist, als Person sowie als Ehefrau eines bestimmten Mannes hingegen ist sie einzigartig und von allen anderen Ehefrauen in der Kategorie Ehefrau unterscheidbar. Wesentlich ist bei der persönlichen Identität, daß es auch hierbei in erster Linie nicht um die Selbstwahrnehmung geht, sondern

---

[73] Mead 1993, S. 245.
[74] Goffman, Erving: Stigma. Über Techniken der Bewältigung beschädigter Identität. 2. Aufl. Frankfurt a.M. 1977. S. 74.

um das Bild, das sich andere von einer ganz bestimmten Person machen und anhand dessen sie diese Person von allen anderen Personen unterscheiden.

Um Selbstwahrnehmung geht es bei dem dritten Aspekt, den Goffman nennt, bei der Ich-Identität. Als Ich-Identität bezeichnet er „das subjektive Empfinden seiner eigenen Situation und seiner eigenen Kontinuität und Eigenart"[75]. Auf der Ebene der Ich-Identität kann es zu Ambivalenzen kommen, wenn die Selbstwahrnehmung nicht mit der sozialen oder persönlichen Identität in Übereinstimmung steht, wenn also die Zuschreibungen der anderen den eigenen Zuschreibungen nicht entsprechen. Goffman benutzt in diesem Zusammenhang den Begriff „Stigmatisierung", einen Begriff, mit dem er Abweichungen von „Normalität" in allen Varianten bezeichnet. Stigmatisiert fühlen können sich Behinderte, Personen mit einem wie auch immer gearteten Makel, ebenso aber auch Angehörige von Minoritätengruppen oder Personen, die sich in der „falschen" sozialen Gruppe bewegen. Stigmatisiert kann sich gewissermaßen aber auch jede Person fühlen, da „Normalität" ein gesellschaftlich konstruiertes Bild ist, dem niemand in allen Situationen entspricht. Goffman spricht hier von „Identitätsnormen", von denen jeder in bestimmten Situationen und Punkten abweicht. Zur Handhabung der Abweichung von Identitätsnormen, d.h. zum „Identitätsmanagement", zeigt er eine Reihe von Möglichkeiten auf. So nennt er folgende Formen von „Identitätsmanagement": Versuche, sich eine andere soziale oder persönliche Identität zuzulegen, also Formen des Geheimhaltens, der Vermeidung, des Täuschens, der Selbstinszenierung und der Imagebildung; Betonung des stigmatisierenden Elements und Abgrenzung von bzw. Bruch mit der „normalen" Gruppe sowie das Gegenteil davon, die Abgrenzung von der stigmatisierten Gruppe und Überidentifikation mit der „Normalität"; schließlich Unterstützung der Norm, wobei jedoch die eigene Person einer anderen Kategorie zugerechnet wird, d.h. man selber zählt sich nicht zu den Personen, die die hochgehaltene Norm in der Praxis realisieren müssen.

Die Konzepte Meads und Goffmans sowie weiterer interaktionistischer Identitätstheoretiker wurden Ende der 60er Jahre von Lothar Krappmann aufgenommen. Er baut darauf ein Identitätskonzept auf, das er als „balancierende Identität" bezeichnet. Krappmann geht dabei von einem Individuum aus, das zum einen durch die Teilnahme an unterschiedlichen Interaktionssituationen und zum anderen durch die unterschiedlichen von ihm antizipierten Erwartungen der Interaktionsteilnehmer ständig diskrepanten Erwartungen, differierenden Normen und widersprüchlichen Interpretationen ausgesetzt ist. Das Individuum muß angesichts dieser Situation eine Möglichkeit finden, zwischen den differierenden Erwartungen zu vermitteln. Dabei gilt es nicht nur einen Aus-

---

[75] Goffman 1977, S. 132.

gleich zwischen den aktuellen Handlungssituationen, an denen das Individuum zu einem bestimmten Zeitpunkt seines Lebens beteiligt ist, zu finden, sondern es muß ebenso auch die zeitliche Dimension integriert werden. Vergangene Interaktionssituationen, die Erfahrung und Biographie des Individuums muß also ebenso berücksichtigt werden wie die unterschiedlichen aktuellen Situationen. Krappmann stellt diesen Vermittlungsprozeß als einen Balanceakt dar, den er mit dem Begriff „Identität" bezeichnet. Identität ist dabei keine stabile Position, sondern die Summe der Erfahrungen in anderen Interaktionsprozessen, die in eine neue Interaktion eingebracht, darin verändert wird und verändernd dazu beiträgt.

Wesentlich bei alldem ist das Aushalten von Widersprüchen, die sich durch die Teilnahme an unterschiedlichen Interaktionssituationen – gegenwärtigen und vergangenen – ergeben, ist die interpretierende Akzeptanz eines Nebeneinanders von Unvereinbarkeiten – eine Akzeptanz, die Krappmann auch mit dem Begriff Ambiguitätstoleranz bezeichnet. Basis der Identität ist so die Fähigkeit, Situationen jeweils neu zu interpretieren und sich darin als ein einzigartiges und identisches Individuum zu präsentieren. Die Einzigartigkeit des Individuums stellt sich dabei über die besondere Art und Weise her, in der das Individuum die Balance zu halten vermag, d.h. über die subjektive Interpretation der herangetragenen Erwartungen. Identität im Sinne Krappmanns ist ein Prozeß, die Fähigkeit zur ständigen Auseinandersetzung und zur immer neuen Verknüpfung unterschiedlicher Interaktionsbeteiligungen. Krappmann sieht zwei Möglichkeiten, wie das Individuum der Anforderung zur Balance entgehen kann: entweder es vermeidet Diskrepanzen, indem es sich vollständig anpaßt oder mögliche diskrepante Situation umgeht oder es nimmt die an ihn gerichteten Anforderungen der anderen nicht wahr. Beide Möglichkeiten interpretiert Krappmann als mißlungene Identität, da bei der ersten Möglichkeit darauf verzichtet wird, sich in seiner Einzigartigkeit darzustellen, und die zweite Möglichkeit die Teilnahme an Interaktionsprozessen und damit die Anerkennung durch andere stört.

Das interaktionistische Identitätsmodell stellt mit seiner Betonung von individueller Handlungskompetenz ein Modell dar, das der gesellschaftlichen Individualisierung angemessen ist. Nicht Sicherheit und Verhaltensgewissheit in einer festumrissenen Gruppe sind Grundlage der Identitätsbildung, sondern ständige Auseinandersetzung mit immer neuen Anforderungen in sich verändernden Situationen. Das Individuum entwirft sich selbst dabei immer wieder neu. Dabei müssen innere Einheitlichkeit und Kohärenz nicht unbedingt verloren gehen, sondern die Frage danach muß, wie Schiffauer schreibt, „in einer abgeschwächten Bedeutung, als Fähigkeit beschrieben werden, heterogene Erfahrungen in Beziehung zueinander zu setzen. Sie muß als Prozeß gefaßt werden, der niemals bei sich ankommt. ‚Mit sich identisch sein' kann dann nur heißen: In der Lage sein, immer wieder vorläufige, revidierbare und revisionsbedürftige Vorstellungen von sich selbst als Einheit herzustellen – und sich über den tentativen Charakter dieser Selbstbilder bewußt zu sein."[76] Ein solcher, sich ständig verändernder Selbstentwurf erfordert jedoch – wie Greverus[77] an Krappmann kritisiert – eine individuelle Handlungskompetenz, die zu erwerben, in unserer Gesellschaft längst nicht alle die Chancen haben, da – wie oben schon erwähnt – nicht alle gleichermaßen den Zugang zu dafür notwendigen materiellen und sozialen Ressourcen, wie entsprechende Herkunft, (Aus-)Bildung und Beruf, haben. Die trotzdem vorhandene Notwendigkeit, sich im Zuge der gesellschaftlichen Individualisierungsprozesse eine „balancierende Identität" anzueignen, führt im Falle des Mißlingens zu Gefühlen von Einsamkeit, Angst und Entfremdung.

Dem interaktionistischen Identitätsmodell insbesondere dem Konzept einer „balancierenden Identität" im Sinne Krappmanns liegt – wie Greverus weiterhin kritisch anmerkt[78] – eine nach westlichen Mustern geprägte Gesellschaftsform zugrunde, in der der im bürgerlichen Kontext entstandene Individualismus einen hohen Wert darstellt. Gerade bei Krappmann werde diese Form des Individualismus mit gelungener Identität gleichgesetzt und damit zur Norm gemacht. Im entsprechenden Sinne äußert sich auch Sampson[79], der ebenfalls die Gleichsetzung von gelungener Identität und einer bestimmten Form von Individualismus im Westen sieht. Er hingegen unterscheidet zwei verschiedene Typen von Individualismus und damit auch der Identitätsbildung: „self-contained" und „ensembled individualism".

„Self-contained individualism" ist für ihn die Basis einer Form der Identität, die charakteristisch ist für die amerikanische Kultur und als Grundlage derselben empfunden wird[80]. Er beschreibt diese Form als eine Vorstellung von Identität, die das Individuum als in sich abgeschlossene Einheit, die von jedem anderen und jeder Gruppe getrennt existiert, wahrnimmt. Das Selbst ist scharf abgegrenzt und endet quasi an der Haut, die Selbst und Nicht-Selbst trennt. Eingeschlossen in diese Vorstellung ist ein starkes, ausgeprägtes Selbst, das sich durchzusetzen vermag, eine starke Ich-Identität.

---

[76] Schiffauer 1991, S. 293.
[77] Greverus, Ina-Maria: Kultur und Alltagswelt. Eine Einführung in Fragen der Kulturanthropologie. München 1978. S. 228.
[78] Vgl. Greverus 1978, S. 243ff.
[79] Sampson, Edward E.: The Debate on Individualism. Indigenous Psychologies of the Individual and Their Role in Personal an Societal Functioning. In: American Psychologist 43/I (1988). S. 15-22.
[80] Sampson spricht in seinem Text nur von der amerikanischen Kultur im Gegensatz zu nichtkomplexen Kulturen. Jedoch lassen sich seine Grundgedanken durchaus auf die westlichen Industriegesellschaften insgesamt übertragen.

Demgegenüber stellt Sampson den „ensembled individualism". Diesen beschreibt er als Grundlage einer Form von Identität, die die anderen mit einschließt, eine Identität, die die Grenzen des Selbst nach außen verlagert. Das Selbst wird in dieser Vorstellung beispielsweise als Teil der Natur gesehen, als nicht abgetrennt von seiner Umgebung, sondern eingebettet in ein größeres Feld von Kräften, als Teil einer größeren sozialen Ordnung. Teil dieser Vorstellung ist auch, daß das Individuum nicht nur für sich verantwortlich ist, sondern ebenso auch für seine Umgebung. Dies bedeutet umgekehrt auch, daß das Individuum nicht allein für seine Handlungen verantwortlich gemacht werden kann, sondern daß diese in einem größeren Ganzen eingebettet gesehen werden. Im Gegensatz zum „self-contained individualism" sieht Sampson diese Form als charakteristisch für eine Reihe von nicht-westlichen Gesellschaften an.

Obwohl „ensembled individualism" als Basis der Identität in westlichen Gesellschaften nicht dem herrschenden Idealbild entspricht, so kommt diese Form der Identitätsbildung darin doch vor. Sampson führt einige Untersuchungen an – insbesondere aus der feministischen Forschung –, in denen Identität auf der Basis eines Individualismus nachgewiesen wird, der andere mit einbezieht. Die bekannteste dieser Untersuchungen ist die Arbeit Carol Gilligans über die Besonderheit weiblicher Moral- und Identitätsbildung. Auch Gilligan unterscheidet zwei Formen des Selbst: einmal ein Selbst, das sich durch persönliche Autonomie, absolute, prinzipielle Urteilsbildung, selbstverantwortliches Handeln, durch Getrenntheit, individuelle Leistungen und Individuation konstituiert. Charakteristisch für dieses Selbst ist die hohe Ebene der Integration im Sinne Elias, die Abstraktheit von Moral, die eher prinzipien- denn situationsorientiert ist. Demgegenüber steht eine weitere Form des Selbst, das sich durch Fürsorge und Anteilnahme, Verantwortlichkeit für andere, Relativität des Urteils – da auch andere Stimmen miteinbezogen werden – und durch die Beziehungen und Bindungen zu anderen definiert. Die Moral ist hier eher an Situationen und weniger an Prinzipien gebunden.

Während Männer sich vornehmlich von der ersten Form der Moral leiten lassen, überwiegt laut Gilligan bei Frauen die zweite Form. Dies heißt nicht, daß Männern Verantwortlichkeit und Fürsorglichkeit für andere abgesprochen wird, sondern daß männliche Verantwortung mit Autonomie einhergehen kann. Die Verantwortung von Männern gegenüber ihrer Familie äußert sich in erster Linie in deren Versorgung, weniger in einer Verantwortlichkeit, die sich selbst in der Beziehung zu anderen definiert. Gilligan weist darauf hin, daß die männliche Form in der herrschenden Vorstellung der westlichen Welt als dominantes Konzept der Moral eine Aufwertung erfährt und in der psychologischen Theorie zur Identitätsbildung als die „reifere" Form von Identität wahrgenommen wird. Weibliche Identitätsbildung im Sinne einer Rücksichtnahme auf Beziehungen hingegen werde den Frauen als Schwäche statt als menschliche Stärke ausgelegt[81]. Auch Sampson trifft eine entsprechende Aussage, indem er bemerkt, daß eine Identitätsbildung auf der Basis eines „ensembled individualism" in der westlichen Perspektive häufig als unreif, pathologisch oder als antidemokratisches vorindividualistisches Stadium[82] wahrgenommen wird. Gilligan selbst sieht die zwei verschiedenen Formen der Identitätsbildung nicht zwangsläufig an das Geschlecht gebunden, sie weist jedoch darauf hin, daß ihre empirische Basis diese Verknüpfung nahelegt.

Die Thesen Gilligans sind Grundlage einer umfangreichen kontroversen Diskussion zur Moral. Dabei geht es vor allem um zwei Aspekte ihrer Theorie: einmal um die Frage der zwei Moralen – die ich hier nicht weiter erörtern möchte –, zum anderen um die geschlechtsspezifische Zuordnung der Moralen. Zu diesem letzten Aspekt kritisiert Nunner-Winkler[83] zunächst, daß eine solche Festschreibung die Vielfältigkeit der Faktoren, die die Entwicklung von Moral und Identität beeinflussen, auf einen Faktor reduziere – eine Kritik, die auch in anderen Veröffentlichungen deutlich wird[84]. Darüber hinaus muß sich Gilligan den Vorwurf einer mangelnden Transparenz ihrer Datenbasis, wie auch eine einseitige Hypothesenbildung gefallen lassen[85]. So wird ihre geschlechtsspezifische Zuordnung der Moralen in anderen Untersuchungen relativiert[86]. Jedoch weist Nunner-Winkler darauf hin, daß die Thesen Gilligans eine „hohe alltagstheoretische Plausibilität genießen"[87] und Döbert arbeitet heraus, daß die Vorstellung zweier unterschiedlicher Identitätsbildungen im Sinne Gilligans verschiedenen psychologischen Theorien zugrunde liegt[88]. Mit diesen Hinweisen wird die Sichtweise auf die dargestellte Problematik verlagert. Weibliche Moral und Identität wird damit weniger als Wesenseigenschaft gesehen – sei

---

[81] Gilligan, Carol: Die andere Stimme. Lebenskonflikte und Moral der Frau. München 1990. S. 27.
[82] Sampson 1988, S. 17.
[83] Nunner-Winkler, Gertrud: Zur Einführung: Die These von den zwei Moralen. In: Nunner-Winkler, Gertrud (Hrsg.): Weibliche Moral. Die Kontroverse um eine geschlechtsspezifische Ethik. Frankfurt a.M. und New York 1991a. S. 9-27.
[84] Vgl. dazu: Bilden, Helga: Geschlechterverhältnis und Identität im gesellschaftlichen Umbruch. In: Keupp, Heiner; Bilden Helga: Verunsicherungen. Das Subjekt im gesellschaftlichen Wandel. Göttingen, Toronto und Zürich 1989. S. 19-46.
[85] Vgl. Nails, Debra: Sozialwissenschaftlicher Sexismus: Carol Gilligans Fehlvermessung des Menschen. In: Nunner-Winkler, Gertrud (Hrsg.): Weibliche Moral. Die Kontroverse um eine geschlechtsspezifische Ethik. Frankfurt a.M. und New York 1991. S. 101 – 108.
[86] Vgl. dazu folgende Aufsätze in Nunner-Winkler, Gertrud (Hrsg.): Weibliche Moral. Die Kontroverse um eine geschlechtsspezifische Ethik. Frankfurt a.M. und New York 1991b: Walker, Lawrence J.: Geschlechtsunterschiede in der Entwicklung des moralischen Urteils. S. 109-120; Döbert, Rainer: Männliche Moral – weibliche Moral. S. 121-146; Nunner-Winkler 1991a.
[87] Nunner-Winkler 1991a, S. 18.
[88] Döbert 1991.

diese biologisch bedingt oder in der Sozialisation erworben – sondern als gesellschaftliche Identitätsnorm, als Zuschreibung, mit der Frauen sich ebenso wie Männer auseinandersetzen müssen. Die Vorstellung einer weiblichen an Beziehungen und einer männlichen an Prinzipien orientierten Identität stellt sich so als ein kulturelles Deutungsmuster dar, das als solches normativen Charakter hat und damit auch Realität konstruiert. In der Form „existieren" weibliche und männliche Moral im vorgestellten Sinne und gehen in den Prozeß der Identitätsbildung – verstanden als Auseinandersetzung – ein.

Die Ausgangsfrage in diesem Kapitel war die des Verhältnisses von Individualisierung und Identität und hier besonders die Frage nach weiblicher Identität. Weibliche Individualisierung – so hat sich gezeigt – folgt einem spezifischen Muster, dem der „kontrollierten Individualisierung", wie Diezinger diese Form benennt. Auf der Identitätsebene stellt sich dieses Muster als Balanceakt zwischen widersprüchlichen gesellschaftlichen Anforderungen auf mehreren Ebenen dar. Der gesellschaftlichen Kategorie „Frau" wird eine soziale Identität zugeschrieben, die Fürsorgeorientierung und Selbstkonstitution über die Beziehung mit anderen beinhaltet. Jedoch ist es die „männliche", am Individuum orientierte Identität, die allgemeine Akzeptanz erfährt, sie gilt als die reife, erwachsene Form der Identität und ist sowohl Basis als auch Folge einer Vergesellschaftung, die am – männlichen – Individuum ansetzt. Auch diese Form hat für Frauen normativen Charakter, da sie über die Geschlechtsspezifik hinaus verallgemeinert wird. Hier eröffnet sich für Frauen ein Konflikt, da das von ihnen erwartete beziehungsorientierte Denken und Handeln im Widerspruch zur gesellschaftlich höher bewerteten und allgemeingültigen Norm steht. Nun haben aber im Zuge gesellschaftlicher Individualisierung die Zuschreibungen an die gesellschaftliche Kategorie „Frau" eine Erweiterungen erfahren: Im Sinne des doppelten gesellschaftlichen Leitbildes werden von Frauen in verschiedenen Phasen ihres Lebens beide Orientierungen erwartet. Als Mutter während der Familienphase steht für sie die Familienorientierung im Mittelpunkt, als berufstätige Frau muß sie sich als eigenständige und unabhängige Frau darstellen. Die weibliche Identitätsnorm ist also in sich schon ambivalent, da sie beide Anteile für Frauen vorsieht. Diese Ambivalenzen drücken sich auf der Alltagsebene in zahlreichen Konflikten zwischen Mutterschaft und Beruf aus, sie zeigen sich in unterschiedlichen Weiblichkeitskonzepten und in widersprüchlichen Rollenzuweisungen[89].

Zusammengefaßt läßt sich sagen, daß der weibliche Identitätsentwurf auf zwei Schwierigkeiten stoßen kann: Einmal gilt für Frauen die allgemeine Problematik, die sich aus der Anforderung ergibt, aus sich selbst heraus ständig innere Einheit und Konsistenz im Sinne einer „balancierenden Identität" zu

---

[89] Auch Männer haben zwischen einander widersprechenden Identitätsnormen zu vermitteln, jedoch beschränke ich mich hier auf die Darstellung der spezifisch weiblichen Problematik.

entwerfen, d.h. individuelle Handlungskompetenz zu entwickeln. Zum anderen ergeben sich spezifisch weibliche Probleme aus der oben dargestellten Widersprüchlichkeit der weiblichen Identitätsnorm.

Vor diesem Hintergrund läßt sich die Fragestellung dieser Arbeit präzisieren. In der Einleitung wurde die Frage aufgeworfen, wo im Denken der konvertierten Frauen der Islam ansetzt, wodurch er also seine Plausibilität gewinnt. Nun kann diese Frage erweitert werden, indem die Identitätsbildung hinzugezogen wird. Es kann nun danach gefragt werden, in welchem Verhältnis die Prozesse der Identitätsbildung zur Erfahrung der Plausibilität des Islam stehen. Dazu können zwei Ebenen unterschieden werden: Einmal wird die Identitätsbildung der konvertierten Frauen allgemein vor dem Hintergrund einer individualisierten Gesellschaft und deren Anforderung nach einer individuell ausbalancierten Identität untersucht. Hier wird der Frage nachgegangen, inwieweit meine Interviewpartnerinnen, „den Antagonismus zwischen gesamtgesellschaftlichen Zwängen und individuellen Erwartungen nicht durch eine individualistisch balancierende Identität zu überwinden versuchen, sondern über das Identifikationsangebot einer gemeinsamen Kultur."[90] Auf der zweiten Ebene soll nach einer spezifisch weiblichen Identitätsbildung gefragt werden. Dabei möchte ich herausarbeiten, von welchen Identitätsnormen die befragten Frauen sich leiten lassen, wie sie also die Kategorie „Frau" wahrnehmen, welche Anforderungen und Möglichkeiten sie damit verbinden. Ebenso sollen die Deutungsmuster veranschaulicht werden, die in der Wahrnehmung der gesellschaftlichen Weiblichkeitskonzepte ausgebildet werden.

Bevor ich jedoch diesen Fragen nachgehe, stelle ich im nun folgenden Kapitel zum besseren Verständnis der Aussagen der Frauen zunächst die Grundzüge des Islam sowie einige wichtige deutschsprachige islamische Gruppierungen vor.

---

[90] Greverus 1978, S. 245.

II Der Islam

1 Grundzüge des Islam

Der Islam ist eine streng monotheistische Religion, in der der Glaube an den einen und einzigen Gott[1] das alltägliche und religiöse Leben strukturiert. Das Wort „Islam" bedeutet „Ergebung, Hingabe, Unterwerfung, Gehorsam" und hängt von seiner Bedeutung her eng mit dem arabischen Wort für Frieden zusammen. In diesem Wort drückt sich das Verhältnis der Gläubigen zu ihrem Gott aus. „Muslimin" oder „Muslim" zu sein, bedeutet im gesamten Leben, von der kleinsten alltäglichen Verrichtung bis hin zu großen Gedanken, Ideen und Vorstellungen, den Glauben an Gott in das Zentrum des eigenen Seins zu rücken. An Gott zu glauben, seinen Regeln zu folgen, ihm zu gehorchen, sich zu unterwerfen und hinzugeben führt letztlich – so das islamische Denken – zu innerem persönlichen, aber auch zu äußerem gesellschaftlichen Frieden.

Die konkreten Bestimmungen, denen es zu folgen gilt, wurden dem Glauben der Muslime und Musliminnen gemäß, dem Propheten Mohammed[2] von Gott geoffenbart und sind in ihrem heiligen Buch, dem Koran, festgehalten.

Ergänzt werden diese im Koran niedergelegten Bestimmungen durch die als vorbildlich begriffene Lebensweise des Propheten, der Sunna, die in der Überlieferung, dem Hadith, fixiert wurde. Damit stellen Koran und Hadith die zwei Hauptquellen des islamischen Handelns und Denkens dar.

Wesentliche Aspekte des islamischen Glaubens sind fernerhin die Glaubensgrundsätze, die sogenannten „fünf Säulen des Islam", die sich direkt aus dem Koran herleiten sowie das offenbarte Gesetz (shari'a), das über diese Glaubensgrundsätze hinausreichend das alltägliche und religiöse Leben der Muslime und Musliminnen ordnet.

---

[1]Im vorliegenden Text werden zur Bezeichnung Gottes sowohl die Begriffe „Gott" als auch „Allah" genommen. Dies ist möglich, da das arabische Wort „Allah" die Bedeutung „Der (eine) Gott" hat. Auch im deutschsprachigen Islam werden ohne Unterscheidung beide Bezeichnungen benutzt.
[2]Die Schreibweise des Namens des Propheten ist unterschiedlich. Neben der im Deutschen üblichen Schreibweise „Mohammed" findet man häufiger auch die Schreibweise „Muhammad". Ich habe mich im vorliegenden Text an die erste Schreibweise gehalten, in (Interview) Zitaten findet man auch die zweite Bezeichnung. Einige Muslime oder Musliminnen sprechen nach jeder Nennung des Propheten einen Segensspruch, den ich in den Interviewzitaten in Klammern gesetzt habe. In einigen Fällen wird dieser Segensspruch wie folgt abgekürzt: (s).

1.1 Der Koran

Der Begriff Koran bedeutet „Lesung" oder „Vortrag". Der Koran beinhaltet dem muslimischen Verständnis zufolge die einzige und ewige Offenbarung Gottes, die dieser durch den Engel Gabriel nach der Vorlage eines himmlischen Urtextes dem Propheten verkünden ließ. Die erste Verkündigung der Offenbarung erfolgte – so die Überlieferung – im 40. Lebensjahr Mohammeds (um 610) in der sogenannten „Nacht des Schicksals" (Lailat al-Qadr) und ist in Sure 96: 1-5 niedergelegt: „Trag vor im Namen deines Herrn, der erschaffen hat, den Menschen aus einem Embryo erschaffen hat! Trag (Worte der Schrift) vor! Dein höchst edelmütiger Herr ist es ja, der den Gebrauch des Schreibrohrs gelehrt hat, den Menschen gelehrt hat, was er zuvor nicht wußte."[3] Die weiteren Verkündigungen erfolgten sukzessive bis zum Tode des Propheten im Jahre 632.

Nach anfänglichen Zweifeln gab Mohammed die Offenbarung an seine Gefährten und Gefährtinnen weiter, die sie auswendig lernten und zum Teil auch schon niederschrieben[4]. Nach dem Tode des Propheten – so die islamische Überlieferung – trachteten seine Anhänger und Anhängerinnen danach, die Offenbarung im originalen Wortlaut zu erhalten und es begann die systematische Sammlung der Koranteile. Die Gefährten und Gefährtinnen Mohammeds, besonders aber sein Adoptivsohn und „Sekretär" Zaid, fingen an, die Aussagen schriftlich zu fixieren. Die von ihnen erstellte Fassung gilt als die Urausgabe des Koran und als Grundlage aller späteren – auch kanonischen – Fassungen. Unter dem 3. Kalifen 'Uthmān (regierte 644-656) wurde schließlich versucht, auf der Basis der Urausgabe eine verbindliche Fassung zu erstellen, d.h. die Suren (Kapitel) bekamen eine feste Anordnung und es wurde eine Lesart präferiert. In dieser Koranfassung fehlten jedoch Punktierungen und Vokalisation, so daß die Lesung letztlich Interpretationssache blieb; diese Fassung diente deshalb vor allem als Grundlage und Stütze der mündlichen Tradierung. Infol-

---

[3] Zitiert nach: Der Koran. Übersetzung von Rudi Paret. Taschenbuchausgabe, 4. Aufl. Stuttgart, Berlin, Köln und Mainz 1985. Bei Koranzitaten folge ich – sofern nicht anders gekennzeichnet – der Übersetzung von Rudi Paret, die sowohl von Islamwissenschaftlern und -wissenschaftlerinnen als auch von deutschen Muslimen und Musliminnen anerkannt ist. Gelegentlich wurde die Übersetzung von Paret durch andere Übersetzungen – vor allem durch eine von der Ahmadiyya-Gruppierung herausgegebene Übersetzung – ergänzt. Da zum Teil unterschiedliche Zählweisen benutzt werden, weicht die Numerierung der Koransuren voneinander ab. Zu den unterschiedlichen Zählweisen siehe den folgenden Text.
[4] Vgl. zur Geschichte des Koran: Hourani, Albert: Die Geschichte der arabischen Völker. Broschierte Sonderausgabe, 2. Aufl. Frankfurt 1991. S. 42f.; Wensinck, A.J.; Kramers, J. H. (Hrsg.): Handwörterbuch des Islam. Leiden 1941. Stichwort: al-Kur'ān; Watt, W. Montgomery; Welch, Alford T.: Der Islam. Bd. I: Mohammed und die Frühzeit – Islamisches Recht – Religiöses Leben. Stuttgart, Berlin, Köln, Mainz 1980; Esposito, John (Hrsg.): The Oxford Encyclopedia of the Modern Islamic World. New York und Oxford 1995. Stichwort Qur'ān.

ge der Unsicherheiten, die sich in erster Linie auf die Art des Vortrags bezogen, entstanden im Verlaufe der Zeit sieben legitime Koranrezitationsweisen. Eine davon – die Tradition von Kufa (Irak) – wurde zur Basis der 1923 in Ägypten veröffentlichten geläufigen Standardausgabe des Koran. Die anderen Traditionen der Rezitation werden nur noch von qualifizierten Korangelehrten benutzt. Auch die Wortbedeutungen gingen nach dem Tode Mohammeds zum Teil verloren, so daß die frühislamische Dichtung zur Auslegung herangezogen wurde. Die Korangelehrten der islamischen Frühzeit beschäftigten sich zwar sehr intensiv mit den verschiedenen Wortauslegungen, vermieden jedoch Interpretationen, die über den Wortlaut hinausgingen.

Die Koranausgabe von 1923, zusammengestellt von einer Gelehrtengruppe der al-Azhar-Universität in Kairo, beinhaltet insgesamt 114 Suren mit Versen (āyāt; sing.: āya) unterschiedlicher Anzahl. Die Ordnung richtet sich zum Teil nach der Länge, d.h. die längeren Suren stehen vorne und die kürzeren hinten im Koran, jedoch wurde dieses Prinzip nicht konsequent durchgehalten. Wahrscheinlich wurden auch thematische, chronologische oder an der Einleitung der Sure orientierte Ordnungsversuche unternommen. Die Suren des Koran haben Titel, die durch die Tradition überliefert wurden und Erinnerungshilfen für die Rezitatoren darstellen; für einige Suren sind mehrere Namen bekannt. Die Verse, die die Suren untergliedern, werden nach zwei islamischen Traditionen unterschiedlich gezählt: Bei einer Numerierung wird die „Basmala"[5] als Vers 1 gezählt, bei der anderen – der verbreiteteren kufischen – Zählweise gilt sie nicht als eigenständiger Vers. Zur Chronologie der Verkündigung läßt sich sagen, daß heute weitgehend Übereinstimmung darüber herrscht, welche Suren aus der mekkanischen und welche aus der medinensischen[6] Periode stammen. Inhaltlich unterscheiden sich die beiden Perioden hauptsächlich dadurch, daß die mekkanischen Suren sich eher mit dem Wesen Gottes und der Eschatologie beschäftigen, während die medinensischen Suren Fragen zur Ordnung der Gemeinde, rechtliche Bestimmungen und Lebensanleitung enthalten. Dem islamischen Verständnis zufolge gab es in der jungen Gemeinde immer wieder Ereignisse, die den Anlaß einer Verkündigung darstellten, d.h. der Koran stellt in vielen Bereichen eine Reaktion auf die Probleme der wachsenden islamischen Gemeinschaft dar.

Der Koran wird von gläubigen Muslimen und Musliminnen als dem Propheten verkündetes authentisches Wort Gottes angesehen und hat eine dementsprechende Bedeutung. Die Sprache des Koran wird als einmalig und unnachahmlich, als eigene bis dahin unbekannte und auch nicht imitierbare literarische Gattung begriffen. Die Unnachahmlichkeit der Sprache wird als „Beglau-

---

[5] „Im Namen des barmherzigen und gnädigen Gottes". Die Basmala leitet jede Sure ein.
[6] Im Jahre 622 wanderte Mohammed mit seinen Anhängern von Mekka nach Medina aus.

bigungswunder"[7] Mohammeds betrachtet, d.h. die Einmaligkeit der Sprache des Koran zeuge von ihrer göttlichen Herkunft. Als Wort Gottes gilt der Koran den Muslimen als absolute Richtlinie, Anleitung und Hilfe in allen Fragen des Alltags und des Glaubens.

1.2 Sunna und Hadith

Die überlieferte Sunna des Propheten Muhammad ist „die Erinnerung daran, was er gesagt und getan hatte"[8]. Ihre Autorität gewinnte sie aus verschiedenen Suren des Koran, in denen der Prophet der islamischen Gemeinde als Vorbild, Rechtgeleiteter und maßgebliche Respektsperson genannt wird. Zu Lebzeiten des Propheten wandten sich die Gemeindemitglieder an ihn, um Rat und Handlungsanleitung in einzelnen nicht im Koran genannten problematischen Fällen zu erhalten oder um im Koran verankerte Regeln und Anweisungen auszulegen. Nach seinem Tode jedoch fiel diese direkte Befragungsmöglichkeit weg und die junge islamische Gemeinde war gezwungen, sich auf seine Worte und Handlungen zu besinnen, um anfallende Probleme zu meistern. Gab es in der ersten Generation der islamischen Gemeinde noch genug Gefährten des Propheten, die sich an ihn, seine Worte und Taten erinnerten, so fiel dies im 2. islamischen Jahrhundert schließlich weg und man mußte sich, um das Leben des Propheten zu vergegenwärtigen, auf das beziehen, was von den Muslimen und Musliminnen der ersten Generationen über Mohammed mündlich oder schriftlich weitergegeben wurde. So begann die Sammlung der Tradition oder Überlieferung, des Hadith, als eine eigene islamische Wissenschaft. Als Hadith wurden genommen: die Aussprüche und Kommentare Mohammeds, sofern sie nicht als Offenbarung im Koran niedergelegt waren, seine Handlungen, seine Lebensweise und seine Billigung bzw. Mißbilligung bestimmter Handlungsweisen. Während die Sunna also das Leben des Propheten umfaßt, ist der Hadith die Form, in der dieses Leben weitergegeben wurde.

In den Wirren der verschiedenen Ansätze, Richtlinien für das Leben zu finden, kam es aber häufig vor, daß zugunsten der eigenen Ansicht oder nur zur allgemeinen Erbauung, ein Hadith erfunden oder verfälscht wurde. Schnell wurde dies auch den Gelehrten der damaligen Zeit klar und es setzte die kritische Betrachtung der Tradition ein, mit dem Ziel, die Echtheit der Überlieferung zu wahren. Dazu wurde nach Kriterien gesucht, die es ermöglichten, authentische von zweifelhaften oder falschen Hadithen zu unterscheiden. Als wesentliches Merkmal eines authentischen Hadith galt nun vor allem die Integrität der Gewährsleute: „Gelehrte, die sich die kritische Untersuchung der Hadithe zur Aufgabe machten, richteten ihr Hauptaugenmerk auf die Überlieferer-

---
[7]Vgl. dazu: M. Hofmann 1992, S. 33
[8]Hourani 1991, S. 101; vgl. zu Sunna und Hadith: Hourani 1991, S. 96ff.

kette (isnad). Sie überprüften die Geburts- und Sterbedaten sowie die Wohnorte von Überlieferern verschiedener Generationen auf die Wahrscheinlichkeit einer Begegnung und untersuchten die Glaubwürdigkeit der Betreffenden."[9] Dementsprechend besteht jeder Hadith aus zwei Teilen: dem überlieferten Inhalt sowie eine Aufzählung der Überlieferer. Nur wenn die Überlieferer der kritischen Betrachtung der Gelehrten standhielten, handelte es sich um einen echten, authentischen Hadith; daneben gab es noch die sogenannten schönen Hadithe, die nicht ganz einwandfrei waren und schließlich schwache Hadithe, die als bedenklich galten.

Auf der Grundlage der genannten Bedingungen entstanden im 9. Jahrhundert die sechs wichtigsten Hadith-Sammlungen, die bis heute Gültigkeit haben. Die bedeutendste davon ist die Sammlung des al-Buḫari (um 810-870), der 16 Jahre lang die gesamte islamische Welt bereist haben soll, um Überlieferungen zu sammeln.

1.3 „Die fünf Säulen"

Der Islam kennt fünf religiöse Grundpflichten: das Glaubensbekenntnis (shahāda), Gebet (salāt), Fasten ('saum), Almosensteuer (zakāt) und die Wallfahrt nach Mekka (haǧǧ).

Das Glaubensbekenntnis
Das Glaubensbekenntnis lautet: „Es gibt keinen Gott außer Gott, und Muhammad ist der Prophet Gottes."[10] Jeder und jede, der oder die zum Islam übertritt, muß dieses Glaubensbekenntnis bewußt und ernsthaft sprechen. Mitunter werden Zeugen hinzugezogen und in einigen Fällen gibt es urkundliche Beglaubigungen, jedoch ist dies regional unterschiedlich. Mit diesem Satz bekennt sich der Muslim oder die Muslimin sowohl zu Gott und seinem Propheten als auch zu allen islamischen Glaubensinhalten. Das Glaubensbekenntnis ist Teil des Gebetsrufes, der täglichen Gebete und aller bedeutenden Riten im Islam; es wird auch gesprochen zum Trost oder zur Bekräftigung von Gesagtem.

Das Gebet
Im Islam können drei Arten von Gebet unterschieden werden: das rituelle Pflichtgebet (salāt) und das private Gebet (du'ā'). Daneben gibt es noch das mystische Gottgedenken (dhikr), das einem Gebet entsprechen kann.

Das Pflichtgebet muß fünfmal am Tag, bei Sonnenaufgang, mittags, nachmittags, abends und bei Sonnenuntergang verrichtet werden. Ausgenommen

---
[9] Hourani 1991, S. 102f.
[10] Hourrani 1991, S. 97.

von dieser Pflicht sind beispielsweise Kinder, Kranke, Altersschwache, Geistesgestörte und menstruierende Frauen (die auch nicht beten dürfen). Vor dem Gebet ist eine rituelle Waschung zu verrichten, die je nach Grad der Verunreinigung eine Ganz- oder Teilwaschung (ghusl, wudū') darstellt. Die Ganzwaschung betrifft alle Teile des Körpers, die Teilwaschung folgt bestimmten Regeln, wie z.B. Waschung der Hände, Zähneputzen, Mund und Nase spülen, Gesicht waschen, Füße waschen. Vor der Waschung faßt der Muslim oder die Muslimin die Absicht, sich zu reinigen und spricht die Basmala. Das Gebet selbst erfolgt in Richtung Mekka und beginnt mit dem Aussprechen der Gebetsabsicht sowie dem Satz: Allahu akbar (Gott ist unermeßlich). Damit versetzt sich der oder die Betende in den Weihezustand, d.h. daß jetzt nichts mehr getan werden darf, was das Gebet unterbrechen könnte, wie z.B. essen, trinken, sich unterhalten etc. Das eigentliche Gebet setzt sich aus Rezitationen und einem zyklischen Bewegungsablauf (raq'a) zusammen, wobei je nach Gebetszeit zwei oder mehrere Zyklen absolviert werden. Zum Abschluß des Gebetes richtet der oder die Betende einen Gruß nach rechts und links und sagt: „Friede und die Barmherzigkeit Gottes sei mit euch." Damit wird der Weihezustand beendet.

Neben dem Gebet der oder des einzelnen Gläubigen gibt es noch das Gemeinschaftsgebet, das am Freitagmittag, anläßlich des Festes des Fastenbrechens und des Opferfestes wie auch bei bestimmten Anlässen wie z.B. Tod eines oder einer Gläubigen, Krieg oder Naturkatastrophen verrichtet wird. Das Gemeinschaftsgebet wird im Hadith als sehr löblich bezeichnet, findet unter der Anleitung eines Vorbeters statt und ist häufig auch mit einer nach dem Gebet stattfindenden Ansprache verbunden. Dem Koran zufolge sind Frauen zum Gemeinschaftsgebet zugelassen; sie sollen sich dabei aber in einem separaten Teil der Moschee – meistens in den letzten Reihen oder auf einer Empore – aufhalten. In vielen islamischen Ländern ist jedoch den Frauen die Teilnahme am Gemeinschaftsgebet nicht gestattet.

Das Fasten
Der Ramadan, der 9. Monat des islamischen Kalenders, ist der Fastenmonat. Jeder Tag im Fastenmonat wird durch das Aussprechen der Fastenabsicht eingeleitet, von Sonnenaufgang bis Sonnenuntergang enthält sich der oder die Gläubige dann jeglicher Speise und jeglichen Getränks; es wird weiterhin verzichtet auf Tabakgenuß, Parfüm und sexuellen Verkehr. Detailliert ist festgelegt, was als Fastenbruch zu werten ist und was nicht, z.B. die Einnahme bestimmter Medikamente, aus Versehen Verschlucktes usw. Gleichzeitig soll jeder Muslim und jede Muslimin während der Fastenzeit ganz bewußt nach den Regeln seines oder ihren Glaubens leben; er oder sie soll versuchen, die häufigsten Fehler zu vermeiden und verstärkt auf die Nächsten Rücksicht zu nehmen. Das Einhalten der Fastenpflicht verlangt also sowohl körperliche als auch

geistige Selbstdisziplin, ist jedoch keine Askese, da die Verbote nur auf den Tag beschränkt sind. Nach Sonnenuntergang ist das Leben im Ramadan meistens sehr gesellig. Mehrere Familien kochen und essen zusammen und es gibt häufig ganz besondere und reichhaltige Speisen. Eine besondere Nacht im Monat Ramadan stellt die 27. Nacht, die Nacht der Bestimmung oder des Schicksals (Lailat al-Qadr), in der die erste Koran-Offenbarung erfolgt sein soll, dar: Bitten, die man in dieser Nacht an Gott richtet, werden – so Gott will – in Erfüllung gehen.

Neben der Fastenpflicht im Ramadan gibt es noch einige andere, regional unterschiedliche allgemeine Fastentage. Darüber hinaus besteht die Möglichkeit, zu bestimmten Anlässen oder aus bestimmten Gründen freiwillig zu fasten[11]. Von der Fastenpflicht befreit sind beispielsweise menstruierende, schwangere und stillende Frauen, Kinder, Kranke und Altersschwache sowie Reisende. Es wird den derart von ihrer Pflicht befreiten Frauen und Männern aber empfohlen, die versäumten Fastentage nachzuholen. Kommt man der Fastenpflicht nicht nach, obwohl kein Anlaß zur Befreiung vorliegt, so müssen die versäumten Fastentage ebenfalls nachgeholt und zusätzlich ein Ersatz (z.B. eine Spende) geleistet werden.

Die gesetzliche Abgabe

Der Islam verwies schon früh auf die Verantwortlichkeit der Gläubigen ihren Nächsten gegenüber. Aus diesem Solidaritätsgedanken heraus entwickelten sich die obligatorische Steuer wie auch freiwillige Abgaben. Schon vor der Hiǧra[12] ist im Koran die Rede von Abgaben der Reichen an die Armen. Aktuell wurde das Steuersystem jedoch erst in Medina, wo die Muslime anfingen, sich zu etablieren. Die zakāt, d.h. die Abgabe, die Muslime zu zahlen hatten, stellte einen Teil des Einkommes der umma, der islamischen Gemeinschaft, dar. Den weitaus größeren Teil des Einkommes bezog die umma jedoch aus Kriegsbeute sowie aus der Abgabe nicht-muslimischer Einwohner.[13]

Die Pilgerfahrt nach Mekka

Die Wallfahrt zur Kaaba in Mekka findet in den ersten beiden Wochen des 12. Monats des islamischen Jahres statt. Jeder und jede Gläubige sollte einmal im Leben diese Fahrt unternommen haben, sofern es ihm oder ihr körperlich und finanziell möglich ist. Jedoch kann diese Pflicht auch durch eine Ersatzperson,

---

[11] Nach einigen Interpretationen ist Frauen das freiwillige Fasten nur mit Einwilligung des Ehemannes erlaubt.
[12] Wie in einer vorhergehenden Anmerkung schon erklärt wurde, wanderte Mohammed im Jahre 622 mit seinen Anhängern von Mekka nach Medina aus. Dieses Ereignis, Hiǧra genannt, stellt den Beginn der muslimischen Zeitrechnung dar.
[13] Vgl. dazu Haarman, Ulrich (Hrsg.): Geschichte der arabischen Welt. 2., durchgesehene Auflage. München 1991. S.90ff.

die sich der Zeremonie schon einmal unterworfen hat, durchgeführt werden. Die Pilger und Pilgerinnen folgen während der Wallfahrtstage einem festgelegten Ritual, das sich aus vorbildgebenden Verhaltensweisen des Propheten abgeleitet hat. Das Ritual gliedert sich in einen individuellen und einen gemeinschaftlichen Teil, d.h. ein Teil des Pilgerrituals kann zu einem beliebigen Zeitpunkt innerhalb des genannten zeitlichen Rahmens erfüllt werden, während die kollektiven Riten zwischen dem 8. und 12. Tag des Pilgermonats stattfinden. Höhepunkt des Festes ist der 10. Tag, an dem von den Pilgern und Pilgerinnen, die es sich finanziell leisten können[14], ein Tieropfer in Erinnerung an das Opfer Abrahams zelebriert wird. Gleichzeitig mit den Pilgern und Pilgerinnen feiern Muslime und Musliminnen in der ganzen Welt ihr Opferfest, zu dem jede Familie, die es sich leisten kann, ein Schaf, eine Ziege oder gar ein Rind schlachtet. Pflicht der Pilger oder Pilgerinnen und aller opfernder Muslime und Musliminnen ist es, einen Teil des Opfers selbst zu verspeisen und einen anderen Teil an die Armen zu geben. Am 12. des Monats ist die Wallfahrt offiziell beendet und die Pilger und Pilgerinnen können die Heimreise antreten.

1.4 Islamische Gruppierungen

Die vereinfacht dargestellten Grundzüge des Islam treffen in der Form auf annähernd alle Muslime und Musliminnen in der Welt zu und werden von diesen so oder ähnlich gelebt. Darüber hinaus gibt es jedoch zahlreiche Gruppierungen und Sekten mit unterschiedlichen Glaubenssätzen und -inhalten. Die zwei hauptsächlichen islamischen Gruppierungen sind die Sunniten und die Schiiten. Die Spaltung der islamischen Gemeinschaft erfolgte schon sehr früh, nur wenige Jahrzehnte nach dem Tode des Propheten. Ursache der Spaltung waren Nachfolgestreitigkeiten, wobei die eine Partei (die späteren Schiiten) Ali, den Schwiegersohn Mohammeds und vierten Kalifen als unmittelbaren Nachfolger des Propheten sehen wollten und ihn tatsächlich bis heute als den einzig legitimen Nachfolger anerkennen[15]. Die späteren Sunniten hingegen erkennen Ali erst als 4. Nachfolger (Kalifen) an. Die Sunniten stellen heute mit schätzungsweise 800-830 Mio. Anhängern die größte islamische Gruppe dar, gefolgt von den Schiiten mit ca. 100 Mio. Gläubigen. In beiden Gruppen entstanden im Laufe der Zeit zahlreiche Untergruppierungen; es gab die Glaubensmacht beanspruchende Dynastien, sich abspaltende, synkretistische Sekten und Versuche, den Islam neu zu formulieren. Es würde im Rahmen dieser Arbeit zu weit füh-

---

[14] Das Tieropfer wird nur von den Wohlhabenden verlangt. Pilger und Pilgerinnen mit geringem Einkommen können sich zu Gruppen zusammenschließen oder das Opfer unterlassen.
[15] Vgl. dazu Halm, Heinz: Der schiitische Islam. Von der Religion zur Revolution. München 1994.

ren, eine Übersicht über die verschiedenen islamischen Sekten zu geben; es folgt jedoch eine Darstellung der für diese Arbeit relevanten islamischen Gruppierungen in Deutschland.

2 Der deutschsprachige Islam

Zum Zeitpunkt der Volkszählung von 1987 gab es in der Bundesrepublik Deutschland 1,65 Mio.[16] Muslime und Musliminnen. Davon waren rund 48.000 deutscher Nationalität. Über die Anzahl der Konversionen gibt diese Zahl nur bedingt Auskunft, da zu dieser Gruppe der deutschen Muslime und Musliminnen auch solche gehören, die die deutsche Staatsbürgerschaft angenommen haben. Ebenso gibt diese Zahl keine Auskunft darüber, ob die Konversion bei der Eheschließung mit Partnerinnen oder Partnern aus islamisch geprägten Ländern aus pragmatischen Gründen erfolgte oder ob der Konversion religiöse Überzeugung zugrunde lag. Es ist auch unbekannt, wie hoch der Frauenanteil bei den Konvertiten liegt, jedoch wird dieser im allgemeinen höher geschätzt als der Männeranteil[17].

Deutsche Frauen, die zum Islam konvertieren, lernen während ihrer Übertrittsphase den Islam in Deutschland zunächst langsam kennen. Mit dem Beginn des Prozesses, der schließlich zum Übertritt führt, betreten sie ein Feld, in dem die unterschiedlichsten ethnischen und nationalen Einflüsse aufeinander einwirken. Je nachdem, ob die Konvertitin eher Kontakt zu Muslimen bzw. Musliminnen deutscher oder anderer Nationalität hat, wird sich ihr das Feld auch jeweils anders erschließen. So erfährt z.B. eine Frau, die mit einem Ägypter verheiratet ist, andere Aspekte des Islam als eine Frau, die Kontakt zu einer Gruppe türkischer Studierender hat. Neben diesem an verschiedenen Nationen ausgerichteten Islam, lernen die Frauen jedoch einen spezifisch deutschen Islam kennen. Sie lesen deutschsprachige Bücher, Broschüren, Faltblätter und Zeitschriften, sie besuchen Veranstaltungen, hören Vorträge, bekommen Kontakte und diskutieren in Gruppen. Dabei werden sie zunehmend vertraut mit Inhalten, Argumentationen und der organisatorischen Struktur dieses deutschen Islam. Auch dieser Islam ist geprägt von Muslimen oder Musliminnen anderer Nationalitäten und nicht jede der befragten Frauen ist gleichermaßen vertraut mit seinen Inhalten und Strukturen. Jedoch spiegelt sich in den Gesprächen mit meinen Interviewpartnerinnen eine einheitliche Grundhaltung und Argu-

---

[16] Die Zahlen wurden entnommen aus: Abdullah, Muhammad S.: Was will der Islam in Deutschland? Gütersloh 1993. S. 18. Nach aktuellen Angaben in den Tageszeitungen dürften es heute ca. 2,5 Mio. sein.
[17] Siehe dazu: Binswanger, Karl: Wenn aus Maria Meryem wird. In: Informationen für und über Ausländer 12 (1987). S. 3-6, hier S. 6.

mentationsstruktur bezüglich bestimmter Aspekte des Islam wie beispielsweise „Stellung der Frau" oder „Vorstellungen zur deutschen Gesellschaft", die auch im deutschsprachigen islamischen Schrifttum wiederzufinden ist. In dem nun folgenden Teil möchte ich diesen spezifisch deutschen Islam, wie er sich den Frauen – und wie er sich mir als Forscherin – nach und nach erschloß, darstellen. Die Darstellung erfolgt auf der Basis eben dieses Schrifttums wie auch vor dem Hintergrund von Vorträgen, Gesprächen, Gruppendiskussionen, die ich besuchte bzw. an denen ich teilnahm.

Islam in Deutschland ist, wie die oben genannten Zahlen belegen, in erster Linie keine Angelegenheit der Deutschen. Muslime und Musliminnen zahlreicher Nationalitäten – allen voran türkische Muslime und Musliminnen – haben in der Bundesrepublik ein dichtes und fast unüberschaubares islamisches Netzwerk geschaffen, daß aus Vereinen, Gruppen und Gruppierungen mit unterschiedlicher religiöser wie auch politischer Ausrichtung besteht. Viele konvertierte Männer und Frauen haben innerhalb dieser Gruppen einen Ort gefunden, an dem sie ihren Glauben leben können. Daneben existieren – eng verknüpft mit diesem übernationalen Netzwerk – jedoch Gruppen, an denen konvertierte Deutsche einen ausgeprägten Anteil haben – sei es durch ihre Anzahl, sei es dadurch, daß sie leitende Positionen besetzen.

Auch dieses eigene deutsche Netzwerk zeichnet sich durch seine Vielfalt aus. In vielen bundesdeutschen Städten haben sich kleine deutsch-islamische Gemeinschaften herausgebildet, zum Teil an die großen national orientierten oder übernationalen Moscheen angegliedert, zum Teil als unabhängige Vereine. Neben den Moscheegruppen oder Vereinen gibt es Frauengruppen, Lese- und Arbeitskreise und die unterschiedlichsten Privatinitiativen. Dieses vielfältige deutsch-islamische Gefüge läßt sich grob in zwei große Gruppen unterteilen, innerhalb derer die einzelnen Untergruppen Kontakt zueinander pflegen und es zu einer gewissen Übereinstimmung der Meinungen zu bestimmten Punkten kommt. Zu nennen wäre da einmal eine Gruppe, die dem „Islamischen Weltkongreß" bzw. dem „Islam-Archiv" in Soest nahesteht, als deren Vertreter vor allem der deutsche Muslim und Journalist Muhammad Salim Abdullah hervortritt. Zum anderen gibt es eine netzwerkartige Gruppe, die sich als „Gruppe der deutschsprachigen Muslime"[18] am treffendsten charakterisieren läßt, deren geographisches Zentrum das Haus des Islam, kurz HDI genannt, in Lützelbach im hessischen Odenwald ist. Die von mir befragten Frauen können mit Ausnahme von vier Frauen alle am ehesten dieser letztgenannten Gruppe zugerechnet werden. Eine Vertreterin der dem „Islamischen Weltkongreß" nahestehenden Gruppe habe ich nicht befragt; der Vollständigkeit halber und auch, weil

---

[18] Von christlicher Seite wird diese Gruppe häufig auch als „Bewegung deutschsprachiger Muslime" und von Abdullah (1993) als „Islamischer Arbeitskreis in Deutschland" bezeichnet.

sich die Gruppen nicht absolut klar voneinander abgrenzen lassen, möchte ich hier aber auch auf diese Gruppe eingehen.

2.1 Die deutsche Sektion des Islamischen Weltkongresses[19]

Islam in Deutschland ist laut Abdullah, der einige Artikel und Bücher zur Geschichte des deutschen Islam[20] veröffentlichte, rund 250 Jahre alt. 1731 wurde dem preußischen König Friedrich Wilhelm I. vom Herzog von Kurland eine Gruppe „mohammedanischer" Gardesoldaten geschenkt, für die der Preußenkönig eigens einen Gebetssaal – wenn man so will die erste Moschee – einrichten ließ. Nach diesen ersten Kontakten folgte eine lange Geschichte preußischosmanischer Begegnung, die auch immer eine christlich-islamische Begegnung darstellte.

Eine durchstrukturierte islamische Gemeinde mit einem lebendigen und aktiven Gemeindeleben konnte jedoch erst in den 20er Jahren unseres Jahrhunderts Fuß fassen. 1922 gründete der indische Imam[21] Maulana Sadr-ud-Din in Berlin die Deutsche Moslemgemeinde, die 1930 in Deutsch-Moslemische Gesellschaft e.V. umbenannt wurde. Hierbei handelte es sich um eine internationale Gruppe, die in Berlin-Wilmersdorf eine eigene Moschee erbaute, eine Anzahl deutschsprachiger Publikationen zum Islam herausgab, eine erste deutscharabische Koranausgabe veröffentlichte und in deren Umfeld die erste islamische Zeitschrift in deutscher Sprache – die Moslemische Revue – entstand. Fernerhin gründete die Deutsch-Moslemische Gesellschaft 1927 das Islam-Institut (das spätere Islam-Archiv-Deutschland), das mit einem Archiv, einem Informationsbüro und einer Bibliothek verbunden war. 1932 wurde das Islam-Institut zu einer Einrichtung der neugegründeten deutschen Sektion des Islamischen Weltkongresses. Die deutsche Sektion des Islamischen Weltkongresses wurde von muslimischen Flüchtlingen aus der Sowjetunion und von deut-

---

[19] Der Islamische Weltkongreß ist eine von mehreren internationalen islamischen Organisationen. Die Idee einer solchen Organisation kam vor dem Hintergrund der Ideologie des Panislamismus auf, die in der zweiten Hälfte des 19. Jahrhunderts Verbreitung fand. Seit den zwanziger Jahren dieses Jahrhunderts gab es immer wieder Kongresse, auf denen verschiedene Themen diskutiert wurden und die im Zeichen des Versuchs, eine muslimische Einheit zu finden, standen. Erst 1932 allerdings konnte der Islamische Weltkongreß ein Zentralbüro errichten, das jedoch nur für einige Jahre existierte. Nach einigen weiteren Kongressen konnte sich die Organisation Ende der 40er Jahre erneut etablieren. Vgl. dazu: Reissner, Johannes: Internationale islamische Organisationen. In: Ende, Werner, Steinbach, Udo (Hrsg.): Der Islam in der Gegenwart. Entwicklung und Ausbreitung, Staat, Politik und Recht, Kultur und Religion. Lizenzausgabe für die Büchergilde Gutenberg, Frankfurt a.M. am Main und Wien 1991. S. 539-547; Schulze, Rainer: Geschichte der islamischen Welt im 20. Jahrhundert. München 1994.
[20] In diesem Abschnitt beziehe ich mich auf diese Schriften, da zu dieser Thematik ansonsten kein Material vorliegt.
[21] Vorbeter und Leiter einer islamischen Gemeinschaft.

schen Muslimen gegründet. 1933 schlossen sich alle damaligen islamischen Vereinigungen in der Deutschen Sektion zusammen. Auch während der nachfolgenden Jahre schien das islamische Gemeindeleben – wie den Schriften Abullahs[22] zu entnehmen ist – keine Beeinträchtigung durch das nationalsozialistische Regime erfahren zu haben. Erst während des zweiten Weltkrieges löste sich die Gemeinde auf. Über den Verbleib der gesammelten Materialien äußert sich Abdullah nicht.

Nach dem Zweiten Weltkrieg versuchte der deutsche Muslim und erste deutschstämmige Imam Mohammad Aman Hobohm die verstreute islamische Gemeinde wieder zu versammeln, neu aufzubauen und den Kontakt zum Islamischen Weltkongreß aufrechtzuerhalten bis er schließlich 1954 in den auswärtigen Dienst eintrat und Deutschland verließ. Zur Interessenvertretung des Islamischen Weltkongresses in Deutschland wurde dann von 1963 bis 1970 die Muslim-Liga Hamburg e.V. Die Deutsche Muslim-Liga wurde 1944 von sechs zum Islam konvertierten Hamburger Gymnasiasten gegründet und 1954 als Verein eingetragen. Der Interessenvertretung des Islamischen Weltkongresses konnte sie nur bedingt nachkommen, da viele ihrer Mitglieder ihren Wohnsitz im Ausland hatten. 1971 unternahm es schließlich wiederum Hobohm, der mittlerweile zurückgekehrt war, die Vertretung des Islamischen Weltkongresses in der Bundesrepublik neu zu etablieren, indem er dafür sorgte, daß 1972 eine Vertretung des islamischen Weltkongresses in Saarbrücken entstand; 1977 wurde dann ein „Freundeskreis Islamischer Weltkongreß" gegründet, dem es 1982 gelang, erneut die „Deutsche Sektion des Islamischen Weltkongresses" ins Leben zu rufen, die dann 1984 die Rechtsnachfolge des Islamischen Weltkongresses aus den 30er Jahren antrat.

Der Deutschen Sektion des Islamischen Weltkongresses stehen neben der Muslim-Liga und dem Islam-Archiv-Deutschland, eine Reihe von christlichen-islamischen Institutionen nahe, wie auch der Berliner „Verein Freunde des Islam" und der 1986 gegründete Islamrat, der sich bemühte, islamische Koordinationsinstanz in Deutschland zu werden. Die Ziele der verschiedenen Gruppierungen um die Deutsche Sektion des Islamischen Weltkongresses herum beschreibt Abdullah wie folgt:

„- Förderung des innerislamischen Dialogs;
- Dialog mit den staatlichen Organen, mit den politischen Parteien und den Gewerkschaften;
- Förderung eines gleichberechtigten Dialogs mit den Kirchen;
- Anerkennung des Islam als Körperschaft des öffentlichen Rechts;
- Einführung eines islamischen Religionsunterrichtes für moslemische Kinder an den öffentlichen Schulen;

---

[22] Besonders: Abdullah 1981, S. 27ff.

- Einrichtung von islamischen Lehrstühlen an deutschen Universitäten;
- Förderung der Integration bei Beibehaltung der religiösen und kulturellen Identität."[23]

Zeitschriften, die vom Islam-Archiv herausgegeben werden und die die Belange des Islamischen Weltkongresses darstellen bzw. vertreten, sind: „Aktuelle Fragen. Aus der Welt des Islam."; „Moslemische Revue" und der Pressedienst „Islam-Nachrichten". Der Richtung des Islamischen Weltkongresses nahe steht auch die Zeitschrift „Islam und der Westen" des gelegentlich als „Reformmuslim" bezeichneten Herausgebers Smail Balic. Themen dieser Zeitschriften sind in erster Linie islamische Glaubensinhalte und Begriffsbildungen wie z.b. der Freiheitsbegriff, das Offenbarungsverständnis, islamische Ethik etc. Die Autoren und Autorinnen der Artikel legen Wert auf eine den wissenschaftlichen Standards entsprechende sowie differenzierte und die historisch Entwicklung berücksichtigende Darstellung und Aufbereitung der Themen. Weitere Inhalte der Zeitschriften sind der christlich-islamische Dialog, Nachrichten aus der islamischen bzw. christlich-islamischen Welt (Kirchentage, Berichte über den Weltkongreß und ihm nahestehende Organisationen etc.), Fragen nach dem Verhältnis von Integration und kulturell-islamischer Identität und schließlich Probleme der Diaspora, wobei hier vor allem die Diskussion um ein Curriculum zum islamischen Religionsunterricht an den Schulen und die Frage der Anerkennung des Islam als Körperschaft des öffentlichen Rechtes erörtert werden.

2.2 Die „Gruppe deutschsprachiger Muslime"

Bei der Gemeinschaft der deutschsprachigen Muslime handelt es sich um einen losen Zusammenschluß kleinerer Gruppen oder Einzelpersonen, aber auch größerer Moscheegemeinschaften. Ziel der Bewegung ist es, den verschiedenen deutschen und ausländischen Muslimen und Musliminnen deutscher Sprache ein Forum des Austausches und gewissermaßen „geistige Heimat" zu sein. Darüber hinaus ist es dieser Gemeinschaft ein Anliegen, den Islam, wie sie ihn versteht, in deutscher Sprache bei Muslimen und Nicht-Muslimen bekannt zu machen und eine deutschsprachige Gemeinde auf- und auszubauen. Einen Anfang nahm die Bewegung 1976 mit dem ersten Treffen deutschsprachiger Muslime (kurz TDM), das von dem deutschen Muslim und damaligen Mitarbeiter der Bilāl-Moschee Mohammad Siddiq in Aachen organisiert wurde. Bei diesem ersten Treffen waren ca. 30 Teilnehmer und Teilnehmerinnen anwesend, mittlerweile ist teilweise von 500 Teilnehmern und Teilnehmerinnen die Rede.

---

[23] Abdullah, Muhammad S.: Die gegenwärtige islamische Organisationsstruktur. In: Aktuelle Fragen 2 (1987). S. 43-45.

1990 wurde beschlossen, die Treffen zu regionalisieren und seit 1991 finden in sechs Regionen Westdeutschlands zwei- bis dreimal jährlich Regionaltreffen statt; einmal im Jahr gibt es schließlich noch ein überregionales Treffen im Haus des Islam (HDI) in Lützelbach. Neben diesen Treffen richtet die Gemeinschaft deutschsprachiger Muslime jährlich eine Islamwoche in unterschiedlichen Städten Deutschlands aus und organisiert die sogenannten „Da'wa-Tage"[24].

Das HDI wurde 1982 zunächst mit dem Standort Aachen gegründet und zog 1983 in das zentral gelegene hessische Lützelbach um. Finanziert wurde das Haus durch Spenden von Privatpersonen aus dem In- und Ausland; heute trägt sich das Haus laut Selbstdarstellung im Veranstaltungsprogramm 1993[25] zum größten Teil selbst durch Buchversand, Veranstaltungsbeiträge und Spenden aus dem Inland. Die Aktivitäten im Haus des Islam sind vielfältig: Es gibt Seminare, Tagungen und Vorträge zu verschiedenen Themen, Sprachkurse, „Geschwistertreffen"[26], Familientreffen, nach Geschlechtern getrennte Jugendfreizeiten, Gottesdienste, Feiern von islamischen Festen, Vorbereitungen von Pilgerfahrten, Schulungen (Da'wa) etc. Seit 1992 hat das HDI sogar ein eigenes Schwimmbad, so daß es für die Muslime und Musliminnen möglich ist, getrennt nach Geschlechtern zu schwimmen.

Die Gemeinschaft der deutschsprachigen Muslime setzt sich aus den sogenannten deutschsprachigen Muslimkreisen zusammen. Dies sind mehr oder weniger regelmäßig sich treffende, locker organisierte, zum Teil auch an Moscheen angeschlossene Gesprächs- oder Arbeitskreise von Muslimen in verschiedenen deutschen Städten. Der Gemeinschaft nahestehende Institutionen sind die Islamischen Zentren München (bzw. die „Islamische Gemeinschaft in Süddeutschland"), Aachen (Bilāl-Moschee) und zum Teil auch das schiitisch-persisch ausgerichtete, seit fast 35 Jahren bestehende Islamische Zentrum in Hamburg (Imam-Ali Moschee). Laut dem christlichen Nachrichtendienst der Deutschen Welle[27] können auch die Islamischen Zentren in Köln, Düsseldorf, Hannover und Berlin der Gruppe deutschsprachiger Muslime zugeordnet werden. Zu erwähnen wären zudem noch die Kölner „Deutschsprachigen Islamischen Frauen" (kurz DIF), eine sehr rege und aktive Frauengruppe.

Als Sprachrohr für die Gemeinschaft deutschsprachiger Muslime kann vor allem die vom Münchener Islamischen Zentrum herausgegebene deutschsprachige Zeitschrift „Al-Islam" genannt werden, die alle 2 Monate erscheint und

---

[24] Da'wa bedeutet nach islamischer Darstellung „Einladung zum Islam", kann aber auch als Mission bezeichnet werden.
[25] Haus des Islam. Jahresprogramm 1993. Selbstdarstellung auf der Umschlag-Rückseite.
[26] Separate Treffen von weiblichen oder männlichen Muslimen, die sich untereinander mit „Bruder" oder „Schwester" anreden.
[27] Deutsche Welle. Aus der Welt des Glaubens. Nachrichten aus der Welt des Islam. (Hrsg. von der Deutschen Welle, Köln) 17 (1984). S. 1.

mit 3000 Exemplaren von allen deutsch-islamischen Zeitschriften die wohl höchste Auflage erreicht. In dieser Zeitschrift wird regelmäßig von den Treffen deutschsprachiger Muslime (TDM) berichtet, es werden die Themen dieser Treffen vorgestellt und einzelne auf den TDM gehaltene Vorträge abgedruckt. In „Al-Islam" oder auf den TDM angebotene Themen sind z.B.: Stellung der Frau, Islamische Erziehung, Familie im Islam, Koran und Umwelt, Koran und Wissenschaft, Wirtschaft und Staat im Islam etc. In diesen Artikeln werden häufig die historische Entwicklung und die Alltagsrealität in den islamischen Ländern ausgeklammert und es wird versucht unter Berufung auf Koran und Sunna die ursprünglichen Vorstellungen, also einen „Urislam" herauszukristallisieren. Neben diesen Themen werden in der Zeitschrift „Al-Islam" in starkem Maße Fragen aus der Glaubenspraxis behandelt. Zu nennen wären hier z.B.: Ernährungsprobleme und Einkauftips (z.B. welche Produkte garantiert keine Anteile vom Schwein enthalten), richtiges Schlachten, medizinische Behandlung unter Einhaltung der muslimischen Grundsätze, islamischer Umgang mit Verstorbenen, Gerichtsurteile zum Tragen von Kopftüchern in deutschen Schulen etc. Ergänzt werden die genannten Themen durch religiös-theologische Themen wie Interpretation von Hadithen oder Lebensberichten islamischer Glaubensvorbilder. Die Zeitschrift „Al-Islam" stellt darüber hinaus in Leserbriefen und Diskussionsspalten ein Forum für den Meinungsaustausch dar, das stark genutzt wird.

Neben dieser Zeitschrift erscheint im Umkreis der deutschsprachigen Bewegung die vom Hamburger Islamischen Zentrum herausgegebene Zeitschrift „Al-Fadschr" (Die Morgendämmerung), in der auch von den Treffen deutschsprachiger Muslime berichtet wird. Schwerpunkt dieser Zeitschrift sind jedoch spirituell-theologische Themen, wobei auch hier Koran- und Hadithinterpretationen im Vordergrund stehen.

2.3 Weitere islamische Gruppen in Deutschland

Drei der von mir befragten Frauen gehören nicht dem orthodoxen Islam, sondern Untergruppen an, die deshalb hier kurz vorgestellt werden sollen.

Ahmadiyya-Bewegung[28]
1835 wurde in Indien Hazrat Mirza Ghulam Ahmad geboren, der für sich in Anspruch nahm, der verheißene islamische Messias, der Mahdi[29], zu sein. Er gründete die Ahmadiyya-Bewegung, deren Lehre sich im wesentlichen durch

---
[28] Vgl. dazu: Esposito 1995, Stichwort: Ahmadiyya.
[29] Mahdi ist die Bezeichnung für eine erwartete prophetische Person (eine Art Messias), die den eigentlichen Charakter des Islam wieder herstellen soll. Im Koran wird der Mahdi nicht erwähnt.

die Anerkennung Ahmads als Mahdi und Verkörperung aller in verschiedenen Religionen angekündigten Erneuerer, d.h. also durch eine andere Ansicht hinsichtlich der Eschatologie von der orthodoxen Lehre unterscheidet. Weitere Unterschiede betreffen die Beibehaltung des Kalifats nach Sturz des Osmanischen Reiches sowie eigene Koraninterpretationen in einigen Punkten. Die wesentlichen Glaubenspflichten, wie in den Grundzügen des Islam dargestellt, werden jedoch auch von den Ahmadis befolgt.

In Deutschland ist die Ahmadiyya-Bewegung seit 1949 aktiv; 1959 wurde die Nuur-Moschee in Frankfurt a.M. eröffnet. Die Zahl der deutschen Ahmadiyya-Anhänger wird auf etwa 300 geschätzt[30]. Die Bewegung kann aufgrund ihrer frühen Präsenz in Deutschland, ihrer ausgeprägten Aktivität und ihrem Missionierungsbestreben als Vorreiter des Islam in Deutschland betrachtet werden. Viele der Konvertiten in den 60er und 70er Jahren bezogen ihre ersten Informationen über den Islam über die Ahmadiyya-Bewegung. An die deutsche Öffentlichkeit tritt die Ahmadiyya durch Buchpublikationen, zahlreiche kostenlose Broschüren, die versandt oder über Informationsstände verbreitet werden, durch einen deutsch-arabischen Koran, der 1954 zum erstenmal erschien und durch die deutschsprachigen Zeitschriften „Der Islam", „Weisses Minarett" und „Ahmadiyya-Gazette". Die Bewegung wird vom orthodoxen Islam nicht anerkannt.

Die Naqshibandi-Sufis
Sufismus oder Sufitum wird die mystische Bewegung des Islam genannt, die auf eine jahrhundertelange Geschichte zurückblicken kann[31]. In Deutschland faßte die mystische Richtung des Islam 1910 Fuß, als ein Vertreter des indischen Tschischtija-Ordens anläßlich einer USA-Reise in Deutschland Station machte und den Sufi-Orden des Westens gründete[32]. Bis in die 60er Jahre bildeten sich eine Reihe von weiteren Gruppierungen, die aber zum Teil ihren Bezug zum Islam verloren. Ab den 60er Jahren, mit Beginn der türkischen Arbeitsmigration, setzte jedoch die Reislamisierung des Sufitums in Deutschland ein. Ab den 70er Jahren gründeten sich erste deutsche Sufi-Gruppen.

Die Naqshibandi sind eine sunnitische Ordensgemeinschaft, die in Deutschland mehrere Zweige hat. Von Interesse für diese Arbeit ist der Zweig unter Leitung des Scheichs Nazim Qibrisi, der zur Zeit im türkischen Teil von Zypern lebt. Scheich Nazim, wie ihn seine Anhänger und Anhängerinnen nennen, besucht gelegentlich Deutschland oder die Schweiz – Gelegenheiten, zu denen

---

[30] Deutsche Welle 47 (1986). S. 3.
[31] Zum mystischen Islam siehe: Gramlich, Richard: Alte Vorbilder des Sufitums. 2 Bde. Wiesbaden 1995; Schimmel, Annemarie: Mystische Dimensionen des Islam. Die Geschichte des Sufismus. 2. Aufl. München 1992.
[32] Vgl. Dornbrach, Abdullah Halis: Ordensgemeinschaften in der BRD. Versuch einer Darstellung. Jünkerath 1991.

seine Anhängerschaft in großer Zahl anreist –, und während des Ramadans hält er sich in London auf, wo er in einer Moschee seinen Schülern und Schülerinnen für Gespräche, Rat und gemeinsame Gebete zur Verfügung steht. Die Anhängerschaft des Scheich Nazim in Deutschland beträgt nach Auskunft einer Anhängerin dieser Gruppe etwa 500-1000 Personen[33].

Die Sufi-Gruppe befolgt im wesentlichen die islamischen Glaubensgrundsätze, folgt nach eigenen Angaben jedoch zusätzlich zur „Disziplin des orthodoxen (Weges)"[34] einem mystischen Islam. Äußeren Ausdruck finden die Sufi-Vorstellungen im Ritual des dhikr, dem mystischen Gottgedenken. Bei diesem Ritual werden gemeinschaftlich in einem eintönigen Rhythmus die Namen Allahs rezitiert. Die Teilnahme an diesem Ritual vermag die Gläubigen in tiefe Versenkung bis hin zur Trance fallen lassen.

---

[33] Dornbrach nennt in seiner 1991 veröffentlichten Schrift eine Zahl von 100-200. Siehe Dornbrach 1991. S. 9.
[34] Divan-Brief (Vierteljährliche Publikation des WEST-ÖSTLICHER DIVAN Wiesbaden; Gemeinnütziger und mildtätiger Verein) Januar-März 1993. Ohne Seitenangaben.

III Biographische Skizzen

Meine Interviewpartnerinnen gehören vier unterschiedlichen Gruppen bzw. Denkrichtungen an. Dabei handelt es sich nur in zwei Fällen – bei der Sufi-Gruppe und der Ahmadiyya-Bewegung – um feste Gruppierungen, die sich selbst als eigene islamische Richtung verstehen und sich als solche von anderen islamischen Richtungen abgrenzen. Bei den beiden anderen Richtungen handelt es sich einmal um die im vorigen Kapitel beschriebene netzwerkartige „Gruppe deutschsprachiger Muslime"[1] sowie – in Karins Fall – um eine Denkrichtung, die keiner Gruppierung zuzuordnen ist.

Zur Gruppe „deutschsprachiger Muslime" zähle ich die Frauen, die sich ihren eigenen Angaben nach auf einen „Urislam" berufen. Für diese Frauen stellt die historische Entwicklung des Islam eine Verfälschung der reinen Religion mit „kulturellen Traditionalismen" sowie nichtzulässigen Interpretationen dar. Ihr Ideal ist der Islam der Frühzeit, in dem sie nicht nur die Regeln des Koran, sondern vor allem auch seine – wie sie es wahrnehmen – freiheitlichen und weltoffenen Prinzipien verwirklicht glauben. Dieses Denken läßt durchaus eine Annäherung von „Urislam" und Moderne zu, indem – wie Hartmann es ausdrückt – „die Anpassung der Gegenwart (...) an das Ideal der Urgemeinschaft"[2] versucht wird. Das heißt, in diesem Denken werden die Phänomene der Gegenwart analog zu Phänomenen der islamischen Frühgeschichte gedeutet, gegenwärtige Phänomene werden aus der Perspektive der Frühzeit des Islam – wie die Frauen diese Zeit verstehen – gesehen. Es wird versucht, den Sinn der islamischen Regeln in der heutigen Zeit aufzudecken. Etwas konkreter dargestellt bedeutet dies, daß den von mir befragten Frauen klar ist, daß der Koran – das geoffenbarte Wort Gottes – eine Reaktion auf die religiösen, politischen und gesellschaftlichen Probleme der jungen islamischen Gemeinschaft darstellt, jedoch hat die Offenbarung für sie trotzdem weit darüber hinaus reichende Gültigkeit: Sie ist – wie mir vielfach erklärt wurde – das „für alle Zeiten und für alle Orte gültige Wort Gottes". Allerdings sind einige der diesem Netzwerk zuordenbaren Frauen auch durch einen „kulturellen Islam" beeinflußt. Dies trifft vor allem für die Frauen zu, die mit einem ausländischen Muslim verheiratet sind und nur geringen Kontakt zum Netzwerk haben. Abgesehen

---

[1] Vgl. dazu auch im Kapitel II den Abschnitt „Organisationsstruktur des deutschsprachigen Islam".
[2] Hartmann, Angelika: Der islamische „Fundamentalismus". Wahrnehmung und Realität einer neuen Entwicklung im Islam. In: Spiegel der Forschung. Wissenschaftsmagazin der Justus-Liebig-Universität Gießen 2 (1994). S. 13-19, hier S. 16.

von dadurch bedingten Unterschieden fällt bei den der Gruppe „deutschsprachiger Muslime" zurechenbaren Frauen die Einheitlichkeit der Argumentation auf, selbst bei den Frauen, die sich untereinander nicht kennen.

Von den elf befragten Frauen, die ich dieser Denkrichtung zuordnen würde, besuchten fünf regelmäßig und zwei gelegentlich eine Frauengruppe, die sich alle zwei Wochen für einige Stunden traf, und die sich etwa ein Jahr bevor ich Kontakt zu den Frauen bekam, gebildet hatte. Die Treffen dieser Frauengruppe waren themenorientiert, während meiner Teilnahme an den Treffen wurden Themen wie beispielsweise „Rechte und Pflichten der islamischen Frau im öffentlichen Leben", „Die Mutter im Islam", „Rassismus und Nationalismus", „Geschichte des Islam", „Binationale Ehen", „Wissenschaft und Koran" besprochen. Jeweils eine der Frauen bereitete sich auf ein Thema vor und berichtete den anderen Frauen davon. Anschließend wurden einzelne Punkte diskutiert. Darüber hinaus wurden in der Frauengruppe alltägliche Probleme und Fragen besprochen.

Im Gegensatz zu dieser Denkrichtung, stehen die Ansichten, die Karin äußerte, und die in Ansätzen auch bei den Frauen der Sufi-Gemeinschaft erschienen. Hier wurde versucht, den Islam, wie er sich in Koran und Sunna äußert, an die Gegenwart anzupassen. Im Vergleich zu der vorher dargestellten Denkrichtung erfolgt die Anpassung also in umgekehrter Richtung. So wurde z.B. argumentiert, daß die islamische Kleidung in der frühen islamischen Gemeinde ihren Sinn hatte, aber heute nicht mehr notwendig sei.

Die dritte Gruppe, die Ahmadiyya, der Malika angehört, hat einige Glaubensgrundsätze, die sie von anderen islamischen Denkrichtungen unterscheidet. Ihre Ideologie allerdings, die sie in dem Gespräch mit mir erläuterte, entspricht zum größten Teil der, die auch die dem Netzwerk „deutschspracher Muslime" zugehörigen Frauen vertraten. Auch Malika versuchte, den Sinn der islamischen Regeln in gegenwärtigen Phänomenen zu veranschaulichen und lehnte einen historisch entwickelten Islam ab.

Von einer völlig anderen Perspektive geht die Sufi-Gemeinschaft aus, die die vierte Gruppe bildet. Zwar erkennt diese die Notwendigkeit und Bedeutung der islamischen Regeln an, doch wird all dies einem emotionalen Islam untergeordnet. An erster Stelle steht bei den Sufis das Gefühl, die spirituelle Erfahrung und die Liebe zu Gott. Die einzelne Regeln treten dahinter zurück, auch wenn sich die von mir befragten zwei Frauen dieser Gemeinschaft – Jamila und Rabiya – um deren Einhaltung bemühen. Ihre Argumentation vereinigt Elemente aller bisher vorgestellten Gruppen. So wird durchaus der Sinn einiger Regeln für die Gegenwart gesehen, andere jedoch werden als reformbedürftig erachtet. Der Diskurs der Sufi-Gruppe ist insgesamt weniger einheitlich und mehr durch die jeweilige individuelle Meinung bestimmt als der der anderen Gruppen.. So treten auch zwischen den Ansichten von Jamila und Rabiya, obwohl die beiden Frauen einen engen Umgang miteinander pflegen, häufig größere Differenzen auf, was die Auslegungen einzelner Regeln betrifft. Dies deutet darauf hin, daß diese Regeln in einem viel geringeren Maße Thema der Gruppengespräche sind, als dies sonst der Fall ist.

Die nun folgenden Konversionsgeschichten beginnen jeweils mit einer kurzen Übersicht über einige Lebensdaten der Frauen. Am Schluß des Kapitels befindet sich eine Übersichtstabelle.

Angaben zur Interviewsituation sind jeweils einer Anmerkung zu Beginn der Konversionsgeschichte zu entnehmen. Zur Wahrung der Anonymität habe ich die Namen der Frauen verändert. Bei der Konversion suchten sich einige der Frauen einen islamischen Namen aus; diesen Frauen habe ich ebenfalls einen islamischen Namen gegeben. Für die Frauen, die ihren Namen beibehielten, habe ich einen deutschen Namen gewählt. In einigen Fällen benutzten die Frauen sowohl ihren islamischen als auch ihren deutschen Namen, ich habe dann den Namen gewählt, mit dem ich die Frauen ansprach.

1 „Netzwerk deutschsprachiger Islam"

Elisabeth
Alter: 25
Konversionsalter[3]: 24
Berufsausbildung: Pädagogikstudium
Berufstätigkeit zum Gesprächszeitpunkt: Studentin
Familienstand: ledig
Kinder: keine
Herkunft: Dorf
Konfession vor der Konversion: evangelisch
Einbindung in muslimische Gruppen: regelmäßige Besuche der Frauengruppe

Der Lebensstil, den Elisabeth[4] vor ihrer Konversion pflegte, erschien ihr als der völlig normale Lebensstil von Jugendlichen in Deutschland. Sie studierte,

---

[3] Was als Konversion wahrgenommen wird, unterscheidet sich bei den einzelnen Frauen: einige bezeichnen damit die „offizielle" Konversion, d.h. das Sprechen des Glaubensbekenntnisses vor zwei Zeugen, andere bezeichnen damit die Entscheidung zum Übertritt als die eigentliche Konversion. In meiner Darstellung folge ich der Wahrnehmung der einzelnen Frauen.
[4] Elisabeth lernte ich zusammen mit Fatimah in der Volkshochschule bei einer Diskussionsveranstaltung über den Islam kennen. Beide waren mit einer Gruppe von muslimischen Frauen verschiedener Nationalitäten gekommen. Ich sprach sie nach der Veranstaltung an, erklärte mein Vorhaben und bat um ein Interview, das sie gerne gewährten. Das erste Interview mit Elisabeth fand im Haus einer ihrer Freundinnen statt. Wir konnten ungestört miteinander reden, Elisabeth erzählte sehr offen und ausführlich über ihre Konversion. Dieses erste Gespräch dauerte etwa 3 Stunden. Neun Monate später fand ein zweites Gespräch statt, das ebenfalls etwa 3 Stunden

lebte in einem Studentenwohnheim und ihrer Freizeit traf sie sich mit Freunden, besuchte Kneipen oder ging zum Tanzen in Diskotheken. Gelegentlich hatte sie feste Beziehungen, die jedoch immer wieder zerbrachen. Religionen stand sie eher ablehnend gegenüber, ohne jemals wirklich darüber nachzudenken.

Trotz dieses scheinbar unbekümmerten Lebensstils litt Elisabeth immer wieder unter Unzufriedenheit, Ängsten und Depressionen, einen Zustand, den sie im Rückblick als Mangel an Lebenssinn beschrieb. In der Beschäftigung mit therapeutischen Ansätzen, Selbsterfahrungs- und Lebenshilfeliteratur versuchte sie ihren Depressionen zu entkommen, was ihr jedoch nicht gelang.

Als Wendepunkt in ihrem Leben stellte sie die Begegnung mit einem muslimischen Kommilitonen dar, der sie während einer ihrer häufigen Phasen von Niedergeschlagenheit angetroffen hatte. Als sie ihm ihre Probleme schilderte, begann er vom Islam zu erzählen und Elisabeth hörte aufmerksam zu. Im Rückblick war für Elisabeth an dieser Begegnung entscheidend, daß ihr Kommilitone sie in einer Situation angetroffen hatte, in der sie bereit gewesen war, ihm zuzuhören:

Es war also die richtige Zeit und der richtige Ort. Der hat angefangen, von Religion allgemein zu reden und in dem Moment hatte ich offene Ohren dafür. Also ich will betonen, zu einer anderen Zeit hätte ich zugemacht, ich hätte nicht darauf gehört, aber das war gerade die richtige Zeit.[5]

Diese Begegnung ermöglichte es Elisabeth offensichtlich, ihre bisherige Weltsicht zu relativieren. Sie fing an, Bücher über allgemeine religiöse Fragen zu lesen, beschäftigte sich dann mit den sogenannten „Buchreligionen" – Christentum, Judentum, Islam – und entwickelte insbesondere am Islam zunehmendes Interesse. Unterstützt wurde sie in diesem Interesse durch muslimische Mitbewohner des Studentenwohnheims, in dem sie damals lebte. In dieser ganzen Zeit fühlte Elisabeth sich geleitet, in ihrer Erzählung drückte sie das starke Gefühl von Bestimmung aus:

---

dauerte. Diesmal trafen wir uns in einem Raum der Universität. Vor diesem zweiten Gespräch hatte ich Elisabeth das Transkript des ersten Interviews gegeben, auf das wir uns teilweise bezogen. In diesem zweiten Gespräch wurden einerseits Veränderungen besprochen, die in der Zwischenzeit eingetreten waren, und andererseits die Inhalte des ersten Gesprächs vertieft.
[5] Alle in dieser Arbeit angeführten Interviewpassagen wurden auf der Grundlage eines wortgetreuen Transkriptes zur besseren Lesbarkeit überarbeitet. Folgende Transkribierzeichen werden benutzt:
- (...) = Teile des Interviews wurden ausgelassen;
- ... = Die Befragte unterbricht sich an dieser Stelle selbst;
- *** = Unverständliche Interviewstelle;
- [ ] = Kommentare und Einfügungen von mir.

Von diesem ersten Tag an, an dem ich hellhörig wurde, passierte etwas, das kann man beschreiben wie eine Flamme, die angezündet wurde. Das Feuer wurde immer größer und größer, bis es richtig brannte. Und diese Flamme ist nie erloschen. Das war so eine Kraft in mir, daß ich diesen Weg gehen mußte, ich konnte nicht mehr anders, ich mußte immer weiter und immer weiter machen. (...) Ich hatte auch immer dieses Glück gehabt, gerade das richtige Buch zu finden.[6]

In dieser Zeit der intensiven Beschäftigung mit dem Islam, träumte Elisabeth eines Nachts davon, daß sie das islamische Glaubensbekenntnis spreche. In dem Gespräch mit mir betonte sie, daß sie in diesem Traum ihre eigentliche Konversion gesehen, und sie sich von diesem Moment an als Muslimin gefühlt hatte. Sie begann nun während des Ramadans zu fasten und versuchte, das islamische Gebet zu erlernen – vorerst ohne Anleitung. Einer der Kommilitonen aus dem Wohnheim gab ihr dann die Adresse der Leiterin der islamischen Frauengruppe. Sie rief dort an und wurde von dieser zum abendlichen Fastenbrechen eingeladen. An diesem Abend begann Elisabeth – zunächst sporadisch, dann immer häufiger – ein Kopftuch zu tragen und sich insgesamt nach islamischen Regeln zu kleiden. An diesem Punkt in ihrem Leben angelangt, entschloß sie sich, wieder in ihr Elternhaus zurückzuziehen. Mir gegenüber begründete sie diese Entscheidung damit, daß ihr ein Leben als ledige Frau im Studentenwohnheim mit ihrem neuen Glauben unvereinbar erschien. Mit diesem Umzug begannen heftige Auseinandersetzungen mit ihren Eltern,

---

[6] Die erzählerische Struktur, die Elisabeth hier zur Darstellung des eigentlichen Konversionsereignisses wählt, ist der Untersuchung Ulmers zufolge typisch für Konversionserzählungen. Bei der Darstellung des eigentlichen, die Konversion auslösenden Ereignisses stehen konvertierte Männer und Frauen vor einem Dilemma: Einerseits müssen sie dem außergewöhnlichen Charakter der Konversion Rechnung tragen, d.h. sie müssen begründen, warum in einer bestimmten Lebenssituation eine Konversion notwendig war und eine andere Lösung nicht in Frage kam. Dazu muß die Konversion als außerordentliches und außeralltägliches Geschehen, das sich dem alltäglichen Begreifen entzieht, dargestellt werden. Andererseits muß dem Zuhörer oder der Zuhörerin die Konversion plausibel geschildert werden, da ansonsten das Verhalten der konvertierten Frauen und Männer keinen Sinn ergibt. Ulmer arbeitet eine Reihe von erzählerischen Strukturen heraus, die den Versuch darstellen, dieses Dilemma aufzulösen. Ein solches Muster zeigt sich hier bei Elisabeth in dem Gefühl, „nicht anders zu können", zur Konversion getrieben worden zu sein. Dadurch macht sie ihren Übertritt sowohl außergewöhnlich als auch nachvollziehbar. Auch die Betonung der Erfahrung, daß sie immer das richtige Buch zur richtigen Zeit fand, kann als erzählerische Strategie zur Auflösung des obigen Dilemmas gesehen werden: Elisabeth gibt so zu verstehen, daß sie geleitet wurde, daß sie also im Grunde nur einer Bestimmung folgte. Bestätigt wird die Erfahrung der Bestimmung in der folgenden Erzählpassage, in der Elisabeth von einem Traum berichtet. Vgl. dazu: Ulmer 1988, S. 26ff. Interessant in diesem Zusammenhang ist auch, daß das Gefühl der Bestimmung in Übereinstimmung mit dem islamischen Prädestinationsverständnis steht. Vgl. dazu: M. Hofmann 1992, S. 79ff.

die Elisabeths Meinung nach, vor allem daraus resultierten, daß ihre Eltern das Kopftuch nicht akzeptieren konnten. Erst zum Zeitpunkt des zweiten Interviews – fast zwei Jahre nach der Konversion – hatte sich die Situation im Elternhaus ein wenig gebessert.

Als ich Elisabeth kennenlernte, war sie sehr aktiv in der deutschsprachigen islamischen Gemeinschaft tätig. Sie besuchte und organisierte Diskussionsveranstaltungen, hielt Vorträge, verkaufte Bücher an Informationsständen usw. Für ihre Zukunft plante sie, *„etwas für den Islam zu schaffen"*. Als Beispiel führte sie die Gründung eines islamischen Frauenzentrums an, von dem sie sich erhoffte, ihre beruflichen Kenntnisse im Sinne des Islam zum Einsatz bringen zu können. Jedoch wünschte sie sich, wie sie im Gespräch mit mir betonte, ebenso eine Ehe mit einem gläubigen Muslim, wenn sie auch ihre Zukunftsperspektiven nicht auf die Familie beschränkt sehen wollte.

Einige Monate nach unserem letzten Treffen schickte mir Elisabeth ihre Diplomarbeit zu, um die ich sie gebeten hatte. In einem beiliegenden Brief schrieb sie, daß sie in der Zwischenzeit geheiratet hätte und ein Kind erwarte.

Angelika
Alter: 25
Konversionsalter: 23
Berufsausbildung: Sozialpädagogik
Berufstätigkeit zum Gesprächszeitpunkt: Anerkennungsjahr
Familienstand: verheiratet (seit 2 Jahren)
Kinder: keine
Herkunft: Großstadt
Konfession vor der Konversion: evangelisch
Einbindung in muslimische Gruppen: gelegentliche Besuche von Veranstaltungen der deutschsprachigen islamischen Gemeinschaft

In Angelikas[7] Erzählung stand ihre religiöse Entwicklung und ihre Auseinandersetzung mit dem Islam völlig im Mittelpunkt.

Sie wuchs in einer Familie auf, die kein Interesse an Religion zeigte. Zwar hatten ihre Eltern sie taufen lassen und sie zur Konfirmation geschickt, jedoch

---

[7] Angelikas Adresse erhielt ich über die Frauengruppe. Sie hatte sich während der Islamwoche in eine Liste von Interessentinnen für eine islamische Frauengruppe eingetragen, besuchte jedoch nie die Treffen dieser Gruppe, da ihr die Entfernung zwischen ihrem Wohnort und dem Ort, an dem sich die Gruppe traf, zu weit war. Um Angelika zu interviewen, suchte ich sie an zwei Abenden innerhalb einer Woche in ihrer Wohnung auf. Insgesamt dauerten die zwei Gespräche mit ihr ca. 7 Stunden. Jedesmal war auch ihr Mann anwesend, der große Teile der Gespräche bestritt, indem er Angelikas Äußerungen immer wieder ergänzte und kommentierte. Angelika selbst hatte sich bei meinem ersten Besuch meinen Frageleitfaden geben lassen und sich anhand dessen auf das zweite Gespräch vorbereitet, zum Teil sogar Notizen gemacht.

geschah dies weniger aus religiösen Motiven, sondern eher, wie Angelika formulierte, *„weil es dazu gehörte"*. Als sie etwa zwölf Jahre alt war, begann Angelika regelmäßig eine kirchliche Kindergruppe zu besuchen und fing mehr und mehr an, sich für Religion zu interessieren. Als Auslöser einer tieferen Gläubigkeit nannte Angelika in unserem Gespräch schließlich ein relativ unbedeutendes Ereignis:

> *Irgendwann – es war eigentlich ein ganz banales Erlebnis – da habe ich gebetet: ‚Gott, wenn du mir jetzt hilfst, dann glaube ich an dich. Wenn du mir nicht hilfst, dann glaube ich nicht'. Und meiner Ansicht nach, hat er mich erhört. Dann begann ich, an Gott zu glauben.*

In ihrer erwachenden Religiosität wurde Angelika von einer Tante unterstützt sowie von der evangelischen Gemeinde, der sie sich nun anschloß. Sie besuchte verschiedene Jugendgruppen, wurde Kindergottesdiensthelferin und freundete sich mit einer sehr religiösen Familie an, die sie als ihre „Ersatzfamilie" bezeichnete. Von dieser Familie erhielt sie nun religiöse Anleitung. Auch ihr Freundeskreis bestand in dieser Lebensphase im wesentlichen aus Mitgliedern der Gemeinde. Mit 18 Jahren zog sie von zu Hause aus und lebte zusammen mit einer Freundin im Gemeindehaus. Wie sie in ihrer Erzählung betonte, war ihr ganzes Leben zu diesem Zeitpunkt um die evangelische Gemeindearbeit zentriert. Auch ihre Studienwahl wurde von dieser Ausrichtung bestimmt: Nach dem Abitur begann sie Sozialpädagogik zu studieren und bereitete sich darauf vor, Gemeindediakonin zu werden.

In der rückblickenden Darstellung dieser Lebensphase wies Angelika darauf hin, daß trotz ihrer damaligen engen Verflochtenheit mit der evangelischen Kirche zu diesem Zeitpunkt doch auch erste Brüche in ihrer religiösen Ausrichtung aufgetaucht seien. So deutete sie in unserem Gespräch einige ihrer damaligen Verhaltensweisen als Ausdruck von Zweifel und Unzufriedenheit. Sie erzählte beispielsweise, daß sie nie in der Lage gewesen sei, das Christentum in Evangelisationsveranstaltungen nach außen zu vertreten – für Angelika ein Zeichen dafür, daß sie im Grunde genommen nie vollständig von ihrem früheren Glauben überzeugt gewesen sei. Als ein anderes Zeichen ihrer Unzufriedenheit sah sie ihr damaliges Verlangen nach einer völlig anderen Lebensperspektive. Sie erzählte, daß sie immer darauf gewartet habe, daß sie eines Tages wissen würde, was ihre „göttliche Bestimmung" sei, daß Gott sie wissen lassen würde, was er von ihr erwarte. In der Arbeit in der evangelischen Gemeinde sah sie diese Bestimmung nicht gegeben, sie hatte sich etwas Größeres, Besonderes vorgestellt, wie beispielsweise eine Tätigkeit als Missionarin oder ein Leben als Nonne. Deshalb schloß sie sich damals zusammen mit anderen Jugendlichen der Gemeinde einer Bewegung an, die sie als „Heilig-Geist-Bewegung" oder als „charismatische Welle"[8] bezeichnete: Bei Gruppentreffen versuchte sie wie auch die anderen Jugendlichen, den Heiligen Geist zu erspüren und von ihm ergriffen zu werden:

> *In manchen Kirchen, da haben sich dann Hunderte von Jugendlichen getroffen, gesungen und getanzt und sind dann umgefallen, weil sie vom Heiligen Geist ergriffen wurden. (...) Na ja, und ich habe dann auch mal diese Veranstaltungen besucht, weil ich mir davon auch was erhofft hatte. (...) Und ich bin dann eigentlich immer sehr frustriert aus diesen Veranstaltungen herausgegangen, weil die Leute ... ja, selbst meine beste Freundin – also wir waren ein Herz und eine Seele – die hat dann auch gesagt, sie hätte dieses Erlebnis gehabt. (...) Ich saß dann da im Kreis der anderen und habe gewartet, daß Gott mir die Erleuchtung bringt und das war nie, das war eigentlich sehr frustrierend. Und in diesen letzten Jahren ist es wirklich verstärkt aufgetreten, daß ich nach etwas gesucht habe.*

In dieser Lebensphase lernte sie einen jungen Ägypter – ihren späteren Ehemann – kennen, mit dem sie sich, ihrer Erzählung zufolge, vom ersten Tag an in Glaubensdiskussionen stürzte, die sich über Monate hinzogen. Beide wollten einander bekehren. Nicht selten zog Angelika auch Freunde aus ihrer Gemeinde hinzu, um mit ihrem muslimischen Freund zu diskutieren. Nach und nach gelang es ihm jedoch, Angelika zu überzeugen. Minutiös beschrieb das Ehepaar im Interview die einzelnen Stationen der Überzeugung, angefangen vom wachsenden Zweifel Angelikas am Christentum über den Punkt, an dem sie dem Christentum nicht mehr vertraute, aber auch mit dem Islam noch nichts anzufangen wußte, bis hin zu dem Moment, in dem sie schließlich den Islam akzeptieren konnte. Beide schilderten, wie sie im Laufe dieses Prozesses zunächst gemeinsam die Bibel lasen, Angelika dann anfing, den Koran und islamische Schriften zu lesen, diese zunächst ablehnte, dann aber zunehmend Gefallen daran fand. Einhergehend mit den Diskussionen und der Lektüre fand wohl auch ein Prozeß der Distanzierung von der Gemeinde, ihrem Freundeskreis und ihrer Arbeit statt; Angelika gab ihre Wohnung auf, heiratete und konvertierte bei der Trauung.

---

[8] Angelika meinte hier offensichtlich die „Pfingstler" oder „Charismatiker". Dabei handelt es sich um eine Bewegung, die seit den 60er Jahren dieses Jahrhunderts in allen christlichen Hauptkirchen auftrat. Die Anhänger dieser Bewegung wollen die Erfahrungen der frühen Christen am Pfingsttag nachvollziehen und erhoffen sich vom Heiligen Geist die Fähigkeit zur „Zungenrede". „Unter Zungenrede (Glossolalie) versteht man das Sprechen in einer fremden Sprache – eine 'ekstatische Äußerung' – die der Sprecher nicht kennt und die nur diejenigen verstehen, die die Gabe der Deutung haben." Siehe dazu: Clarke, Peter B. (Hrsg.): Atlas der Weltreligionen. Entstehung - Entwicklung - Glaubensinhalte. München 1994. S. 82.

Von Anfang an begann Angelika entsprechend den islamischen Regeln zu leben, fastete, betete und trug islamische Kleidung einschließlich des Kopftuchs. Mit ihren Eltern gab es nach ihrer Schilderung kaum Konflikte, da diese schon ausgetragen worden seien, als Angelika sich so eng der evangelischen Gemeinde angeschloßen hatte. Jedoch fand ein völliger Bruch mit ihrem früheren Freundeskreis und mit ihrer „Ersatzfamilie" statt. Dieser Bruch zeigte sich darin, daß Angelika in unserem Gespräch mehrmals betonte, daß sie sich heute überhaupt nicht mehr vorstellen könne, jemals Christin gewesen zu sein, für sie stelle der Islam ihre „eigentliche" Realität dar:

> *Es kommt mir so vor, als sei ich schon immer Muslima gewesen und nichts anderes. Also diese ganze Vergangenheit, das ist wie ein Film, den ich mir angeguckt habe, der mich aber nicht persönlich betroffen hat. Das, was ich jetzt lebe, das ist mein eigentliches Leben.*

Fatimah
Alter: 26
Konversionsalter: 25
Berufsausbildung: Krankenschwester
Berufstätigkeit zum Gesprächszeitpunkt: Krankenschwester
Familienstand: verheiratet (seit 3 Jahren)
Kinder: keine
Herkunft: Dorf
Konfession vor der Konversion: katholisch
Einbindung in muslimische Gruppen: regelmäßige Besuche der Frauengruppe

Fatimah[9] schilderte ihre Eltern, vor allem ihre Mutter, als recht religiös: Sie gingen regelmäßig zur Kirche und engagierten sich in der katholischen Gemeindearbeit. Auch ihrer Tochter versuchten sie die Religion nahezubringen, waren darin jedoch recht erfolglos. Fatimah zeigte der Religion gegenüber eine gleichgültige Haltung.

Nach ihrem Realschulabschluß besuchte Fatimah eine Sprachschule, um Stewardess werden zu können. Dieser Berufswunsch ließ sich jedoch nicht verwirklichen, da sie noch zu jung für eine dementsprechende Ausbildung war. So begann sie aufgrund des Ratschlages, in der Zwischenzeit einen sozialen Beruf zu erlernen, eine Ausbildung als Krankenschwester und blieb ohne sonderliche Begeisterung oder Abneigung dabei: *„Ich könnte genauso gut etwas*

---

[9] Ich lernte Fatimah ebenso wie Elisabeth bei einer Diskussionsveranstaltung in der Volkshochschule kennen. Wir führten zwei Gespräche miteinander, das zweite acht Monate nach dem ersten. Vor unserem zweiten Treffen schickte ich ihr das Transkript des ersten Interviews zu. Beide Gespräche fanden bei ihr in der Wohnung statt und dauerten jeweils etwa 3 Stunden.

anderes sein", kommentierte sie ihre Berufswahl. Mit 18 zog sie aus dem Elternhaus aus und lebte alleine.

Die nun folgende Zeit beschrieb Fatimah als eine Zeit der Leere und Unzufriedenheit. Sie litt unter ihrem mangelnden Selbstbewußtsein, war wenig kontaktfreudig und wünschte sich häufig, ein völlig anderer Mensch zu sein. Ihr Freundeskreis war recht klein und ihre gelegentlichen Beziehungen zu Männern scheiterten immer wieder, obwohl sie sich nach einer festen Bindung sehnte. Infolgedessen fühlte sie sich einsam und wurde von dem Gefühl, daß ihr „*irgendwie etwas fehlte*" gequält.

In dieser Situation lernte sie ihren späteren Mann, einen Algerier, kennen, der in Deutschland Verwandte besucht hatte. An ihm gefiel ihr, daß er bald an Heirat dachte und somit eine dauerhafte Beziehung in Aussicht stellte. Nach seiner Rückkehr in seine Heimat besuchte sie ihn. In der Schilderung dieses ersten Aufenthaltes in Algerien drückte sie ihre Befremdung über die Umgangsformen in seiner Familie aus:

Die erste Überraschung war dann, daß die ganze Familie auf mich gewartet hat, den ganzen Tag haben sie auf mich gewartet und ich habe praktisch nur darauf gewartet, daß ich ihn sehe. Und für mich war klar – er hat eine eigene Wohnung –, daß wir dann in seine Wohnung fahren und am nächsten Tag die Familie besuchen. Und die erste Überraschung war dann, daß ich gleich zur Familie geschleppt wurde. Die haben sich furchtbar gefreut, und die haben natürlich gedacht, daß auch ich mich furchtbar freue, die jetzt alle kennenzulernen. Und ich habe mich auch gefreut, aber im ersten Moment war ich auch ein wenig enttäuscht gewesen.

In dem Gespräch mit mir relativierte Fatimah schnell diese erste Fremdheitserfahrung, indem sie erzählte, daß sie bald die andere Form des Umgangs miteinander schätzen lernte und zwischen Deutschland und Algerien zu vergleichen begann:

Ich habe da auch so eine unheimliche Wärme und Herzlichkeit gespürt, und ich habe mir dann oft überlegt: Wie ist es denn umgekehrt? (...) Ich will nicht sagen, daß es nicht familiär zugeht in unserer Familie, aber es ist alles mit ein bißchen mehr Distanz, alles etwas distanziert. Und meine Eltern haben ihre eingefahrenen Bahnen und was den Vorstellungen nicht entspricht, das ist nicht so ganz akzeptabel.

Obwohl Fatimah schon damals begonnen hatte, die hiesige Lebensweise zu hinterfragen, war ihre Einstellung dem Islam gegenüber, wie sie in unserem Gespräch betonte, zunächst nach wie vor noch negativ. Dementsprechend wehrte sie sich auch vehement gegen Versuche ihres Mannes, sie dafür zu interessieren und ihr davon zu erzählen, so daß er schließlich aufgab. In Fatimahs Erzählung wird nicht ganz klar, wann und warum sich diese Einstellung änderte. Sie erzählte lediglich, daß sie ohne besonderen Anlaß irgendwann heimlich begann, einige der Broschüren zu lesen, die ihr Ehemann ihr besorgt hatte. Nach und nach entwickelte sie daraufhin Interesse für den Islam, ohne vorläufig an eine Konversion zu denken. Jedoch fühlte sie sich mehr und mehr angesprochen, war schließlich auch in der Lage, das Kopftuch zu akzeptieren – was für sie eine Vorbedingung zur Konversion war – und entschloß sich dann zu einem Übertritt. Ihr Mann bekam nach Aussage von Fatimah von dieser Entwicklung kaum etwas mit:

Ich habe dann alles versteckt gelesen und habe dann angefangen, zu begreifen, daß das alles gar nicht so schlecht ist wie mir immer erschien. Ich bemerkte dann auch viel Gefühl darin – ich habe zum Beispiel Hadithe gelesen und die sind teilweise so schön. (...) Das hat mich veranlaßt, immer weiter zu suchen, nicht kontinuierlich – ich habe mal etwas gelesen, und dann habe ich wieder aufgehört. Es war noch nichts, was mich jetzt fasziniert hätte, es fing so ganz allmählich an, und wurde dann immer interessanter. An dem Tag, an dem ich ihm [dem Ehemann, G.H.] dann gesagt habe, daß ich konvertieren will, da war er ganz baff. Gut, er hat schon einmal eine Tendenz bemerkt, daß ich gar nicht mehr so negativ eingestellt bin, das kam schon raus, aber wir haben nicht viel darüber gesprochen, ich habe für mich gelesen.

Fatimah hatte sich zu einem Zeitpunkt zur Konversion entschlossen, zu dem sie auch bereit war, alle Gebote und Verbote einzuhalten. Dementsprechend kleidete sie sich gleich nach islamischen Regeln, trug auch das Kopftuch, und betete konsequent. Auch ihr Mann, der zwar aus einer gläubigen Familie stammte und selber auch gläubig war, aber bisher nicht gebetet hatte, begann nun damit. Auf Alkohol und Schweinefleisch hatte sie schon früher verzichtet. Sie fing an, sich aktiv für den Islam zu betätigen, besuchte Vorträge und Diskussionsveranstaltungen und bekam Kontakt zur oben erwähnten Frauengruppe.

Am Islam faszinierte sie zum Zeitpunkt des Interviews am meisten, daß er Weltliches und Religiöses miteinander verbinde. Für sie stellte er so die Möglichkeit dar, intensiv religiös zu leben wie eine Nonne, aber deswegen nicht auf ein weltliches Leben zu verzichten – eine Möglichkeit, die sie in keiner anderen Religion gegeben sah.

Monika
Alter: 26
Konversionsalter: 23

Berufsausbildung: keine (2 abgebrochene Lehren)
Berufstätigkeit zum Gesprächszeitpunkt: keine
Familienstand: verheiratet (seit 3 Jahren)
Kinder: 1 Sohn (ca. 2 Jahre)
Herkunft: Großstadt
Konfession vor der Konversion: katholisch
Einbindung in muslimische Gruppen: regelmäßige Besuche der Frauengruppe

Monika[10] beschrieb ihre Erziehung als wenig religiös. Zwar hatten ihre Eltern Wert auf eine gewisse religiöse Erziehung ihrer Tochter gelegt – sie schickten sie zum Religionsunterricht und drängten sie zur Firmung –, gaben jedoch selber kein Vorbild ab, so daß auch Monika kein religiöses Interesse entwickelt habe. Kontakt zum Islam bekam sie mit 13 oder 14 Jahren über eine türkische Schulfreundin. Monika schilderte, daß sie zunächst fasziniert war von der Lebensweise der Familie ihrer Freundin, vom Umgang der Familienmitglieder untereinander und auch von der klaren Rollenverteilung, die sie da sah. Aus dieser Faszination heraus fing sie an, sich mit der türkischen Kultur zu beschäftigen und die Sprache zu erlernen.

Nach dem Realschulabschluß begann Monika eine Berufsausbildung, die sie jedoch wieder abbrach. Auch eine zweite begonnene Ausbildung führte sie nicht zu Ende. In dem Gespräch mit mir beschrieb sie ihr Leben zu diesem Zeitpunkt als unruhig und unregelmäßig. Sie *„trieb sich auf der Straße herum"*, wie sie sich selber ausdrückte, und hatte häufiger wechselnde Beziehungen, meistens zu türkischen Männern. Aber auch ihre Freundinnen waren hauptsächlich Türkinnen, zu Deutschen hatte sie nur wenig Kontakte. Ihre Lebensweise führte zu Problemen im Elternhaus. Monikas Eltern machten ihr Interesse an der Türkei und den Umgang mit Türken für den unregelmäßigen Lebenswandel ihrer Tochter verantwortlich und versuchten, die Kontakte zu ausländischen Männern und Frauen zu unterbinden:

Mein Vater war sehr gegen Ausländer. Und je mehr er es mir verboten hat [mich mit Türken zu treffen, G.H.], desto mehr bin ich weg mit Türken, bin auf türkische Hochzeiten, bin mal weg spazieren und so. Je mehr der Reiz vom Verbotenen da war, desto mehr habe ich es gemacht.

---

[10] Ich lernte Monika über die Frauengruppe kennen. Das Gespräch fand bei ihr zu Hause statt. Anwesend war eine Freundin von ihr, die ebenfalls mit einem türkischen Mann verheiratet ist, jedoch nicht konvertiert ist, sowie die Kinder der beiden, die das Gespräch gelegentlich unterbrachen. Monikas Freundin beteiligte sich bisweilen am Gespräch. Das Interview dauerte etwa 2 Stunden.

Mit 23 Jahren lernte Monika ihren zukünftigen Mann – auch wieder einen Türken – kennen. Sehr bald heirateten sie vor einem islamischen Geistlichen, einige Monate später – Monika war mittlerweile schwanger – auch standesamtlich, da ihrem Mann die Abschiebung drohte. Bei der islamischen Hochzeit sprach Monika das Glaubensbekenntnis, obwohl sie sich bis dahin weniger mit den religiösen als vielmehr mit den kulturellen Aspekten des Islam beschäftigt hatte. Monika schilderte, daß sie nach der Eheschließung, angeregt durch ihren Mann, der aus einer sehr religiösen Familie stammte, begann, nach islamischen Regeln zu leben. So fing sie nach der Geburt ihres Kindes an zu beten und während des Ramadans zu fasten. Als ich sie kennenlernte, bereitete sie sich auf den ersten Besuch bei den Schwiegereltern im Osten der Türkei vor. Sie erzählte mir, daß sie sich vorgenommen habe, in der Türkei anzufangen, das Kopftuch zu tragen. Diesen Entschluß realisierte sie dann auch, wie ich einige Monate später bei einem erneuten Treffen feststellen konnte. Für die Zukunft plante das Ehepaar eine Übersiedlung in die Türkei, wenn auch nicht zu den Schwiegereltern in den Osten, sondern in eine der größeren Städte in der Westtürkei.

Monikas Islamverständnis war zum Zeitpunkt des Interviews stark durch die türkische Kultur geprägt. So bezog sie sich in ihren Aussagen zum Geschlechterverhältnis weniger auf den Koran als auf den türkischen Komplex von Scham und Ehre[11]. Auch in anderen Bereichen orientierte sie sich eher an einer Ordnung, die sie durch ihre jahrelange Freundschaft mit Türkinnen und Türken gelernt hatte, als an Regeln, die in Koran und Hadith festgelegt sind. Erst durch ihren Kontakt mit der Frauengruppe begann sie, eine andere Sichtweise auf den Islam zu entwickeln. Diese versuchte sie dann auch in ihre Ehe einzubringen.

Jutta
Alter: 27
Konversionsalter: 24 (nicht offiziell konvertiert)
Berufsausbildung: Erzieherin
Berufstätigkeit zum Gesprächszeitpunkt: keine; Pflege eines kranken Mitgliedes ihrer Familie
Familienstand: verheiratet (seit 3 Jahren)
Kinder: Jutta erwartete ihr erstes Kind
Herkunft: Kleinstadt

---

[11]Dazu gibt es eine umfangreiche Literatur. Um nur einige Werke zu nennen: Petersen, Andrea: Ehre und Scham. Das Verhältnis der Geschlechter in der Türkei. Berlin 1985; Schiffauer, Werner: Die Gewalt der Ehre. Erklärungen zu einem türkisch-deutschen Sexualkonflikt. Frankfurt a.M. 1983; Aus neuerer Zeit: Strasser, Sabine: Die Unreinheit ist fruchtbar. Grenzüberschreitungen in einem türkischen Dorf am Schwarzen Meer. Wien 1995.

Konfession vor der Konversion: katholisch
Einbindung in muslimische Gruppen: regelmäßige Besuche der Frauengruppe

Jutta[12] wuchs teils bei ihrer alleinstehenden Mutter, teils bei ihren Großeltern auf. Der Religion stand sie gleichgültig gegenüber, eine Haltung, die von ihrer Mutter akzeptiert wurde, die die Großmutter hingegen immer wieder zu ändern versuchte. Jutta reagierte jedoch auf alle Versuche, sie für Religion zu interessieren mit heftiger Abneigung.

Als entscheidenden Wendepunkt in ihrem Leben schilderte Jutta den Tod ihres ihr sehr nahestehenden Großvaters, als sie 16 Jahre alt war. Diese erste Konfrontation mit dem Tod eines geliebten Menschen löste in ihr einen Denkprozeß aus: Sie erzählte, daß sie damals damit begann, sich zu fragen, ob „*da nicht doch etwas sei*". Vor dem Hintergrund dieser Erfahrung legte sie sich eine Art „spiritistischen" Glauben zurecht. In dem Gespräch mit mir erläuterte sie, daß sie zu diesem Zeitpunkt anfing, an ein Weiterleben nach dem Tod zu glauben und auch daran, daß es möglich sei, mit den Seelen Verstorbener Kontakt aufzunehmen. Dieser Gedanke tröstete sie über den Tod des Großvaters hinweg und in Krisensituationensuchte sie oft die gedankliche Verbindung zu ihrem Großvater. Darüber hinausgehende Vorstellungen entwickelte sie nicht, an einen Gott konnte sie zu jener Zeit noch nicht glauben.

Mit etwa 22 Jahren lernte Jutta eine sehr gläubige Christin kennen, mit der sie sich anfreundete. Die Offenheit und Toleranz, die ihre neue Freundin trotz ihrer tiefen Gläubigkeit zeigte – für Jutta bis dahin ein Widerspruch –, ermöglichte es ihr, die eigene abwehrende Haltung gegenüber Religionen zu modifizieren. Sie begann, sich für diese Thematik zu interessieren.

> *Und dann ist es so gewesen, daß ich eine Frau kennenlernte, die unwahrscheinlich gläubig war, aber trotzdem offen für alles – das hat mich so an ihr fasziniert. Die hat es geschafft durch ihre Art, durch ihr Wesen, mich mal mehr dafür zu interessieren, mich damit auseinanderzusetzen, mit Glaubensrichtungen allgemein, sei es Buddhismus, sei es Katholizismus, sei es Judentum, egal.*

Zu diesem Zeitpunkt lernte Jutta auch ihren späteren Mann, einen Libanesen, kennen, mit dem sie Gespräche über „*Gott und die Welt*" führte. Bei diesen Gesprächen empfand sie eine außergewöhnliche Übereinstimmung der Meinungen, was ihr zukünftiger Mann damit erklärte, daß sie wie eine Muslimin

---

[12] Ich traf Jutta in der Frauengruppe und bat sie um ein Interview, das sie mir gleich gewährte. Das Interview fand im Haus ihrer Eltern statt, während des Gesprächs blieben wir völlig ungestört. Jutta verhielt sich sehr offen und aufgeschlossen und beantwortete meine Fragen ausführlich. Das Gespräch dauerte etwa 3Stunden.

denke. Er war es auch, der Jutta Informationsmaterial, Broschüren und Bücher über den Islam gab. Sie fing an, sich intensiv damit auseinanderzusetzen. Dabei machte sie Erfahrungen, die sie als „spirituell" beschrieb:

> *Je tiefer ich in die Religion ging, oder je stärker ich an den Glauben zu Gott oder Allah festhielt, merkte ich, daß etwas versucht, mich davon wegzuziehen und mich davon zu überzeugen, daß es nicht stimmt. Und das war für mich irgendwo ein innerer Beweis: Also stimmt es, also bist du richtig, dich will was Böses wegjagen und dir angst machen. Das kann man sehr schwer vermitteln, wenn man es nicht erlebt hat.*

Die beschriebenen Erfahrungen ordneten sich für Jutta in ein Gesamtbild ein, das in allem, was sie erlebte, bestätigt zu werden schien. Zwei Jahre nach dieser sehr intensiv erlebten Zeit heiratete sie.
Obwohl sie sich selbst seit dem beschriebenen Zeitpunkt als „*zum muslimischen Glauben konvertiert sieht*", schilderte Jutta in dem Gespräch mit mir doch auch immer wieder einen inneren Zwiespalt, der sich für sie aus der Diskrepanz zwischen Islam und Westen ergab. Ihr erschien es schwierig, im Westen den Hintergrund für eine islamische Lebensweise zu finden:

> *Bei mir ist einfach noch eine Differenz da zwischen dem, wie ich mich fühle und auch glaube und dem, wie ich leben muß, weil ich hier lebe. Ich bin einfach noch nicht so weit oder so reif, daß ich sage: Jetzt lebe ich total den Islam, weil ich den hier nicht so empfinde. Wenn ich zum Beispiel Filme sehe, die mein Mann bei sich zu Hause gedreht hat, (...) dann springt bei mir direkt der Funke über: Ja, wenn ich dort leben würde, dann könnte ich so mein Muslim-Sein leben, mein inneres Leben leben, verstehst du? Aber das kann ich hier eben noch nicht und diese Differenz, die jetzt noch in mir ist, die möchte ich erst einmal überbrücken und dann werde ich soweit sein. Das ist für mich natürlich ein großes Ziel.*

Die Antizipation der ablehnenden Haltung von Nicht-Muslimen sowie die zum größten Teil schlechten Erfahrungen, die sie bisher machte, wenn sie ihr Interesse am Islam bekundete, verstärkten ihren Zwiespalt und hielten sie davon ab, mit ihrer Konversion an die Öffentlichkeit zu treten. Dementsprechend befolgte Jutta zum Zeitpunkt unseres Gespräches die islamischen Gebote und Verbote nur teilweise: Sie fastete nicht, betete in den Ferien zwar regelmäßig, ansonsten eher sporadisch und trug kein Kopftuch. Jutta meinte, daß sie nur deswegen geringe Probleme in ihrer nicht-muslimischen Umwelt habe, weil sie ihre Zugehörigkeit zum Islam nur wenig nach außen zeige. Sie war sich sicher, daß – abgesehen von ihrer Mutter, die ihre Zugehörigkeit zum Islam vorbehaltlos akzeptierte – auch jene Freunde und Bekannten, die wußten, daß sie Muslimin war, dann ablehnend reagieren würden, wenn sie ihre Glaubenszugehörigkeit nach außen darstellen würde. In dieser Situation des inneren Zwiespalts bekam der Kontakt zur Frauengruppe, die sie zum Zeitpunkt des Interviews erst relativ kurze Zeit besuchte, Bedeutung für Jutta: Im Umgang mit den anderen Frauen erlebte sie die Umsetzung der islamischen Lebensweise im Westen, d.h. sie nahm die Frauen in der Gruppe als Vorbild wahr, als Unterstützung in ihrer islamischen Entwicklung.

Halima
Alter: 29
Konversionsalter: 18
Berufsausbildung: Besuch einer Berufsaufbauschule abgebrochen
Berufstätigkeit zum Gesprächszeitpunkt: Sie betrieb zusammen mit ihrem Mann einen kleinen Laden
Familienstand: verheiratet (seit 11 Jahren)
Kinder: 1 Sohn (ca. 10 Jahre), 1 Tochter (ca. 3 Jahre)
Herkunft: Dorf
Konfession vor der Konversion: evangelisch
Einbindung in muslimische Gruppen: regelmäßige Besuche der Frauengruppe

Mit 16 Jahren begann Halima[13] sich für den Islam zu interessieren. Zu diesem Zeitpunkt besuchte sie seit zwei Jahren die Berufsaufbauschule, eine Klosterschule für Mädchen, und lebte in dem dazugehörigen Internat[14].
Von der Zeit davor berichtete sie nicht viel. Sie erwähnte lediglich, daß sie „*viele Probleme im Elternhaus*" gehabt habe, die sie jedoch nicht näher beschreiben wollte, und daß sie in der Schule eine Außenseiterrolle gehabt habe. In der Klosterschule fühlte sie sich zum ersten Mal anerkannt, gewann gleichaltrige Freundinnen und hatte einen guten Kontakt zu den Schwestern dort. Sie erinnerte sich besonders positiv an eine Schwester, von der Halima sagte, daß sie von ihr einiges erhalten habe, was sie im Elternhaus immer vermißt hatte. Die Zeit in der Klosterschule schilderte sie als „*gute Zeit*".

Ihre religiöse Erziehung vor dem Besuch dieser Schule sah Halima als ein Durchlaufen der üblichen Stationen – Taufe und Konfirmation. Erst in der Klosterschule gewann Halima ein zwar interessiertes, jedoch gleichzeitig distanziertes Verhältnis zur Religion. Sie stellte es mir gegenüber so dar, daß sie

---

[13] Halimas Adresse erhielt ich über die Frauengruppe. Das Interview fand in ihrer Wohnung statt. Anwesend waren ihre Kinder, die das Gespräch gelegentlich unterbrachen, sowie Asiye, eine spätere Interviewpartnerin von mir, die sich aber sehr im Hintergrund hielt. Das Gespräch dauerte ca. 3 Stunden.
[14] Halima hatte sich diese Schule wegen des angeschlossenen Internats ausgesucht. Daß sie von Ordensschwestern geleitet wurde, störte sie trotz ihrer damaligen Zugehörigkeit zur evangelischen Kirche nicht.

zwar fasziniert von der Religion gewesen sei, auch eifrig im Religionsunterricht mitgearbeitet habe, aber die christlichen Glaubenslehren nicht habe akzeptieren können: Sie erschienen ihr unverständlich und abstrakt, ohne Bezug zu ihrer Alltagsrealität.

Zu dieser Zeit lernte Halima einen pakistanischen Muslim, der einige Jahre später ihr Ehemann werden sollte, kennen. Auslöser dieser Bekanntschaft war ein Referat über die Probleme ausländischer Mitbürger, das sie für die Schule vorbereiten sollte. Da sie keine Ausländer kannte, fuhr sie in die Stadt und sprach dort einen pakistanischen Ladenbesitzer an. In dessen Laden lernte sie einen weiteren Pakistani kennen, einen Zeitungsverkäufer, der sich dort regelmäßig ausruhte. Sie verliebte sich in diesen und fing an, sich für den Islam zu interessieren. Um sich darüber zu informieren, besorgte sie sich eine deutsche Übersetzung des Korans, begann darin zu lesen und ließ sich davon mitreißen.

Wenig später, Halima war mittlerweile 17, wurde ihr pakistanischer Freund aus Deutschland ausgewiesen. Um dies zu verhindern, hätte sie ihn gerne geheiratet, doch ihre Eltern verweigerten die Erlaubnis. So schrieben sie sich, und Halima hielt zudem Kontakt zu Pakistanis in Deutschland. Eine Woche nach ihrem 18. Geburtstag riß Halima von zu Hause aus und flog zu ihrem Freund nach Pakistan. Dort hielt sie sich insgesamt neun Monate auf. Während ihres Aufenthaltes dort heirateten die beiden und bei der Trauung sprach Halima das Glaubensbekenntnis. Kurz darauf kehrten sie nach Deutschland zurück. Die Reaktion ihrer Eltern auf Heirat und Glaubenswechsel nach der Rückkehr aus Pakistan brachte Halima während des Interviews nicht zur Sprache.

Aus der Zeit unmittelbar nach ihrer Rückkehr berichtete Halima, daß sie und ihr Mann zwar nach allgemeinen islamischen Regeln wie Schweinefleisch- und Alkoholverbot lebten, mehr oder weniger regelmäßig beteten und fasteten, daß sie sich damals jedoch noch nicht intensiv mit dem Islam beschäftigten. Auch kleidete sie sich zunächst noch nicht islamisch, trug vor allen Dingen noch kein Kopftuch, da, wie sie mir erläuterte, ihr Mann nicht wollte, daß sie auffiel. Eine intensive Beschäftigung mit dem Islam begann für Halima etwa ein Jahr vor dem Interview, als sie Kontakt zur gerade gegründeten Frauengruppe bekam. Sie fing an, Broschüren und Bücher über den Islam zu lesen und beschloß schließlich, das Kopftuch zu tragen, obwohl ihr Mann immer noch davon abriet. Zum Zeitpunkt des Interviews war Halima an einem Punkt angelangt, an dem sie sich – angeregt durch die Begegnung mit den Frauen der Frauengruppe – zu fragen begann, wie sie den Islam in ihren Lebensentwurf eingliedern könnte. Eine Möglichkeit nannte sie in unserem Gespräch: Als deutsche Muslimin sah sie sich als Vermittlerin zwischen den Kulturen:

H.: Ich finde, es ist eine große Chance für uns Frauen, für uns deutsche oder auch konvertierte Frauen, ein bißchen zu dem Verständnis beizutra-

gen. (...) Daß man vielleicht auch mal erklären kann, weil man gelernt hat, weil man gelesen hat, weil man vergleicht, weil man vielleicht auch diese sprachlichen Barrieren seinen eigenen Leuten gegenüber nicht hat. Daß man doch viel, was für die anderen Leute vielleicht exotisch und vielleicht auch komisch wirkt, daß man das denen erklären kann. (...)
G.: Und das sehen Sie auch als Ihre Aufgabe an?
H.: Ich wünsche mir das als meine Aufgabe.

Die Selbstwahrnehmung als Vermittlerin zwischen den Kulturen führte unter anderem dazu, daß sie bereit war, Verhaltensweisen zu zeigen, die sie als Kompromisse empfand. So erzählte sie, daß sie in der Kindererziehung einige Mittelwege eingeschlagen habe. Als Beispiel führte sie an, daß sie die Nikolaus- oder Weihnachtsfeier in der Schule ihres Sohnes akzeptiere, und daß sie ihn auch an jeder Art Unterricht teilnehmen lasse. Sie sagte allerdings auch, daß sie bisher nur wenig Probleme hatte, da ihr Sohn eine Schule besuche, an der sehr viele muslimische Kinder seien. Auf meine Frage nach ihren Erziehungszielen antwortete sie, daß sie sich erhoffe, ihre Kinder dadurch zu guten Muslimen zu erziehen, daß sie ihnen ein Vorbild sein könne. Sie wolle aber auch die deutsche und christliche Tradition nicht vernachlässigen, sondern wünsche sich, ihren Kindern etwas von beiden Kulturen zu vermitteln.

Asma
Alter: 29
Konversionsalter: 25
Berufsausbildung: Kauffrau
Berufstätigkeit zum Gesprächszeitpunkt: Tagesmutter
Familienstand: verheiratet (seit 13 Jahren)
Kinder: 3 Söhne (6-13 Jahre), 1 Tochter (4 Jahre)
Herkunft: Großstadt
Konfession vor der Konversion: christliche Sekte
Einbindung in muslimische Gruppen: gelegentliche Besuche der Frauengruppe

Asma[15] wuchs in einer strenggläubigen Familie auf. Sowohl ihr Vater als auch ihre beiden Brüder übten geistliche Ämter innerhalb der christlichen Sekte aus, der die Familie anghörte. Wie sie erzählte, wurde ihre Kindheit durch die Kirche geprägt.

---

[15] Ich lernte Asma über die Frauengruppe kennen. Das Gespräch mit ihr fand bei ihr zu Hause statt und wurde häufig durch ihre eigenen bzw. ihre Pflegekinder unterbrochen. Es dauerte insgesamt etwa 2 Stunden.

> *Fast jeden Tag war ich in der Kirche, sonntags zweimal, montags war Jugendstunde, dienstags war *** (unverständlich), mittwochs war wieder Kirche, donnerstags war Chor ... die ganze Woche außer samstags.*

Sie erinnerte sich, daß sie in ihrer frühen Kindheit die religiösen Pflichten noch gerne ausgeübt, später aber das Interesse daran verloren hatte. Religion wurde für sie zunehmend zum Zwang, wenn sie auch, wie sie betonte, nie ihren Glauben an Gott verlor. Mit 16 lernte sie ihren späteren Mann, einen Türken, kennen und wurde schwanger. Sie heirateten sehr bald nach islamischem Ritus, nach der Geburt ihres Kindes auch standesamtlich.

Die ersten Jahre ihrer Ehe gehörte Asma noch ihrer christlichen Glaubensgemeischaft an, obwohl sie nicht mehr recht überzeugt war und von Glaubenszweifeln geplagt wurde. Zwar versuchte ihr Mann in dieser Zeit nicht, sie zu bekehren, doch der Kontakt zu einigen muslimischen Familien in Deutschland und in der Türkei regte sie zum Nachdenken und Lesen und weckte in ihr den Wunsch, Muslimin zu werden. Die folgende Zeit schilderte Asma als von inneren Konflikten geprägt. Obwohl sie sich zum Islam hingezogen fühlte, konnte sie sich zunächst nicht von ihrer Glaubensgemeinschaft lösen. Von ihren Eltern und anderen Mitgliedern ihrer Kirche fühlte sie sich unter Druck gesetzt, da diese immer wieder Diskussionen mit ihr anfingen und versuchten, sie zu kontrollieren. Zwei Jahre lang schwankte sie zwischen den Religionen hin- und her, wurde tablettensüchtig und konnte sich nicht entscheiden:

> *Ich hatte Angst, daß ich plötzlich ohne Gott bin, war in Panikstimmung. Ich habe gedacht: Jetzt bist du gar nichts richtig. Das war also wirklich ein Zwiespalt, ein schwerer Kampf. Ich hatte auch eine Unruhe in mir, also es war eine ganz schlimme Zeit. Ich war aggressiv und gehetzt, weil ich einfach zwischen zwei Stühlen saß.*

Aus dem Interview mit Asma ging nicht hervor, was schließlich – neun Jahre nach ihrer Eheschließung – die Konversion veranlaßte. Sie selbst sah ihre inneren Kämpfe als Prozeß der endgültigen Ablösung von ihrer Kirche. Mit ihren Eltern gab es weiterhin starke Auseinandersetzungen, die erst nachließen, als Asma sie vor die Wahl stellte, entweder ihre Konversion zu akzeptieren oder den Kontakt abzubrechen.

Einige Monate nach ihrer Konversion begann sie, die Kopfbedeckung zu tragen. Da sie eine Versetzung aus einem dem Publikumsverkehr zugänglichen Bereich in eine andere Abteilung ihrer Firma akzeptierte, hatte sie damit keine Probleme an ihrem Arbeitsplatz. Auch die Einhaltung anderer islamischer Gebote verlief für sie problemlos: Alkohol trank sie schon lange nicht mehr, ebenso wie die Familie von Anfang an kein Schweinefleisch gegessen hatte.

Sie erwähnte allerdings, daß sie ihrer Gebetspflicht nicht immer nachkommen konnte, da sie wegen der Kinder manchmal die Zeiten verpasse.
Hinsichtlich ihrer Erziehungsvorstellungen äußerte sich Asma ähnlich wie Halima. Da sie ihre Kinder nicht zu Außenseitern machen wollte, ließ sich auf Verhaltensweisen ein, die sie als Kompromisse empfand. So akzeptierte sie den Aufenthalt in Landschulheimen, erlaubte ihren Söhnen die Teilnahme am Schwimmunterricht und versuchte, die Glaubenszugehörigkeit ihrer Kinder „*nicht an die große Glocke*" zu hängen. Bei Problemen – beispielsweise was die Ernährung im Landschulheim anging – sprach sie mit den Lehrern und Lehrerinnen ihrer Kinder und versuchte Lösungen zu finden. Sie betonte, daß sie sogar einen ihrer Söhne in einen christlichen Kindergarten schickte, da sie dort, anders als im städtischen Kindergarten, eine religiöse Erziehung gegeben sah. Asma begründete ihre Kompromißbereitschaft mir gegenüber damit, daß der Islam ihrer Meinung nach nicht vollständig auf den Westen übertragbar sei:

Der Islam ist ja nicht total auf die westliche Welt umzumünzen. Der ist geschrieben für eine islamische Gesellschaft, ich kann hier nicht alles so machen, wie es da drin steht. Ich denke, daß das so für die frühere islamische Zeit gegeben war, und daß es hier gar nicht möglich ist, komplett so zu leben.

Nach ihren Zukunftswünschen befragt, erzählte Asma, daß sie sich eine Ausbildung als Heilpraktikerin vorstellen könnte. Vage klang auch die Möglichkeit einer Übersiedlung in ein Land an, in dem die islamischen Prinzipien sich eher realisieren ließen. Dabei dachte Asma allerdings nicht an die Türkei, da sie sich nicht vorstellen konnte, daß sie dort eine islamische Lebensweise in ihrem Sinne verwirklichen könnte:

Das heißt nicht, daß die Türkei ein islamisches Land ist, auf gar keinen Fall. Also, ich glaube, daß ein Deutscher, der sich überlegt, Muslim zu werden, hier weitaus mehr praktizieren kann als dort.

Asiye
Alter: 29
Konversionsalter: 20
Berufsausbildung: Kauffrau
Berufstätigkeit zum Gesprächszeitpunkt: keine
Familienstand: verheiratet (seit 9 Jahren)
Kinder: 1 Sohn (Säugling)
Herkunft: Kleinstadt
Konfession vor der Konversion: evangelisch
Einbindung in muslimische Gruppen: gelegentliche Besuche der Frauengruppe

Vor ihrer Eheschließung lebte Asiye[16] zusammen mit ihrer drei Jahre jüngeren Schwester bei ihrer Mutter und deren zweitem Ehemann. Ihren Vater, von dem die Mutter geschieden war, sah sie nie. Die Atmosphäre zu Hause schilderte sie recht verbittert als geprägt von häufigen Auseinandersetzungen zwischen ihrer Mutter und ihrem Stiefvater. Ihre damalige Lebensweise beschrieb Asiye als *„nicht ungewöhnlich"*. Während der Woche arbeitete sie, am Wochenende ging sie in die Diskothek. Über ihre Zukunft machte sie sich keine Gedanken, sondern ließ alles auf sich zukommen. Sie lebte – wie sie es ausdrückte – *„von einem Tag auf den anderen"*. Freundschaften hatte sie kaum, jedoch war die Beziehung zu ihrer Schwester sehr intensiv. Religion spielte in diesem Leben keine Rolle.

Vor ihrer Eheschließung hatte sie einige feste Beziehungen zu Männern, die sie meistens in der Diskothek kennengelernt hatte. Dort begegnete sie mit 19 Jahren auch ihrem zukünftigen Mann, den sie etwa anderthalb Jahre später heiratete. Gleichzeitig heiratete der Bruder ihres Mannes ihre Schwester.

Aus der Erzählung Asiyes wurde nicht deutlich, ab wann genau sie begann, sich für den Islam zu interessieren. Sie berichtete, daß sie in der ersten Zeit der Beziehung zu ihrem späteren Mann keinerlei Interesse an seiner Religion hatte. Dann jedoch machte er sie mit einem türkischen Hoca[17] bekannt, der ihr einiges über den Islam erzählte und ihr deutschsprachige Broschüren in die Hand drückte. Kurz nach ihrer Heirat besuchten sie die Eltern ihres Mannes in der Türkei, dort trug Asiye zum ersten Mal – *„probeweise"* wie sie sagte – ein Kopftuch. Der Urlaub in der Türkei und die Berichte des Hoca weckten ihr Interesse am Islam und zusammen mit ihrer Schwester begann sie, sich intensiver damit zu beschäftigen. Vier Monate nach der Eheschließung sprachen die Schwestern gemeinsam das islamische Glaubensbekenntnis.

Asiyes Erzählung zufolge akzeptierte die Mutter die Konversion ihrer Töchter vollständig, es kam zu keinerlei Konflikten. Auch die Einhaltung der islamischen Gebote und Verbote schienen Asiye wenig Probleme bereitet zu haben: Nach dem Übertritt fing sie nach und nach an, die islamischen Regeln einzuhalten, begann zu beten und zu fasten. Das Kopftuch trug sie zunächst unregelmäßig und zögernd, am Anfang hauptsächlich im privaten Bereich, ei-

---

[16]Ich traf Asiye bei Halima und machte gleich einen Gesprächstermin mit ihr aus. Das Gespräch fand bei ihr in der Wohnung statt, anwesend war ihr Ehemann, der sich gelegentlich zu uns setzte. Asiye beantwortete häufig nur meine Fragen und erzählte wenig von sich aus. Das Gespräch verlief deshalb ein wenig stockend, obwohl Asiye sehr offen über alles sprach. Wenn der Ehemann bei uns saß, übernahm oft er es, die Fragen zu beantworten. Das Interview mit Asiye dauerte ca. 2 Stunden.

[17]Ein Hoca ist im Türkischen ein islamischer (Schrift-)Gelehrter und religiöser Lehrer. Einige Hoca sind auch als Heiler tätig und/oder üben magische Praktiken aus. Auch Lehrer und Lehrerin an den türkischen Schulen und Universitäten werden als „Hoca" bezeichnet.

nige Monate nach ihrer Konversion schließlich auch in ihrer Firma. Einige Jahre später wurde sie innerhalb der Firma in eine Abteilung mit Publikumsverkehr versetzt, wo sie das Kopftuch nicht tragen sollte. Auch hier lassen sich in ihrer Erzählung keinerlei Probleme mit dieser neuen Anweisung erkennen: Sie akzeptierte sie und setzte das Kopftuch während der Arbeitszeit ab.

Während ihrer Schwangerschaft gab sie die Berufstätigkeit auf. In unserem Gespräch äußerte sie, daß sie nicht mehr erwerbstätig werden wolle. Sie begründete diesen Entschluß einerseits mit ihrem Wunsch nach einem zweiten Kind, andererseits machte sie aber auch deutlich, daß die Arbeit ihr wenig Spaß gemacht und sie darin eine lästige Verpflichtung gesehen habe. Als langfristige Zukunftsperspektive haben Asiye und ihr Mann eine Umsiedlung in die Türkei vorgesehen.

Zainab
Alter: 30
Konversionsalter: 23
Berufsausbildung: Stenokontoristin
Berufstätigkeit zum Gesprächszeitpunkt: keine
Familienstand: verheiratet (seit 6 Jahren)
Kinder: 2 Söhne (3 und 8 Jahre), 1 Tochter (5 Jahre)
Herkunft: Dorf
Konfession vor der Konversion: evangelisch
Einbindung in muslimische Gruppen: gelegentliche Besuche einer arabischen Moschee

Zainab[18] beschrieb sich selbst als einen Menschen, der schon immer sehr religiös gewesen war. Seit ihrer Konfirmation besuchte sie regelmäßig den Gottesdienst in der Kirche und war in der Gemeindearbeit aktiv. Auch nachdem sie mit 17 Jahren ihr Elternhaus verlassen hatte, um eine Berufsausbildung zu beginnen und in einem Mädchenwohnheim zu wohnen, blieb ihre Beziehung zur Kirche bestehen. Sie arbeitete ehrenamtlich in einer evangelischen Gemeinde, hatte jedoch trotz ihres Engagements oft das Gefühl von Leere, war unzufrieden, schmiedete ständig Pläne für ihr Leben und verwarf diese wieder, was sie als belastend empfand. Sie sprach davon, daß sie „Seelenfrieden" und „Bereicherung" für ihr Leben gesucht hatte. Wohl aufgrund dieser inneren Unzufriedenheit interessierte sie sich für alles, was mit Religion zu tun hatte, las

---

[18]Zainabs Adresse erhielt ich über die Frauengruppe. Wie auch Angelika hatte sie sich während der Islamwoche in eine Liste von Interessentinnen für die Frauengruppe eingetragen, ohne jedoch die Treffen zu besuchen. Das Gespräch mit ihr fand in ihrer Wohnung statt und dauerte etwa 2 Stunden. Wir wurden häufig von ihren Kindern unterbrochen, so daß wir gelegentlich den Faden verloren und das ganze Gespräch ein wenig unstrukturiert war.

Bücher über verschiedene Glaubenssysteme, insbesondere Hinduismus und Buddhismus, beschäftigte sich aber nicht mit dem Islam, den sie ablehnte. Zu dieser Zeit putzte sie gelegentlich in einer Reinigungsfirma, um sich zusätzlich zu ihrem Ausbildungsgehalt etwas Geld zu verdienen. Über diesen Job bekam sie Kontakt zu türkischen Frauen. Was diese über den Islam erzählten, begann sie zu interessieren, und sie besorgte sich nun auch Bücher zu dieser Thematik. Sie lernte dann weitere türkische Familien kennen, die sie regelmäßig besuchte und bei denen sie sich bald zu Hause fühlte. Die Herzlichkeit und Gastfreundschaft dieser Familien fasziniert sie und sie spürte dort eine Verantwortlichkeit für andere, die sie in ihrer bisherigen Umgebung vermißt hatte. Besonders in einer dieser Familien wurde ihr viel über den Islam erzählt, von dem sie sich zunehmend angezogen fühlte, ohne daß sie mir erklären konnte, was genau sie angezog:

Ich habe weiterhin Kontakt zu denen gehabt, aber ich habe mich immer noch stark als Christin gefühlt. Ich fand das zwar gut, was im Islam so gefordert wurde, aber innerlich habe ich mich stark mit Jesus verbunden gefühlt. Aber nach einiger Zeit ist dann – das kann man nicht so gut erklären – ist irgendwie die Liebe zum Islam in mein Herz gekommen. Also anders kann man das nicht erklären, das muß man fühlen, das kann man nicht so richtig erklären, das ist schwierig in Worte zu fassen.[19]

Zu diesem Zeitpunkt begann Zainab – obwohl noch nicht konvertiert – einige islamische Regeln einzuhalten, verzichtete auf Alkohol, aß kein Schweinefleisch und fastete – nach islamischen Regeln, aber in der christlichen Fastenzeit. In dem Gespräch mit mir schilderte sie diese Zeit als eine Phase, in der sie sich immer noch zwischen Islam und Christentum hin- und hergerissen fühlte, in der sie sich nicht sicher gewesen sei, ob sie alle Gebote einhalten könne, und in der sie sich nicht habe vorstellen können, Beruf und Gebet oder Beruf und Kleidung miteinander zu vereinbaren. Trotz dieser Zweifel fastete sie wieder, diesmal während des Ramadans, aber immer noch, ohne konvertiert zu sein. Etwa ein Jahr später – im Alter von 23 Jahren – entschloß sie sich dann endgültig zur Konversion, da sie, wie sie sagte, „sich nicht länger der Wahrheit verschließen konnte". Direkt danach begann sie, regelmäßig zu beten, allerdings nicht fünfmal am Tag, sondern sie holte abends die verpaßten Gebete nach. Ein halbes Jahr nach ihrer Konversion fing sie an, das Kopftuch zu

---

[19] Die erzählerische Struktur in dieser Interviewpassage dient wieder dazu, das weiter oben in einer Anmerkung geschilderte Dilemma der Konversionserzählung aufzulösen. Zainab verlegt ihr Erleben völlig in ihr Inneres. Dadurch kann es von mir, der Zuhörerin, als unverständlich und nicht nachvollziehbar akzeptiert werden; es entzieht sich damit dem Legitimationszwang. Vgl. Ulmer 1988, S. 27.

tragen. Dieser Schritt führte zu heftigen Auseinandersetzungen mit ihren Eltern, die sich lange geweigert hatten, sie überhaupt zu sehen. Auch an ihrem damaligen Arbeitsplatz fühlte sich Zainab aufgrund ihrer Konversion „schikaniert", fuhr aber fort, auch dort die Kopfbedeckung zu tragen. Zum Gesprächszeitpunkt gab es wegen des Kopftuches immer noch häufig Streitereien mit ihren Eltern.

Trotz der Konflikte in ihrer nicht-muslimischen Umgebung beschrieb sie zurückblickend die Zeit nach der Konversion als eine Phase, in der sie *„glücklich wie nie zuvor"* war. Sie fühlte sich *„innerlich stark und ruhig"* und hatte nun nur noch den Wunsch nach Geborgenheit und Sicherheit in einer Partnerschaft und in einer Familie. Diesen Wunsch nach einem Ehemann gab sie in ihrer islamischen Umgebung bekannt und in der „Nacht der Bestimmung"[20] bat sie Gott um einen Ehemann. Über ihren Bekanntenkreis lernte sie bald darauf ihren zukünftigen Mann kennen und heiratete ihn etwa ein Jahr später mit 24 Jahren.

Einige Jahre nach ihrer Heirat besuchte sie zusammen mit ihrem Mann zum ersten Mal dessen Familie in Syrien, zu der sie seitdem einen guten Kontakt hat. Anläßlich des ersten Besuchs führte das Ehepaar auch die Pilgerfahrt nach Mekka durch. Kontakte zur islamischen Gemeinschaft in Deutschland hatte Zainab, als ich mit ihr sprach, wenige, da sie mit ihren drei kleinen Kindern völlig ausgelastet war. Sie plante, zusammen mit ihren Kindern für längere Zeit eine Cousine ihres Mannes in Saudi-Arabien zu besuchen, um besser Arabisch zu lernen.

Zur Kindererziehung äußerte sie sich ähnlich wie Halima und Asma. Sie betonte, daß sie ihre Kinder zwar gläubig erziehen wolle, jedoch ohne Zwang auszuüben. Sie habe nicht vor, sie in der Schule zu Außenseitern zu machen, indem sie ihnen die Teilnahme am Schwimmunterricht oder an Landschulheimaufenthalten untersage. Derartige Verbote stellte sie als Mangel an Vertrauen den Kindern gegenüber dar. Sie hoffte, daß ihre Kinder nach dem Vorbild der Eltern in den Islam hineinwachsen würden, würde aber auch akzeptieren, wenn sie sich für eine andere Lebensweise entschieden.

Kamile
Alter: ca. 35
Konversionsalter: ca. 25
Berufsausbildung: Sprachstudium, Dolmetscherin
Berufstätigkeit zum Gesprächszeitpunkt: keine; ehrenamtliche Tätigkeiten
Familienstand: verheiratet in zweiter Ehe (seit 1 Jahr)

---

[20] Die „Nacht der Bestimmung" ist die Nacht des 27. Ramadan, in der die erste Koran-Offenbarung erfolgt sein soll. Diese Nacht gilt als besonders heilig und Wünsche, die in dieser Nacht an Gott gerichtet werden, sollen in Erfüllung gehen. Vgl. Kap II.

Kinder: 1 Tochter (ca. 6 Jahre), schwanger
Herkunft: Kleinstadt
Konfession vor der Konversion: evangelisch (aus der Kirche ausgetreten)
Einbindung in muslimische Gruppen: Kontakte zur arabischen islamischen Gemeinschaft in Deutschland

Auf Kamiles Bitte hin wird ihre Biographie hier nicht gedruckt.

Maryam
Alter: Anfang 40
Konversionsalter: ca. 20
Berufsausbildung: Studium der Sozialpädagogik abgebrochen
Berufstätigkeit zum Gesprächszeitpunkt: keine
Familienstand: verheiratet (seit ca. 20 Jahren)
Kinder: 3 Söhne (9-19 Jahre), 1 Tochter (4 Jahre)
Herkunft: Dorf
Konfession vor der Konversion: evangelisch
Einbindung in muslimische Gruppen: intensive Kontakte zur deutschsprachigen wie zur pakistanischen islamischen Gemeinschaft

Maryam[21], wuchs in einer Familie auf, die weder besonders religiös noch areligiös war. Ihre Eltern vertraten den Standpunkt, daß eine religiöse Erziehung nicht schaden könne, falls „*an der ganzen Sache doch etwas sei.*" Als Jugendliche begann Maryam in der evangelischen Kirche aktiv zu werden, war Kindergottesdiensthelferin und leitete Jugendgruppen. Sie setzte dieses soziale Engagement fort, indem sie 1969 an der Fachhochschule ein Studium der Sozialpädagogik begann. Diese Studienwahl begründete sie damit, daß sie damals den Wunsch gehabt habe, zu helfen und mit ihrem Engagement die Welt zu verändern. Da ihr Studienbeginn in die Zeit der Studentenbewegung fiel, fragte ich sie, ob auch darin für sie eine Möglichkeit der Weltveränderung gelegen habe. Sie verneinte dies und betonte, daß die Ideologie der Studentenbewegung und deren Kritik an den herrschenden Moralvorstellungen ihr keinen Ort für ihre eigene Kritik der Moral geboten habe, sie habe sich eher davon abgestoßen gefühlt.

Kontakt zum Islam bekam Maryam über muslimische Kommilitonen, die sie während des Studiums kennenlernte und mit denen sie häufig über Religi-

---

[21] Das Interview mit Maryam fand bei ihr zu Hause statt. Ihre Adresse hatte ich von einer anderen Interviewpartnerin erhalten. Während des Gesprächs waren wir alleine, gelegentlich wurde wir von ihren Kindern unterbrochen. Das Gespräch verlief sehr angeregt und lebhaft. Leider hatte ich den ersten Teil des Gespräches (45 min.) aufgrund eines Fehlers nicht aufgenommen, so daß ich ein Gedächtnisprotokoll anfertigen mußte. Das Interview dauerte etwa 2 Stunden.

on diskutierte. Im Rückblick meinte sie, daß sie während der Diskussionen von diesen Studenten nicht selten sprachlos gemacht worden sei; sie habe deren Argumenten nichts entgegensetzen können. Sie schloß sich enger an die islamische Studentengemeinde an und lernte nach und nach auch muslimische Frauen kennen. 1972 trat sie schließlich zum Islam über.

In der ersten Zeit nach ihrem Übertritt hielt sie noch nicht alle Gebote und Verbote ein, sie begann zunächst mit dem Gebet. Über eine befreundete pakistanische Familie lernte sie ihren späteren Mann kennen. Dieser war damals noch kein strenggläubiger Muslim, Maryam sagte, daß sie beide etwa den „*gleichen Stand*" gehabt hätten und gemeinsam in den Islam „*hineingewachsen*" seien. Kurz vor ihrem Diplom brach Maryam ihr Studium ab, da sie schwanger war, aber auch, wie sie betonte, die Angriffe ihrer Kommilitonen und Kommilitoninnen leid war und keinen Sinn mehr in diesem Studium sah. Maryams Eltern fiel es schwer, ihren Übertritt zu akzeptieren, besonders als sie anfing, islamische Kleidung zu tragen. Jedoch, so betonte Maryam, habe ihre Mutter sie trotz dieser Probleme immer nach außen verteidigt.

Anders als die bisher erwähnten Frauen, erzog Maryam ihre Kinder streng im Sinne des Islam. Ihre beiden ältesten Söhne besuchten ein islamisches Internat in England, wo der älteste islamische Theologie studierte und der jüngere zur Schule ging. Ihr jüngster neunjähriger Sohn besuchte die örtliche Grundschule, was für Maryam eine Quelle ständiger Auseinandersetzung bedeutete. So erzählte sie beispielsweise, daß sie darauf achte, daß ihr Sohn im Deutschunterricht keine Weihnachtsgedichte lernt, daß er nicht am gemischtgeschlechtlichen Schwimmunterricht teilnimmt, und daß sie verhindert habe, daß er sich für den Turnunterricht zusammen mit den Mädchen umzieht. Den Lehrern und Lehrerinnen der Schule erschienen ihre Proteste häufig unverständlich, da sie von ausländischen Muslimen derartige Einwände nur hinsichtlich ihrer Töchter gewohnt seien:

Ich möchte nicht, daß mein Sohn – obwohl er noch im Verhältnis klein ist, er ist erst neun Jahre alt – am Schwimmunterricht teilnimmt. Da heißt es dann: Es ist doch ein Junge. Ja, wenn es ein Mädchen wäre. Aber ich möchte eben nicht, daß mein Junge daran teilnimmt, weil es im Islam in dieser Beziehung eben keine Unterschiede gibt. Für Jungen gilt das genauso wie für Mädchen. (...) Da heißt es dann eben ständig zu erklären, daß man nicht Türke ist, daß man eben Moslem ist, daß man die Religion eben so auffaßt und so praktizieren will.

Zum Gesprächszeitpunkt überlegte Maryam sich, auch ihren jüngsten Sohn in das englische Internat zu schicken. Ihre zur Zeit des Interviews etwa 4jährige Tochter wollte sie jedoch nicht auf eine ausländische Schule schicken. Sie äußerte mir gegenüber die Hoffnung, daß es in Deutschland in einigen Jahren mehr islamische Schulen geben würde, so daß ihre Tochter bleiben kann.

2 Karin

Alter: 33
Konversionsalter: 25
Berufsausbildung: Kauffrau
Berufstätigkeit zum Gesprächszeitpunkt: Kauffrau (Teilzeit)
Familienstand: verheiratet (seit 7 Jahren)
Kinder: 1 Sohn (5 Jahre), 1 Tochter (3 Jahre)
Herkunft: Großstadt
Konfession vor der Konversion: evangelisch
Einbindung in muslimische Gruppen: kaum Kontakt zu anderen Muslimen und Musliminnen

Karins[22] Interesse am Islam wurde durch eine türkische Schulfreundin geweckt, als sie etwa 15 Jahre alt war. Bis zu diesem Zeitpunkt hatte sie kein besonderes Interesse an Religionen gehabt. Die Familie ihrer türkischen Freundin hatte sie von Anfang an fasziniert. Sie fühlte sich durch die ganze Atmosphäre, durch die Fremdheit, die sie dort kennenlernte, besonders aber durch den „*innigen*" – wie sie sich ausdrückte – Glauben der Mutter angezogen. Die Mutter ihrer Freundin war es auch, die ihr einiges über den Islam beibrachte, ihr einzelne Regeln erklärte, sie den Gebetsablauf lehrte. Aufgrund ihrer Faszination fuhr sie mit ihrer Freundin in den Ferien in die Türkei – der erste einer Reihe von Aufenthalten dort. Sie begann, Türkisch zu lernen und bekam nach und nach Kontakt zu weiteren türkischen Familien in Deutschland und in der Türkei.

Daneben interessierte sie sich durchaus für andere Kulturen und Sprachen, lernte Italienisch und Spanisch und bereiste verschiedene Länder. Während dieses Lebensabschnittes beschäftigte sie sich zudem mit Buddhismus und Hinduismus, fand beide religiöse Systeme jedoch sehr verwirrend und vermißte in ihnen den Glauben an einen einzigen Gott. Bei allem Interesse an verschiedenen Kulturen und Religionen erwies sich die Faszination durch die Türkei und den Islam als besonders intensiv. Während eines Urlaubsaufenthaltes in der Türkei sprach Karin schließlich das islamische Glaubensbekenntnis und konvertierte formell.

---

[22] Karins Adresse erhielt ich von Kamile. Das Gespräch fand bei ihr zu Hause statt und dauerte etwa 2 Stunden. Es waren keine weiteren Personen anwesend.

Ein Jahr später lernte sie einen türkischen Mann kennen, den sie heiratete. Bedingt sowohl durch die Heirat als auch durch ihren Glaubenswechsel kam es zu Auseinandersetzungen mit ihrer Mutter, die jedoch nicht zu einem Bruch führten, und die von Karin auch nicht als sehr schwerwiegend empfunden wurden.

Über die Ausübung ihrer Religion erzählte Karin, daß sie immer wieder versuche, Kompromisse zwischen den Anforderungen der Religion und denen ihrer Umwelt zu finden. So trug sie kein Kopftuch, da ihrer Meinung nach ein solches Gebot aus dem Koran nicht ausdrücklich abzuleiten sei, aber auch, weil sie ein Kopftuch in einer nicht-muslimischen Umwelt als Provokation empfinden würde. Sie betete und fastete nur dann, wenn die Umstände es zuließen. Sie erwähnte auch, daß sie gelegentlich sogar ein Glas Bier oder Wein trinke. Anders als die bisher vorgestellten Frauen, die sich als noch nicht „weit genug in ihrer Entwicklung" verstanden, wenn sie die Gebote nicht vollständig einhielten, begründete Karin ihr Verhalten mit der Ansicht, daß der Koran für die Zeit der Entstehung absolute Gültigkeit gehabt habe, aber heute entsprechend den veränderten gesellschaftlichen Umständen ausgelegt werden müsse:

Es ist nicht immer möglich, was damals eben Sitte und gut war, auch heute noch als gegeben hinzunehmen. Eben hinnehmen, aber als was hinnehmen, als Sitte von damals oder für die geänderte Zeit heute? Und da eben denke ich, da ist ein Mißverständnis, das die Leute reinbringen in den Koran. Auch die Bibel ist mitgewachsen mit der Zeit und das muß der Koran auch. Ich denke, er muß es, bevor es Mord und Totschlag gibt. Man kann nicht im Jahr 1992 leben wie damals.

Obwohl Karin in der Einhaltung der islamischen Gebote und Verbote Kompromisse machte, beachtete sie die islamischen Regeln doch sorgfältiger als ihr Mann. Dieser sei, wie sie berichtete, in einer wenig religiösen Familie großgeworden und sei selber auch nicht sehr religiös. Er hielt sich beispielsweise nur eingeschränkt an die islamischen Gebote, betete selten, fastete fast nie. Im Gespräch mit mir meinte Karin, daß ihr das manchmal zu wenig sei und sie sich mehr Gemeinsamkeit in der Religion wünsche:

Einmal haben wir zusammen gebetet, einmal in einer Kadir-Nacht[23] und seitdem habe ich das nicht mehr erlebt. Und jetzt habe ich gesagt: ‚Versuch doch auch, den Kindern einen Weg zu weisen, du kannst nicht nur Verbote aussprechen und dich selber nicht daran halten.' (...) Er mein-

---

[23] Der türkische Ausdruck für die 27. Nacht des Ramadans, in der die erste Koran-Offenbarung erfolgte. Vgl. Kapitel II.

te, er würde sich jetzt bessern, aber er kommt aus keiner religiösen Familie, insofern kann man es auch nicht unbedingt erwarten. (...) Aber ich glaube, er bewundert das bei mir wahrscheinlich irgendwo, weil ich ja aus einem ganz anderen Kulturbereich komme und viel eher bereit bin, mich da zu identifizieren oder zumindest bereit bin, das anzuerkennen.

Nach ihren Zukunftsplänen befragt, antwortete Karin, daß ihr Mann und sie für die Zukunft manchmal eine Übersiedlung in die Türkei erwägen würden, da ihr Mann darunter leide, hier in Deutschland als Ausländer behandelt zu werden. Die Türkei stellte für sie jedoch keine Alternative dar, solange die Kinder keine Ausbildung abgeschlossen hätten, da sie hier bessere Ausbildungsmöglichkeiten hätten. Abgesehen davon, meinte sie, daß sie sich sehr wohl ein Leben in der Türkei vorstellen könne.

3 Ahmadiyya

Malika
Alter: 38
Konversionsalter: 21
Berufsausbildung: Erzieherin
Berufstätigkeit zum Gesprächszeitpunkt: keine; ehrenamtliche Tätigkeiten
Familienstand: verheiratet (seit 16 Jahren)
Kinder: 2 Töchter (12 und 14 Jahre), 1 Sohn (6 Jahre)
Herkunft: Großstadt
Konfession vor der Konversion: evangelisch
Einbindung in muslimische Gruppen: aktiv in der Ahmadiyya-Bewegung tätig

Malika[24] entstammte einer evangelischen, sehr religiösen Familie. Während ihrer Kindheit hatte sie eine positive Einstellung zur Kirche; die später im Konfirmandenunterricht gelehrte Religion empfand sie jedoch zunehmend als unlogisch. Der Unterricht ließ eine Reihe von Fragen aufkommen, auf die sie keine ihr ausreichenden Antwortenbekam. Sie wandte sich daraufhin zunächst

---

[24]Den Kontakt zu Malika bekam ich über eine Bekannte von mir. Diese hatte an einem Informationsstand der Ahmadiyya-Gruppe gefragt, ob es auch deutsche Musliminnen in der Gruppe gäbe, woraufhin ihr Malikas Adresse mitgeteilt worden war. Das so vermittelte Gespräch fand in Malikas Wohnung statt, anwesend war nur ihr kleiner Sohn, der uns gelegentlich unterbrach. Malika sprach sehr routiniert, es war klar, daß sie ihre Geschichte und Gedanken zum Islam schon öfter mitgeteilt hatte. Tatsächlich fand ich später auch eine dementsprechende Veröffentlichung von ihr. Das Interview dauerte etwa 3 Stunden.

dem Katholizismus zu, begann dann aber an Religion und Gott überhaupt zu zweifeln und hörte schließlich ganz auf, sich mit Religionen zu beschäftigen.

Während ihrer Ausbildung als Erzieherin lernte sie dann einige Muslime kennen, darunter auch eine türkische Familie, von der sie sagte, daß sie sich durch sie gleichermaßen abgestoßen wie angezogen gefühlt habe. Als Ursache für ihre negative Wahrnehmung nannte Malika die zahlreichen Gebote und Verbote, die diese Familie eingehalten habe, ohne deren Sinn zu verstehen:

> *Das Leben dieser Familie schien nur aus Geboten und vor allem Verboten zu bestehen. Wenn ich nachfragte, warum dieses oder jenes verboten sei, antwortete der Vater nur: ‚Nix machen, sonst Gott Kopf abschneiden.'*

Fasziniert war sie jedoch gleichzeitig vom absoluten Glauben dieser Familie an Gott gewesen, etwas, *„was man hier in Deutschland sehr schwer findet"*, wie sie sagte.

Sie begann nun, sich Bücher über den Islam auszuleihen und fuhr in die Türkei, wo sie zunächst auch wieder mit dem dort praktizierten Glauben nichts anfangen konnte. Dies änderte sich, als sie in der Türkei ihren späteren Mann kennenlernte, der nach Malikas Charakteristik *„relativ gläubig und relativ praktizierend"* war. Sie erzählte, daß sie sich damals viel über den Islam unterhielten, und daß ihr späterer Mann ihr neue Sichtweisen auf diese Religion eröffnete. Er war es auch, der sie dazu anregte, den Koran zu lesen. Als eigentlichen Auslöser für ihre Konversion nannte Malika jedoch ein spirituelles Erlebnis im Zusammenhang mit ihrem zukünftigen Ehemann:

> *Ich habe meinen späteren Mann damals beten gesehen, und er war völlig konzentriert, und er saß fast wie in einer Lichtglocke. Es erschien, als ob das übrige Zimmer dunkel sei und er im Licht saß, und es war ganz deutlich zu sehen, daß er in einer völlig anderen Welt war in diesem Augenblick und daß er mit jemanden kommunizierte, dessen Anwesenheit ich spüren konnte, von dem ich mich aber ausgeschlossen gefühlt habe. Und ich wußte damals, daß eben in dieser Richtung Gott zu finden sein würde.*[25]

Aufgrund dieses Erlebnisses konvertierte sie 1976 zum Islam. Ein Jahr später heiratete sie. Trotz ihrer Konversion, so sagte Malika, habe sie ihre Zweifel am

---

[25] Auch die Schilderung von spirituellen Erfahrungen kann auf der erzählerischen Ebene als Versuch gesehen werden, das weiter oben in einer Anmerkung dargestellte Dilemma der Konversionserzählung aufzulösen. Mit der Darstellung einer solchen Erfahrung verlegt die Erzählerin die letzten Gründe der Konversion auf eine unantastbare Ebene, eine Ebene, die jenseits rationaler Begründung und damit auch rationaler Kritik liegt. Vgl. Ulmer 1988, S. 29.

Islam nie ganz aufgegeben und durch ihre Fragen auch ihren Mann zum Nachdenken angeregt. Gemeinsam nahmen sie Kontakt zur Ahmadiyya-Bewegung auf und schlossen sich 1980 dieser Gruppe[26] an – Malika sprach hier vom „*Konvertieren innerhalb des Islam*".

Direkt nach ihrer ersten Konversion begann Malika zu beten und zu fasten, ab 1980 trug sie schließlich das Kopftuch und einige Jahre später entschloß sie sich zudem, den Gesichtsschleier zu tragen. Auf meine Frage nach der Reaktion ihrer Eltern, antwortete Malika, daß diese in erster Linie die islamische Kleidung als problematisch empfanden. Aufgrund ihrer eigenen Religiosität hatten sie aber auch Schwierigkeiten gehabt, zu verstehen, daß ihre Tochter sich für eine andere Religion entschied. Jedoch, so betonte Malika, fingen sie an, die Konversion „*trotz negativer Begleitumstände*" zu akzeptieren, als sie feststellten, daß sich ihre Tochter „*positiv veränderte*".

Das religiöse Selbstverständnis von Malika und ihrem Mann wurde zum Zeitpunkt des Interviews stark durch die Zugehörigkeit zur Ahmadiyya-Gemeinde bestimmt: Malika bekleidete zahlreiche Ämter, schrieb für eine Zeitung dieser Gruppe und hatte auch sonst viele Aufgaben für die Organisation übernommen. Meine Frage, ob sie sich ein Leben in der Türkei vorstellen könnte, verneinte sie. Sie begründete diese Antwort damit, daß dort die Ahmadiyya-Lehre nicht akzeptiert wird. Außerdem vertrat sie die Ansicht, daß der in der Türkei gelebte Islam nur eingeschränkt etwas mit der islamischen Lehre zu tun habe.

In der Kindererziehung ging Malika ebenso wie Maryam keinerlei Kompromisse ein. Sie schilderte ähnliche Probleme mit den Schulen ihrer Kinder wie diese. Auch hier waren es christliche Elemente im Unterricht und Fragen der Geschlechtertrennung, die die Konflikte mit den Schulen hervorriefen. Darüber hinaus berichtete sie von weiteren Problemen, beispielsweise mit dem Sexualkundeunterricht und Landschulheimaufenthalten. An beiden ließ Malika ihre Töchter nicht teilnehmen, was von den Schulen häufig nur nach heftigem Widerstand akzeptiert wurde. Malika unterschied in ihren Aussagen allerdings zwischen den verschiedenen Schulen und berichtete auch von Schulleitern, die sich ihren Kindern gegenüber sehr tolerant verhalten hätten. Ein besonderes Problem ergab sich für sie und ihre Töchter dadurch, daß die beiden Mädchen das Kopftuch trugen, wodurch sie gelegentlich Anfeindungen ihrer Mitschüler zu ertragen hatten:

---

[26] Malika hat in ihrer Konversionsgeschichte ein doppeltes Legitimationsproblem. Sie muß nicht nur ihre Faszination durch den Islam erklären, sondern gleichzeitig auch begründen, warum sie später zur Ahmadiyya-Bewegung übertrat. Sie bereitet diese zweite Konversion erzählerisch schon früh vor, indem sie ihre ambivalente Einstellung beschreibt, die - wie sie weiter ausführt - auch nie völlig aufgelöst wurde. Vor diesem Hintergrund erscheint es logisch, daß sie auch nach der Konversion weiter gesucht hatte.

Sie kam also in eine Klasse herein, die sich gerade neu gebildet hatte, und sie kam herein mit einem Kopftuch. Bis zu den Weihnachtsferien hatte die Klasse versucht, sie fertigzumachen und zwar so richtig fertigzumachen, so daß sie jeden Abend geheult hat. Ich habe ihr damals gesagt: ‚Du bist noch klein, du kannst selber entscheiden, ob du Kopftuch tragen willst oder nicht. Also wenn du meinst, du kannst es nicht, dann laß es.' Sie hat damals erkannt, und es mir auch gesagt: ‚Wenn ich jetzt aufgebe, werden sie mich niemals in Ruhe lassen. Sie werden immer wissen, daß sie mich kleinkriegen.' Sie haben sie nicht kleingekriegt damals, sie hat es geschafft sich durchzusetzen. (...) Heute hat sie ein sehr gutes Verhältnis innerhalb ihrer Klasse und ist eine sehr beliebte Mitschülerin. Sie kriegt viel Besuch von anderen Mädchen aus der Klasse und wird auch oft eingeladen.

Hier wird deutlich, daß Malika ihren Töchtern zutraute, mit ihrem Anders-Sein umzugehen. Darüber hinaus sah sie ihre Kinder auch eingebettet in die Ahmadiyya-Gruppe, die, ihrer Ansicht nach, ausreichend Freizeitbetätigungen für Kinder und Jugendliche anbiete. Vor diesem Hintergrund hielt Malika es für unwahrscheinlich, daß ihre religiöse Orientierung den Erfahrungsbereich ihrer Kinder einschränkte oder daß diese etwas vermissen würden.

4 Die Sufis[27]

Jamila
Alter: 53

---

[27] Mit den Sufis bekam ich aufgrund eines Briefes, den ich ihnen geschrieben hatte, und in dem ich mein Forschungsvorhaben schilderte, Kontakt. Im Antwortschreiben wurde ich eingeladen, an einer Versammlung zum Dhikr – dem mystischen Gebet – teilzunehmen, um die Gruppe kennenzulernen. Ich nahm mehrmals an einer Versammlung teil und verbrachte jeweils mehrere Stunden mit der Gruppe. Mit Jamila und Rabiya führte ich zudem Einzelgespräche bei ihnen zu Hause. Das Gespräch mit Rabiya dauerte 5 Stunden, nur 1 Stunde wurden jedoch auf Band aufgenommen, da ich den Eindruck gewann, daß es Rabiya unangenehm war, auf Band zu sprechen. Mit Jamila sprach ich immer mal wieder, während der Treffen oder während der Fahrt zu einem Treffen, das daneben auf Band aufgenommene Gespräch dauerte 2 Stunden. Beide Frauen waren sehr offen, sehr herzlich und freundschaftlich im Umgang mit mir. Im Gegensatz zu meinen anderen Gesprächspartnerinnen, stellten beide Frauen auch mir sehr viele Fragen, so daß die Gespräche mit ihnen einen mehr austauschenden Charakter hatten. Anders als die Treffen der Frauengruppe waren die der Sufi-Gruppe nicht an einzelne Themen gebunden, sondern am gemeinschaftlichen Gebet orientiert. Eingeleitet wurde eine solches Treffen im allgemeinen durch ein gemeinsames Essen, die Gespräche bezogen sich dabei auf islamische Themen. Die Atmosphäre war immer sehr ungezwungen.

Konversionsalter: 39
Berufsausbildung: Sprachausbildung
Berufstätigkeit zum Gesprächszeitpunkt: Sprachlehrerin (Privatunterricht)
Familienstand: in zweiter Ehe verheiratet
Kinder: 3 erwachsene Kinder aus erster Ehe (leben nicht mit ihr zusammen)
Herkunft: Größe des Herkunftsortes nicht bekannt; Jamila war als einzige der befragten Frauen keine gebürtige Deutsche.
Konfession vor der Konversion: anglikanisch, katholisch
Einbindung in muslimische Gruppen: aktiv in der Sufi-Gruppe tätig

Schon sehr früh interessierte sich Jamila für religiöse Themen. So erinnerte sie sich, wie sie als 4- oder 5jähriges Kind von einer katholischen Nachbarin fasziniert war, die ihr religiöse Bilder schenkte und sie in die Kirche mitnahm. Diese erste Erfahrung mit dem Katholizismus schilderte sie als prägend für ihr ganzes Leben: Katholische Kirchen wurden für sie zu Orten, die sie emotional immer tief berührten.

Auch ihre Jugend stellte Jamila als Zeit der religiösen Suche dar, einer Suche, die immer von der Sehnsucht nach spirituell-emotionalen Erfahrungen, nach einer bestimmten Form des Empfindens geprägt war:

> *Da gab es einmal so eine große kirchliche Veranstaltung, die auf einer großen Wiese stattfand, tausende von Leuten und ich bin dahin gegangen, um das anzusehen. Ich habe da die Leute angeschaut und habe gedacht: ‚Was ist es, was sie empfinden? Ich möchte auch so etwas empfinden.'*

Die anglikanische Kirche, der Jamila damals angehörte, vermochte diese Sehnsucht nach einem besonderen Empfinden nicht befriedigen. Auch der Katholizismus, der auf einer emotionalen Ebene einen großen Reiz auf sie ausübte, stellte für sie zunächst keine Alternative dar, da sie einige der grundlegenden Einstellungen der katholischen Kirche, beispielsweise zur Empfängnisverhütung und zur Sexualität, nicht akzeptieren konnte. Trotzdem konvertierte sie, als sie einen Katholiken heiratete, zum Katholizismus, allerdings – so betonte sie – weniger aus Überzeugung als aus pragmatischen Gründen. Sie hatte jedoch immer Mühe, die katholischen Regeln einzuhalten.

Mit 22 Jahren zog Jamila mit ihrem Mann in den Mittleren Osten, wo sie zusammen eine Sprachschule leiteten. Hier hatte sie ihren ersten Kontakt mit Muslimen, entwickelte aber keine Neugierde auf den Islam – im Gegensatz zu ihrem damaligen Mann, der zu dem Zeitpunkt begann, sich für diese Religion zu interessieren. Während einer Schwangerschaft reiste sie nach England, um ihr Kind dort zu bekommen. In dieser Zeit intensivierte Jamilas Mann sein Interesse am Islam und trat schließlich einer kleineren islamischen Gruppierung bei. Als sie zurückkam, bemerkte sie eine positive Persönlichkeitsveränderung an ihrem Mann – „*ich habe gemerkt, daß er viel netter geworden ist*" –, führte das auf seine Beschäftigung mit der Religion zurück und begann auch zu lesen, dachte vorläufig jedoch noch nicht an eine Konversion. Jamila war 37, als das Paar nach London übersiedelte. Sie begann dort, sowohl die russisch-orthodoxe Kirche aufzusuchen als auch eine Sufi-Gruppierung. Die Liturgie der russisch-orthodoxen Kirche sprach sie sehr an, jedoch konnte sie auch diesmal mit den Glaubenssätzen der Kirche nichts anfangen. Ausschlaggebend für ihre Konversion zum Islam war schließlich ein spirituelles Erlebnis:

> *Und diese ganze Zeit habe ich zu Jesus gebetet, und dann saß ich da [in der Sufi-Gruppe, G.H.]. Und plötzlich pochte durch mein ganzes Wesen dieses: Allah, Allah, Allah, Allah ... es hat von allein angefangen und dann habe ich gedacht: ‚Aha, das muß es sein.' Und warum soll ich mir den Kopf zerbrechen über die Dreifaltigkeit und Mutter Gottes und Ahnen von Gott usw., es ist ganz einfach: Allah, Allah, Allah ... – und so bin ich dabei geblieben.*

Während dieser Zeit der Glaubenssuche in London trennte sich Jamila von ihrem Mann. In der Sufi-Gruppe lernte sie ihren späteren Mann, einen konvertierten Deutschen, kennen, mit dem sie nach Deutschland kam.

Erst nach ihrer Konversion begann Jamila, sich mit dem Islam auseinanderzusetzen und hatte zunächst Probleme:

> *Ich bin zuerst zum Islam und dann habe ich herausgefunden, was das ist. Das war ein bißchen ein Schock, als ich herausgefunden habe, was ich alles durfte und nicht durfte usw. – ich habe gedacht, ich könnte den gleichen Lebensstil behalten.*

Sie entwickelte zwei Strategien, die es ihr ermöglichten, Muslimin zu bleiben, auch wenn sie Schwierigkeiten mit der geforderten Lebensweise hatte: Zum einen sah sie in der Einhaltung der islamischen Regeln eine Herausforderung, die sie zu einer guten Muslimin, oder wie sie sich an anderer Stelle ausdrückte, zu einem guten Menschen machen würde. Zum anderen ordnete sie die strikte Einhaltung der Regeln der menschlichen Vervollkommnung und der intensiven Erfahrung der Religion unter:

> *Und wenn die Leute heftig werden und sagen: ‚Du sollst dies und jenes machen oder nicht machen' ... na ja, dann sage ich: ‚Wenn das Islam ist für dich, dann tut es mir leid, das ist so kleinlich alles. Das ist etwas viel Größeres, es ist nicht eine kleine Frage davon, welche Hosen du trägst.'*

Rabiya
Alter: 53
Konversionsalter: 25
Berufsausbildung: Kauffrau
Berufstätigkeit zum Gesprächszeitpunkt: Kauffrau
Familienstand: zwei Ehen, beide geschieden
Kinder: 3 erwachsene Kinder (leben nicht mit ihr zusammen)
Herkunft: Kleinstadt
Konfession vor der Konversion: katholisch (vor der Konversion ausgetreten)
Einbindung in muslimische Gruppen: aktiv in der Sufi-Gruppe tätig

Rabiya entstammte einem nicht sehr religiösen Elternhaus und ist dementsprechend auch nicht religiös erzogen worden. Mit 14 Jahren trat sie aus der Kirche aus. Als Grund für diesen Austritt nannte sie eine damals eher vage Abneigung gegen die Kirche und besonders gegen einige ihr persönlich bekannte Repräsentanten dieser Kirche. Dazu kam, daß sie das Gefühl hatte, die Kirchen würden eine doppelte Moral – eine für Reiche und eine für Arme – vertreten. Jedoch sagte Rabiya auch, daß sie immer gläubig gewesen sei, nur mit der Institution Kirche habe sie nichts anfangen können.

Den Islam lernte sie mit etwa 20 Jahren über eine syrische Familie kennen. Zu diesem Zeitpunkt war sie mit einem Deutschen verheiratet. Sie schilderte, daß sie von Anfang an weniger von den islamischen Regeln, die sie kaum kannte, als vielmehr vom emotionalen Ausdruck dieser Religion fasziniert war. Besonders angetan hatte es ihr die Art und Weise, in der der Vater der syrischen Familie den Koran – wie sie sich ausdrückte – „*sang*". Zu einer Konversion entschloß sie sich jedoch erst, nachdem ihre Ehe zerbrochen war.

Durch ihre Gespräche mit der syrischen Familie hatte Rabiya nur wenige Kenntnisse über den Islam erworben. Sie kannte einige der wichtigsten Regeln wie Schweinefleisch- und Alkoholverbot sowie Fastenpflicht, und hatte versucht, sich daran zu halten. Sie wußte auch, daß sie hätte beten müssen, kannte den Ablauf des Gebets aber nicht. In den Koran hatte sie kaum geschaut, da sie keine ansprechende Übersetzung gefunden hatte. Über Regelungen hinsichtlich der Bekleidung wußte sie nichts.

Als sie wegen einer Umschulungsmaßnahme (zur Kauffrau) umzog, verlor sie den Kontakt zu den Syrern und auch weitgehend zum Islam. Zwar bemühte sie sich weiterhin um die Einhaltung einiger Regeln wie Alkoholverbot und Schweinefleischtabu, jedoch fastete sie nicht mehr, da sie, wie sie sagte, gar nicht wußte, wann Ramadan war. Während ihrer zweiten Ehe, die sie als problematisch bezeichnete, trat der Islam für sie fast völlig in den Hintergrund. Ihr Mann, wieder ein Deutscher, hat nie von ihrer Konversion erfahren. In unserem Gespräch betonte sie jedoch, daß sie sich auch in dieser Zeit weiterhin an einige Regeln gehalten und sich dem Islam immer verbunden gefühlt habe:

Ich weiß nur, daß ich auch in den Jahren, in denen ich keinen Kontakt hatte, eigentlich trotzdem am Islam festgehalten habe – so gut ich es eben konnte, es war mir wichtig irgendwie.

Aus der Zeit nach ihrer zweiten Scheidung berichtete Rabiya lediglich kurz, daß sie einige Jahre sehr zurückgezogen gelebt und nur wenige soziale Kontakte gehabt habe. Erst danach begann sie erneut, sich wieder mehr für den Islam zu interessieren. Als sie einen Volkshochschulkurs zu diesem Thema besuchte, bekam sie Kontakt zur Sufi-Gruppe, der sie sich anschloß. Sie fing nun an, sich intensiv mit dem Islam zu beschäftigen, hielt sich zunehmend an die islamischen Regeln – wenn sie auch weiterhin das Kopftuch nur in religiösen Zusammenhängen trug – und wurde innerhalb dieser Gruppe aktiv tätig.

5 Übersichtstabelle

Name	Alter	Berufsausbildung	Verheiratet bei K.	Alter bei K.	Rel. vor K.
Elisabeth	25	Sozialpädagogik	nein	23	ev.
Angelika	25	Sozialpädagogik	K. bei Trauung	23	ev.
Fatimah	26	Krankenschwester	ja	26	kath.
Monika	26	Lehre abgebr.	K. bei Trauung	23	kath.
Jutta	27	Erzieherin	(ja)	(24)	kath.
Halima	29	keine Ausb.	K. bei Trauung	18	ev.
Asma	29	Kauffrau	ja	25	christl. Sekte
Asiye	29	Kauffrau	ja	20	ev.
Zainab	30	Stenokontoristin	nein	23	ev.
Kamile	ca. 35	Dolmetscherin	ja	ca. 25	ev., ausgetreten
Maryam	ca. 40	Studium abgebr.	nein	ca. 20	ev.
Karin	33	Kauffrau	nein	25	ev.
Malika	38	Erzieherin	nein	21	ev.
Jamila	53	Sprachausb.	ja	39	anglik., konvert. zu kath.
Rabiya	53	Kauffrau	nein	25	kath., ausgetreten

IV Die Konversionsgeschichte: Zwischen Abgrenzung und Übereinstimmung

1 Die Vorgeschichte: Fremdheit

In den Erzählungen der befragten Frauen wirkt der Alltag vor der Konversion fast immer „blaß" und ereignislos, es wird kaum von aktiven, intensiv erlebten oder als anregend erfahrenen Lebensphasen berichtet. Gelegentlich sprechen meine Interviewpartnerinnen von vagen Gefühlen der Unzufriedenheit, Sinnlosigkeit oder Perspektivlosigkeit, die sie damals empfanden, oder sie berichten von unbestimmten Gefühlen der Erwartung an ihr Leben, die sich in dem Gedanken: *„Das kann doch nicht alles gewesen sein"* ausdrückten. Das Gefühl der Perspektivlosigkeit, das sich in den Gesprächen mit den Frauen in der Reflexion ihrer Lebenssituation vor der Konversion abzeichnet, wird dadurch verstärkt, daß ein solches Leben im Rahmen der westlichen Gesellschaft als normales Leben wahrgenommen wird:

> *Morgens früh raus und abends bis halb sieben, sieben bis man fertig war mit der Kasse und alles und dann abends nach Hause. Abends noch Essen gemacht und alles, dann vielleicht Fernsehen geguckt. Das war immer ein langer Tag. Am Wochenende dann in die Disco. (Asiye)*

> *Ich bin dann dort zur Schule gegangen usw. Also ich habe genauso gelebt wie die anderen Jugendlichen auch, ganz genauso, das ist halt normal, daß man nicht an Religion denkt, sondern an Discotheken und so. (Elisabeth)*

Die Normalität, die in diesen beiden Interviewpassagen durchscheint, zieht sich durch sämtliche Interviews: Normales Leben stellt sich als zweigeteilt in Arbeit und Freizeit dar, beide Bereiche sind wenig bemerkenswert. Die Arbeit erscheint als Zeitraum zwischen zwei Zeitpunkten – *„morgens früh raus und abends bis halb sieben"* – und wird selten inhaltlich beschrieben, die Freizeit ist markiert durch Fernsehen, Diskothek und gelegentliche Kontakte zu Gleichaltrigen – für Momente der „Irrationalität" wie der Religion ist darin kein Platz. Mit dieser Beschreibung wird ein Verständnis der Normalität von Jugendlichen aufgebaut, das einen Ausschnitt der Wirklichkeit für das Ganze nimmt. Indem Normalität stereotyp als Aufeinanderfolge von Arbeit, Fernsehen und Diskothek dargestellt wird, werden andere Bereiche des Lebens von

Jugendlichen und jungen Erwachsenen – z.B. politisches und soziales Engagement, Interesse an unterschiedlichsten Wissensgebieten, intensiv betriebene Freizeitbeschäftigungen usw. – ausgeblendet. Es bleibt die Vorstellung einer „entleerten" Normalität, die so die Grundlage für eine Konversion – in diesem Zusammenhang als Übergang von einem „leeren" zu einem „gefüllten" Leben zu verstehen – bildet.

Die Deutung und Verarbeitung dieses als normal und doch unbefriedigend empfundenen Lebens fiel bei den einzelnen Frauen unterschiedlich aus. Einigen meiner Interviewpartnerinnen erscheint es in der Erinnerung, als hätten sie sich nie wirklich Gedanken gemacht, als hätte es nur nagende Unzufriedenheit und gelegentlich ein kurzfristiges, kaum bemerktes Innehalten in der Alltagsroutine gegeben. Diese Gesprächspartnerinnen sahen sich also selbst in der als normal empfundenen gesellschaftlichen Leere verfangen. Erst im Rückblick thematisieren sie ihre frühere Gedankenlosigkeit. So erging es Fatimah, nachdem sie das Transkript unseres ersten Gespräches gelesen hatte:

Das wollte ich dir auch noch einmal sagen, was mir so bewußt geworden ist, als ich das Interview gelesen habe: Daß ich mir eigentlich sowieso um vieles wenig Gedanken gemacht habe. Ich habe zwar öfter mal erwähnt, daß ich schon nach dem Sinn des Lebens gesucht habe, aber das war mehr so eine Frage und eigentlich nicht eine Suche. Ich habe über vieles 'mal nachgedacht und das dann aber in die Schublade gesteckt. Durch den Islam habe ich eigentlich erst angefangen, mir über alles Gedanken zu machen. Ich bin viel sensibler für alles im Leben und hinterfrage viel mehr als vorher. Vorher habe ich vieles ... ja, zum Beispiel gar nicht wahrgenommen, also ich würde schon sagen, daß ich mir da nie Gedanken gemacht habe. (Fatimah)

In anderen Schilderungen des Lebens vor der Konversion wiederum läßt sich die Bestrebung erkennen, das eigene Leben aus dem Rahmen des Alltäglichen und Normalen hervorzuheben. In der rückwirkenden Betrachtung erscheint es den Frauen, als hätten sie sich schon immer entweder selbst von der Normalität abgegrenzt oder seien von anderen als Außenseiterin empfunden worden:

Ich weiß nicht, also ich war schon immer ein bißchen ... meine Eltern haben damals schon gesagt: ‚Du bist ein bißchen ein sonderbarer Mensch, du bist so abweisend gegen alles'. Ich habe auch damals als Kind und als Jugendliche nicht so viele Freunde gehabt. Ich habe nicht an dem gesellschaftlichen Leben teilgenommen wie andere Jugendliche, ich habe immer, wenn die anderen Jugendlichen in die Disco gegangen sind ... ich bin nie oder sehr selten in die Disco gegangen, ich habe mich dort einfach nicht wohl gefühlt, ich habe mich wohl gefühlt zu Hause, ein Buch gelesen, ein schönes Buch gelesen. Ich habe immer nach etwas anderem gesucht, nach Frieden, nach etwas ... ich wußte aber selbst nicht, was. (Zainab)

Deutlich wird in dieser Interviewpassage noch einmal die Leere der Normalität, die die Erzählerin – in diesem Fall Zainab – aufbaut. Anders als in der obigen Passage jedoch wird hier davon abweichendes Verhalten – zu Hause in Ruhe ein Buch lesen – nicht ausgeblendet, sondern in den Bereich allgemeiner Andersartigkeit verwiesen. In dieser Vorstellung gibt es zwar Jugendliche, die sich anders verhalten, die nicht in die Diskothek gehen; diese Jugendlichen, zu denen Zainab sich selbst zählt, stehen jedoch außerhalb der Normalität. Indem sich die Erzählerin hier von ihrer geschaffenen Normalität abgrenzt, baut sie für sich selber eine Außenseiterposition auf. Im engen Zusammenhang damit steht noch ein weiterer Punkt, der in obiger Interviewpassage angesprochen wird und der auch in der Lebensbeschreibung der anderen Frauen auftaucht. Viele der Frauen berichten, daß sie vor der Konversion einen relativ kleinen Freundeskreis hatten – meistens nur eine oder zwei engere Freundinnen. Als Ursachen dafür wurden entweder äußere Umstände wie Umzüge, Schulwechsel und dergleichen genannt oder aber – häufiger – eben die eigene Andersartigkeit, die Kontakte erschwerte. Im folgenden Beispiel thematisiert Fatimah, die sich oben als verfangen in der Leere der Normalität beschreibt, nun ihre Andersartigkeit, die von ihr als Defizit empfunden wurde:

Ich bin nicht sehr kontaktfreudig gewesen, also ich war immer sehr zurückhaltend und habe auch immer Schwierigkeiten gehabt mit anderen Menschen. Und das war etwas, was mich immer belastet hat. Zum Beispiel, wenn irgendwelche Parties waren oder so, ich bin dann zwar auch hingegangen, aber ich habe meistens in der Ecke gesessen und habe das Gefühl gehabt: „Ja, die anderen sind viel toller als ich. Irgendwie bin ich gar nichts.' So ein Mauerblümchen irgendwo. Und ich habe eigentlich auch selten jemand gefunden, der das ähnlich empfunden hat, oder der sich überhaupt so mit mir unterhalten wollte. (...) Ich war dann eigentlich auch fast immer zu Hause, muß ich sagen. Ich bin dann zwar mal zu einer Freundin gegangen, aber ansonsten bin ich gar nicht mehr weggegangen. (Fatimah)

Als eine weitere Variante der Wahrnehmung des eigenen Außenseitertums erscheinen in den Interviews Berichte von Zukunftsprojektionen, in denen das eigene Leben einen ganz besonderen und außergewöhnlichen Verlauf nimmt. Hier wird das Außenseitertum nicht als Defizit dargestellt, sondern als positiv bewertete Besonderheit:

> *Ich habe eigentlich die ganze Zeit darauf gewartet, daß Gott mir irgendwie etwas zeigt, was ich für ihn tun kann, irgendwas ganz Besonderes. Und dann so in den letzten Jahren habe ich wirklich vermehrt darauf gewartet und habe auch viel gebetet: ‚Gott, was willst du von mir, zeige mir deinen Weg' und ... ja, was weiß ich, ich habe mir überlegt, vielleicht mal Nonne zu werden oder als Missionarin irgendwo nach Afrika hinzugehen, also ich wollte wirklich was ganz Besonderes machen. (Angelika)*

Angelika hat versucht, ihre Unzufriedenheit mit ihrer Lebenssituation sowie ihren Wunsch nach einem sinnvollen und besonderem Dasein in konkrete Handlung umzusetzen. Ebenso wie vier andere meiner Interviewpartnerinnen wählte sie einen helfenden Beruf – in ihrem Fall Sozialpädagogik –, eine Berufswahl, in der sich der Wunsch nach sozialem Engagement ausdrückt. Die Besonderheit dieser Berufswahl ergibt sich durch das Gefühl, in helfenden Berufen etwas „bewirken"[1] zu können und gleichzeitig daraus, mit dem Beruf eine über die eigene Person und Familie hinausreichende gesellschaftliche Verantwortung übernommen zu haben – eine große Aufgabe. Der Umfang der angestrebten Verantwortung zeigt sich im folgenden Zitat, in dem Maryam – im Rückblick sehr ironisch – erzählt, wie sie dazu kam, ein Studium der Sozialpädagogik anzufangen:

> *Ja, ich hatte das Gefühl gehabt, ich brauche irgendein Ziel, also ich wollte eine Ausbildung machen und nach der Ausbildung meinen Beruf ausfüllen, indem ich irgendetwas Segensreiches für die ganze Menschheit (ironisch) oder Ähnliches tun wollte. (Maryam)*

Das Gefühl der Besonderheit und Größe, das die Berufswahl vermitteln konnte, scheiterte dann bei Maryam am Beruf selber:

> *M.: Ich habe allerdings auch keinen Sinn mehr gesehen [im Sozialpädagogikstudium, G.H.], weil gerade Sozialarbeit ist sowieso eine Sache, die nicht viel mehr bringt als einen Beamtenstatus.*
> *G.: Tatsächlich?*
> *M.: Ja. Ich weiß nicht, man hat sehr wenig Möglichkeiten, effektiv was zu tun. So barmherzig zu sein, klar das kann man schon, aber ...*
> *G.: Aber wenig Änderung.*
> *M.: Ja, das ist wenig. (Maryam)*

---

[1] Vgl. Rommelspacher, Birgit: Mitmenschlichkeit und Unterwerfung: Zur Ambivalenz der weiblichen Moral. Frankfurt a.M. und New York 1992. S. 145.

Die Eigenwahrnehmung als Außenseiter im erzählerischen Rückblick kann auf zwei Ebenen bewertet werden: Einerseits handelt es sich hierbei um eine erzählerische Strategie, durch die der Bezug zum jetzigen Leben hergestellt wird. Dadurch, daß Normalität als „leer" dargestellt wird, erscheint die Abgrenzung davon ebenso wie die Suche nach anderen Inhalten als konsequent. Vor einem solchen Hintergrund erweist sich die Konversion als logisch, sie wird damit erzählerisch vorbereitet. Andererseits kann die Selbstwahrnehmung als Außenseiter als Strategie des Umgangs mit gesellschaftlichen Sinnverlusten gelesen werden – ein Gedanke, den ich im folgenden erläutere.

Die Wahrnehmung der Normalität als leer und perspektivlos, das Gefühl, daß „*das doch nicht alles gewesen sein kann*", das Gefühl, nicht dazuzugehören, Außenseiter zu sein, weist auf Entfremdung von der modernen Gesellschaft hin und stellt so ein weit verbreitetes Phänomen dar[2]. Ursache dieses Gefühls ist der eingangs geschilderte Prozeß der Individualisierung, durch den einerseits das Individuum zum Träger des sozialen Lebens wird, Vergesellschaftung also am Individuum ansetzt, und andererseits Gesellschaft abstrakt wird. Indem das Individuum zur grundlegenden sozialen Einheit wird, verlieren sich die in Gruppenzusammenhängen allgemein verbindlichen Deutungsmuster: „Die Typologien und Deutungsschemata, durch die das Alltagsleben geordnet wird (und damit als Arena sozialer Interaktion möglich wird), müssen von Augenblick zu Augenblick eingesetzt werden, um mit äußerst komplizierten und fortwährend wechselnden Forderungen fertig zu werden. Das hat wiederum Spannung, Frustration und im Extremfall das Gefühl, anderen entfremdet zu sein, zur Folge."[3]

Der einzelne ist – bei aller Wahlfreiheit – den Zwängen der Wahl ausgeliefert, auch auf der Deutungsebene. Der Verlust der Verbindlichkeit von allgemeinen Deutungsschemata hat eine Auflösung der Selbstverständlichkeit der sozialen Ordnung zur Folge. Diese hat keine Gültigkeit mehr und wird damit sinnlos. Entfremdung aus dieser Perspektive betrachtet erscheint als Verlust von Sinnzusammenhängen. Bedeutungen im Sinne der „signifikanten Symbole" Meads, also als Symbole, die allgemein gültig sind und allgemein verstanden werden, verlieren ihre Basis. Gleichzeitig werden die politischen Institutionen aufgrund der hohen Integrationsebene unüberschaubar und undurchsichtig für den einzelnen, sie scheinen keinen Bezug zu konkreten Lebenszusammenhängen mehr zu haben. Sie werden legitimationsbedürftig, verlieren ebenfalls ihre Selbstverständlichkeit und damit Sinn. Der gesellschaftliche Sinnverlust, die Auflösung einer allgemein verbindlichen gesellschaftlichen

---

[2] Vgl. Berger, Peter L.; Berger, Brigitte; Kellner, Hansfried: Das Unbehagen in der Modernität. Frankfurt a.M. und New York 1987.
[3] Berger, Berger und Kellner 1987, S. 158.

Ordnung führt dazu, daß Sinnzusammenhänge vom Individuum selbst hergestellt werden müssen, auch sie werden also individualisiert.

Die individuelle Konstitution von Sinnzusammenhängen findet über die eigene Biographie statt, das heißt die Ereignisse, die dem Individuum zustoßen, können nicht über den Bezug zu einer höheren sozialen Ordnung gedeutet werden, sondern über den Erfahrungshintergrund des Individuums. Vor diesem Hintergrund erscheinen Ereignisse – wie Werner Schiffauer differenziert – sinnvoll, sinnlos oder sinnwidrig: „Sinnvoll ist ein lebensgeschichtliches Ereignis, aber auch ein Gefühl, wenn es mit anderen Ereignissen, Erfahrungen und Gefühlen in eine Beziehung gesetzt werden kann. Als ‚sinnlos‘ wird dagegen ein Erlebnis empfunden, bei dem dies nicht der Fall ist – das also nicht in eine Struktur (und sei es als ‚Fehler‘) eingeordnet werden kann; ‚sinnwidrig‘ schließlich ist ein Erlebnis dann, wenn zu befürchten ist, daß es die Struktur, mit der man bislang Ordnung und Sinn in sein Leben brachte, sprengen würde."[4]

Die Fähigkeit, Sinn auf der lebensgeschichtlichen Ebene zu erstellen, zur Einordnung von Erlebnissen in eine vorhandene Erfahrungsstruktur und zur Herstellung von Beziehungen zwischen Ereignissen kann auch als Identitätsbildung im Sinne einer prozeßhaften Identität, wie Krappmann sie beschreibt, gesehen werden. Das Gefühl von Sinnlosigkeit, die Wahrnehmung der Normalität als „leer" bedeutet auf der Identitätsebene, daß das Selbst, der eigene Erfahrungshorizont, nicht in Bezug zu dieser Normalität gesetzt werden kann. Die Selbstwahrnehmung stimmt nicht mit der antizipierten Fremdwahrnehmung überein. Konkreter ausgedrückt: Das Bild, das man sich davon macht, wie Jugendliche zu sein haben, stimmt nicht mit dem Bild überein, das man sich von sich selbst als Jugendlicher macht. Die Folge davon ist die Erfahrung der „Heimatlosigkeit"[5] in der sozialen Welt, oder in den Worten Goffmans ausgedrückt, das Gefühl der Stigmatisierung. Die Eigenwahrnehmung als Außenseiterin kann in die Selbstverortung als Außenseiterin münden, d.h. das, was als Normalität wahrgenommen wird, erfährt eine Abwertung, die persönliche Eigenart hingegen eine Aufwertung. Die Position als Außenseiterin wird damit nicht als Defizit gesehen, sondern als Besonderheit.

Für Goffman stellt diese Umdeutung eine der üblichen Reaktionen auf die Stigmaerfahrung dar: „Schließlich kann die beschämend andersartige [die stigmatisierte, G.H.] Person mit dem, was Realität genannt wird, brechen und eigensinnig versuchen, ein unkonventionelle Auffassung von der Eigenart ihrer sozialen Identität durchzusetzen."[6] Im Falle der Vorgeschichten zur Konversion löst der Bruch mit der Realität die Suche nach einer neuen „Realität" aus, d.h.

---

[4] Schiffauer 1991, S. 293.
[5] Berger, Berger und Kellner 1987, S. 159.
[6] Goffman 1977, S. 19f.

nach einem sozialen Ort, an dem die eigene unkonventionelle Auffassung Bestätigung erhält oder an dem die individuelle Eigenart nicht als Defizit wahrgenommen wird. Gesucht werden neue Perspektiven, plausible Strukturen, die die brüchig gewordene soziokulturelle Ordnung ersetzen können.

Einer in das Individuum verlegten Sinnkonstitution entspräche eine Religiosität, die von Christel Gärtner und Klaus Bischoff als „individueller Synkretismus"[7], als die typische Form der Sinnsuche in der New-Age-Bewegung, bezeichnet wurde: Aus verschiedenen Sinnsystemen werden einzelne Bausteine ausgewählt und nach dem individuellen Bedarf wieder zusammengesetzt. Dem steht eine Sinnsuche gegenüber, die nach festen Zusammenhängen, nach verbindlichen Deutungsschemata verlangt, aber auch nach Antworten auf die großen Fragen der Menschheit, auf die Fragen nach Sterblichkeit und Gebrechen, auf die Fragen nach dem Sinn von Ungerechtigkeit und Leid. Berger u.a. sehen gerade darin, daß die „säkularen Glaubenssysteme und Ideologien"[8] auf diese Fragen keine Antworten geben können, eine der wesentlichsten Ursachen des Leidens an der Moderne: „Die Modernität hat viele weitreichenden Transformationen vollbracht, aber die Endlichkeit, Gebrechlichkeit und Sterblichkeit des Menschseins hat sie nicht fundamental verändert. Was sie erreicht hat, ist die ernsthafte Schwächung jener Wirklichkeitsdefinition, die dieses Menschsein erträglicher machten. Das hat eine seelische Qual ganz eigener Art entstehen lassen, und wir neigen zu der Annahme, daß gerade sie die anderen von uns erwähnten Unbehagen noch drängender und gewichtiger macht."[9] In einem entsprechenden Sinne äußert sich Elisabeth in einer Interviewpassage, in der sie ihre Suche nach Sinn in verschiedenen säkularen Deutungssystemen beschreibt:

E.: Ich habe, seit ich mich erinnern kann, seit eigentlich dieser Prozeß anfängt – ich nehme an mit der Pubertät –, seit dieser Zeit habe ich mir immer wieder Sinnfragen gestellt, aber ich habe keine Antwort gefunden.
G.: Wo hast du gesucht?
E.: Ich habe vor allen Dingen im Bereich der Psychologie und Philosophie gesucht. Und im Bereich der Therapien, der verschiedenen Therapien – es gibt ja sehr viele – und dann Bücher gelesen. Eigentlich diese amerikanische Philosophie[10], mit der habe ich mich sehr stark beschäftigt. (...) Das ist jetzt also mein Ausdruck dafür. (...) Ich denke, es gibt hier viel

---

[7] Gärtner, Christel; Bischoff, Klaus: „Es gibt so viele Wege wie Menschen". Individueller Synkretismus. In: Greverus, Ina-Maria; Welz, Gisela (Hrsg.): Spirituelle Wege und Orte. Untersuchungen zum New Age im urbanen Raum (Kulturanthropologie-Notizen 33) Frankfurt a.M. 1990. S. 173-200.
[8] Berger, Berger und Kellner 1987, S. 160.
[9] Berger, Berger und Kellner 1987, S. 160.
[10] Auch auf meine Nachfrage hin hat Elisabeth nicht genauer beschrieben, was sie damit meint.

Materielles, aber wenig für die Seele oder für das Herz, es bleibt immer eine gewisse Leere. Und viele Menschen haben ja auch Probleme, psychologische Probleme, in Amerika und in Europa, mit den Partnern, mit der Ehe, mit dem Leben an sich, warum das alles – und diese ganzen Fragen, die sind ja aktuell. Ich meine, der Mensch stellt sich ja immer wieder diese Fragen, und ich meine nicht, daß das Interesse daran irgendwann verloren geht. Dadurch, denke ich, daß die Religionen keinen großen Einfluß mehr haben, muß auf anderen Wegen eine Antwort gefunden werden. Und ich denke, daß deswegen diese ganzen Therapieformen entstanden sind. Weil die Menschen versuchen, einen Weg zu finden und Antworten zu finden. Fast jeder – sage ich mal – Normalbürger beschäftigt sich mit dem Sinn des Lebens oder hat in irgendeiner Form psychologische Probleme. (...) Diese Suche nach Selbstverwirklichung, was will ich im Leben ... diese ganzen Fragen, die sich also viele stellen, denke ich mal. Diese Fragen ... auf diese Fragen habe ich aber keine befriedigende Antwort gefunden, also eine Antwort, die andauert. Das waren immer nur Kurzzeittherapien. (Elisabeth)

Abgesehen von Elisabeth und den drei Frauen, die innerhalb der christlichen Kirche tätig waren, gaben weitere sieben der befragten Frauen an, sich vor ihrer Konversion mit religiösen, philosophischen oder anderen Systemen beschäftigt zu haben, von denen sie sich die Vermittlung eines Lebenssinnes versprachen. Wie im obigen Interviewausschnitt deutlich wird, erfolgte die Beschäftigung jedoch nicht in erster Linie aus dem Interesse an der Sache selbst, sondern eben aus dem Motiv der Suche heraus. Der dahinterstehende Gedanke war nicht nur das Gefühl, daß es im Leben doch noch etwas anderes geben müsse, sondern zudem die Vorstellung, daß dieses „andere" durch eine aktive Suche auffindbar sei. Das Motiv der Suche impliziert so die Vorstellung der individuellen Machbarkeit: Suchen zu können, bedeutet, sein Leben gestalten zu können und ihm eine bestimmte Richtung zu geben. Damit wird an die gesellschaftliche Vorstellung, die das Individuum zum „Handlungszentrum seiner selbst" macht, angeknüpft.

Die Suche, wie sie hier dargestellt wird, beinhaltet aber auch den Gedanken, daß es möglich sein könnte, eine endgültige Lösung für die aktuellen Probleme zu finden. Das Leben wird somit weniger als eine Aneinanderreihung von Fragen gesehen, auf die mit sich wandelnden Kontexten immer wieder neue Antworten gefunden werden müssen, sondern es wird vorausgesetzt, daß es einen Antwortenkomplex gibt, der für alle Fragen des Lebens eine Lösung parat hält. Aufgabe des Menschen ist es nun, diesen einen Antwortenkomplex zu finden. Erfolg oder Mißerfolg der Suche entscheiden dabei auch über Erfolg oder Mißerfolg des Lebens.

Das Motiv der Machbarkeit von Sinn löst sich bei Elisabeth in ihrem weiteren Erzählverlauf auf: Der Islam wird – von ihr, aber auch von den anderen Frauen – als Religion dargestellt, die sich nicht durch intensive Suche finden läßt, sondern die es zu erkennen und anzunehmen gilt. Was nach der Konversion bleibt, ist die Vorstellung eines umfassenden Antwortenkomplexes, von dem die befragten Frauen glauben, daß sie ihn im Islam gefunden haben.

Hier stellt sich die Frage, warum nicht die naheliegenden christlichen Glaubenssysteme die Aufgabe der allumfassenden Deutung übernehmen konnten, warum die befragten Frauen diese nicht akzeptierten. Meine Gesprächspartnerinnen selbst beantworten diese Frage mit ihrer Kritik an den christlichen Kirchen. Diese Kritik ähnelt sich in allen Interviews stark; sie ist zudem so auch in den deutschsprachigen islamischen Broschüren und Zeitschriften sowie in von anderen Forscherinnen und Forschern durchgeführten Befragungen zu finden[11], d.h. die Kritik am Christentum unterliegt einer starken Standardisierung.

Am häufigsten werden das Prinzip der Trinität und die Göttlichkeit Jesu in Frage gestellt. Besonders die kritische Betrachtung letzteren Aspekts steht in Übereinstimmung mit den islamischen Glaubenssätzen, denen zufolge Jesus – im Islam Isa – zwar als Prophet, jedoch nicht als Sohn Gottes gesehen wird:

> *Was ich einfach nie so kapieren konnte, war also, daß Gott gleichzeitig auch noch Jesus, also sein eigener Sohn ist, daß sich der irgendwie so ... sich also so herunterbegeben hat, daß eine Spur von Menschsein ... Also Gott ist wirklich was Höheres für mich. Ich glaube auch an Jesus, aber nicht als sein Sohn, sondern als sein Prophet, wie es im Islam ist. (Asma)*

> *Und ich habe eben bemerkt, daß der christliche Glaube eigentlich nicht logisch war, also man kann nicht argumentieren, man glaubt halt, und das war es dann. Dann diese Mysterien, was weiß ich. Und auch diese Dreieinigkeit oder der Sinn des Kreuzes, also was ist das, was soll das eigentlich sein, was bedeutet das, oder was der Heilige Geist ist oder diese Sachen, das war mir absolut unklar. (Angelika)*

Als ein weiterer wesentlicher Kritikpunkt am Christentum wird die mangelnde Authentizität der Bibel genannt. Auch diese Ansicht steht in Übereinstimmung mit den islamischen Glaubensgrundsätzen, denen zufolge der Koran das authentische Wort Gottes ist. Die Bibel hingegen wird als von Menschen be-

---

[11] Ich beziehe mich hier auf entsprechende Interviewausschnitte in folgenden publizierten und unpublizierten Arbeiten: Borchers 1991; Leggewie 1993a; Rocher und Cherqaoui 1986; Ülker 1993; Zschoch 1992.

einflußt gesehen, da sie in großen zeitlichen Abständen niedergeschrieben wurde[12]:

> *Bei den Christen ist die Sache wieder etwas anders. Die Dreieinigkeit, diese ganzen Glaubensdogmen oder -grundsätze, die man jetzt hat, die sind praktisch nicht von Jesus gesetzt worden, von Paulus auch nicht, sondern durch Konferenzen im Laufe der Jahrhunderte. Also zum Beispiel durch Konstantin, wo man praktisch abgestimmt hat, ob Jesus Mensch oder Gott war. Wirklich so menschliche Angelegenheiten, wo also die Mehrheit gesiegt hat und was man einfach nicht aus der Bibel oder aus dem Neuen Testament ableiten kann. Das Christentum, das wir heute vorfinden, hat praktisch nichts mehr mit dem zu tun, was selbst im Neuen Testament zu lesen ist, was Jesus gesagt hat. (Angelika)*

Zusätzlich zu dieser Kritik der christlichen Glaubenssätzen äußern sich die befragten Frauen besonders zur Institution Kirche sehr ablehnend. Hier ist es vor allem die katholische Kirche, zu der Stellung genommen wird. So beanstanden meine Interviewpartnerinnen die Verehrung Marias, die Beichte, das Zölibat und vor allem die Rolle des Priesters als Vermittler zwischen Mensch und Gott sowie die damit verbundene Macht. Auf einer sehr persönlichen Ebene der Erfahrung drückt Jamila ihre Kritik am katholischen Priestertum aus:

> *Als ich meinen ehemaligen Mann geheiratet habe, bin ich zur katholischen Kirche übergetreten, weil er Katholik war, und ich habe gedacht, wegen der Kinder usw. ist es besser. Ich habe mir wirklich Mühe gegeben, das zu glauben, aber es ging nicht. Und dann habe ich eine Krankheit gehabt bei meinem ersten Kind und landete wieder im Krankenhaus, und die Ärztin hat gesagt: ‚Keine Kinder mehr für zwei Jahre'. Ich bin dann brav zu dem Priester gegangen und habe gefragt, ob ich Verhütungsmittel holen könnte, und der hat gesagt: ‚Nein', und ich habe gedacht: ‚Was kann der wissen? Ein dicker Italiener mit so einem Bauch, der den ganzen Tag Eis gegessen hat, was kann er wissen vom Eheleben und Liebe usw.?'. Dann bin ich nicht mehr zur Kirche gegangen und habe angefangen, darüber nachzudenken. (Jamila)*

Nicht nur die katholische Kirche, sondern alle christlichen Kirchen betrifft ein weiterer Kritikpunkt, den meine Interviewpartnerinnen nennen – die Kluft zwischen Glaubensanspruch und christlicher Praxis:

---

[12] Vgl. hierzu die Entstehungsgeschichte des Koran im zweiten Kapitel. Auch die Authentizität des Koran ist zumindest bei nicht-muslimischen Islamwissenschaftlern und -wissenschaftlerinnen umstritten.

Also dieses ganze Drumherum und dann auch – was mir schon ziemlich früh aufgefallen ist – der Anspruch der Kirche, sich in alles einzumischen, alles bestimmen zu wollen und gleichzeitig die Leute – arme Leute – in ihrer Armut zu lassen. Ich habe schon als Kind ziemlich bald begriffen, daß die Kirche sehr reich war – nicht nur vom Anschauen her, von den wirklich schönen tollen Kirchen, die wir in der Kleinstadt hatten, wo ich gewohnt habe. Sondern weil ich da auch mitgekriegt habe, was da alles an Spenden und so nach Rom fließt und wieviel die einnehmen. Wir bekamen auch immer so ein Kirchenblättchen, da stand das dann immer schön drin, und da ist mir ziemlich früh aufgegangen, daß da irgendwo eine große Lücke klafft. Und daß zwischen dem, was sie sagen und dem, was sie tun, ein enormer Unterschied ist. Das hat mich ziemlich abgestoßen – und da wollte ich nichts mehr mit zu tun haben. (Rabiya)

Für meine Gesprächspartnerinnen führte die Kritik an der Institution Kirche häufig dazu, zwischen dem Glauben an Gott einerseits und der Institution andererseits zu unterscheiden: Ihr Glaube an einen Gott hatte Bestand, die Institution wurde abgelehnt:

Dann habe ich die ganzen Jahre zwar an Gott geglaubt, aber mit Religionen [in der Institution Kirche, G.H.] nichts zu tun haben wollen, weil ich dann eben gesagt habe: ‚Das ist nichts für mich'. Gott ja, Religion nein, das war so mein Standpunkt. (Rabiya)

Obwohl die hier aufgeführte Kritik zum Teil Standardantworten der deutschsprachigen islamischen Gemeinschaft wiederspiegelt, so kann aus ihr doch auch herausgelesen werden, warum eine christliche Religiosität den Frauen nicht die Antworten geben konnte, die sie suchten. In den Äußerungen der Frauen wird deutlich, daß die christlichen Glaubenssätze nicht selbstverständlich genommen werden, sondern als konstruiert gelten. Sie unterliegen damit einem Legitimationszwang. Der Verlust der Selbstverständlichkeit der christlichen Ordnung steht in Zusammenhang mit der Auflösung des festen Bezugs von göttlicher zu sozialer Ordnung. Die christlichen Institutionen haben ihre Basis in der Gesellschaft verloren und sind zu einer Art von Dienstleistungsunternehmen geworden, die in Anspruch genommen werden können oder auch nicht, und die so in Konkurrenz zu einer Reihe von anderen Dienstleistungsunternehmen stehen. Indem die Kirchen einen Part unter anderen in der Gesellschaft zugewiesen bekommen haben, anstatt als Repräsentanten der sozialen Ordnung aufzutreten, haben sie ihre Glaubwürdigkeit und ihre Deutungsmacht verloren.

Im Grunde sind es also nicht die Glaubensgrundsätze, die unglaubwürdig geworden sind, sondern das Verhältnis der Kirchen zur Gesellschaft. Somit wird in den obigen Zitaten weniger etwas über die Qualität des christlichen Glaubenssystems ausgesagt als vielmehr Kritik geübt an der Stellung der Kirchen als religiöse Dienstleistungsinstitutionen in einer ansonsten säkularisierten Gesellschaft. Unabhängig davon, welche Glaubensgrundsätze aus einer solchen Position heraus vertreten werden, sie erscheinen abstrakt und abgehoben, es wird keine Verbindung zum konkret gelebten Alltag mit seinen Problemen gesehen, sie ergeben letztlich keinen Sinn. Dies wird in einem Interviewzitat deutlich, in dem Angelika, die sehr aktiv in der evangelischen Gemeindearbeit war, ihre Enttäuschungen über die christliche Kirche zum Ausdruck bringt:

A.: Ich denke schon, daß es für einen Europäer schwer ist, den Islam anzunehmen. Weil man in Europa praktisch eine grenzenlose Freiheit hat im Lebensstil, man kann machen, was man will, man kann anziehen, was man will, man kann Umgang haben mit wem und wie man will, man kann vor der Ehe miteinander schlafen, man kann es auch sein lassen usw. – also praktisch diese ganzen Freiheiten einerseits ...
G.: Obwohl das Christentum da auch schon einiges einschränkt.
A.: Ja schon, aber ich meine jetzt so allgemein ... ich habe auch Christen gekannt, die haben beispielsweise vor der Ehe miteinander geschlafen usw. (...) Na gut, also im Christentum ist das auch wieder eingeschränkt, es gibt gewisse Dinge, an die man sich halten sollte, aber nicht unbedingt muß – also wie gesagt – was auch wieder umstritten ist, oder nicht so ganz klar definiert. Als Christ ist es insofern einfacher, weil man sagen kann: ‚Ich mache Fehler, ich mache halt dies und jenes, ich habe nun mal mit jemandem geschlafen, aber wenn ich Jesus um Vergebung bitte, dann vergibt er mir alle meine Sünden, und ich komme in den Himmel.' Das war eben das, was mich gestört hat als Christ: Man kann praktisch so viel – sage ich jetzt mal einfach platt – Quatsch machen, aber man kann trotzdem sagen: Ich bin Christ, ich komme trotzdem in den Himmel, weil Jesus mir meine Sünden vergibt. Ich mache also etwas, dann bitte ich um Vergebung und dann ist alles so wie vorher. Und wie gesagt, man hat eben doch schon gewisse Freiheiten (...) und das nutzt man dann eben auch aus. (Angelika)

Religiöse Deutungssysteme, die beliebig geworden sind, die gewählt werden können, haben die Macht und Autorität verloren, die nur die Verbindlichkeit verleiht. Vor diesem Hintergrund erklärt sich, warum die – doch auch umfassenden – Deutungsschemata der christlichen Kirchen für die befragten Frauen keine Antworten auf ihre Fragen zu liefern vermögen: Ihre Rolle in unserer Gesellschaft ist fragwürdig geworden.. Damit ist noch nicht viel darüber ausgesagt, warum der Islam die gesuchten Deutungsmuster zu liefern vermag. Vorläufig wurde lediglich bestimmt, warum meine Interviewpartnerinnen ihre Suche zwar in einigen Fällen im Christentum beginnen, dort aber das Gesuchte nicht finden. Mit der Ablehnung der christlichen Kirchen wurde zunächst nur der Weg zu anderen Deutungssystemen eröffnet – es ist noch nicht geklärt, warum letztlich der Islam gewählt wurde.

Eine Zusammenfassung der Vorgeschichte der konvertierten Frauen läßt als zentrales Motiv das Gefühl der Leere, Perspektivlosigkeit und Entfremdung erkennen, das Gefühl, Außenseiterin zu sein. Dieses Gefühl kann zu einem Bruch mit sozialen Realitäten – hier als gesellschaftlich konstruierte Realitäten begriffen – führen. Es wird begonnen, nach neuen plausiblen Strukturen zu suchen. Diese können, wie erläutert wurde, nicht in säkularen oder individualistisch ausgerichteten Deutungssystemen gefunden werden, da diese nicht die gesuchten verbindlichen Antwortkomplexe zur Verfügung stellen; sie können auch nicht im Christentum gefunden werden, da dieses zwar umfassende Antwortkomplexe zur Verfügung stellt, diese aber in der brüchig gewordenen Realität verankert sind.

Eine Vorgeschichte in der beschriebenen Form ist typisch für Konversionen, wenn auch nicht deren notwendige Bedingung. In der Konversionsforschung werden als Auslöser einer solchen Wirklichkeitssicht häufig persönliche Lebenskrisen genannt, jedoch ist weder genau definiert, was darunter zu verstehen ist, noch gehen sie in allen Fällen einer Entfremdung voraus. Die Ablehnung bestehender soziokultureller Realitäten kann ebenso ein langwieriger Prozeß sein, der keines unmittelbaren Auslösers bedarf. Wiesberger bemerkt dazu: „Konversionen können auch erfolgen, weil der Mensch als aktiv handelndes Wesen Erfahrungen macht, aufgrund derer er andere Perspektiven für plausibel zu halten beginnt, weil er soziale Realitäten und konventionelle kulturelle Muster in Frage stellt, ohne dazu durch Krisenerfahrungen genötigt worden zu sein. Allgemeiner formuliert: Konversionen finden statt, weil eine soziokulturelle ‚Realität' für ein Individuum brüchig geworden ist."[13]

Das Gefühl des Außenseitertums und der Entfremdung von der eigenen Gesellschaft ist nicht nur in der Vorgeschichte religiöser Konvertiten zu finden, sondern ebenso auch bei anderen Gruppen. So lassen sich entsprechende Äußerungen auch bei Hecht-El Minshawi[14] in einer Untersuchung über binationale Ehen sowie bei Groffmann[15] in ihrer Untersuchung über Frauen in der republikanischen Partei Deutschlands nachweisen. Für Hecht-El Minshawi stellt das Gefühl der Entfremdung von der eigenen Gesellschaft eine prägende Vorerfah-

---

[13] Wiesberger 1990, S. 86.
[14] Hecht-El Minshawi, Béatrice: „Wir suchen, wovon wir träumen". Studie über deutsch-ausländische Paare. 2., überarbeitete Auflage. Frankfurt a.M. 1990. S. 225ff.
[15] Groffmann 1992, S. 203.

rung dar, die den Zugang zu neuen und unbekannten Wegen erleichtert: Da die mit einem ausländischen Mann verheirateten Frauen sich auch schon vor der Beziehung mit diesem im *„Andersein* und *Anderswo"* befanden, stellt weiteres „normwidriges"[16] Verhalten nur einen Schritt in die gleiche Richtung dar. Groffmann hingegen sieht in dem Selbstbild als Außenseiterin, das eine ihrer Interviewpartnerinnen äußert, einen biographischen Anknüpfungspunkt, durch den diese provozieren möchte: Der Eintritt in die republikanische Partei – eine in den Medien umstrittene und in der öffentlichen Meinung stark kritisierte Partei – unterstreicht die Position als Außenseiterin und stellt ein Bekenntnis zur eigenen Andersartigkeit dar.

Beide Interpretationsansätze haben auch Gültigkeit für die von mir befragten Frauen und liefern erste Hinweise darauf, warum gerade der Islam solche Anziehungskraft auf meine Interviewpartnerinnen ausübte. Das Bild des Islam in Deutschland hat – wie ich noch darstellen werde – zwei Seiten: Islam steht für das ganz Andere, Fremde, das einerseits fasziniert und anzieht, andererseits aber beängstigt und abstößt. Beide Aspekte des Islambildes spielen bei der Konversion der von mir befragten Frauen eine Rolle: Die Faszination beim ersten Kontakt mit dem Islam bzw. mit Muslimen basiert auf der Fremdheit, die eine Fortsetzung der eigenen Fremdheit bildet. Der Islam als gesellschaftliches Feindbild spielt eine Rolle, weil er sich damit zur Provokation eignet, er ist Forum der Auseinandersetzung und Reibungsfläche und wird – vermittelt über die islamische Kleidung – als solche genutzt.

2 Exkurs: Das Bild des Islam in Europa

Über Jahrhunderte hinweg beschäftigten Islam und Orient – häufig zwei synonym gebrauchte Begriffe – die Europäer. Dabei war die Vorstellung vom islamischen Orient vielfachen Wandlungen unterworfen. Diese Wandlungen waren nicht zufällig, sondern abhängig von den sozialen, ökonomischen und politischen Verhältnissen – nicht nur denen in den orientalisch-islamischen Ländern, sondern vor allem denen im eigenen Land. Die Bilder vom Orient und vom Islam entstehen vor dem Hintergrund der eigenen Realität und reflektieren häufig eher diese als die Verhältnisse im beschriebenen Land.[17]

Heute sind Orient und Islam Begriffe, die nur noch zum Teil synonym gebraucht werden können, Begriffe, die für die zwei Komponenten stehen, aus denen sich das heutige Bild vom Islam im wesentlichen zusammensetzt: Islam im Sinne von „Orient", das ist einerseits die Traumwelt, die Gegenwelt zu Eu-

---

[16] Hecht-El Minshawi 1990, S. 227 (Kursiv im Original).
[17] Vgl. dazu Said, Edward W.: Orientalismus. Frankfurt a.M., Berlin und Wien 1981. Said unternahm als einer der ersten eine Analyse des Bildes vom Orient auf dieser Basis.

ropa, ist ein Rausch von Farben und Düften, voller Tiefe und Geheimnis – ist die Exotik schlechthin. Islam stellt andererseits die Bedrohung dar, steht für Strenge, Unterdrückung und Freudlosigkeit, für Fanatismus und Wahn.

Das Bild vom Orient als romantisierte Gegenwelt zu Europa entstand im 18. Jahrhundert, als das Osmanische Reich zu zerfallen begann und damit auch das Bewußtsein der militärischen Bedrohung durch die islamische Welt in Europa nachließ[18]. Anfang des 18. Jahrhunderts erschien eine Übersetzung der „Erzählungen aus Tausendundeiner Nacht", die die Grundlage für die Imaginationen eines Orients bildete, der zum Sinnbild für unerhörte Prachtentfaltung und Luxus wurde. Einhergehend mit dem Bild des Orients als exotisch-prachtvolle Märchenwelt war die Vorstellung eines Despotismus und einer Grausamkeit, die ihresgleichen suchte – eine Vorstellung, die vor allem mit dem orientalischen Mann verbunden war[19]. Er galt als unumschränkter Herrscher, der mit Gewalt seinen jeweiligen Machtbereich regierte.

Im 19. Jahrhundert rückte die orientalische Frau in den Mittelpunkt dieses Bildes. Sie war die geheimnisumwitterte, verführerische Schöne, gleichzeitig aber auch „Opfer einer beherrschenden Männerwelt, eingesperrt hinter hohen Mauern und hilflos."[20] Die Orientalin war, wie Akashe-Böhme schreibt, gerade durch ihre Verschleierung, die sie unerreichbar machte, „die Imagination des Weiblichen par exellence und dient als Projektionsfläche für die real nicht erfüllten erotischen Träume und Wünsche."[21] Die orientalische Frau diente jedoch nicht nur als Projektionsfläche sexueller Wünsche, sondern sie versinnbildlichte das Märchenhafte, Verzauberte des Orients schlechthin.

In dem Maße, in dem die orientalische Frau zum Sinnbild des Orients wurde, wurden dem Orient auch Züge zugeschrieben, die als weiblich galten. Petra Kappert zitiert Heine in einer Aufzählung der Eigenschaften des als weiblich gedachten Orients: „Schweigen, Passivität, Kindlichkeit, Irrationalität und gefährliche Sinnlichkeit, zeitlose Ewigkeit und schließlich Leere, mit einem Wort Fremdheit"[22]. In der Verschränkung von märchenhafter Pracht, geheimnisumwitterter Sexualität und unvorstellbarer Grausamkeit stand der Orient für das ganz andere, für Faszination und Ablehnung.

In der Einschätzung des Orients – gleichgesetzt mit der islamischen Welt – fand sich all das, was man in Europa nicht zu finden glaubte; umgekehrt glaubte man im Orient jedoch auch nichts von den Tugenden zu finden, die

---

[18] Vgl. dazu: Kappert, Petra: Europa und der Orient. In: Hippler, Jochen; Lueg, Andrea: Feindbild Islam. Hamburg 1993. S. 44-76, hier S. 45f.
[19] Kappert 1993, S. 47.
[20] Hofmann, Gabriele: Frauenwelten. Geschlechtertrennung und Frauennachmittage in einer türkischen Kleinstadt. In: Hessische Blätter für Volks- und Kulturforschung, N.F. 29. Marburg 1992. S. 63-81, hier S. 64.
[21] Akashe-Böhme, Farideh: Frausein – Fremdsein. Frankfurt a.M. 1993. S. 54.
[22] Kappert 1993, S. 55.

den Wert der europäischen Welt ausmachten: Vernunft, Ehrlichkeit, Aktivität, Fleiß, maßvoller Verstand und Ordnung. Kappert[23] weist auf ein zentrales Moment des Orientbildes im 19. Jahrhundert hin: Es entstand weniger aus Kenntnis des realen Orients, wie er zu dieser Zeit bestand, sondern basierte auf der Verklärung einer islamischen Vergangenheit. Grundlage des Bildes war die klassische islamische Literatur, deren Inhalte auf den zeitgenössischen Orient übertragen wurde. Orientreisende fanden dort somit das, was sie finden wollten.

Das heutige Bild des Islam trägt die verschiedenen oben dargestellten Züge des Orients in sich. Immer noch erscheinen Berichte über islamische Länder, in denen die Farbpracht, die Vielfalt der Düfte und Eindrücke sowie die geheimnisvollen verwinkelten Ecken in den Basaren der Städte hervorgehoben werden. Ebenso finden sich Berichte über die Exotik der islamisch-orientalischen Frau. Im Mittelpunkt des heutigen Islambildes stehen aber eher die anderen Züge des oben geschilderten Bildes, die Akzente haben sich verschoben: „Das westliche Bild vom Islam wird von Aggressivität und Brutalität, Fanatismus, Irrationalität, mittelalterlicher Rückständigkeit und Frauenfeindlichkeit beherrscht. Zwar gibt es auch das ‚positive' Bild des Orients: die Geschichten aus 1001 Nacht; den ‚köstlichen Orient-Mocca' oder den Bauchtanz, doch dieses wird eher mit einer mehr oder weniger vergangenen Märchenwelt in Verbindung gebracht als mit dem Begriff Islam."[24] Auch das Bild der muslimisch-orientalischen Frau hat sich verändert, an die Stelle der „Haremsdame" ist die „Kopftuchtürkin" getreten, das Sinnbild der hilflosen und unterdrückten Frau. Die Verschleierung, ehemals das Symbol des Geheimnisvollen und Exotischen, ist in erster Linie zum Symbol der Rückständigkeit und Unterdrückung geworden"[25].

Die aktuellen Bilder des Islam rufen in den westlichen Industriegesellschaften Ablehnung, Feindschaft, Aggressionen und Angst hervor. Besonders im letzten Jahrzehnt ist der Islam zum Feindbild per se geworden, und kaum eine andere Gruppierung oder Weltanschauung vermag die Gemüter so in Wallung zu versetzen, kaum ein Kleidungsstück wirkt so provokativ wie der Schleier bzw. das Kopftuch. Der Orient, der Islam ist (wieder einmal) Antithese zum Westen und „so hat man sich einen Gegenpol geschaffen, an dem man sich

---

[23] Kappert 1993, S. 49.
[24] Lueg, Andrea: Das Feindbild Islam in der westlichen Öffentlichkeit. In: Hippler, Jochen; Lueg, Andrea: Feindbild Islam. Hamburg 1993. S. 14-43, hier S. 14f.
[25] Zum Stereotyp der muslimischen Frau vgl. z.B.: Broyles-González, Yolanda: Türkische Frauen in der Bundesrepublik Deutschland: Die Macht der Repräsentation. In: Zeitschrift für Türkeistudien 1 (1990). S. 107-134; Lutz, Helma: Unsichtbare Schatten? Die „orientalische" Frau in westlichen Diskursen – Zur Konzeptualisierung einer Opferfigur. In: Peripherie 37 (1989). S. 51-65; Pinn, Irmgard; Wehner, Marlies: Das Bild der islamischen Frau in westlichen Medien. In: Osnabrücker Beiträge zur Sprachtheorie (OBST) 46 (März 1992). S. 179-193.

seiner selbst und seiner Werte vergewissern und gegen den man das Konzept der westlichen Welt gestalten kann."[26] Im Islam nach Frauenunterdrückung, nach Gewalt und Fanatismus zu suchen, heißt, sich nicht hier mit der eigenen Unterdrückung und Gewalt auseinandersetzen zu müssen. Es wird eine Projektionsfläche geschaffen, ein Ort, „an den man negative Bestandteile der eigenen Kultur verbannen kann"[27]. Im anderen wird so das eigene mit Vehemenz und Aggressivität bekämpft.

3 Die Entwicklung zum Islam: Faszination

Die Ambivalenz des Islambildes im Westen, zwischen Verklärung des Orients und Feindbild Islam, enthält die Möglichkeit, sowohl der Anziehung durch den Islam zu erliegen als auch eine ablehnende Haltung einzunehmen. Nicht selten liegen Faszination und Ablehnung dicht beieinander, schlägt das eine in das andere um. Um zu verstehen, was meine Interviewpartnerinnen am Islam beeindruckt, erscheint es deshalb sinnvoll, die Analyse zu einem Zeitpunkt zu beginnen, der vor dem ersten Kontakt mit dem Islam liegt, der schließlich die Konversion auslöste, bevor dann die einzelnen Facetten der Faszination eingehender betrachtet werden.

3.1 Das Fremdbild vor der Konversion

Kamile und Monika erzählen, daß sie schon immer neugierig auf alles Fremde gewesen seien. Auch Muslime bildeten da keine Ausnahme. Von konkreten Vorstellungen zum Islam berichten sie jedoch nicht. Die anderen Frauen schildern ihre Einstellung zum Islam vor ihrem ersten Kontakt mit Musliminnen oder Muslimen als gleichgültig bis negativ; lediglich die Erwähnung der „Haremsdame" bei Zainab deutet romantisierende Vorstellungen[28] an:

> *Vom Islam habe ich nichts gehört und nichts gewußt, also es war für mich absolut was Unbekanntes. Selbst irgendwelche Frauen mit Kopftuch sind mir eigentlich nie aufgefallen. Da, wo ich gewohnt habe, oder wo ich mich bewegt habe, das war absolut wie auf dem Mond oder sonst wo. Ich hatte absolut keine Berührung damit. (Angelika)*

---

[26] Lueg 1993, S. 37.
[27] Lueg 1993, S. 38.
[28] In den von Zschoch durchgeführten Interviews treten solche Bilder ausgeprägter hervor. Vgl. Zschoch 1992, 24.

Mein Eindruck vom Islam, der war natürlich schlecht. Ich habe überhaupt nichts gewußt vom Islam, ich habe nur das gewußt, was ich vom Fernsehen gehört habe und so, und das war eigentlich schlecht. Ich habe nur gedacht: ‚Islam also, das ist ... die Leute haben ganz viele Frauen dort und Harem, und die Frauen werden erniedrigt und geschlagen usw.' (Zainab)

F.: Ich habe immer ein negatives Bild gehabt vom Islam. Ganz furchtbar negativ, weil alles, was damit zu tun hatte, war unheimlich abstoßend für mich.
G.: Was genau war abstoßend?
F.: Ach, alles irgendwie, die Frauen mit dem Schleier fand ich abstoßend, die Männer, die also diese Bärte hatten, fand ich schrecklich ... oder wenn ich irgendeinen Bericht über Iran oder Irak gelesen habe, die Frauen mit der schwarzen Kleidung, das fand ich alles ganz schrecklich. Und für mich war das immer irgendwie so, daß das ja wohl nicht freiwillig sein kann, daß niemand freiwillig so ist wie die Frauen im Iran zum Beispiel. Ich habe mich aber auch nie groß damit beschäftigt, muß ich sagen, weil es hat mich nie groß interessiert. Ich habe nur in meinen Gedanken immer etwas Negatives mit dem Islam verbunden. (Fatimah)

In diesen Beschreibungen des Islambildes vor der Konversion lassen sich zwei grundsätzliche Haltungen erkennen: Einmal wird die eigene Haltung zum Islam als völlig gleichgültig beschrieben. Der Islam, Muslime und Musliminnen entziehen sich der Alltagsrealität. Sie werden zwar gelegentlich im Straßenbild wahrgenommen, tauchen in den Medien auf, haben aber im Alltag keinerlei Relevanz.

Die zweite Haltung gegenüber dem Islam ist negativ; er wirkt abstoßend und beängstigend. Die Art und Weise, in der diese Haltungen geschildert werden, deutet darauf hin, daß sie eingebettet in eine gesamtgesellschaftliche Haltung dem Islam gegenüber gesehen werden. Es erscheint normal, über den Islam nichts zu wissen oder aber negative Vorstellungen zu haben. Deutlich wird die Annahme der Selbstverständlichkeit eines gleichgültigen bzw. negativen Islambildes in unserer Gesellschaft durch den Gebrauch des Begriffes „natürlich" bei Zainab, aber auch durch die Art und Weise, wie dieses Bild gezeichnet wird. Es erscheint den Erzählerinnen als ausreichend, dieses Bild durch die schlagwortartige Benutzung von Stereotypen und Klischees, sowie den Hinweis darauf, wo es erworben wurde, lediglich anzudeuten, um mir, der Zuhörerin, verständlich zu machen, wie es aussah[29].

---

[29] Auf die selbstverständliche Annahme eines negativen Islambildes bei zum Islam konvertierten Männern und Frauen weist auch Zschoch in ihrer Magisterarbeit hin. Vgl. Zschoch 1992, S. 24.

Hierbei muß aber angemerkt werden, daß das Islambild in Deutschland auch im Rahmen der von mir und einem Teil der befragten Frauen besuchten Frauengruppe thematisiert und reflektiert wurde, daß die Selbstverständlichkeit, mit der ein negatives Islambild in Deutschland angenommen wird, also die Gruppendiskussionen spiegelt.

3.2 Die emotionale Faszination

Ein Wandel des Islambildes bzw. überhaupt eine bewußte Wahrnehmung des Islam wird bei allen meinen Interviewpartnerinnen durch das bessere Kennenlernen von Muslimen oder Musliminnen ausgelöst. Sechs der Frauen lernten den Islam über ihren späteren Ehemann kennen, sieben hatten ihren ersten Kontakt mit dem Islam durch in Deutschland lebende muslimische Bekannte; lediglich zwei Befragte – Jamila und Kamile – lernten den Islam im Ausland kennen, in einem Fall im muslimischen, im anderen Fall im nichtmuslimischen Ausland[30]. Die Faszination, die sich bei den befragten Frauen durch die Begegnung zunächst einstellte, wird in den meisten Fällen in einen direkten Zusammenhang mit dem Verhalten und dem Auftreten dieser muslimischen Bekannten gestellt:

Was mich da so beeindruckt hatte an ihm war, daß er in dem Augenblick als einziger immer den islamischen Gruß ‚Selam Aleikum' gesagt hat, das hat mich also ... dieses Wort, das hat mich so fasziniert, und in der Art, wie er das gesagt hat – immer so ein Lächeln auf dem Gesicht kam er dann an: ‚Selam Aleikum'. (Halima)

Dann hatte ich meinen Mann kennengelernt, und an ihm hat mich fasziniert, daß er so tiefreligiös war und dennoch ein junger Mann. Er war 24 damals und so tief religiös. Und dann habe ich gedacht: ‚Wie kommt das, daß ich das nicht kann?' Das hat mich gereizt, und so hat sich das dann entwickelt, weil sich plötzlich unheimlich viel um mich herum veränderte. (Jutta)

---

[30] Die Bedeutung des Kontaktes mit Muslimen als Anstoß für die Konversion betont auch Zschoch. zehn der zwölf von ihr Befragten setzten den Kontakt zu Muslimen oder Musliminnen an den Anfang ihrer Entwicklung zum Islam. Siehe dazu: Zschoch 1992, S. 31. Auch Wiesberger führt eine Reihe von empirischen Untersuchungen zu Konversionen an, denen zufolge der persönliche Kontakt zu Mitgliedern der jeweiligen religiösen Gruppierung – unabhängig davon, um welche Gruppe es sich handelt – eine wichtige Rolle im Konversionsprozeß spielt. Siehe dazu: Wiesberger 1990, 102.

Die Mutter war tiefreligiös und hat zu allen Zeiten gebetet. Das hat mich schon verblüfft, das zu sehen, daß es wirklich Menschen gibt, die sich so streng nach ihrer Religion richten. (Karin)

Gemeinsam ist diesen drei Interviewpassagen, daß darin eine Faszination beschrieben wird, die sich auf der Ebene des Sinnlichen, des unmittelbar Erfahrbaren und des Emotionellen herstellt. Auf dieser Ebene liegen auch andere Aussagen, mit denen die Faszination durch den Islam beschrieben wird, so Aussagen zur ästhetischen Qualität von Koranrezitationen oder des Rufes des Muezzins sowie zu den Gefühlen von Ruhe und Frieden in einer Moschee. Auch Aussagen zur Ausstrahlung von Muslimen und Musliminnen gehören in diese Kategorie:

Was ich schön finde, das ist zum Beispiel dieser Gebetsruf morgens früh. Es ist alles still, und dann fängt einer ganz, ganz weit an und plötzlich ... das ist eine Welle, eine Woge, das ist toll ... man wird immer wieder darin erinnert, und das fehlt mir hier manchmal. (Halima)

Mich fasziniert am Islam einfach die Ruhe und der Frieden, den das ausstrahlt. (...) Ich habe mich mit islamischen Frauen unterhalten und die ganze Familienatmosphäre, die da war, die Ruhe und das, was das alles ausgestrahlt hat, und wie sie sich den Kindern gegenüber verhalten haben und alles ... Das hat mich erst einmal neugierig gemacht, und dann habe ich angefangen, ein bißchen darüber zu lesen. (Asma)

Diese Ausstrahlung wird durch die besonderen Eigenschaften von Muslimen und Musliminnen begründet gesehen. Genannt werden hier zudem die harmonischen und liebevollen Umgangsformen, Ausgeglichenheit, Furchtlosigkeit, Höflichkeit und Herzlichkeit sowie Anmut und Schönheit. Fast alle der befragten Frauen nennen Qualitäten aus diesem Bereich, die sie irgendwann während der Entwicklung zum Islam oder auch heute faszinierten bzw. faszinieren.

Ergänzend dazu läßt ein Zitat von Monika eine etwas andere Facette der Faszination erkennen:

Ja, der Zusammenhalt, und daß sie ganz anders waren. Daß sie eben mehr noch die Werte hatten, die die Deutschen früher mal hatten. Also, daß ein Mädchen halt alles beigebracht kriegt im Haushalt, Handarbeiten macht und so Sachen, das hat mir immer gefallen. (...) Das hat mich immer unheimlich beeindruckt. (Monika)

Hier werden die eher allgemein gehaltenen Aussagen zur Ausstrahlung von Muslimen und Musliminnen nun durch Schilderungen von konkreten Werten ergänzt. Als beeindruckend wahrgenommen werden die Familienverbundenheit, die Klarheit der Geschlechterrollen sowie die Eindeutigkeit der Werte. In anderen Interviews werden ergänzend dazu noch Werte wie Sinn für Nachbarschaft und Gemeinschaft sowie Nächstenliebe genannt.

Die Struktur der Faszination durch den Islam läßt sich – zumindest zum Teil – über die Struktur der Ablehnung, über das Feindbild Islam erschließen, sind doch Ablehnung des Fremden und Faszination durch das Fremde untrennbar miteinander verbunden: „Die Angst vor dem Fremden kann auch überwunden werden dank der Faszination, die das Fremde ebenfalls ausübt. Unser Verhältnis zum Fremden ist nämlich ambivalent: wir haben Angst vor ihm, und gleichzeitig vermag er uns auch zu faszinieren."[31] Die Kehrseite der Angst ist die Lust am Fremden, beides aber gefiltert durch Projektionen des Eigenen auf das Fremde. Angst haben wir vor dem Fremden in unserem Kopf, dem Wesen, das all die negativen Eigenschaften hat, die wir an uns nicht akzeptieren können; fasziniert sind wir dementsprechend von einer Figur des Fremden, die all das verkörpert, was wir sein wollen, aber nicht können[32]. Dabei nähren sich Ablehnung und Faszination nicht selten aus der gleichen Quelle. Genau die Eigenschaften, die wir einerseits am Fremden ablehnen, bewundern wir andererseits auch. In diesem Rahmen sollen die Darstellungen des negativen Islambildes durch die befragten Frauen vor ihrer Konversion nun dazu dienen, die Struktur ihrer Faszination zu klären.

Schaut man sich die einige Seiten zuvor zitierte Interviewpassage Fatimahs noch einmal an, so fallen die Begriffe „*Männer mit Bärten*", „*Frauen mit schwarzen Kleidern im Iran oder Irak*" besonders auf. Diese Wortwahl erinnert an die Medienberichterstattung, wie sie besonders während des Golfkrieges verstärkt in Erscheinung trat. Selten tauchten die „*Männer mit Bärten*" oder die „*schwarzgekleideten Frauen*" darin alleine auf. Fast immer wurden Bilder von Versammlungen, Demonstrationen u. dgl. gezeigt, auf denen die gezeigten Menschen leidenschaftlich und emotional gestikulierten; auch in den Zeitungen war von „Masse"[33] oder gar „Meute"[34] die Rede. Diese Bilder und Texte

---

[31] Erdheim, Mario: Fremdeln. Kulturelle Unverträglichkeit und Anziehung. In: Kursbuch 107 (März 1992). S. 19-32, hier S. 21.
[32] Vgl. hierzu z.B.: Erdheim, Mario: Zur Ethnopsychoanalyse von Exotismus und Xenophobie. In: Exotische Welten – Europäische Phantasien. Katalog zur Ausstellung des Instituts für Auslandsbeziehungen und des Württembergischen Kunstvereins in Kunstgebäude am Schloßplatz vom 2.September – 29. November 1987. Stuttgart 1987. S. 48-53; Kabbani, Rana: Mythos Morgenland. Wie Vorurteile und Klischees unser Bild vom Orient bis heute prägen. München 1993; Said 1981.
[33] Lueg 1993, S. 24f.
[34] Knecht, Michi: Bilder – Texte – Macht. In: Wissenschaftlerinnen in der Europäischen Ethnologie (WIDEE) (Hrsg.): Nahe Fremde – fremde Nähe. Frauen forschen zu Ethnos, Kultur, Geschlecht. 5. Tagung zur Frauenforschung vom 15.-18. Oktober 1992 in Retzhof/Leibnitz. Wien 1993. S. 273-302, hier S. 281.

drückten Bedrohung aus: einerseits allein durch die Masse, andererseits aber auch durch die Leidenschaft, durch die Stärke des Gefühl, durch den „Fanatismus", der sich in ihnen zeigt. Lueg schreibt dazu: „In den ‚fanatisierten Massen' brodeln ‚unberechenbare Leidenschaften'. (...) Fanatismus gilt uns im Westen als eine besonders negative, unter Umständen sogar gefährliche Eigenschaft, der etwas Krankhaftes anhaftet und die leicht in Wahnsinn umschlagen kann. Das genaue Gegenteil dessen also, wie wir uns selbst sehen: nüchtern und rational."[35] Auf die Vorstellung einer nicht verstehbaren, unberechenbaren Leidenschaft, die in Muslimen schwelt, deutet auch eine weitere Bemerkung Fatimahs hin:

> *Ich habe dann gemerkt, daß ich wirklich ein völlig falsches Bild vom Islam hatte. Und es gab immer noch viele Sachen, die ich nicht verstanden habe, zum Beispiel wie man in den Krieg gehen und praktisch mit Freuden sterben kann und so. (Fatimah)*

Die Vorstellung einer unberechenbaren religiösen Leidenschaft, die zur Bedrohung werden kann, hat aber auch eine Kehrseite. Sie deutet ebenso auf Stärke des Glaubens und Tiefe des Gefühls. Die andere Seite des Bildes vom fanatischen ist das des von Frömmigkeit durchdrungenen Muslims. Dessen tiefe Religiosität gehört zu den Elementen, die Faszination auslösen, wie in den obigen Zitaten von Jutta und Karin ersichtlich wurde. Die hinter der Tiefe des Gefühls gesehene Irrationalität erscheint als Gegenpol zur westlichen Rationalität und löst – im Begriff des Fanatismus – einerseits das Gefühl der Bedrohung aus, im Begriff der „tiefen Religiosität" andererseits jedoch eine Sehnsucht danach, dieses Gefühl selber zu erfahren. *„Wie kommt das, daß ich das nicht kann?"*, war die Frage, die Jutta sich stellte, als sie die Religiosität ihres späteren Mannes bemerkte.

Ein ähnliches Gefühl drückte auch Jamila aus, als sie von einer Kindheitserfahrung erzählte. So war sie einmal Zeugin einer größeren (nichtmuslimischen) religiösen Veranstaltung, auf der sie die Frömmigkeit der Leute sehr beeindruckt hatte. Im Rückblick beschreibt sie diese Erfahrung als auslösendes Moment für ihre spätere Suche: „Ich habe da die Leute angeschaut und habe gedacht: *„Was ist es, was sie empfinden? Ich möchte auch so etwas empfinden."* Die Sehnsucht nach Tiefe des Empfindens, nach nicht vorstellbaren innerem Erleben, kann vor dem Hintergrund der eigenen, zwar als rational, aber ebenso auch als kalt empfundenen Gesellschaft gesehen werden.

Das Fremde entfaltet vor dem Hintergrund des Eigenen große Macht, die sich aus eben diesem Bezug zum Eigenen erklärt: „Diese Macht rührt daher, daß das Fremde auf die Defizite, Brüche und Grenzen einer Gesellschaft, und

---

[35] Lueg 1993, S. 25.

auf die unbefriedigt gebliebenen Sehnsüchte und Träume der Menschen verweisen kann."[36] Das innere Erleben, das bei Muslimen und Musliminnen vermutet wird, hat in der Form der tiefen Religiosität eine andere Folge als der Fanatismus: Drückt sich jener in Massenbewegungen und Bereitschaft zum Martyrium aus, führt die tiefe Religiosität zu innerem Frieden und zu Harmonie, zur genannten Ausstrahlung von Muslimen.

Die Verquickung von Faszination und Ablehnung zeigt sich auch in den Worten, mit denen Zainab ihr früheres Islambild schildert. Dieses beschreibt sie als geprägt durch die Rolle der Frau als Unterdrückte, als weiteres Stichwort nennt sie „Harem". In der stereotypen Wahrnehmung wird – wie oben gezeigt wurde – die muslimische häufig mit der türkischen Frau gleichgesetzt. Dabei hat dieses Stereotyp mehrere Facetten: Die schillernde „Haremsdame", die unscheinbare „Kopftuchtürkin" und in neuerer Zeit auch die „moderne", d.h. westlich orientierte Muslimin. Während die „moderne" Muslimin häufig als Ausnahme erscheint und die „Haremsdame" eher der Vergangenheit zugerechnet wird[37], dominiert in der gegenwärtigen Vorstellung das Bild der „Kopftuchtürkin". Schaut man sich dieses jedoch näher an, so ist festzustellen, daß auch dieses Bild die beiden Anteile Ablehnung wie auch Sehnsucht verkörpert. In ihren eher abgelehnten Eigenschaften ist die „Kopftuchtürkin" unscheinbar, unterdrückt, isoliert und hilflos; sie hat einen nur auf die Familie begrenzten Horizont und ist nicht in der Lage, ihr Leben selbst zu meistern. Gleichzeitig verkörpert sie jedoch auch Familienverbundenheit und klare Geschlechterrollen, oder anders gesagt, genau die Eigenschaften, die Monika in dem weiter oben angeführten Zitat als besonders faszinierend benennt. Die „Kopftuchtürkin" steht für all das, was Monika ersehnt und was für sie in unserer Gesellschaft verloren gegangen zu sein scheint.

Rohr, die die Angst vor Flüchtlingen und Asylbewerbern unter dem Blickwinkel unbefriedigter Sehnsüchte untersucht, schreibt dazu: „So erscheint das gerade durch die Flucht bewirkte enge Zusammenrücken der Familie, eine rigide Geschlechtertrennung und die Rückbesinnung auf ethnische und religiöse Moralvorstellungen, vielen wie eine längst verlorene, aber sehnsüchtig herbeigewünschte Idylle. Obwohl diese Idylle trügerisch und repressiv sein mag, wird damit doch auf Wunden und Konflikte verwiesen, die in modernen Industriegesellschaften immer krasser in Erscheinung treten: Der zunehmende Zerfall der Kernfamilie, sich wandelnde Geschlechtsrollenidentitäten, der Verlust familialer Geborgenheit und Sicherheit sowie schwindende Solidarität, gekop-

---

[36] Rohr, Elisabeth: Faszination und Angst. In: Jansen, Mechthild M.; Prokop, Ulrike (Hrsg.): Fremdenangst und Fremdenfeindlichkeit. Basel und Frankfurt a.M. 1993. S. 133-163, hier 139.
[37] Trotzdem werden einige Eigenschaften der „Haremsdame" auch heute noch mit Orientalinnen assoziiert, so z.B. verdeckte Erotik, Abhängigkeit vom Mann und Unemanzipiertheit. Vgl. G. Hofmann 1992.

pelt an eine stetig anwachsende Atomisierung der Gesellschaft, lassen Flüchtlingsfamilien, trotz allen sonstigen Elends, das sie kennzeichnet, als Hort unangreifbarer Beziehungsgewißheiten und paradiesischer Familienurzustände erscheinen."[38]

Die Faszination, die der Islam auf die befragten Frauen ausübt, wird dadurch gebrochen, daß sie auch nach der Aufgabe ihres ursprünglich gleichgültigen oder negativen Islambildes weiterhin mit einem solchen konfrontiert werden und vielleicht auch selber noch Elemente davon verinnerlicht haben. Dies führt dazu, daß die Frauen in ihren Darstellungen des Islam „richtig" und „falsch" stark voneinander abgrenzen. Die negativen Aspekte des gesellschaftlichen wie eigenen Islambildes, z.B. politische Unterdrückung, Nichteinhaltung der islamischen Gebote oder Unterdrückung von Frauen werden zu „falschem" Verhalten von „sogenannten" Muslimen erklärt und häufig auch als Ausnahmeerscheinung gesehen[39]:

Ich habe die Erfahrung gemacht, daß die größeren Mädchen bei den Familien, die ich kenne, meistens Kopftuch tragen, und daß sie oft auch so stark sind innerlich. (...) Die sind oft sehr selbständig, sehr selbstsicher, und ich habe viel Achtung vor ihnen, (...) wie die sich vor die ganze Klasse stellen und über den Islam reden. Es gibt natürlich auch Ausnahmen. Ein ganz gegenteiliges Beispiel ist jetzt eine türkische Familie, die ich kenne, meine Nachbarsfamilie. Das finde ich sehr, sehr schlimm, was die gemacht haben mit ihrer Tochter. Die ist jetzt dreizehn, und vor zwei Jahren wollten sie die in der Türkei lassen. (...) Aber sie ist doch wieder hergekommen, geht aber nie raus, nur ab und zu mal zum Einkaufen mit ihrem Vater oder wenn sie mal irgendwo hinfahren, sonst geht sie nie raus. Wirklich, das Mädchen tut mir so leid, sie so einzusperren und ihr jede Lebensfreude zu nehmen. Wie soll dieses Mädchen nachher den Islam lieben, wie soll die ein gutes Verhältnis zu Gott bekommen? Die wird nachher denken – und da hat sie auch recht, wenn sie so denkt: ‚Der Islam, der nimmt mir jede Lebensfreude, der ist nur ein Feind der Frauen. Durch den Islam werde ich hier nur eingesperrt.' (...) Aber das ist auch oft so, daß die gläubigen türkischen Leute – gerade bei den Türken habe ich das festgestellt – also gerade die Gläubigen, die beten und etwas für die Religion tun, daß die auch oft ganz extrem intolerant sind, ihrer Frau nichts erlauben und nach ihren Traditionen leben. (Zainab)

---

[38] Rohr 1993, S. 139.
[39] Dieses Phänomen tritt auch in den von Zschoch durchgeführten Interviews hervor. Vgl. Zschoch 1992, S. 52f.

Deutlich wird in diesem Interviewausschnitt, wie Zainab die einander widersprechenden Aspekte ihres Islambildes erzählerisch verarbeitet. Sie baut zunächst einen Gegensatz auf zwischen unterschiedlich handelnden muslimischen Familien und erklärt dann die ihrer Meinung nach falsch handelnde Familie zur Ausnahme. Im Anschluß daran beschreibt sie das „falsche" Verhalten der Familie, wobei sie gängige Stereotype reproduziert. Schließlich verallgemeinert sie das Gesagte auf türkische Gläubige und deutet zum Schluß der Interviewpassage die in der deutsch-islamischen Erzählgemeinschaft weit verbreitete Unterscheidung zwischen islamischem und lediglich traditionsgebundenem, d.h. eher kulturell denn religiös orientiertem Handeln, an. In fast allen Interviews und in einem großen Teil der deutsch-islamischen Schriften lassen sich diese oder ähnliche rhetorische Strategien erkennen; sie deuten auf die Zwiespältigkeit des eigenen Islambildes auch nach der Konversion.

3.3 Die intellektuelle Faszination

Bisher wurde die Faszination auf der emotionalen Ebene untersucht. Wie sich in den folgenden drei Interviewpassagen zeigt, übt der Islam jedoch auch auf einer intellektuellen Ebene Faszination auf die von mir befragten Frauen aus:

Na, dann habe ich die Übersetzung geholt und habe sie gelesen, und ich habe gemerkt, als ich mich da reingelesen habe, daß ich nicht mehr aufhören konnte. Ich habe also gelesen, gelesen, gelesen bis spät in die Nacht und habe gedacht: ‚Das ist ganz einleuchtend, das interessiert mich, das glaube ich' – und da wußte ich noch nichts vom Propheten, vom Beten oder sonstwas. (Halima)

Ganz komisch war das. Plötzlich bekam ich den Koran in die Hand gedrückt und dachte: ‚Ja, das ist es doch, was du suchst!' Das war wie eine Bestätigung und so gab es viele Dinge, das Mosaik schloß sich dann einfach zu einem ganzen Bild. (Jutta)

Und die Antwort [auf Fragen zum Sinn des Lebens, G.H.], also die Antworten – sage ich mal so, weil ich nicht unbedingt sagen will, daß man die Wahrheit in einem Punkt finden kann, das ist natürlich vielfältig. Aber das Gefühl, oder nicht unbedingt Gefühl, denn ich habe den Islam zunächst vom Verstand begriffen – die Antworten auf dies ganzen Fragen habe ich im Islam gefunden. (Elisabeth)

Hier stellt sich die Faszination auf einer eher rationalen Ebene her: Das Gelesene erscheint einleuchtend und plausibel, viele Frauen berichten von Evidenzerfahrungen im Zusammenhang mit islamischen Texten. Erlebnisse und Erfahrungen, die bisher entweder unverknüpft nebeneinander vorlagen oder anders verbunden waren, werden nun auf eine neue Art miteinander verknüpft und in Beziehung zueinander gesetzt Die islamischen Glaubensgrundsätze, Regeln und Erklärungsansätze ergeben so für die Frauen Sinn. Elemente, die zunächst nicht in das neue Muster passen, werden eventuell in einer Broschüre oder von muslimischen Bekannten oder Freunden „erklärt":

> *Also, es gab, sagen wir mal so, einige Fragen, die ich hatte, die aber eigentlich mehr in der Art der Übersetzung begründet waren, (...) zum Beispiel, wenn da steht, der Mann ist eine Stufe höher als die Frau. Also einfach so Verständnisprobleme, die sich dann aber leicht lösen ließen, weil mein Mann mir die richtige Bedeutung erklärte. (Angelika)*

Die beschriebene Erfahrung von Evidenz und Plausibilität stellt sich auf verschiedenen Ebenen und bezüglich verschiedener Thematiken her. Im Zusammenhang mit den Glaubensgrundsätzen wird von den befragten Frauen vor allem die andere Bedeutung, die die Person Jesu im Islam hat, hingewiesen:

> *Ich habe nie daran glauben können, daß Jesus der Sohn Gottes war, und ich habe immer zu meinem Mann gesagt: ‚Okay, mittlerweile merke ich, es gibt was viel Höheres als die verstorbenen Körper oder Seelen unserer Erde, und es muß etwas oben an der Spitze geben, aber er kann doch keinen Sohn haben?' Und da meinte mein Mann: ‚Ja, der Islam meint, das ist ein Prophet, es gibt keinen Sohn, wir sind alle Söhne und Töchter, aber es gibt nicht den Sohn.' Und da dachte ich: ‚Ja eben.' (Jutta)*

Als häufige Belege für die Logik und Plausibilität des Islam werden von meinen Interviewpartnerinnen ebenso Beispiele aus dem Bereich der Wissenschaft angeführt, oder es wird auf die wachsende Aktualität der islamischen Regeln hingewiesen. So wird darauf aufmerksam gemacht, daß Beschreibungen von Naturerscheinungen, von biologischen, physikalischen oder astronomischen Phänomenen im Koran den Erkenntnissen der modernen Wissenschaft nicht widersprechen[40] – einige meiner Gesprächspartnerinnen sehen diese Erkenntnisse im Koran sogar vorweggenommen. Ebenso werden moderne Erscheinungen herangezogen, um die Aktualität der Erkenntnisse im Koran zu unterstreichen:

> *Also beispielsweise in der Islamwoche hat jemand einen Vortrag gehalten über Islam und Umwelt, wo er dann viele Koranstellen zitiert hat, wo bei-*

---

[40] Hierbei wird sehr häufig auf folgendes Werk hingewiesen: Bucaille, Maurice: Bibel, Koran und Wissenschaft. Die Heiligen Schriften im Licht moderner Erkenntnisse. München 1989.

spielsweise der saure Regen angesprochen wird und viele andere Phänomene. Ich habe dann den Koran in der deutschen Übersetzung abgesucht nach allen solchen Themen oder Erkenntnissen und mir das einfach angestrichen. Ich war dann wieder sehr fasziniert von dieser Fülle von Phänomen, die da enthalten sind, und auch von ihrem Wahrheitsgehalt. Davon, daß sich die Erde um die Sonne dreht, also der Aufbau des Sonnensystems und all das. Daß das da steht, und daß das total mit den wissenschaftlichen Erkenntnissen übereinstimmt. (Angelika)

Häufig dienen moderne wissenschaftliche Erkenntnisse oder Phänomene der Gegenwart dazu, einzelne islamische Gebote und Verbote zu erklären. So das Alkoholverbot mit Erkenntnissen über die gesundheitlichen Auswirkungen von Alkohol, das Schweinefleischtabu mit den Auswüchsen der modernen Tierhaltung; Malika bringt in einem Beispiel das Ozonloch in Verbindung mit der bedeckenden islamischen Kleidung, in einem anderen Beispiel zieht sie die derzeitigen Diskussionen um den koedukativen Unterricht heran, um die Geschlechtertrennung zu begründen. Eine ausführliche Analyse der Struktur einer solchen Plausibilitätserfahrung erfolgt am Beispiel des islamischen Geschlechter- und Familienkonzeptes im nächsten Kapitel.

Die Faszination, die das islamische Glaubenssystem auf der rationalen Ebene auf die Frauen ausübt, hat zwei zentrale Momente: Da ist einmal die Erfahrung, daß sich das islamische Regelsystem erklären läßt, daß es also einen nachvollziehbaren Sinn hat. Zum anderen fasziniert die Frauen, daß dieses Regelsystem – so wie sie es verstehen – alle Bereiche des Lebens umfaßt und diese verbindlich und eindeutig zu ordnen scheint:

Wenn ich etwas lese, jetzt im Koran oder Hadith, dann befolge ich das erst einmal, weil ich davon überzeugt bin, daß das Gottes Wille ist, und was Gott will, ist am besten für mich. Aber ich bleibe nicht dabei stehen, sondern ich will dann auch wissen, warum das so ist. Das gehört für mich einfach dazu, und das ist eben wie gesagt, das, was ich im Christentum eigentlich vermißt habe und was mir am Islam gefällt, daß es immer einen wunderbaren Grund dazu gibt, das zu tun oder zu lassen. (Angelika)

Der Islam spricht alle Bereiche des Lebens an und gibt auch Empfehlungen, wie das konkret aussieht. Also man kann zu bestimmten Problemen immer eine Antwort finden im Islam, und zwar konkret. (Elisabeth)

Viele sagen halt: „Ja, im Islam ist es wie im Christentum, da gibt es auch verschiedene Richtungen, und das ist auch alles nicht so eindeutig.' Das ist grundfalsch, also Islam ist absolut eindeutig und logisch, man weiß genau, wo es lang geht, und entweder ich richte mich danach oder ich rich-

te mich nicht danach. Aber wenn ich mich nicht danach richte, dann kann ich auch nicht sagen, daß das, was ich lebe, Islam ist. (Angelika)

Die Faszination, die das ihrer Meinung nach umfassende und klare islamische Regelsystem auf die befragten Frauen ausübt, läßt sich ebenso wie die emotionale Faszination vor dem Hintergrund der eigenen Kultur erklären. Jene verweist wie diese auf unerfüllte Sehnsüchte und Wünsche, auf die Defizite und Brüche in der eigenen Gesellschaft. Deutlich wird dies im folgenden Interviewausschnitt, in dem Fatimah ihre Kritik an unserer Gesellschaft formuliert:

Vor allen Dingen die Moral ist etwas, was mich immer furchtbar gestört hat. Also, es gibt keine Moral mehr, es gibt sicherlich noch Menschen, die das haben, aber so im großen und ganzen gibt es kein Moralempfinden mehr. Es ist einfach alles erlaubt, es gibt keine Grenzen mehr, untereinander haben die Menschen keine Beziehung zueinander, es ist kalt, man hat keine Freunde – es fehlt also überall, finde ich, wirklich überall. Und die Leute haben kein Ziel im Leben, die haben niemanden, den sie um Hilfe bitten können, das ist alles so uferlos irgendwo. (Fatimah)

In diesem Zitat drückt sich Verlorenheit aus: Der Gebrauch von raumbezogenen Begriffen wie „Grenzen", „überall", „Ufer-" und „Ziellosigkeit" läßt Bilder von konturlosen, unstrukturierten Flächen oder Ebenen aufkommen. In dieser ganzen Weite gibt es keinerlei Anhaltspunkt, keinen Halt und keinen Bezug. Die Verlorenheit und Anonymität läßt frösteln; es ist „kalt" in dieser Welt, wie sie im obigen Zitat erscheint. Lediglich Beziehungen zu anderen Menschen scheinen die Möglichkeit zu einem Halt zu geben, doch kann diese Möglichkeit nicht verwirklicht werden. In dieser Wahrnehmung der westlichen Gesellschaft drückt sich die Dynamik von Wahlmöglichkeiten und Wahlzwängen aus, wie sie Beck und Beck-Gernsheim herausgearbeitet haben: Vieles ist möglich, aber wenig ist verbindlich, dadurch gehen Festigkeit und Struktur verloren.

Im Gegensatz zur als grenzenlos empfundenen Freiheit im Westen steht der Islam, der strukturiert, Regel gibt, dem Raum Konturen verleiht. In ihm finden sich Geborgenheit, Gemeinschaft und Wärme. Das islamische „Ich" denkt zudem immer auch die anderen mit, ist verbunden mit anderen, durch diese begrenzt, gleichzeitig aber auch bereichert. Die anderen, die die Grenzen setzen, stellen auch Halt dar, geben Struktur; das Verhalten zueinander ist verbindlich und dauerhaft. Das Leben im Islam wird so verstanden als gelungene Verbindung von individueller Freiheit und Regelung, wobei wesentlich ist, daß die Regeln nicht sinnentleert sind, sondern begründet erscheinen:

Überhaupt jetzt das Beschützende an der Familie, daß alles ein bißchen geregelt ist. Man hat trotzdem genug Freiheit, aber gleichzeitig weiß man, wo es lang geht, und das brauchen die Menschen, glaube ich, heute wieder. Wenn man alles so ziellos läßt und so offen läßt, dann passiert auch immer mehr, und das war eigentlich das, was mich dann fasziniert hat. (Asma)

3.4 Die charismatische Faszination

Für zwei der befragten Frauen, Jamila und Rabiya, die beide der Sufi-Gemeinschaft angehören, hat die Faszination, die der Islam für sie ausstrahlt, über das Geschilderte hinaus noch eine weitere Basis. Ein Teil ihrer Faszination konstituiert sich über den spirituellen Führer ihrer Gruppe, Scheich Nazim. Die Beziehung zwischen ihm und seiner Anhängerschaft dürfte – wie die Interviews mit den beiden Sufi-Frauen durchscheinen lassen – charismatischer Art sein. Beide Frauen berufen sich in ihrer Darstellung des Islam immer wieder auf Aussagen des Scheichs, zitieren seine Ansichten und Handlungen; darüber hinaus verbinden sie mit ihm mystische Erfahrungen sowie stark emotionale Erlebnisse.

Für Max Weber[41] stellt Charisma eine außeralltägliche Qualität dar, die einer Persönlichkeit zugeschrieben wird. Aufgrund dieser Qualität wird diese Persönlichkeit als überragend, vorbildlich und mit außergewöhnlichen Fähigkeiten ausgestattet und zur Führerschaft prädestiniert wahrgenommen. Die charismatische Beziehung beruht auf der Anerkennung des Führers oder der Führerin durch die Anhängerschaft und legitimiert sich durch ihre Bewährung. In diesem Sinne stellt Charisma keine „objektive" Eigenschaft einer Person dar, sondern ist das Ergebnis von wechselseitigen Zuschreibungen zwischen charismatischer Persönlichkeit und Anhängerschaft; Charisma ist so gesehen aus Kommunikation und Interaktion hervorgegangen. Dabei müssen die Eigenschaften, die der Führerpersönlichkeit zugeschrieben werden, von dieser akzeptiert und wieder in die Beziehung getragen werden, d.h. sie muß die Zuschreibungen ihrer Gefolgschaft als ihre Eigenschaften anerkennen[42].

Damit eine solche charismatische Beziehung entstehen kann, so führt Mühlmann – sich damit an Rudolf Otto anlehnend – den Gedanken Webers weiter[43], bedarf es eines „charismatischen Milieus". Dieses wird seiner Mei-

---

[41] Weber, Max: Wirtschaft und Gesellschaft. Grundriß der verstehenden Soziologie. 5., rev. Aufl., Studienausgabe, besorgt von Johannes Winckelmann, 19.-23. Tsd. Tübingen 1980 (Originalausgabe: 1922). S. 140.
[42] Vgl. Wiesberger 1990, S. 125.
[43] Mühlmann, Wilhelm E.: Chiliasmus und Nativismus. Studien zur Psychologie, Soziologie und historischen Kasuistik der Umsturzbewegungen. Berlin 1964. S. 251ff.

nung nach erzeugt durch Fremdherrschaft, Unterdrückung und Überfremdung[44]. Wiesberger sieht die Grundbedingungen eines charismatischen Milieus allgemeiner; er nennt Situationen „psychischer, physikalischer, ökonomischer, ethischer, religiöser, politischer Not"[45]. Über diese Entstehungsbedingungen hinaus sieht Mühlmann vor allem den kollektiven Charakter der charismatischen Beziehung als bedeutsam an. In der Gruppe bildet sich seiner Meinung nach das „Atmosphärische, Milieuhafte", das den Begriff des Charismas charakterisiert. Kennzeichnend erscheint ihm hierbei „die erhöhte kollektive Temperatur, die aufgelockerte Emotionalität, die sensitive Eindrucksbereitschaft"[46]. In dieser Atmosphäre entsteht Distanzlosigkeit sowie die Bereitschaft, an Wunder zu glauben und sich starken Impressionen hinzugeben. Die Wahrnehmung wird selektiv, in einem alltäglichen Zustand Unglaubwürdiges oder Unbedeutendes bekommt symbolischen Charakter und wird somit aufgewertet[47]. Wiesberger geht über diese Interpretation der Relevanz der Gruppe noch hinaus, indem er die charismatische Atmosphäre am Beispiel des indischen Führers Bhagwan als Inszenierung beschreibt: Das Auftreten Bhagwans vor seinen Jüngern wird derart gestaltet, daß die Situation außeralltäglich erscheint und seine Handlungen sowie seine Worte sich so den alltäglichen Interpretationsmustern entziehen[48].

Die Bedeutung der Gruppe für die charismatischen Faszination im Sinne Mühlmanns tritt in Rabiyas Schilderung der ersten Begegnung mit Scheich Nazim deutlich hervor:

G.: Und wie wirkte er auf dich, euer Scheich?
R.: Das ist schwer zu sagen. Das ist jetzt wirklich schwer zu sagen. Ich habe, bis ich den Scheich kennengelernt habe, immer gedacht ... also über die Leute, die so aus der indischen Ecke kommen und ‚Meister' und so gesagt haben, da habe ich gedacht: ‚Was ein Quatsch, also das gibt es nicht und braucht man nicht, und das kann ich überhaupt nicht verstehen, daß die Leute so jemandem hinterherrennen, und das ist sicherlich nur Geldmacherei und was weiß ich.' Was man halt so denkt, die normalen Ansichten, normal in Anführungszeichen. Für mich war das nie ein Thema, daß ich irgendjemanden brauchen würde, oder daß ich mich zu irgendjemanden hingezogen fühlen würde, der mir auf dem geistigem Weg weiter hilft. Das war für mich kein Thema, weil ich nie daran geglaubt habe. Und ja, wie habe ich ihn kennengelernt? (...) Ich habe einen Anruf ge-

---

[44]Mühlmann 1964, S. 252.
[45]Wiesberger 1990, S. 124.
[46]Mühlmann 1964, S. 255f.
[47]Mühlmann 1964, S. 256.
[48]Wiesberger 1990, S. 300.

kriegt, Scheich Nazim wäre da und wenn ich Lust hätte, sollte ich kommen. Ich hatte überhaupt keine Ahnung, wer Scheich Nazim war, wirklich nicht. Und da habe ich halt gedacht: ‚Gut, gehst du hin.' Vorher war ich auch schon ein-, zweimal da gewesen [bei einem Treffen der Sufi-Gruppe zu einem mystischen Gebet, dem dhikr, G.H.] Neugierig bin ich immer, also habe ich gedacht: ‚Gehst du halt hin gucken'. Ich bin hingegangen und habe noch eine Bekannte mitgenommen, die auch schon ein-, zweimal dort war. Und die hat mir dann erzählt: ‚Ach, ich weiß nicht, ob ich mitgehen soll.' Frage ich: ‚Warum?', „Ja, die küssen dem immer die Hand, und ich kann das nicht'. Habe ich gesagt: ‚Also du, wenn du das nicht kannst, du mußt es doch sicher nicht, dann laß es doch bleiben.' Das war mir völlig klar, ich laß mich doch zu nichts zwingen. Und ich bin dahin gekommen, erstens war es proppevoll, da waren sechzig, siebzig Leute in der Wohnung, also du konntest nicht umfallen, es war wirklich proppevoll, und gesehen habe ich nur Leute und Leute. Ich kannte keinen, nur fremde Leute waren das, und irgendwann kam dann der Scheich die Treppe runter. Er kam vorbei, und die Leute stürzten alle auf ihn zu und haben ihm die Hand geküßt. Ich habe mich so umgeguckt, wußte nicht so richtig: ‚Was machst du denn jetzt?' und da kam er auf mich zu und strahlte mich an. Und ehe ich mir das überlegt habe – also ich habe mir das überhaupt nicht überlegt – da habe ich ihm die Hand geküßt wie die anderen auch, das war mir gar nicht bewußt. Ich habe einfach ... es war so eine Freude in mir, daß mich das einfach getrieben hat, das jetzt zu tun. Also das war richtig ... es war einfach ein Verlangen da, das jetzt zu machen. Ich hätte nie gedacht, daß mir so etwas passieren kann, also ganz ehrlich.
G.: Also du warst selbst am meisten überrascht?
R.: Ich war am meisten überrascht, wirklich. Ja, das kann man wirklich so sagen. Ich war über mich selber, was ich da so gemacht habe, war ich am meisten überrascht.
G.: Und hast du da hinterher noch einmal drüber nachgedacht, woran das lag?
R.: Ja, sicherlich. Ja, es lag an seiner Ausstrahlung, er hat so eine Ausstrahlung, man kann es nicht beschreiben. Ja, ich würde es als Seelenfänger beschreiben, wenn es so was gibt, ich weiß es nicht. Also, wenn du ihn kennenlernst, du wirst es sehen, er ist also ... so was Liebes von Mensch ... Ich meine, das ist es ja nicht nur allein, also es gibt bestimmt viele liebe Menschen, bei denen ich nicht die Empfindung habe so wie bei ihm, aber ich weiß nicht, wie ich es anders beschreiben soll, da fehlen mir wirklich die Worte, er hat so eine Ausstrahlung ... Ich sage ja, ich kann kein Wort mit ihm wechseln, weil er nur Englisch, Türkisch oder Arabisch spricht, und alle drei Sprachen kann ich nicht, ich kann kein Wort mit ihm wechseln, aber er strahlt einen an, daß so ... du bist also sofort

gefangen, du ... ich weiß nicht, wie ich es anders beschreiben soll, es ist faszinierend. (Rabiya)

Betrachtet man die charismatische Beziehung wie oben dargelegt als Interaktion, bei der der charismatischen Persönlichkeit bestimmte Eigenschaften von seiner oder ihrer Gefolgschaft zugeschrieben werden, so stellt sich die Frage danach, welche Bedeutung diese zugeschriebenen Eigenschaften für die Anhänger und Anhängerinnen dieser Persönlichkeit haben. Wiesberger nennt verschiedene Funktionen, die durch die Rolle eines charismatischen Führers oder einer Führerin erfüllt werden: Die charismatische Persönlichkeit wird als Lehrer oder Lehrerin der Wahrheit gesehen; die außergewöhnlichen Eigenschaften der Führerpersönlichkeit werden dabei als Garanten der Wahrheit ausgelegt. Als Bestätigung der Wahrheit wird auch die starke emotionale Bewegung, die die Anhängerschaft im Kontakt mit ihrer Führungsperson erfährt, ausgelegt. Der Führer oder die Führerin funktioniert darüber hinaus als Vorbild und als „Modell ‚richtigen' Denkens, Handelns und Fühlens", das zum Teil imitiert wird. Dadurch gewinnen die Anhänger und Anhängerinnen einer charismatischen Persönlichkeit Verhaltenssicherheit und eignen sich zudem – wie Wiesberger es interpretiert – durch Nachahmung die außergewöhnlichen Kräfte des Führers oder der Führerin an[49]. Über diese Funktionen hinaus weist Wiesberger darauf hin, daß „die Basis der Zuschreibung charismatischer Qualitäten durch die Anhänger deren eigene Bedürfnisse, Ängste und Hoffnungen (sind)". Ähnlich wie bei der Projektion von Eigenschaften auf das Fremde verweist also auch die charismatische Beziehung auf das Eigene.

Vor diesem Hintergrund gesehen, deutet der oben zitierte Ausschnitt aus dem Interview mit Rabiya auf ihre changierende Haltung gegenüber Rationalität und Irrationalität. Ihre Darstellung der Begegnung mit Scheich Nazim beginnt mit der Betonung ihrer Skepsis gegenüber *„indischen Meistern"* und *„Gurus"*; an anderer Stelle des Interviews betont sie zudem, *„daß sie eigentlich ein ziemlich logisch denkender Mensch ist"*. Nach diesen allgemeinen Kommentaren bereitet sie in ihrer Erzählung die konkrete Begegnung vor: Sie macht klar, daß sie wußte, was auf sie zukommen könnte und erklärt, daß sie ein Mensch ist, der sich *„zu nichts zwingen läßt"*. Nach dieser erzählerischen Vorbereitung schließlich schildert sie den Höhepunkt ihrer Geschichte: Ohne lange vorherige Überlegung küßt sie letztendlich dem Scheich die Hand. Begründet wird dieses Verhalten dadurch, daß *„sie nicht anders konnte, sich dazu getrieben fühlte"*, sowie mit der Ausstrahlung und Persönlichkeit von Scheich Nazim. Durch diese Art der Darstellung erreicht Rabiya zweierlei: Zum einen wird dabei die charismatische Persönlichkeit des Scheichs zweifelsfrei unterstrichen, zum anderen jedoch legitimiert Rabiya damit ihr irrationales Verhal-

---

[49] Wiesberger 1990, S. 127.

ten. Weil der Scheich eine so eindrucksvolle Persönlichkeit ist, daß sogar die Nüchternheit Rabiyas besiegt wird, darf sie irrational handeln, darf also eine Seite ihrer Persönlichkeit zeigen, der sie im Alltag keinen Platz einräumt. Es ist das Moment der eigenen Irrationalität, das Rabiya in der Begegnung mit dem Scheich vor allem überwältigt.

Bestärkt wird diese Deutung von Rabiyas Eindrücken durch die Schilderung einer weiteren Begegnung mit Scheich Nazim, die ich hier nur kurz zusammenfassen möchte: Am Ende eines Ramadan-Aufenthaltes in London wird Rabiya beim Abschied von Scheich Nazim von der Gruppe an den Rand gedrückt, so daß sie ihm nicht mehr nahekommen kann. Betrübt darüber gibt sie alle Versuche der Näherung auf, als Scheich Nazim plötzlich grundlos einen anderen Weg einschlägt und auf sie zukommt, so daß sie ihm schließlich doch noch die Hand küssen kann. Nur zögernd erzählte mir Rabiya von diesem Ereignis, da sie bei mir die Skepsis erwartete, die sie selber „normalerweise" trieb. Daß sie mir die Geschichte trotzdem erzählte, zeugt von der Freude und Begeisterung, die das Moment der Irrationalität in ihr Leben gebracht hat.

Einen etwas anderen Hintergrund hat die charismatische Faszination bei Jamila. In unserem Gespräch erwähnt sie Scheich Nazim sehr häufig: Sie bezieht sich in vielen ihrer Aussagen auf den Scheich und zitiert ihn. Eigenschaften, die sie ihm zuschreibt, sind Weisheit, Güte, Toleranz, Humor, Fröhlichkeit, vor allem aber Liebe:

> *G.: Wie wirkte Scheich Nazim, als du ihn zum ersten Mal gesehen hast auf dich?*
> *J.: Wie Weihnachten, diese ganze Atmosphäre, er hat geglänzt, und ich empfand so ein wahnsinniges Gefühl von Liebe. Ich habe diese Liebe, diese göttliche Liebe gespürt, als ob ich eine Heilige sei und wahnsinnig an mir gearbeitet hätte. Und ich hatte dieses Gefühl, daß ich jeden Vogel lieben würde und jeden Wurm usw. (Jamila)*

Diese Äußerung Jamilas muß vor dem Hintergrund ihrer Biographie gesehen werden: In der Erzählung ihres Lebens macht sie deutlich, daß sie immer nach der tiefen religiösen Erfahrung gesucht hatte. Ihr früher Ehemann soll ihr sogar einmal vorgeworfen haben, daß sie nur nach dem „Biß" suche, also den Zustand spiritueller Erleuchtung. Anders als Rabiya erzählt sie in aller Selbstverständlichkeit von den spirituell-mystischen Erfahrungen in ihrem Leben, das Interview mit ihr ist durchdrungen vom Begriff der mystischen Liebe, wobei sie häufig nicht zwischen der Mystik des Islam und des Christentums unterscheidet. Auf dieser Ebene bleibt unklar, was sie am Islam fasziniert und was sie im Christentum nicht findet. Aufschluß vermag eine ihrer Aussagen über sich selbst zu geben. So sagt sie, daß sie früher immer eine Heilige sein wollte, heute würde es ihr ausreichen, eine gute Muslimin zu sein. In diesem Satz zeigt sich eine Ambivalenz, die das ganze Interview durchzieht: Sie sucht nach der göttlichen Erfahrung, muß sich aber gleichzeitig gegen das Gefühl wehren, diese nicht verdient zu haben. Darauf verweist die Kritik ihres früheren Ehemannes ebenso wie die Aussage im obigen Zitat „*als ob ich wahnsinnig an mir gearbeitet hätte*".

Der Islam nun stellt für sie eine Herausforderung dar, die sie in anderen Religionen nicht gefunden hatte. Sie erzählt, wie schwer es ihr fiel, die islamischen Regeln zu akzeptieren, wie hart es für sie war – und noch ist –, ihr Leben diesen Regeln entsprechend umzustellen. In der charismatischen Persönlichkeit Scheich Nazims löst sich diese Ambivalenz auf: Er ist der Heilige, an dessen Heiligkeit sie partizipieren kann, in seiner Gegenwart erfüllt sie die göttliche Liebe, nach der es sie immer verlangte. Gleichzeitig aber ist Scheich Nazim der Mahner, der ihr immer wieder Regeln auferlegt, an deren Erfüllung sie hart arbeiten muß, wodurch sie sich aber ihre spirituellen Gefühle „verdient". Sie sucht nicht mehr nur nach dem „Biß", sondern versucht, eine gute Muslimin zu sein. Nur so kann sie auch „Sufi" sein, d.h. die Person, die mystische Erlebnisse hat:

> *Unser Scheich hat auch gesagt, man kann kein Sufi sein, ohne Muslim zu sein. Also, es gibt zwei Schulen, eine denkt, daß man Sufi sein kann, ohne sich zu ändern – so denkt mein ehemaliger Mann –, und es gibt diese andere Schule, die sagt: ‚Ja, man kann nur eine Sufi werden, wenn man zum Islam kommt.'* (Jamila)

Letztendlich erfüllt sich in der Begegnung mit Scheich Nazim für beide Frauen die Möglichkeit, sich ihren spirituellen bzw. irrationalen Sehnsüchten hingeben zu dürfen. Für Rabiya erfüllt sich diese Möglichkeit entgegen ihrer rationalen Grundhaltung, für Jamila erfüllt sie sich, weil sie gleichzeitig das Gefühl bekommt, sie verdient zu haben. So liegt für beide Frauen in der Begegnung mit dem Scheich die Begegnung mit dem Heiligen, dem Numinosen wie Greverus, die sich dabei auf Otto bezieht, es beschreibt. Sie nennt folgende Qualitäten des Numinosen: „Mysteriosum als das *ganz Andere*, das Befremdende; Tremendum als numinose Scheu, zum Erschauern, Erzittern Bringendes; Fascinosum als Anziehendes, feierlich Berückendes; Energicum als Leidenschaft, als Zwingendes; Majestas als Macht, Übergewalt; Sanctum als Geweihtes, Unverletzliches."[50] Die Größe und Gewaltigkeit des Geheimnisvollen, des Heiligen, läßt das eigene Leben weniger klein und bedeutungslos erscheinen, die Nüchternheit des Alltags erhält eine besonderen Glanz. Es gibt Momente des

---

[50] Greverus, Ina-Maria: Neues Zeitalter oder Verkehrte Welt. Anthropologie als Kritik. Darmstadt 1990. S. 180. (Kursiv im Original).

Festlichen – Jamila sagt „*wie Weihnachten*" –, die den Alltag unterbrechen und dadurch diesem eine besondere Qualität verleihen.

Jedoch erliegen nicht nur die beiden Frauen der Sufi-Gemeinschaft der charismatischen Faszination, sondern auf einer anderen Ebene auch die anderen befragten Frauen. Hier weist die Bewunderung für die tiefe Frömmigkeit von Muslimen und Musliminnen auf eine charismatische Beziehung hin. Ausgeprägteren charismatischen Charakter gewinnt in den Erzählungen der befragten Frauen jedoch die Person des Propheten. Schilderungen wie die folgende aus dem Interview mit Fatimah sind nicht selten:

> *G.: Wie stehst du so zum Propheten, also was bedeutet er für dich?*
> *F.: Ja, er ist das Vorbild überhaupt für jeden Muslim, ob Mann oder Frau, er ist für mich genau dasselbe Vorbild, auch wenn er ein Mann ist. Ich bewundere halt so vieles an ihm, wie er war ... auch im Umgang mit ... ja, überhaupt im Umgang mit anderen Menschen oder auch mit seinen Ehefrauen, das finde ich sehr bewundernswert. Und von daher ist er auch der Ehemann (lacht) – wenn man das so sagen kann – wie man sich also einen Ehemann wünscht. Ich denke nicht, daß es jetzt für meine Begriffe jemanden gäbe, der ihn übertreffen könnte, jetzt im menschlichen Umgang. Ja, er ist der Kernpunkt in dieser Religion. (Fatimah)*

Während sich jedoch die charismatische Beziehung zwischen der Sufi-Gemeinschaft und Scheich Nazim auf der Basis von persönlichen Begegnungen aufbaut, ist die 1400 Jahre umspannende Beziehung zum Propheten eine, die sich vor allem aus der Erzählgemeinschaft Islam speist. Durch die Jahrhunderte hinweg wurde auf der Basis der Hadithe und einer Vielzahl von Propheten-Biographien eine festumrissene Persönlichkeit geschaffen, die im starken Maße charismatische Züge zeigt, die aber auch nicht frei ist von menschlichen Schwächen, wodurch sie umso überzeugender wirkt. Die Vorbildfunktion, die diese geschaffene Persönlichkeit für alle Muslime und Musliminnen haben soll, stellt eine der Glaubensgrundsätze in der islamischen Gemeinschaft dar. Jedoch läßt dieses Bild der Person des Propheten auch Lücken, so daß es ebenso als Projektionsfläche dienen kann und damit über die Zeit hinweg Lebendigkeit bewahrt. Das Zusammenspiel von historisch konstruiertem Bild des Propheten und der Möglichkeit, dieses Bild weiter mitzugestalten, ist die Basis der Faszination, die diese Persönlichkeit auch heute noch ausübt.

3.5 Die Bedeutung des Ehemannes bei der Konversion

Ein großer Teil meiner Interviewpartnerinnen lernte den Islam über ihren späteren Ehemann kennen[51]. Alle diese Frauen betonen aber auch sehr vehement die Autonomie ihrer Konversionsentscheidung. Die Ursache dafür dürfte auf der Hand liegen: Gerade Frauen, die durch ihren Ehemann auf den Islam stoßen, wird sehr häufig unterstellt, aufgrund von Beeinflussung oder gar Zwang zu handeln. In Kenntnis dieser Annahme von seiten nicht-muslimischer Personen erscheint es meinen Gesprächspartnerinnen bedeutsam, auf die Selbständigkeit ihres Entschlusses und Handelns hinzuweisen. Trotzdem ist bei der Konversionsentscheidung, wie in den Interviews deutlich wird, der Einfluß des Ehemannes nicht zu unterschätzen – weniger im Sinne von Überredung, Drängen, Druck oder Zwang, sondern eher im Sinne eines Einwirkens oder Gewinnens für den Islam bzw. eines Vorlebens des Islam. Sehr defensiv verhielten sich nach der Erzählung ihrer Frauen die Ehemänner von Asma und Halima, die lediglich durch ihr Verhalten bzw. ihre Persönlichkeit ihre Religion überzeugend vertraten. Für Halima war es die freundliche Art ihres Mannes, die sie emotional ansprach und sie so Interesse am Islam gewinnen ließ. Auch Asma zeigte sich durch das Verhalten ihres Mannes beeindruckt:

Ja, aber durch seine Art ... also ich muß sagen, daß ich einen Mann habe, der sich nicht nur Muslim nennt, sondern der das wirklich lebt. Er läßt mir also meine Rechte und ist auch selbst wirklich ein ruhiger, ausgeglichener Mensch. Und das hat es mir total angetan. (Asma)

Schon etwas offensiver verhielten sich die Männer von Fatimah, Asiye und Jutta. Sie versorgten ihre Frauen mit Literatur zum Islam, suchten das Gespräch und die Diskussion oder machten sie mit anderen Muslimen bekannt, die ihnen Informationen gaben. Dabei waren sie aber durchaus zurückhaltend. Juttas Ehemann, dessen tiefe Religiosität sie – wie oben dargestellt – stark beeindruckte, bestärkte sie in ihrer Faszination, indem er sie mit Information versorgte und ihr zu verstehen gab, daß sie im Grunde genommen doch schon wie eine Muslimin lebte:

Es war ganz komisch, er fing nicht direkt an, über Muslime zu sprechen oder Islam. Man hat sich einfach so unterhalten über Gott und die Welt, aber er sagte dann eines Tages: ‚Mein Gott, so wie du dich ausdrückst, so wie du lebst, könnte man sagen, du bist eine Muslima.' Ja, das hat er gesagt, und da sagte ich: ‚Wie kommst du denn darauf?' Und dann hat er

---

[51] Sechs der Frauen machten dementsprechende Angaben.

gemeint: ‚Hast du denn jemals über den Islam richtig gelesen?' Da sagte ich: ‚Nein, ich habe ein bißchen in der Schule gehört, aber sonst ist er mir eigentlich sehr fremd.' Da sagt er: ‚Ja, dann lies doch mal ein bißchen, ich bringe dir Bücher mit, die auf deutsch übersetzt sind, und dann warte ich auf deine Antwort.' (Jutta)

Drängender verhielt sich Monikas Ehemann, indem er die Konversion seiner Frau als selbstverständlich annahm und sie dies wissen ließ:

Für ihn war das ganz klar, daß ich zum Islam übertrete, und da habe ich 'mal so mehr aus Spaß gesagt: ‚Wie ist denn das, wenn ich dann deine Religion annehme, wie ist das dann mit meinem Kopf, muß ich dann ein Kopftuch tragen?' Sagt er: ‚Natürlich, ist doch besser und so.' Dann war ich erst mal ... das war ein totaler Schlag in den Bauch und ich war total verunsichert. Ich hatte dann gedacht: ‚Oje, ob ich das kann?' (Monika)

Als einziger Ehemann zeigte Ahmad, der Mann von Angelika, ein sehr offensives Verhalten, was allerdings auf Gegenseitigkeit beruhte – beide wollten bekehren. Anders als bei den meisten der von mir befragten Frauen erzählt Angelika von einer langen und intensiven Phase der religiösen Auseinandersetzungen und des Kampfes mit ihrem zukünftigen Mann, in der sie sich zum Islam entwickelte. Angelikas Leben war – wie schon in ihrer biographischen Skizze deutlich wurde – vor ihrer Konversion wie bei kaum einer der anderen Frauen in der Religion verwurzelt. Sie lebte im Gemeindehaus, war im religiösen Leben der Gemeinde aktiv und hatte auch ihre Zukunftsperspektiven dementsprechend ausgerichtet. Im Interview nannte sie sich selbst einmal ein „Kind der Gemeinde". Trotz dieser Verwurzelung in der Religion erzählte Angelika doch davon, daß sie von Zweifeln geplagt war, daß sie ihre Religion nicht mit tiefster Überzeugung vertreten konnte und sich immer wieder auf der Suche nach ergänzenden Sinnsystemen befand.

In eben dieser Situation lernte sie Ahmad kennen. Vom ersten Augenblick an – so ihre Darstellung – stürzten sich die beiden in Glaubensdiskussionen – beide mit der Absicht, den anderen bzw. die andere zu bekehren. Zu zweit oder in Gruppen diskutierten sie täglich stundenlang. Offensichtlich verliebten sie sich dabei ineinander, brachten dieses Thema jedoch nie zur Sprache, wie Ahmad, Angelikas Mann, der an dem Interview mit ihr ebenfalls teilnahm, betonte. Stattdessen lasen sie gemeinsam die Bibel und debattierten über die christlichen Glaubenssätze. Nach und nach demontierte Ahmad gegen ihren heftigen Widerstand Angelikas christlichen Glauben, bis sie den Punkt erreichte, an dem sie sich nicht mehr als Christin fühlen konnte:

Ja, und dann habe ich meinen jetzigen Mann kennengelernt. Ich wollte damals natürlich auch anderen von Gott erzählen usw., und so sind wir eigentlich sofort in Glaubensdiskussionen geraten. Ich wollte ihn ... ja, bekehren, und er hat praktisch immer dagegengehalten. (...) Genau, wir begannen dann über Islam und Christentum zu diskutieren, und ich versuchte eben zu beweisen, daß mein Glaube richtig sei. Aber meine Argumente wurden ständig widerlegt, von Tag zu Tag. Wir haben jeden Tag diskutiert, stundenlang, und das ging wirklich nur um dieses Thema. (...) Ich habe immer versucht, ihm zu erklären, Jesus ist Gottes Sohn und am Kreuz gestorben und das und jenes. Da habe ich mich eigentlich sehr lange daran festgeklammert und wollte mich auch nicht davon losreißen, weil es eben ja wirklich mein ganzes Leben lang mein Halt gewesen war, den ich immer hatte. Und deswegen war es am Anfang eben immer ziemlich kraß. Ich merkte dann eben andererseits, daß mir wirklich die Argumente ausgingen. Wir haben es dann auch so gemacht, daß wir nicht irgendwelche islamischen Bücher gelesen haben, sondern wir haben wirklich die Bibel durchgewälzt. Und mein Mann hat sich dann eine arabische Übersetzung besorgt von der Bibel und hat sie gelesen und eben viele arabische Bücher darüber, was die Christen sagen, was in der Bibel steht. Und er hat dann praktisch Stück für Stück anhand der Bibel mir die Bibel widerlegt und den Glauben an Jesus. (Angelika)

Ahmad beschränkte sich in seiner Überzeugungsarbeit jedoch nicht nur auf Diskussionen der Bibel, sondern suchte Angelika mit dem Islam vertraut zu machen, indem er sie zu anderen, versierten und beeindruckenden Muslimen mitnahm, mit ihr die Islamwoche besuchte oder indem er sie bat, sich doch einmal islamisch zu kleiden:

Irgendwann eine zeitlang vorher, da war ich eigentlich noch eher Christ als Muslim, da hat mein Mann hier irgendwann auf der Straße oder so gesagt: ‚Ja, Angelika, versuch doch mal, zieh doch mal das Kopftuch auf, ich möchte mal sehen, wie das aussieht', das war irgendwo so an der U-Bahnstation. Da habe ich mich noch innerlich dagegen gewehrt. Ich habe es zwar gemacht, um ihm einen Gefallen zu tun, aber es war irgendwie ... ich wollte es halt noch nicht. Aber das war zu der Zeit eigentlich auch noch ein Spaß und noch nicht ernst. (Angelika)

Obwohl sich die meisten der späteren Ehemänner zum Zeitpunkt des gegenseitigen Kennenlernens nicht wesentlich anders verhielten als beliebige islamische Bekannte meiner Gesprächspartnerinnen – sie beeindruckten durch ihr Verhalten, redeten sanft zu, sie versuchten zu überzeugen – dürfte nicht zu unterschätzen sein, daß sich die Frauen in diese muslimischen Männern verliebt hatten[52]. Im Prozeß der Verliebtheit spielt sich etwas ab, was als Aufeinandertreffen zweier „Subwelten"[53] gesehen werden kann. Zwei Menschen mit ihren jeweiligen individuellen Ansichten und Eigenschaften, aber auch ihren jeweiligen sozio-kulturell geprägten Wahrnehmungen treffen aufeinander. Vom ersten Moment der Begegnung an wird die Frage gestellt, wer der andere oder die andere „ist", es werden Aussehen, Angaben zu Status, Beruf, Bildung usw. abgeschätzt und eingeordnet. Es werden auch Ansichten zur Wahrnehmung der Welt ausgetauscht, das heißt die Sicht des oder der anderen auf die Wirklichkeit wird erörtert.

Mit Austausch und Erörterung der jeweils anderen Sichtweise beginnt ein Prozeß der Konstitution einer gemeinsamen Wirklichkeit. Die Partner setzen sich mit den jeweiligen Positionen des anderen auseinander, vergleichen diese mit ihrer eigenen Weltsicht, versuchen sie darin einzuordnen oder konstatieren eine Unvereinbarkeit von Positionen, die vielleicht eine Trennung herbeiführt, vielleicht aber auch als irrelevant bewertet, vorläufig beiseite gelegt oder verdrängt wird. In diesem Prozeß der Auseinandersetzung wird eine neue, teilweise gemeinsame Weltsicht geschaffen. Die Konstitution einer gemeinsamen Wirklichkeit muß sich nicht auf der Ebene von Lebensphilosophien und Weltanschauungen abspielen, auch der Austausch über eine gemeinsam besuchte Party, über die dort Anwesenden, das Sprechen über gemeinsam erlebte Situationen, das „Weißt du noch?" einer jeden Beziehung ist Teil eines solchen Konstitutionsprozesses, eines Prozesses, der nie abbricht. Im Gegensatz zu „normalen" Konstitutionsprozessen, etwa der Schaffung von Gemeinsamkeiten zwischen Kollegen, einer Reisegruppe, eines Vereins, ist die Schaffung von Gemeinsamkeit zwischen Verliebten darauf angelegt, ehemals einander fremde Personen zu „signifikanten Anderen"[54] zu machen, also zu Personen, die für das eigene Leben Bedeutung bekommen und wichtiger werden als andere Personen. Dem Partner oder der Partnerin wird damit eine Deutungsmacht eingeräumt, die beliebige Personen kaum jemals erreichen, die Ansicht des Ehemannes, der Ehefrau, des Freundes, der Freundin ist zwingender als andere Ansichten. Im Falle der Begegnung zweier Partner aus gleichen oder ähnlichen kulturellen Subwelten mag der beschriebene Prozeß relativ ruhig verlaufen, die Auseinandersetzung greift nicht die kulturellen Wurzeln an. Anders sieht es bei Partnern aus, die aus verschiedenen Kulturen stammen. Hier stoßen möglicherweise sehr unterschiedliche Deutungssysteme aufeinander, zwischen denen die betreffenden Personen vermitteln müssen.

---

[52]Darauf weist auch Zschoch hin. Vgl. Zschoch 1992, S. 74.
[53]Zu diesem Begriff: Berger und Luckmann 1984, S. 148f.
[54]Vgl. zu diesem Begriff Berger und Luckmann 1984.

Diejenigen meiner Interviewpartnerinnen, die den Islam über ihren späteren Ehemann kennenlernten, trafen auf diesen in einer Situation, in der sie sich selbst als Außenseiterinnen der Gesellschaft wahrgenommen hatten. Ihr Verhältnis zur gesellschaftlichen Realität war zu diesem Zeitpunkt brüchig, sie suchten nach neuen Realitäten, neuen Deutungssystemen. Die Faszination und Anziehungskraft, die der spätere Ehemann auf sie ausübte, dürfte im engen Zusammenhang mit dieser Situation der Entfremdung stehen. Dieser repräsentiert ein anderes Deutungssystem und öffnet den Blick auf andere Perspektiven. Hecht-El Minshawi, die in ihrer Untersuchung über binationale Ehen bei den von ihr befragten Frauen ebenfalls eine Selbstwahrnehmung als Außenseiterin feststellt, schreibt dazu: „Jenes Potential des Andersseins im Eigenen ist das Fremde. Diese Anteile von Fremdsein können in einer spezifischen Situation der Lebensgeschichte das Kennenlernen eines ausländischen Partners beeinflussen. Noch ist es das Vorbewußte, Ahnbare, aber eben noch nicht Bekannte, was danach drängt, gelebt zu werden."[55] Als noch nicht Bekanntes löst das gleiche Element der Fremdheit, das anzieht, auch Angst aus. Die Akzeptanz und Annahme des fremden Deutungssystems – das gleichwohl fasziniert – stellt auch einen Verlust dar. Es ist noch fraglich, inwieweit das Fremde, Unbekannte das Eigene ersetzen kann – ein Zweifel, der beängstigt, wie Asma, die neun Jahre nach ihrer Eheschließung konvertierte, es formuliert:

Deshalb bin ich auch so spät übergetreten, ich war immer im Zwiespalt. Ich habe gedacht, wenn ich jetzt übertrete, dann hat mich der eine Gott verloren und von dem anderen weiß ich nicht, ob das der richtige ist. Ich war total am Zweifeln. (Asma)

Vor diesem Hintergrund wird von den befragten Frauen der Islam als das ganz Andere zunächst vehement bekämpft und das Eigene – obwohl angezweifelt – verteidigt. Da gleichzeitig auch die Faszination durch das Fremde wirksam ist, verstärkt noch durch die Bedeutung, die die Person, in die man sich verliebt hat, als „signifikanter Anderer" hat, kann die Verteidigung des eigenen und die Bekämpfung des fremden Deutungssystems umso stärker ausfallen. Dies läßt sich am Beispiel Fatimahs zeigen, die zwei Jahre nach der Eheschließung zum Islam übertrat:

Es war so, daß wir, was den Islam betrifft, heißeste Diskussionen hatten. Ich war damals so aggressiv, was Islam betrifft, ich habe da immer abgeblockt und wollte nichts hören. Ich war total ungerecht, muß ich sagen, und ich wollte das am Anfang ihm gegenüber auch gar nicht zugeben, daß mich das interessiert. Weil das

---

[55] Hecht-El Minshawi 1990, S. 232.

wäre dann wie ein Triumph gewesen oder so, und das wollte ich nicht. (Fatimah)

4 Nach der Konversion: Kontinuität und Wandel

In ihrer Analyse der Konversionserzählungen zum Islam konvertierter Männer und Frauen hat Zschoch das Schwanken zwischen Bruch und Kontinuität als wesentliches Element der Struktur der Konversionserzählung herausgearbeitet[56], ein Ergebnis, das ich anhand meiner Interviews bestätigen kann. Brüche oder Wandel, so führt Zschoch an, werden erzählerisch dargestellt, indem ein Vergleich zwischen zwei Zeitpunkten stattfindet. Dies äußert sich in der vergleichenden Benutzung von Begriffspaaren wie „vorher/nachher" oder „früher/heute". Brüche drücken sich aber auch darin aus, daß die Konversion als plötzlich oder unerwartet beschrieben wird.

Ich war dann mal eine Woche krank, habe flach gelegen und viel Zeit zum Lesen gehabt, zum Nachdenken. Und da kam das so von innen heraus eigentlich, da kam jetzt auf einmal dieser Wunsch, Muslima sein zu wollen. (Fatimah)

Ich lebe jetzt den Islam, und ich sehe, wie ich mich verändert habe, was aus mir geworden ist. (Fatimah)

Der derart dargestellte Wandel wird „harmlos"[57] gemacht, indem gleichzeitig die Konversion in Kontinuität mit dem vorherigen Leben gebracht wird. Die Verbindung zwischen altem und neuem Leben wird dabei über die Worte „schon immer" hergestellt, eine Wortwahl, die sich durch annähernd alle Interviews zieht, sei es durch die am Anfang dieses Kapitels beschriebene „schon immer" empfundene Fremdheit in der eigenen Gesellschaft, sei es durch das Gefühl, „eigentlich schon immer" wie eine Muslimin gelebt zu haben, oder sei es durch eine schon immer gelebte Suche:

Ich habe immer nach etwas anderem gesucht, nach Frieden, nach etwas ... ich wußte aber selbst nicht, was. Schon immer in meinem Leben, und mein Mann sagt heute, daß das schon immer in meinem Herzen war, daß

---

[56] Zschoch 1992, S. 57ff. In der folgenden Darstellung des Verhältnisses von Kontinuität und Bruch in der Erzählstruktur halte ich mich an die Interpretation Zschochs; Zitatbeispiele entnehme ich meinem eigenen Material.
[57] Zschoch 1992, S. 57.

ich nach dem Islam gesucht hätte und am Ende hingefunden habe. Und das glaube ich eigentlich auch. (Zainab)

Die Kirche war für mich immer irgendwie fremdartig, ich weiß nicht. Das hört sich vielleicht blöd an für einen Außenstehenden, aber es war für mich immer fremdartig. (Monika)

Kontinuität wird aber ebenso auch darüber hergestellt, daß die eigene Normalität betont wird oder aber die Konversion als Prozeß, als gleichsam natürliches Hineinwachsen in einen anderen Zustand beschrieben wird, ein Prozeß, der – das wird immer ausdrücklich betont – auch mit der Konversion nicht abgeschlossen ist. In der Darstellung der Kontinuität wird der Islam als „Heimat" beschrieben, der Übertritt als „Befreiung", „Erwachen" oder „Heimkehr":

Ich möchte ja auch nicht, daß die jetzt denken: Die ist ja jetzt völlig übergeschnappt. Ich möchte schon, daß die Leute begreifen, daß ich jetzt nicht übergeschnappt bin. Ich will, daß die wissen, ich bin im Prinzip noch genauso wie vorher, also genauso normal. Ich bin nicht durchgedreht, das ist mir schon wichtig, daß das rüberkommt. (Fatimah)

Es war kein einzelner Punkt. Ich könnte das heute wirklich nicht mehr so sagen, daß es ein einzelner Punkt war. Es war so eine Entwicklung und eine Entwicklung, die immer noch andauert, also das würde ich überhaupt nicht als abgeschlossen ansehen. Und in der Entwicklung ist eben der Punkt gekommen, wo ich wirklich gesagt hab: ‚Also ich bin Muslim und ich will da weiterlernen als Muslim.' (Maryam)

Und es war, als ob ich nach Hause gekommen wäre. (Jamila)

Meistens tauchen beide Darstellungsarten – Konversion sowohl als Bruch als auch als Kontinuität – eng verflochten in einem einzigen Interview auf. Wie Zschoch in ihrer Arbeit deutlich macht, ist die Darstellung der Konversion als Kontinuität auch im Kontext des islamischen Diskurses zu sehen[58]: Im Islam wird davon ausgegangen, daß jeder Mensch ursprünglich als Muslim geboren wird, daß aber dann einige davon abgebracht werden. Aus dieser Sicht findet keine Konversion statt, sondern eine Rückkehr zum Islam. Dies wurde mir auch deutlich in einem Gespräch, in dem mir nahegelegt wurde, nicht von „Übertritt", sondern „Annahme des Islam" zu sprechen. Dennoch ist auch die Betonung des Bruches notwendig, da ansonsten der Erfolg der Konversion in

---

[58] Zschoch 1992, S. 64.

Frage gestellt wäre: Wenn sich nichts ändert, wäre es nicht notwendig gewesen, zu konvertieren.[59]

4.1 Kontinuität der Andersartigkeit

Im ersten Abschnitt dieses Kapitels habe ich das Gefühl meiner Interviewpartnerinnen, Außenseiter in dieser Gesellschaft zu sein, analysiert. Dabei hat sich gezeigt, daß sich dieses Gefühl im Vergleich zur wahrgenommenen Normalität herstellte; die Frauen sahen sich selbst als außerhalb dieser Normalität stehend. Sie sahen sich selbst als etwas Besonderes, Eigenartiges, empfanden dies aber häufig als Defizit. Das Gefühl der Besonderheit setzt sich mit der Konversion fort, erhält aber eine andere Qualität. Mit anderen Worten: innerhalb der Kontinuität des Außenseitertums findet ein Wandel statt. Um die Änderung in der Qualität des Außenseitertums nachvollziehbar zu machen, gehe ich hier zunächst auf einige Überlegungen Gertrud Nunner-Winklers ein, die sie anhand einer Befragung von Jugendlichen zu deren Selbstwahrnehmung entwickelte[60].

Nunner-Winkler unterscheidet zwischen zwei Formen von Individualitätserfahrung, die sie als „Selbstgewißheit" und „Austauschbarkeit" bezeichnet. Die Erfahrung des Selbst als austauschbar bzw. anders im defizitären Sinne einerseits und als selbstgewiß andererseits drückt sich, wie Nunner-Winkler nachweist, in der Selbstbeschreibung aus. Die Jugendlichen, die sich selbst als austauschbar oder im defizitären Sinne abweichend wahrnehmen, beschreiben sich vorwiegend in objektivierbaren Merkmalen, d.h. über allgemeine äußerliche Merkmale wie Alter, Größe, Gewicht, Aussehen sowie über Adjektive wie träge, intelligent, zurückhaltend, kontaktfreudig etc. Wesentlich bei diesen Jugendlichen ist auch, daß sie ihr Leben als von außen beeinflußt und als nicht der individuellen Kontrolle unterworfen wahrnehmen. Sie haben das Gefühl, ausgeliefert zu sein, ihr Leben nicht selbst bestimmen zu können. Diese Jugendlichen tendieren zu einer Beobachterperspektive, aus der heraus sie sich selbst wahrnehmen, sie erscheinen kontrolliert in ihren Äußerungen und wenig spontan.

Im Gegensatz dazu stehen die Selbstbeschreibungen der selbstgewissen Jugendlichen. Sie stellen sich selbst vor allem als handelnde und planende Personen dar, beschreiben sich im Kontext ihrer Erfahrungen, Intentionen und Ziele (z.B. Berufspläne, Ziele der persönlichen Weiterentwicklung etc.). Ihr Leben begreifen sie als durch sich selbst kontrolliert und beeinflußt, bei Konflikten nehmen sie eine Reihe von Handlungsoptionen wahr, die zu deren Lö-

---

[59]Vgl. zu Kontinuität und Wandel in der Konversionserzählung auch Berger und Luckmann 1984, S. 170.
[60]Nunner-Winkler 1985 .

sung führen könnten. Im Hinblick auf ihr Leben nehmen sie keine Beobachterperspektive ein, sondern eine Teilnehmerperspektive; diese ist charakterisiert durch ein intensives emotionales Engagement.

Auf einer allgemeineren Ebene bezeichnet Nunner-Winkler diese beiden Formen der Individualitätserfahrung als Selbstobjektivierung auf der einen Seite und Selbsterfahrung als Subjekt auf der anderen Seite. In der Selbstobjektivierung konstituiert sich die eigene Identität bzw. Individualität wesentlich über den Vergleich mit anderen. Besonderheit und Einzigartigkeit sind dabei eine inszenierte Strategie des Abhebens von anderen. Die Selbsterfahrung als Subjekt hingegen erwächst aus dem Gefühl der eigenen inneren Konsistenz und Einheitlichkeit. Die eigenen Gefühle, Erfahrungen und Lebensereignisse werden in Beziehung zueinander gesetzt, sie können in eine Struktur oder Ordnung eingebunden werden und erscheinen so sinnvoll. Besonderheit ergibt sich, wie Nunner-Winkler sagt, dabei quasi als „Nebenprodukt", sie ist nicht gewollt.

Die beiden Formen von Individualitätserfahrung, die Nunner-Winkler beschreibt, sind idealtypisch und können in der Form nicht übertragen werden: Vor allem vor dem Hintergrund der theoretischen Ausführungen Meads und Elias', die beide die Bedeutung des signifikanten oder generalisierten Anderen sowie die Fähigkeit, sich selbst zum Objekt zu machen, betonen, ergibt sich die Notwendigkeit der Selbstobjektivierung für die Identitätsbildung, ein Aspekt, der von Nunner-Winkler nicht berücksichtigt wird. Jedoch bietet die von ihr dargestellte Aufteilung in zwei Individualitätserfahrungen ein analytisches Unterscheidungskriterium, das als Grundlage der Interpretation dienen kann.

Ausgehend von der Dynamik von Wandel und Kontinuität in der Konversionserzählung stellte ich die These von einem Wandel innerhalb der Kontinuität des Außenseitertums im Verlaufe der Konversion auf. Vor dem Hintergrund des Selbstentwurfs als Objekt bzw. Subjekt kann diese These nun untermauert werden. Dazu ziehe ich als Beispiel das Interview mit Fatimah heran und gehe noch einmal kurz auf ihre Vorgeschichte ein. Fatimah beschrieb sich selbst in einem oben schon angeführten Zitat vor ihrer Konversion als „*Mauerblümchen*", das keinen Anschluß fand:

> *Ich bin nicht sehr kontaktfreudig gewesen, also ich war immer sehr zurückhaltend und habe auch immer Schwierigkeiten gehabt mit anderen Menschen. Und das war etwas, was mich immer belastet hat. Zum Beispiel, wenn irgendwelche Parties waren oder so, ich bin dann zwar auch hingegangen, aber ich habe meistens in der Ecke gesessen und habe das Gefühl gehabt: ‚Ja, die anderen sind viel toller als ich. Irgendwie bin ich gar nichts.' So ein Mauerblümchen irgendwo. Und ich habe eigentlich auch selten jemand gefunden, der das ähnlich empfunden hat oder der sich*

überhaupt so mit mir unterhalten wollte. (...) Ich war dann eigentlich auch fast immer zu Hause, muß ich sagen. Ich bin dann zwar mal zu einer Freundin gegangen, aber ansonsten bin ich gar nicht mehr weggegangen. (Fatimah)

Der Begriff „*Mauerblümchen*", den Fatimah hier benutzt, täuscht zunächst, da man versucht ist, ihn auf ihre äußere Erscheinung anzuwenden. Photos aus der Zeit vor der Konversion, die sie mir zeigte, machen jedoch deutlich, daß der Begriff nicht in diesem Sinne gemeint sein konnte: auf den Photos war eine attraktive Frau zu erkennen, deren äußere Erscheinung nicht dazu beigetragen haben konnte, sie zum „*Mauerblümchen*" zu machen. Wenn Fatimah hier also diesen Begriff benutzt, so drückt sie damit bildlich ihre Selbstwahrnehmung aus, sie sieht sich am Rande stehen – „*in der Ecke sitzen*" –, weit ab von den „Plätzen an der Sonne". Diese Selbstwahrnehmung entsteht im Vergleich mit anderen, diese werden alle als „*viel toller*" eingestuft. Das Moment des Vergleichs mit anderen tritt in einer weiteren Interviewpassage noch einmal wesentlich deutlicher hervor:

Ich habe immer so ein bißchen versucht, Rollen zu spielen. Ich wollte immer versuchen, so zu sein, daß mich die Leute gut finden, daß ich irgendwie einen Eindruck hinterlasse, und das ist eigentlich überhaupt nicht ... ja, mein Ding. (...) Ich habe da immer versucht, mich selber unter Druck zu setzen, wenn ich so sein wollte wie die anderen auch. (Fatimah)

Hier wird klar, wie Fatimah sich an anderen orientierte, wie sie versuchte, Besonderheit zu erreichen, einen „Eindruck" zu hinterlassen. Dies gelang ihr nicht, denn es war nicht ihr „*Ding*", ihre Eigenschaften zu ändern, ihr Leben selbst zu gestalten. Der ausgeprägte Vergleich mit anderen, die Wahrnehmung des eigenen Lebens als unveränderlich, verweist auf die Selbstobjektivierung, die Nunner-Winkler herausgearbeitet hat. Die Selbstbeschreibung Fatimahs ändert sich mit ihrer Konversion, es wird deutlich, daß sich Fatimah nun als Subjekt begreift:

Also ich denke, mit dem Islam bin ich wesentlich selbstbewußter geworden, als ich es früher war. Weil irgendwie habe ich eine ganz klare Linie in meinem Leben, habe ganz klare Ziele, die ich verfolge, und ich vertrete die auch, und das gibt mir eine Selbstsicherheit, die ich früher nicht hatte. (Fatimah)

Ich habe so viel aus mir gemacht. Ich kann jetzt wirklich für andere etwas empfinden, was ich vorher nicht konnte. Ich habe jetzt viel mehr Barmherzigkeit in meinem Herzen, kann jetzt für jemanden was empfinden, was ich nicht konnte – so eine Wärme auch geben. Vorher habe ich immer Wärme gesucht, aber ich konnte selber keine geben, und das kann ich jetzt. (Fatimah)

In diesen beiden Zitaten werden einige Elemente deutlich, die für Nunner-Winkler die „selbstgewisse" Individualitätserfahrung charakterisieren. Das eigene Leben wird als gestaltbar wahrgenommen, es wird eine Linie gesehen, die sich durch das Leben zieht: Ereignisse und Erfahrungen können in Beziehung zueinander gesetzt werden, die Biographie erscheint konsistent. Im zweiten Interviewausschnitt tritt besonders die Intensität des emotionalen Engagements hervor, anstelle der Leere der Selbstobjektivierung tritt nun das Gefühl von Intensität und Sinnhaftigkeit.

Von ähnlichen Erfahrungen und Persönlichkeitsveränderungen berichten auch die anderen Frauen, wobei im Mittelpunkt des Wandels ein verändertes inneres Erleben steht, aus dem auch eine andere Wahrnehmung der sozialen Umwelt resultiert. Ihr inneres Erleben nach der Konversion beschreiben die Frauen als erfüllt von Gefühlen des Glücks, der Zufriedenheit und der Gelassenheit. Damit einhergehend nehmen meine Gesprächspartnerinnen an sich Veränderungen hin zu mehr innerer Stärke, Ruhe und Geduld wahr. Ein Teil der Frauen erklärt sich diese Veränderungen durch zunehmendes Gottvertrauen und damit auch verstärkte Ergebenheit in das Schicksal, das sie nun als Fügung verstehen: Sie betrachten ihr Leben als geführt und geleitet, jedoch nicht einem blinden Schicksal ausgeliefert. Dadurch werden Gefühle von Angst vor Unsicherheiten und Schicksalsschlägen reduziert, und es wird nicht länger versucht, sich gegen das zu wehren, was als unabänderlich empfunden wird:

H.: Man sieht dem ganzen Leben viel ruhiger und viel gelassener entgegen. Vor allem hat man weniger Angst.
G.: Weniger Angst?
H.: Ja, weniger Angst.
G.: Wovor denn Angst?
H.: Diese Angst kommt ... vor dem Ungewissen, was kann passieren? Man fühlt sich begleitet, wenn man sagt: ‚Ach, es wird schon so kommen, wie es kommen soll, und Allah wird dir schon einen Weg weisen.'
(Halima)

Früher war ich immer der Meinung, wenn ich etwas erreichen möchte, dann muß ich das aus mir selbst heraus erreichen. Ich habe dann so lange gezappelt und gestrampelt, bis ich das hatte, was ich wollte, sage ich jetzt mal ganz vereinfacht. Und oft habe ich gestrampelt und gestrampelt, und habe es trotzdem nicht bekommen und war dann wütend und frustriert darüber. Das hat sich geändert, weil sich meine Einstellung geändert hat.

Ich bin zwar nach wie vor noch der Meinung, daß ich, wenn ich was will, etwas dafür tun muß, aber ich bin nicht mehr frustriert, wenn ich es nicht bekomme, weil ich mir dann sage: Na gut, dann war es nicht für mich bestimmt. Ich habe meinen Teil getan, um es zu bekommen oder zu erreichen, egal jetzt was. Aber ich denke, daß Gott nicht will, daß ich das jetzt bekomme oder erreichen muß, daß es jetzt vielleicht noch nicht für mich bestimmt ist. (Rabiya)

In diesen Worten Halimas und Rabiyas drückt sich eine Art positiver Fatalismus aus: Sie begreifen sich als aktiv handelnde Personen, die ihr Leben in die Hand nehmen und es gestalten und planen. Dabei sehen sie sich jedoch nicht als allein verantwortlich für die Ausgestaltung ihres individuellen Lebens, sondern sehen über ihre eigenen Ziele hinaus einen göttlichen Plan. Mit dieser Haltung nehmen die befragten Frauen eine Position zwischen Eigenverantwortung und Fremdbestimmung ein. Anders ausgedrückt: Sie sehen sich sowohl als selbständig handelnde Subjekte als auch durch göttliche Fügung bestimmt.

Einhergehend mit den geschilderten Persönlichkeitsveränderungen erleben meine Interviewpartnerinnen sich selbst in einer neuen Art und Weise. Sie berichten davon, daß sie ein neues Selbstbewußtsein und mehr Selbstliebe entwickeln; sie nehmen an sich selbst ein erhöhtes Reflexionsvermögen wahr, geben an, daß sie mit der Konversion überhaupt erst einmal angefangen haben, über verschiedene Dinge wie beispielsweise die Rolle der Frau in der Gesellschaft oder über politische Zusammenhänge nachzudenken. Dadurch erfahren sie ein stärkeres inneres Erleben, mehr Tiefe, oder fühlen sich überhaupt erst lebendig, wie Halima es exemplarisch ausdrückt:

Ja, vor allem bin ich viel, in einer Art bin ich viel, viel lebendiger geworden. Lebendiger in dem Sinn, daß ich versuche, mein Leben bewußter zu leben. (Halima)

Das Gefühl des verstärkten inneren Lebens nach der Konversion korrespondiert mit der Erfahrung der Perspektivlosigkeit und inneren Leere davor. Die Beschäftigung mit dem islamischen Glaubenssystem sowie andere Erfahrungen wie die Zugehörigkeit zu einer Gruppe Gleichgesinnter und die Möglichkeit zu Diskussionen verändert die gesellschaftliche Position der Frauen: Statt im gesellschaftlichen Abseits, in dem sie sich vor der Konversion gesehen haben, stehen sie nun im Mittelpunkt der für sie bedeutsamen Geschehnisse. Sie fangen an, sich selbst und ihr Denken wichtig und ihr Leben ernst zu nehmen, entwickeln Perspektiven und formulieren Ziele. All das führt zu einer veränderten Lebenssicht und damit zu mehr Lebendigkeit.

Der von meinen Interviewpartnerinnen geschilderte Wandel steht in einigen Punkten in Übereinstimmung mit dem Persönlichkeitsideal, wie es sich in den deutschsprachigen islamischen Zeitschriften und Broschüren niederschlägt. Um dies zu verdeutlichen, greife ich auf einen Artikel zurück, der 1982 in der Zeitschrift „Al-Islam"[61] erschien. Unter dem Titel „Wer ist ein Gläubiger?" wurde hier eine Liste von anzustrebenden Verhaltensweisen und Handlungsanleitungen veröffentlicht, die 50 Punkte umfaßte, und die explizit die Eigenschaften zusammenfaßt, die in anderen deutsch-islamische Veröffentlichungen immer wieder implizit erscheinen;

In der Einleitung wird empfohlen, durch Disziplin, Selbsterziehung und Suggestion eine Charakteränderung bei sich selbst zu erreichen und sich so dem Ideal des wahren Gläubigen anzunähern. In der Aufzählung schließlich erscheint das Verhältnis des Gläubigen zu Gott geprägt durch Frömmigkeit, Glaubensstärke und geduldige Annahme der Fügung. Den Mitmenschen gegenüber soll der Muslim und die Muslimin eine Haltung distanzierter Zuwendung einnehmen. Die Zuwendung dem Nächsten gegenüber ist charakterisiert durch Begriffe wie Güte, Mitleid, Edelmut, Großzügigkeit, Selbstlosigkeit, Hilfsbereitschaft, aber auch Dankbarkeit, Toleranz, Friedfertigkeit und Gerechtigkeit; die Distanz zum anderen äußert sich in Respekt und Achtung vor seinen Angelegenheiten, in die man sich nicht einmischen soll und die nicht weitergetragen werden sollten.

Den gesellschaftlichen, beruflichen und familialen Pflichten sollen der und die wahre Gläubige emsig, strebsam, beharrlich, ausdauernd, zielbewußt und entschlossen nachgehen. Die Persönlichkeit des oder der Gläubigen erscheint in dieser Liste als bescheiden, geduldig, gemäßigt und frei von allen unbeherrschten Äußerungen wie Stolz, Überheblichkeit, Neid, Haß und Zorn. Gepaart sind die genannten Eigenschaften im Idealfall mit Wissen, Klugheit und Weisheit, aber auch mit Tapferkeit und der Bereitschaft, die eigene Ehre zu verteidigen. Ein solcher Mensch kann und soll Achtung vor sich selber haben und ist in der Lage, ein Vorbild für andere zu sein. Die in „Al-Islam" genannten Eigenschaften sind vor allem geeignet, die „umma", die islamische Gemeinschaft, zu erhalten und für ein reibungsloses Zusammenleben der Muslime untereinander zu sorgen.

Vergleicht man die hier vorgestellte Liste mit den Veränderungen in ihrer Persönlichkeit, die meine Gesprächspartnerinnen schilderten, so lassen sich eine Reihe von Gemeinsamkeiten feststellen. Hier ist besonders die Akzeptanz der göttlichen Fügung und das Verhalten gegenüber den Mitmenschen zu nennen – wenn auch die Distanz zu anderen in meinen Interviews nicht zur Sprache kommt –, ebenso ist eine größere Achtung vor sich selbst zu erkennen. Ein Teil der von den Frauen genannten Veränderungen in ihrer Persönlichkeit scheint also die Norm der deutsch-islamischen Gemeinschaft zu spiegeln: Da

---

[61] Al-Islam 4/5 (1982), S. 29f.

die Konversion eine in eine bestimmte Richtung gehende Persönlichkeitsveränderung verlangt, wird eine solche an sich selbst auch wahrgenommen.
  In der Liste läßt sich allerdings nicht das Gefühl von größerer Lebendigkeit finden, das die befragten Frauen als eine entscheidende Veränderung darstellen. Diese Form der Persönlichkeitsveränderung deutet also weniger auf eine Anlehnung an den deutsch-islamischen Diskurs, als vielmehr darauf, daß sich hier die Individualitätserfahrung unabhängig von der Norm verändert hat. Dies heißt nicht unbedingt, daß die eine Individualitätserfahrung (die der „Austauschbarkeit" bzw. „defizitären Besonderheit") vollständig von der anderen (der „selbstgewissen" und „subjekthaften") ersetzt wurde, sondern daß die Selbstwahrnehmung nun zwischen der Position als Objekt und als Subjekt schwankt. Die eine Position hat nicht die andere abgelöst, sondern ergänzt, beide Positionen liegen nebeneinander vor und durchziehen die Konversionserzählung.
  Jedoch hat sich die Subjekthaftigkeit in der Konversion überhaupt erst ausbilden können. Sehr deutlich wird dies im Interview mit Elisabeth bei ihrer Schilderung, wie sie zum ersten Mal das islamisch gebundene Kopftuch aufsetzte. Zum besseren Verständnis die Vorgeschichte dazu: Elisabeth hatte sich während des Ramadans zur Konversion entschlossen. Eine deutsche Muslimin, die davon erfuhr, hatte sie zum Fastenbrechen eingeladen. Während dieses Treffens probierte Elisabeth vor dem Spiegel ein Tuch aus, wie muslimische Frauen es tragen:

> *Ich sagte ihr, daß ich gerne ein richtiges Tuch tragen würde, oder daß mir jemand zeigt, wie man das Tuch bindet, weil mir das sonst immer vom Kopf gefallen ist. Ich wußte nicht, wie man das Tuch trägt. Und ja, dann hat sie mich auch noch mit Tüchern beschenkt, das war sehr schön. Und als ich dann das erste Mal das Tuch auf hatte und ich mich im Spiegel gesehen habe, habe ich gedacht: ‚Oh, jetzt bin ich ja ganz echt. (Lachen) Eine wirkliche, richtige Muslima.'* (Elisabeth)

Einige Zeilen weiter in dem Interviewtranskript bestärkt Elisabeth noch einmal diesen Ausruf:

> *Ja, da habe ich mich zum ersten Mal im Spiegel gesehen. Und ich habe gedacht: ‚Nein, das ist unglaublich, das ist ja jetzt echt! Also jetzt bin ich wirklich echt, ganz echt.'* (Elisabeth)

Die Szene, von der Elisabeth berichtet, erinnert an die Beschreibung des kindlichen Spiegelstadiums durch Lacan. Dieser beschreibt, daß Kinder ca. ab dem 6. Lebensmonat – ein Alter also, in dem Kinder noch nicht gehen und auch noch nicht aufrecht stehen können –, vor den Spiegel gestellt und dort festgehalten, „in eine Art jubilatorischer Geschäftigkeit"[62] ausbrechen. Lacan interpretiert dieses Verhalten als die Fähigkeit, sich mit diesem Spiegelbild zu identifizieren, das nicht die Person selbst ist, das aber erlaubt, sich zu erkennen,. Vor dem Spiegel antizipieren Kinder eine Körperbeherrschung und damit Identität, die sie aufgrund fehlender motorischer Fähigkeiten noch nicht besitzen, sie erkennen sich in einer vollständigen Gestalt. Wichtig ist für Lacan, daß die Einheit im Spiegel eine vorweggenommene ist, nicht jedoch Realität. Dem hält Akashe-Böhme entgegen, daß Lacan nicht berücksichtigt, daß die Fähigkeit, sich im Spiegel zu erkennen, schon eine „präreflexive Kenntnis"[63] seiner selbst voraussetzt, das heißt im Spiegel findet eher ein Wieder-Erkennen denn ein Erkennen statt. Nicht Selbstbewußtsein bildet sich also in der Reflexion, sondern Selbstgewißheit.

In diesem Sinne interpretiere ich auch die von Elisabeth berichtete Szene. Was Elisabeth im Spiegel sieht, ist einerseits die Studentin Elisabeth, die zum Islam konvertiert ist, andererseits aber eine *„echte, wirkliche, richtige Muslima"*. Im Spiegel erkennt Elisabeth sich selbst als eine andere. Sie eignet sich diese andere Person an, macht sie zu einem „Ich", aber zu einem verwandelten „Ich": Das neue „Ich" ist *„echt"* und *„wirklich"*, ist absolut unverfälscht und authentisch, es erreicht eine Form der Einheitlichkeit und Übereinstimmung mit sich selbst, die die vor dem Spiegel stehende Elisabeth nicht hatte. Im Spiegelbild vollzieht sich Selbstvergewisserung, Elisabeth erkennt sich als ein einheitliches, konsistentes „Ich", sie nimmt ihre eigene Subjekthaftigkeit wahr und an.

Der Wandel, den meine Interviewpartnerinnen beschreiben, steht so in Kontinuität mit ihrem früheren Leben. Die Verbindung zwischen den Lebensabschnitten ist die Beständigkeit des Außenseitertums: Aus eher dumpf empfundener Entfremdung von der Gesellschaft erwächst die bewußte Auseinandersetzung mit dieser Position. Das Außenseitertum bleibt dabei erhalten, da mit der Konversion die Zugehörigkeit zu einer Gruppe gewählt wird, die in der öffentlichen Meinung negativ bewertet wird. Das heißt, für den größten Teil der befragten Frauen spielt das, was der Islam symbolisiert, eine Rolle im Konversionsprozeß. Die Symbolkraft des Islam wird dadurch verstärkt, daß sich der islamische Alltag im Rahmen des Normalen abspielt. So betont Leggewie, daß zum Islam konvertierte Männer und Frauen weniger stark als andere Konvertiten den äußeren Rahmen ihres Lebens veränderten – sie „blieben in ihren ange-

---

[62] Lacan, Jacques: Das Spiegelstadium als Bildner der Ich-Funktion. In: Schriften I. Frankfurt a.M. 1975. S. 61-70, hier S. 63.
[63] Akashe-Böhme, Farideh: Fremdheit vor dem Spiegel. In: dies. (Hrsg.): Reflexionen vor dem Spiegel. Frankfurt a.M. 1992c. S. 38-49, hier 42.

stammten Berufen, Familien, und, wo dies geduldet wurde, auch sozialen Milieus"[64] –, jedoch finden Veränderungen innerhalb dieses Rahmens statt.

Das Alltagsleben nach der Konversion ist geprägt durch den Islam, es wird versucht, die vielfältigen islamischen Gebote und Verbote einzuhalten. Da sind einmal die sogenannten „fünf Säulen", also Glaubensbekenntnis, Gebet, Fasten, Pilgerfahrt und Armenabgabe[65]; daneben gibt es noch eine Reihe von Vorschriften und Regeln wie Eßtabus, Bekleidungsvorschriften, Reinheitsgebote, Zinsverbot, Regeln der sozialen Beziehung, Gebote und Verbote im Zusammenhang mit der Geschlechterrolle, dem Familienleben usw., die von den befragten Frauen zum Teil sofort eingehalten werden bzw. deren Einhaltung angestrebt wird. Ein Teil dieser Gebote bzw. Verbote kann unbemerkt von der Umwelt eingehalten werden, ein anderer Teil stellt für alle deutlich sichtbare Zeichen der Zugehörigkeit zum Islam dar.

Diese Zeichen wirken umso markanter, als sie im Rahmen der alltäglichen Normalität verbleiben. Indem angestrebt wird, den Islam in den angestammten Strukturen – Beruf, Familie, soziales Milieu – zu leben, wird seine Fremdartigkeit unterstrichen. Die konvertierten Frauen machen sich selbst zu Fremden, da sie sich weiterhin – zumindest zum Teil – in den sozialen Räumen bewegen, in denen ihr Verhalten nun auffällt. Eine Tochter in Poona oder Oregon ist weniger auffällig als die islamisch gekleidete Tochter beim sonntäglichen Kaffeetrinken im Familienkreis. Gerade dadurch, daß die islamischen Gebote und Verbote ihren Platz im altvertrauten Bereich finden sollen, erscheint der Bruch mit diesen vertrauten Bereichen umso ausgeprägter. Die Konversion im Rahmen des Vertrauten wird „sichtbarer" als eine Konversion, die dazu führt, den vertrauten Rahmen zu verlassen.

Als herausragendes Zeichen, als markantestes Signal der Andersartigkeit ist dabei insbesondere bei den Frauen die Kleidung zu sehen und hier besonders der Schleier oder das Kopftuch. Das Kopftuch ist vor dem Hintergrund des Islambildes – vor allem des Bildes von der islamischen Frau – tatsächlich das „rote Tuch", ist Konflikt„stoff", ist das Zeichen für die Andersartigkeit und Fremdheit der eigenen Töchter, Schwestern, Freundinnen, Kolleginnen und Kommilitoninnen. Eine deutsche Frau, die sich ein islamisch gebundenes Kopftuch aufsetzt, ist sich darüber im klaren, daß sie damit ihre Umwelt herausfordert und gegenüber Eltern, Verwandten, Kollegen, Freunden, Nachbarn etc. ihre Außenseiterposition betont.[66]

---

[64] Leggewie 1993a, S. 130.
[65] Siehe dazu Kapitel II.
[66] Vgl. zur Reaktion auf sichtbare Andersartigkeit auch: Matter, Max: „Beim Barte des Propheten." Gedanken zur Bedeutung der Haare in der türkischen Gesellschaft. In: Hessische Blätter für Volks- und Kulturforschung, N.F. 29. Marburg 1992. S. 105-123, besonders: S. 106.

Der zeichensetzende Charakter des Islam sowie seine negative Bewertung spielt im Prozeß der Konversion für fast alle Frauen – Rabiya, Jamila und Karin sind hierbei Ausnahmen – eine große Rolle. Diese Besonderheit des Islam stellt die Basis der Persönlichkeitsveränderung dar. Nicht zufällig erkennt sich Elisabeth in der beschriebenen Spiegelszene erst mit dem Kopftuch als authentische Muslimin. Indem die Zugehörigkeit zu einer gesellschaftlich negativ bewerteten Gruppe nach außen demonstriert wird, wird sie zur Herausforderung, zur Reibungsfläche, zum Forum der Auseinandersetzung. Anders als die allgegenwärtigen Zeugen Jehovas mit ihren Zeitschriften oder als christliche Gruppen, die in den B-Ebenen deutscher Großstädte zur inneren Einkehr aufrufen, werden Muslime nicht gleichgültig belächelt, sondern sie wecken Aggressionen, fordern zur Diskussion heraus – sie werden damit ernst genommen. „Die Faszination des Islam und das Bekenntnis zu einer derart ‚sichtbaren Religion' ist", so schreibt Leggewie, „in der westlichen Kulturgesellschaft ein ausgefallenes Merkmal sozialer Distinktion. Das religiöse Bekenntnis wird hier in bisweilen auffälliger Weise zum herausragenden Konstruktionsmerkmal persönlicher Identität stilisiert."[67] Die Zugehörigkeit zum Islam bietet vor dem Hintergrund der Sichtbarkeit sowie des beschriebenen, Aggressionen erweckenden Islambildes wie kaum ein anderes religiöses System die Möglichkeit zur Auseinandersetzung und damit auch die Möglichkeit einer Identitätsbildung, die aus der Auseinandersetzung resultiert.

4.2 Wachsen am Konflikt

Die Bedeutung, die die Zeichenhaftigkeit und Sichtbarkeit des Islam für die Identitätsbildung hat, drückt sich in den Interviews in drei Erzählthemen aus: in der Darstellung von Konflikten mit der nicht-muslimischen Umwelt, in den von den Frauen antizipierten Islambildern sowie in der Art und Weise, wie die Umsetzung der islamischen Regeln – insbesondere der Bekleidungsvorschriften – geschildert wird. In den nächsten Abschnitten dieses Kapitels folge ich diesen drei Erzählthemen. Da sie häufig dicht nebeneinander in einer kurzen Interviewpassage erscheinen, sollen sie nicht getrennt dargestellt werden, sondern durchziehen insgesamt den folgenden Text.

Als Ursache von Konflikten mit der nicht-muslimischen Umwelt wird von den befragten Frauen weniger der Glaubenswechsel gesehen als vielmehr die Sichtbarkeit des Islam. Deutlich wird dies in dem folgenden Interviewausschnitt:

---

[67]Leggewie 1993a, S. 131f.

Also, ich habe erst einmal allgemein erzählt, daß ich mich mit dem Islam beschäftige und mit der Religion. Na gut, das ging ja noch. Und dann: Das schlimmste ist halt die Kleidung, ja? Also der erste Angriffspunkt war die Kleidung und der erste Auseinandersetzungspunkt, also, wo es dann nicht nur zum Kampf, sondern zum Krieg kam. (Elisabeth)

Den Grund dafür, warum die Sichtbarkeit der Religion das größte Problem für ihre Eltern ist, beschreibt Elisabeth in den folgenden zwei Zitaten:

Das Problem ist das Tuch. Also ich kann Muslima sein, ja? Im Sinne von Selbstverwirklichung: ‚Du mußt ja wissen, was du machst, ist ja dein Leben, aber doch bitte kein Tuch, damit es jeder sieht. Du kannst doch deinen Glauben im Herzen tragen, wieso mußt du denn eine Propaganda daraus machen?', so denken die Leute. (Elisabeth)

E.:Hauptsache, es ist kein türkisches Kopftuch, weil im Dorf verbinden die das Kopftuch halt immer mit Türken. Die wissen nicht, daß der Islam für alle Menschen ist. Und daß der Islam auch nicht nur für die Türken ist.
G.: Für deine Eltern ist es also vor allem schlimm, was die im Dorf denken?
E.: Das ist das schlimmste. (...) Das findet er [Elisabeths Vater, G.H.] dumm, weil ich Europäerin bin, und warum soll ich mich dann zur Türkin machen. Da heißt es dann: Das ist Tradition und das ist einfach altmodisch, und wieso soll ich mich selbst zur unterdrückten Frau machen? Und am Ende hat der Mann noch mehr Frauen, und wieso mache ich das alles und ... (...) Und das alles freiwillig, also das hat er überhaupt nicht verstanden. (Elisabeth)

Im ersten Interviewausschnitt spricht Elisabeth ein Problem an, daß sich daraus ergibt, daß in unserer Gesellschaft Religion als ein abgetrennter, eigener Bereich verstanden wird: Religion ist Privatsache. Im Gegensatz dazu steht der Islam mit seinem Anspruch, eine „umfassende Lebensordnung" zu bieten, „die das persönliche Leben, das Leben in Familie und Gemeinschaft und die Gesamtgesellschaft regelt ... "[68]. Für den hier angesprochenen Zusammenhang von größerer Bedeutung ist jedoch die Begründung, die im zweiten Zitat genannt wird: der Bezug auf das Islambild, um verständlich zu machen, warum die anderen die eigene Ansicht nicht verstehen wollen oder können. Weiter

---

[68] Matter 1992, S. 113; Allerdings muß berücksichtigt werden, daß es sich hierbei um ein islamisches Ideal handelt. Die Praxis in islamisch geprägten Ländern kann anders aussehen: So ist es beispielsweise in der Türkei verboten, ein Kopftuch in der Schule, an den Universitäten oder im öffentlichen Dienst zu tragen.

vorne habe ich von der Selbstverständlichkeit gesprochen, mit der die befragten Frauen ein negatives Islambild in unserer Gesellschaft annehmen. Ich habe in einem Exkurs auch geschrieben, daß diese Annahme berechtigt ist. Im vorliegenden Kontext ist es weniger von Bedeutung, ob dieses Islambild berechtigt ist oder nicht, sondern vielmehr, daß die befragten Frauen sich damit konfrontiert fühlen und bestehende Konflikte darauf zurückführen. Jedoch bleibt in der Konfrontation mit dem antizipierten Islambild auch Unsicherheit, die sich besonders dann äußert, wenn das Muslimin-Sein zum ersten Mal in die nichtmuslimische Umwelt getragen wird. Ich lasse dazu noch einmal Fatimah zu Wort kommen, die das erstmalige Tragen des Kopftuches sehr anschaulich schilderte. Das Kopftuch war für Fatimah lange Zeit der Faktor gewesen, der sie daran hinderte, tatsächlich zu konvertieren:

Ich habe vorher immer schon noch eine Abneigung gegen das Kopftuch gehabt, das war schwierig für mich, das irgendwie zu begreifen, warum ... (...) Aber ich habe mir gedacht, ich kann nicht einfach so zum Islam konvertieren – den Wunsch hätte ich vielleicht vorher schon einmal gehabt – aber nicht so hundertprozentig. Ich habe gedacht, ich kann nicht konvertieren, wenn ich nicht das Kopftuch akzeptiere. (Fatimah)

Die Lektüre einer islamischen Broschüre, in der das Tragen des Kopftuches plausibel gemacht wurde[69], veranlaßte eine Änderung von Fatimahs Einstellung hinsichtlich des Kopftuches. Sie fühlte sich nun bereit, ein solches zu tragen. Wichtig erschien ihr jedoch, ihre Kollegen nicht einfach mit dem Tuch zu konfrontieren, sondern sie vorzubereiten: An einem Freitag kündigte sie an, daß sie ab kommenden Montag aus religiösen Gründen mit dem Kopftuch erscheinen würde. Montags verwirklichte sie dann ihren Entschluß:

Ja, dann war es soweit, dann kam dieser Tag. (...) Ich habe dann diesen Schleier aufgesetzt morgens und habe gedacht: ‚So, jetzt mußt du rausgehen.‘ Da wurde es mir eigentlich erst bewußt, wo ich den auf hatte und wußte: ‚So jetzt muß ich rausgehen‘. Da habe ich auf einmal registriert: ‚Oh Mann, jetzt die Nachbarn!‘. An die hatte ich noch gar nicht gedacht! ‚Und wenn du jetzt auf die Straße kommst, der Mann vom Kiosk kennt dich auch. Und wie dann alle gucken würden. Ich habe gedacht: ‚Das hilft nichts. Jetzt hast du es gesagt, jetzt mußt du auch raus.‘ Und dann bin ich

---

[69] Es handelte sich um folgende Broschüre: Islamisches Zentrum München: Zum Thema Kopftuch. (= Schriftenreihe des Islamischen Zentrums München, Nr. 10). München 1982. Die in dieser Broschüre dargestellten Hintergründe, die auch häufig von den von mir befragten Frauen genannt werden, werden in Kapitel V, Abschnitt 5: „Die weibliche islamische Kleidung als Ausdruck des Geschlechterkonzeptes" erörtert.

'rausgegangen, schon mit ein bißchen weichen Knien, und habe niemand getroffen im Treppenhaus, das war schon einmal ein Erleichterung. Da bin ich also hochgefahren in die Klinik und dort dachte ich: ‚Oh je' – das ist nämlich ein langer Flur, den ich entlang muß bis in die Umkleidekabine. Da habe ich gedacht: ‚Also, so lang habe ich mir den nie vorgestellt', und dann bin ich also 'rein, habe aber streng auf den Boden geguckt. Das hätte ich nicht gekonnt am ersten Tag, dann den Leuten in die Augen zu gukken. Weil dort in der Klinik ist höchstens mal eine Putzfrau, die ein Kopftuch trägt, und wenn dann auch nur hinten geschlossen, und ansonsten habe ich da nie jemanden mit dem Schleier gesehen. Da bin ich also da rein und habe auf den Boden geguckt. Ich habe irgendwie gezittert, ich war furchtbar aufgeregt und habe mich dann umgezogen und bin in die Ambulanz, wo ich arbeite. Und da wußten ja nun alle Bescheid und da bin da rein, habe ‚Hallo' gesagt und mich hingesetzt. Es waren alle ganz nett, es hat keiner doof geguckt oder so. Sie haben gesagt: ‚Och, das sieht ja ... das ist aber groß', so hätten sie es sich nicht vorgestellt. Dann ist auch gar nicht mehr viel dazu gesprochen worden, und das war ganz gut, muß ich sagen. Da hat man sich ganz normal unterhalten. (Fatimah)

In Fatimahs Schilderung verraten sich die Aufregung, Angst und Unsicherheit, die sie verspürte, als sie sich zum ersten Mal mit dem Kopftuch auf die Straße wagte. Aus der Schilderung läßt sich aber auch ableiten, woher diese Unsicherheit rührt. Die Frage „Was mögen die Nachbarn, der Mann am Kiosk nun denken?", läßt den Hintergrund „Denken sie wohl das gleiche wie ich früher?" mitschwingen. Sie entsinnt sich ihrer eigenen Abneigung gegen das Kopftuch, weiß, wie sie darüber gedacht hat, erinnert sich an das eigene damit verbundene Bild, die eigenen Vorstellungen und die eigene Aggression. Diese ihre eigenen früheren Gedanken nimmt sie nun in den anderen wahr. Zwar kann sie ihre Kollegen vorbereiten, nicht jedoch alle anderen, denen sie begegnet – sie ist deren Wahrnehmung, die sie zu kennen glaubt, vollständig ausgesetzt.

Die Unsicherheit und Aufregung, die Fatimah empfindet, basiert darauf, daß sie sich selbst mit den Augen der anderen sieht, sich damit zum Objekt der Betrachtung macht. Was für Elisabeth im erstmaligen Tragen des Kopftuches der Spiegel ist, sind für Fatimah die Blicke der Nachbarn und Kollegen. In ihnen spiegelt sie sich als eine andere, erkennt sich in ihrer Andersartigkeit und nimmt diese an, indem sie sich mit dem Kopftuch in die Öffentlichkeit wagt. Damit grenzt sie sich aber auch von den anderen ab. Ihre eigene Subjekthaftigkeit konstituiert sich somit auf zwei Ebenen: einmal in der Veröffentlichung des eigenen authentischen Selbst – sie handelt entsprechend ihrer Überzeugung aus sich heraus – und zum anderen in der damit verbundenen Abgrenzung von anderen. In der Schilderung des Auftretens als Muslimin in der Öffentlichkeit äußert sich das weiter oben schon thematisierte schwankende Verhältnis zwischen Selbstobjektivierung und der Selbstwahrnehmung als Subjekt.

Nicht alle befragten Frauen tragen das Kopftuch. Die beiden Frauen aus der Sufi-Gruppe, Rabiya und Jamila, sowie Karin und Jutta tragen nur während des Gebetes bzw. während religiöser Zusammenkünfte – also in einer muslimischen Umwelt – eine Kopfbedeckung. Außer Jutta begründen dies alle damit, daß ihrer Ansicht nach dem Koran ein entsprechendes Gebot nicht zweifelsfrei zu entnehmen ist. Daneben hat aber jede einzelne noch private Gründe, die dazu beitragen, daß sie kein Kopftuch oder Schleier trägt. Karin fühlt sich mit islamischer Kleidung verkleidet, Rabiya erzählt, daß sie schon als Kind Kopfbedeckungen nicht leiden konnte, und Jamila meint, daß für sie Islam was anders sei als Äußerlichkeiten, empfindet die Kopfbedeckung als zu auffällig und sieht sie in westlichen Zusammenhängen als schlechte Werbung für den Islam an:

Will man die Leute ärgern, so daß sie gegen den Islam sind, oder will man durch sein Benehmen, daß die Leute einen mögen? Und dann finden sie heraus, daß du eine Muslimin bist. Vielleicht können sie dann mehr darüber lernen und mehr Toleranz dafür haben. Aber wenn du dich in einen Regenmantel kleidest und so ganz brav wie eine Türkin herumläufst, will kein Mensch mehr etwas über dich wissen, und das ist dann keine gute Werbung für den Islam. (Jamila)

Alle drei Frauen stellen in ihren Erzählungen direkte Zusammenhänge zwischen Konflikten mit der deutschen Umwelt und dem Tragen einer Kopfbedeckung her. Karin, indem sie befürchtet, daß es zu Übergriffen kommen könnte, wenn sie sich in islamischer Kleidung auf der Straße zeige, Rabiya, indem sie erwähnt, daß sie Probleme mit ihren Arbeitskollegen und Kolleginnen vermeide, indem sie kein Kopftuch trage, und Jamila berichtet, daß sie zu der Zeit, da sie ein Kopftuch trug, in Deutschland für eine Türkin gehalten und von Verkäuferinnen und Kaufhausdetektiven schikaniert worden sei. Trotzdem treffen zumindest für Karin auch die oben beschriebenen Strukturen der Gewinnung von Subjekthaftigkeit im Konflikt bzw. in ihrem Fall durch Distinktion zu. Ihre Ausdrucksform findet sie dabei weniger in der islamischen Kleidung – so sagt Karin: „*Die Kleidung widerspricht mir*" – als vielmehr in anderen Zeichen des Islam, d.h. in der Sprache, der Besonderheit der Religion und in der damit verbundenen Exotik:

Bis dahin war ich ja nichts, ich war die Schwester meines Bruders und dazu noch ziemlich häßlich, alles negativ. Ich habe erst einmal wieder angefangen, etwas Positives an mir herauszusuchen, und das Positive fing damit an, daß ich etwas wußte, was mein Bruder nicht wußte, daß ich zum

Beispiel Türkisch konnte, daß ich anfing, Türkisch zu lernen, daß ich mich für eine Religion interessierte, von der er keine Ahnung hatte, und daß ich so praktisch den konträren Weg einschlug damals, und das ist bis heute noch so. (Karin)

Auch bei Karin spielt also die Zeichenhaftigkeit des Islam eine Rolle. Bei ihr sind es jedoch weniger die negativen Anteile des Islambildes, die die Subjekthaftigkeit vermitteln, als vielmehr seine positiven Elemente.

Die beiden Frauen der Sufi-Gruppe drücken sich selbst weniger durch die allgemeinen Zeichen der Islamzugehörigkeit, als vielmehr verbal durch ihre Zugehörigkeit zu den Sufis aus. Deutlich wird dies an der Abgrenzung von anderen islamischen Gruppierungen, die beide Interviews durchziehen[70]. In ihrer Zugehörigkeit zu den Sufis fühlen sie sich eher anderen an den Idealen der Mystik orientierten Gruppen, seien diese christlich oder islamisch, nahe als den – wie sie sagen – „fundamentalistischen" oder „orthodoxen" islamischen Richtungen. Die Grenzen verlaufen bei diesen beiden Frauen weniger entlang der Linie Muslime/Nicht-Muslime als vielmehr Sufismus/orthodoxer Islam. Dies ist besonders bei Jamila sehr stark ausgeprägt und wurde in der Analyse ihrer charismatischen Faszination schon herausgearbeitet[71]. Aber auch bei Rabiya spielt die Auseinandersetzung mit den „orthodoxen" Glaubensregeln eine Rolle, wenn auch weniger ausgeprägt. Möglicherweise trägt auch – ähnlich wie bei Karin – die beim Sufismus besonders deutlich hervortretende exotische Note zur Selbstkonstitution der Anhänger und Anhängerinnen dieser islamischen Orientierung bei, jedoch lassen sich in den beiden von mir durchgeführten Interviews kaum Hinweise darauf finden.

Die vierte Frau, die das Kopftuch nicht trägt, Jutta, nimmt eine Sonderposition ein. Sie begrüßt im Grunde genommen die Idee einer Kopfbedeckung, hält sich selber aber noch nicht für weit genug in ihrer islamischen Entwicklung, um eine solche zu tragen. Für Jutta resultieren Konflikte mit der Umwelt nicht allein aus dem Tragen einer islamischen Kopfbedeckung; sie erzählt davon, daß sich einige ihrer Freundinnen und Freunde schon von ihr abwandten, nachdem sie einen muslimischen Mann geheiratet hatte. Auch die Erfahrung mit einer Bekannten, die erfuhr, daß Jutta sich dem Islam zugehörig fühlt, be-

---

[70] Auch in den Interviews mit den anderen Frauen werden Grenzziehungen innerhalb der (deutschsprachigen) islamischen Gemeinschaft sichtbar. So fühlt sich Malika als Angehörige der Ahmadiyya-Bewegung von den anderen Gruppe ausgegrenzt, während sie von sich selber sagt, daß sie den Kontakt suche. Allerdings grenzt sie sich selber auch durch ihre differenten Glaubensgrundsätze ab. Angelika grenzte sich deutlich von der Sufi-Gruppe ab, als ich ihr erzählte, daß ich auch dort Kontakte hätte. Alle Frauen grenzen sich von denen ab, die einen durch „Traditionalismen" geprägten Islam vertreten. Jedoch ist das Motiv der Abgrenzung von anderen islamischen Gruppen bei den Sufi-Frauen besonders ausgeprägt.
[71] Siehe S. 122ff.

wiesen ihr, daß nicht allein Kleidung und Kopfbedeckung die Ablehnung der nicht-islamischen Umwelt hervorrufen:

> *Vor nicht langer Zeit am Informationsstand in der Stadt trifft mich eine Frau, (...) die damals sehr viel mit mir gesprochen hatte. Als sie erfuhr, daß ich am Infostand bin aus Interesse für die Muslime und daß ich selbst konvertiert bin – eben ohne Schleier und Kopftuch –, da hat sie mich überhaupt nicht mehr respektiert. Von dem Moment an hat sie mich nicht mehr für voll genommen und hat mir keine Möglichkeit gegeben, ihr meine Entwicklung preiszugeben. Und das hat mich aus diesem Grunde stark getroffen, weil das eben vorher für mich eine Frau war, die sehr offen war für alles. (...) Sie ist dann auch regelrecht weggelaufen vor der Unterhaltung, aber hat es mich spüren lassen vorher, was ich denn für eine Frau wäre, daß ich mich so herabziehen lasse, also regelrecht herabziehen lasse.*
> *(Jutta)*

Juttas Betroffenheit über die Ablehnung ihrer Bekannten stellt sich vor allem dadurch her, daß es ihr nicht gelingt, der antizipierten Meinung der anderen Frau etwas entgegenzusetzen, d.h. ihrer Bekannten ihre Sichtweise plausibel zu machen und deren Anerkennung zu bekommen. Vor diesem Hintergrund heißt „*in der eigenen Entwicklung noch nicht weit genug zu sein*", sich selbst immer noch in erster Linie durch die Augen der anderen sehen, das eigene Selbst durch deren Bestätigung, weniger durch Abgrenzung zu konstituieren.

Um es noch einmal deutlich zu machen: Auch die Frauen, die selbstbewußt den Islam – symbolisiert in ihrer Kleidung oder in anderen Zeichen – nach außen tragen, nehmen nicht eine rein subjekthafte Position ein. Was mit der Konversion erreicht wird, ist kein abgeschlossener, fertiger Zustand, sondern eine Balance zwischen der Selbstwahrnehmung als Subjekt oder Objekt. Die antizipierte Meinung der anderen tritt allen Frauen immer wieder entgegen und verlangt jedesmal neu nach Auseinandersetzung. Die Konversion zum Islam ist auch aus dieser Perspektive eine anhaltende Entwicklung, ein Weg, ein Prozeß – wie ja auch meine Interviewpartnerinnen immer wieder betonen.

4.3 Strategien der Auseinandersetzung

In diesem andauernden Prozeß lassen sich zwei grundsätzliche Strategien der Auseinandersetzung, des Balancierens zwischen Selbstwahrnehmung und antizipierter Fremdwahrnehmung erkennen. Die erste Strategie geht davon aus, daß es grundsätzlich möglich ist, bei den anderen Verständnis zu erwecken bzw. sie gar zu überzeugen. Die zweite Strategie hingegen basiert auf einer grundsätzlichen Unvereinbarkeit der Ansichten. Beide Strategien lassen sich in den Interviews nebeneinander erkennen, schließen sich also nicht gegenseitig aus.

Die erste Strategie wird anhand der folgenden Interviewausschnitte deutlich:

> *Ich habe da [am Arbeitsplatz, G.H.] das Kopftuch auf, und die meisten Leute kommen dann ganz normal, wenn die sehen, ich gucke die auch an, dann kommen die ganz normal und reden. Viele sagen auch: ‚Sie sind aber nett' und so. Das finde ich auch schön, und manche fragen: ‚Warum tragen Sie denn das Kopftuch?', oder manche sagen: ‚Ach, das steht Ihnen aber gut.' Das sind so Kleinigkeiten, die mir immer wieder gefallen. Ich denke dann: ‚Ich bin doch froh, daß ich das trage und die Leute merken, daß ich wirklich ein ganz normaler Mensch bin.' (Fatimah)*

> *Früher habe ich das immer als Angriff gesehen, wenn mich mal in der Stadt jemand angesprochen hat. Und wenn mich jetzt mal einer anguckt und ziemlich lange anguckt, dann frage ich die, was sie denken, dann gehe ich auf die zu. Und dann sind die manchmal so perplex, dann wissen die also erstmal nicht, wie die reagieren sollen. Und so habe ich schon Freundschaften aufgebaut. So an der Uni, da hat es einmal eine Vorlesung gegeben, und da war eine Ärztin, die hat gesagt: ‚Mein Gott, Sie lächeln ja, obwohl Sie verschleiert sind.' Da habe ich gesagt: ‚Wissen Sie was, kommen Sie mich doch mal besuchen.' Da kam sie dann auch und wir haben uns lange unterhalten, und die sah das dann auch anders. (Asma)*

> *Da gibt es auch sehr viele verschiedene Methoden, den Schal anzuziehen, und ich denke eigentlich, daß der Schal auch kein so ein großes Problem mehr in der westlichen Gesellschaft darstellt, wie einige das sagen. (...) Ich glaube, der Gesamteindruck ist sehr wichtig, den man vermittelt – also mit Schal –, und daß man sich eben entsprechend anzieht, und daß man eben gut angezogen ist. Also elegant und modern und nicht den Schal auf irgendeine Hippieart umhängt oder so. (Kamile)*

Alle drei Frauen sehen sich in diesen Zitaten als Botschafterinnen des Islam. Durch ihr Verhalten demonstrieren sie, daß sie ganz „normal" sind, daß sie also weit davon entfernt sind, dem Klischee der unterdrückten Türkin zu entsprechen. Durch ihre Berufstätigkeit, Freundlichkeit, durch aktives selbstbewußtes Auftreten, durch schicke, moderne Kleidung grenzen sie sich von diesem Klischee ab und signalisieren „Wir sind anders, als ihr denkt". Dementsprechend reagiert auch die Umwelt – sie ist zunächst perplex. Die Grundhaltung der beschriebenen Nicht-Muslime wird dabei als zwar freundlich, jedoch fast lächerlich naiv, was den islamischen Glauben angeht, beschrieben. Erst die

Begegnung mit den Musliminnen und deren aktives Handeln ermöglicht es ihnen, den Islam aus einer anderen – in muslimischen Augen richtigeren – Perspektive zu sehen. Die naive, aber grundsätzlich freundliche Haltung der Nicht-Muslime zusammen mit dem tätigen Verhalten der befragten Frauen vermag Brücken zwischen beiden Gruppen zu schlagen, die bis zu Freundschaft – in einigen Fällen vielleicht bis zur Überzeugung – gehen können. Die Basis dieses Denkens bildet dabei die Vorstellung, daß die Ablehnung der Umwelt lediglich aus Unkenntnis und Vorurteilen resultiert, ein Makel, der aber behebbar erscheint.

Die Vorstellung, eine Brücke schlagen zu können, hat die Überzeugung zur Grundlage, daß die mit der Umwelt gemachten Erfahrungen vom persönlichen Handeln abhängen, daß also das eigene Leben und Erleben auf einer zwischenmenschlichen Ebene entscheidend mitgestaltet werden kann. In dieser Form der Darstellung wird die eigene Subjekthaftigkeit betont, die Frauen sehen sich als handelnd und initiierend. Indem sie das Kopftuch als positive Werbung für den Islam sehen, entsprechen sie jedoch auch der islamischen Idee des Da'wa, d.h. der islamischen Missionierungsarbeit, die sich als ein „Vertrautmachen" mit bzw. „Hinführen" zum Islam versteht.

Die zweite Strategie der Auseinandersetzung hat mehrere Facetten. Eine davon läßt sich im folgenden Zitat erkennen, in dem Elisabeth berichtet, wie sie zum ersten Mal mit dem Kopftuch an ihrem Arbeitsplatz erschien:

Da bin ich einfach hin (lacht) mit dem Tuch ohne Vorwarnung. (...) Und da war natürlich die erste Reaktion: ‚Ach du liebe Zeit, du liebes bißchen, jetzt geht sie den Weg des Untergangs.' (Lacht) ‚Jetzt ist sie total verrückt geworden, und jetzt ist sie schon so gut wie tot.' Lebendig begraben. (...) Ich meine, es wird nicht akzeptiert. Es ist schon irgend etwas Exotisches, aber sie lassen mich damit in Ruhe, ab und zu kommt eine Anspielung. Sie können es nie verstehen, auch nicht im Sinne von Selbstverwirklichung, also es ist immer dieses Schreckgespenst von unterdrückter Frau und armer Frau, die mit drei anderen Frauen ihr Leben teilen muß und solche komischen Sachen, und Betty Mahmoody und Golfkrieg und Sadam Hussein und alles. Wenn die mich sehen, dann erinnern die sich plötzlich an diese ganze Palette von Möglichkeiten. (Elisabeth)

Zwar sieht hier auch Elisabeth, ebenso wie die anderen bisher zitierten Frauen, die Ablehnung der Konversion zum Islam durch die nicht-muslimische Umwelt vor dem Hintergrund einer gesamtgesellschaftlichen Vorurteilsbildung. Doch das ihrer Vorstellung zugrundeliegende Muster unterscheidet sich von dem der anderen Frauen dadurch, daß sie Nicht-Muslimen im Grunde genommen nicht zutraut, ihre Meinung über den Islam zu revidieren („*Sie können es nie verstehen*"). In Elisabeths Sichtweise sind es die gängigen Klischees vom

Islam, die verhindern, daß Nicht-Muslime ihren Blickwinkel auf den Islam verändern können. Das steht ihrer Meinung nach im Gegensatz zu einer allgemeinen Akzeptanz anderer weltanschaulicher oder religiöser Systeme, die zumindest als Wege zur Selbstverwirklichung ihren Platz innerhalb westlicher Denkmuster gefunden haben. Die stereotypen Vorstellungen vom Islam hingegen lassen nicht zu, den wahren Islam zu sehen.

Mit der Vorstellung der grundsätzlichen Unvereinbarkeit der beiden Welten ist auch ein anderes Bild der Nicht-Muslime verbunden. Durch die zugespitzte Beschreibung des Denkens der Nicht-Muslime („*Weg des Untergangs*"; „*Lebendig begraben*") werden diese nicht nur als naiv, sondern auch als lächerlich dargestellt, ebenso ist den Beschriebenen ihre Freundlichkeit abhanden gekommen. Die Ironisierung des Verhaltens der anderen dient auch dazu, deren mögliche Kritik an der Konversion nicht wahrnehmen zu müssen, sie also von vornherein abzuwehren.

Als Steigerung der Vorstellung einer grundsätzlichen Unvereinbarkeit vertreten einige Frauen den Standpunkt, daß nicht Unfähigkeit des Verstehens, sondern mangelnde Bereitschaft, ihre Meinung zu revidieren bzw. die Scheu vor einer Auseinandersetzung das Verhalten der Nicht-Muslime prägt. Heißt es im obigen Zitat noch „*Sie können nie verstehen*", wird das „Können" nun ersetzt durch „Wollen":

> *Da sieht man dann doch, wie weit der Horizont derjenigen ist, die sich so was angucken [den Film nach dem Buch von Betty Mahmoody, G.H.] oder dann mitziehen. Die haben schon eine vorgefaßte Meinung und kriegen die durch den Film nur bestätigt. Sie wollen bestätigt werden, also machen sie sich da weiter keine Gedanken. (Asma)*

> *Die Leute sagen sehr oft: ‚Geh doch in deine Heimat, da kannst du das leben. Bei dir zu Hause kannst du das machen', und ich sage: ‚Ich bin bei mir zu Hause.' Die Leute sind nicht einmal dann bereit, zu akzeptieren, daß ich Deutsche bin. Das heißt, die sagen dann: ‚Bevor du mit mir sprichst, lern erst einmal ordentlich deutsch' oder: ‚Nix verstehen, nix verstehen' oder so etwas in der Art. (Malika)*

Die Darstellung der Nicht-Muslime in diesen Zitaten ist auch nicht mehr ironisierend oder von Lächerlichkeit geprägt, sondern sie erscheinen aggressiv und ignorant.

Ein Variante der Auseinandersetzung zeigt sich bei Malika: die Vorstellung einer grundsätzlichen Unvereinbarkeit. Sie sagt, daß es für sie keine Bedeutung hat, wie Nicht-Muslime zum Islam stehen. In ihrer Darstellung treten die anderen Personen vor ihrer eigenen Beziehung zu Gott zurück, werden quasi zu Nicht-Personen:

Und natürlich hatte ich am Anfang, als ich Kopftuch getragen hatte, Angst gehabt. Ich habe Angst vor den Leuten draußen gehabt, aber ich habe mir im gleichen Augenblick auch gesagt, daß diese Angst ‚Shirk'[72] ist, das heißt ‚Shirk' ist die Beigesellung anderer neben Gott. Das heißt, daß ich eben etwas anderem den Rang einräume, den ich Gott einzuräumen habe. Der Heilige Prophet Mohammed (der Friede und der Segen Gottes sind auf ihm) sagt, daß ‚Shirk', die Beigesellung anderer Dinge zu Gott, die größte Sünde überhaupt ist. Also habe ich mir einfach gesagt, daß ich Gott fürchten und lieben soll und nicht den Menschen. Und da ist es ganz egal, da die Menschen alle auch erschaffen sind, was die sagen, tun, meinen oder denken und das Wesentliche eigentlich einzig und allein Gott ist. Und das war es, was mich dann letzten Endes dazu geführt hat, daß ich ... ja, in der Lage war, mich in dieser Hinsicht weiterzuentwickeln. (Malika)

Später in dem Interview wird jedoch deutlich, daß die Blicke der anderen sehr wohl noch Bedeutung für sie haben. Gegen Schluß unseres Gespräches erzählt sie noch einmal von verschiedenen Erfahrungen, die sie mit ihrer islamischen Kleidung gemacht hat und resümiert schließlich:

Das ist eine Frechheit, aber das sind halt so Dinge, mit denen man lebt und die ich eigentlich auch gar nicht als so schlimm empfinde, weil ich gelernt habe, sie als eine ständige Erinnerung, daß ich Muslimin bin, zu nehmen. Ja, und die mich dann einfach doch dazu führen, in dem Augenblick, daß ich ‚Du'ā'[73] mache, also ein Bittgebet spreche und einfach eben denke, das sind die Opfer, die ich für meinen Glauben halt bringe. (Malika)

In diesem Interviewausschnitt wird noch einmal die Bedeutung der Auseinandersetzung für den Übertritt zum Islam beleuchtet. Klar wird, daß die Blicke der anderen hier als Spiegel dienen, in dem Malika sich selbst immer wieder als Muslimin wahrnimmt und bestätigt, d.h. in der Auseinandersetzung mit der nicht-muslimischen Umwelt wird die Konversion und damit die Identität als Muslimin bekräftigt. In dieser Bekräftigung aber treten die Blicke der anderen immer mehr in den Hintergrund, verlieren – wie das erste Zitat belegt – immer mehr an Bedeutung, werden unwesentlich. Daß beide Zitate nebeneinander vorliegen, verdeutlicht wieder das Nebeneinander der Selbstwahrnehmung als Subjekt wie auch als Objekt.

---

[72] "Shirk" bedeutet Dualismus, Trinität oder Polytheismus und steht im Gegensatz zu „tauhid", der Einheit Gottes, die im Islam oberstes Prinzip ist.
[73] Das private Gebet. Siehe dazu Kapitel II.

Im zweiten Zitat zeigt sich noch ein weiterer Aspekt, ein gewisses Gefühl der Überlegenheit, das sich darin äußert, sich selbst als Märtyrerin zu sehen. Auf den ersten Blick Opfer ihrer Überzeugung, sind Märtyrer bei genauerem Hinsehen durch ihren herausragenden Charakter und ihr mutiges Verhalten gekennzeichnet. Märtyrer werden als besondere, der Allgemeinheit überlegene Menschen angesehen. Schaut man sich die Interviewzitate in diesem Abschnitt an, wird man feststellen, daß nicht nur Malika sich als außergewöhnlich darstellt. In allen Zitaten nimmt die Erzählerin die Position der Wissenden, Kompetenten, Belehrenden, aber auch der Andersartigen oder der Exotin ein; sie ist damit entweder ihrer Umwelt überlegen oder grenzt sich schlicht von dieser ab. Verbunden damit ist die Selbstdarstellung als handelnde, agierende Person, die die fremden Blicke hinnimmt, ihnen selbstbewußt entgegentritt, mit ihnen spielt oder sie abweist. Die Partner in dieser erzählten Interaktion – die starrenden Nicht-Muslime – erscheinen als naiv, unwissend, vorurteilsbeladen, verblüfft, ignorant, unreif und letztlich nicht existent. In allen diesen Darstellungen wirken die Frauen also nicht wie Opfer – obwohl dies auf den ersten Blick so scheinen mag –, nicht wie fremder Willkür Ausgelieferte, sondern wie aktive Personen: Sie selbst bestimmen die Richtung der Interaktion.

4.4 Alte und neue signifikante Andere

Eine grundsätzliche Unvereinbarkeit der Meinungen und Vorstellungen zeigt sich in den Interviews besonders im Zusammenhang mit den „signifikanten Anderen", den Personen also, die im Leben des Individuums eine besondere Rolle spielen wie beispielsweise Eltern, Geschwister, Freunde, Liebespartner usw. Elf meiner Gesprächspartnerinnen schildern – zum Teil sehr dramatisch – Konflikte, die vor allem mit den Eltern ausgetragen werden, aber auch mit nahen Freunden und Freundinnen. Zentral in diesen Schilderungen ist der Vorwurf an die signifikanten Anderen, „nichts zu verstehen" und „nicht hören zu wollen":

> Die haben gar nichts verstanden. Und auch bis jetzt haben sie gar nichts verstanden. Sie [die Mutter, G.H.] hat mich vor Weihnachten mal angerufen. Also es war sowieso klar, daß ich dann nicht kommen konnte zu Weihnachten, dann hat mich meine Mutter mal angerufen zu Weihnachten, hat gesagt, daß sie ganz fertig ist, und daß sie es gar nicht verstehen kann, und sie hat so eine Angst vor dieser Religion. Und alles wäre ja so schrecklich. Und ich konnte ihr da am Telefon aber nicht viel zu sagen. Also ich habe versucht, ihr so manches zu erklären, aber sie hat dann immer ... sie war mit sich selber immer im Widerspruch. Einerseits sagt sie,

sie versteht nichts, andererseits sagt sie, sie will gar nicht davon hören, sie will auch nichts verstehen können. (Fatimah)

Und diese Auseinandersetzung, die ging vielleicht zwei Tage und das war auch keine richtige Auseinandersetzung, denke ich. Weil das war einfach nur eine Anschuldigung, aber kein Hörenwollen, das war keine Diskussion, das war einseitig. Aber du bist so und so und so, und du sollst das und das nicht machen, und du kannst das ja soweit machen, aber wir wollen nicht, daß man das sieht. Aber etwas vom Islam zu hören, das war eigentlich ... deutlich wurde von meinem Vater gesagt: ‚Ich will nichts wissen über dieses Thema. Ich will nichts hören.' (Elisabeth)

Auf die Wahrnehmung, daß die anderen nicht „hören" oder „verstehen" können oder wollen, bin ich schon weiter oben eingegangen. Im Zusammenhang mit den signifikanten Anderen muß diese Wahrnehmung jedoch umfassender interpretiert werden. Signifikante Andere sind, wie Berger und Luckmann es formulieren, „im Leben des Einzelnen die Starbesetzung im Spiel um seine Identität. Sie sind so etwas wie seine Versicherungsagenten seiner subjektiven Wirklichkeit. Weniger signifikante Andere fungieren als eine Art Chor."[74] In anderen Worten ausgedrückt: In der Interaktion mit signifikanten Anderen bestätigt sich immer wieder die Selbstwahrnehmung. Zwar haben auch weniger signifikante Andere Bedeutung im Prozeß der Selbstkonstitution, doch hat deren Stimme darin wesentlich weniger Gewicht. Die subjektive Wirklichkeit entsteht wesentlich im Austausch mit signifikanten Anderen, die häufig auch die Anderen sind, die die eigene Meinung teilen.

Lehnen diese es jedoch ab, die neu gewonnene Wirklichkeitssicht zu teilen, so müssen diese signifikanten Anderen „entthront"[75] werden, d.h. es müssen Distanzierungen physischer oder geistiger Art stattfinden. Können im Falle weniger signifikanter Anderer Distanzierung dadurch hergestellt werden, daß sie lächerlich gemacht werden oder daß deren Ansicht als unbedeutend angesehen wird, kurz, oben beschriebene Strategien benutzt werden, so greifen diese Mechanismen bei signifikanten Anderen alleine nicht. Dennoch kommen sie auch bei diesen zur Anwendung, da sie eine zu große Macht besitzen, die neue, noch ungefestigte Wirklichkeitssicht zu stören, wie Berger und Luckmann betonen: „Die neue Plausibilitätsstruktur muß *die* Welt des Menschen werden, die alle anderen Welten und besonders die, welche er vor seiner Konversion ‚bewohnte', verdrängt. Das macht seine Absonderung von ‚Mitbewohnern' der Welt, die er hinter sich gelassen hat, nötig. Im besten Falle ist die Trennung eine physische. Wenn das aus irgendwelchen Gründen nicht möglich ist, so

---

[74] Berger und Luckmann 1984, S. 161.
[75] Berger und Luckmann 1984, S. 161.

muß die Absonderung durch eine Definition gesetzt werden, und zwar durch eine Definition, mittels derer die Anderen nihiliert werden."[76] Sowohl physische Trennung als auch eine Neudefinition der ehemals signifikanten Anderen zeigt sich im folgenden Interviewzitat:

> *Die Leute haben dann eben so versucht, das irgendwie zu verarbeiten bzw. ich habe mich dann auch immer mehr von denen distanziert, weil ich gemerkt habe, die hemmen irgendwie eine Entwicklung in mir. Ich habe sozusagen einen Weg beschritten, den ich jetzt weitergehen will, ja eben die Suche nach der Wahrheit, egal wie sie jetzt heißt, und die Leute wollen mich jetzt daran hindern, und dann habe ich gesagt: „Ja, okay, wenn es mit euch nicht klappt, dann tschüs. Dann mache ich das allein weiter."*
> (Angelika)

Hier beschreibt Angelika ihre Form der Distanzierung von der evangelischen Gemeinde, mit der sie vor der Konversion in allen Bereichen ihres Lebens eng verflochten war: Sie löst sich physisch von dieser Gruppe, indem sie wegzieht. Gleichzeitig aber baut sie eine geistige Distanz auf, indem sie die Gruppe als Hindernis ihrer Entwicklung definiert. Die Ansicht der anderen wird durch eine solche Sichtweise negiert. Eine derartige Umdefinition läßt sich auch in den Vorwürfen erkennen, denenzufolge die anderen nicht „hören wollen" oder „nichts verstanden" haben. Mit diesem Vorwurf werden die ehemals signifikanten Anderen zu ganz Anderen aufgebaut, die nicht mehr in der Lage sind, Zugang zur eigenen Gedankenwelt zu finden. Es wird eine unüberbrückbare Kluft geschaffen, die eine Annäherung, ein Aufeinander-Zugehen, unmöglich macht. Die Unmöglichkeit der Annäherung liefert schließlich den Grund für die eigene bewußte Distanzierung: Da sie mich nicht verstehen wollen, bin ich auch nicht verpflichtet, mich auf ihre Einwände einzulassen. Dieser Prozeß muß nicht unbedingt einseitig sein. Es ist sehr wahrscheinlich, daß einige Elternpaare und gute Freunde und Freundinnen sich tatsächlich weigerten, sich mit der neuen Weltsicht der konvertierten Frauen auseinanderzusetzen. Nur wird diese Haltung der signifikanten Anderen von meinen Gesprächspartnerinnen dann wiederum benutzt, um ihre eigene Distanz auszubauen, sich selbst innerlich zu lösen und sich davon zu befreien, die Sichtweise der Anderen ernsthaft in Betracht ziehen zu müssen.

Berger und Luckmann weisen darauf hin, daß die Distanzierung vor allem in den ersten Stadien einer Konversion nötig ist, solange die neue Weltsicht noch gefährdet ist[77]. Einigen Personen gegenüber bleibt die in diesem Stadium un-

---

[76] Berger und Luckmann 1984, S. 169f.
[77] Dementsprechend berichten auch vor allem die vor relativ kurzer Zeit konvertierten Frauen von Konflikten mit der nicht-muslimischen Umwelt.

ternommene Distanzierung endgültig, der Kontakt wird vollständig abgebrochen. Anderen Personen gegenüber – hier sind besonders die Eltern zu nennen – findet nach einiger Zeit wieder eine Annäherung statt. Ein schönes Beispiel dafür liefert Elisabeth. Mit ihr führte ich ca. zehn Monate nach dem ersten Gespräch ein weiteres Interview. Zu Beginn des zweiten Gespräches teilte sie mir gleich mit, daß es eine entscheidende Änderung gegeben habe; das Verhältnis zu ihren Eltern sei viel besser geworden, sie hätten ihre Konversion akzeptiert:

> *Die Situation zu Hause hat sich sehr verbessert. Das ist jetzt ganz locker und normal geworden, daß ich Muslima bin. Und ich lebe dort auch wie früher immer, also kein distanzierteres Verhältnis oder so. (Elisabeth)*

Daß diese Verbesserung nicht nur Akzeptanz auf seiten der Eltern darstellt, sondern entscheidend durch die innere Haltung Elisabeths geprägt wird, zeigt sich in folgender Interviewpassage:

> *Und aus der Kirche bin ich auch einfach ausgetreten [die Eltern hatten diesen Schritt vorher verboten, G.H.]. Also ich habe es jetzt auch amtlich. Das war so eine ganz merkwürdige Situation. Ich bin nach Hause gekommen und habe auf meinem Schreibtisch den Brief vom Amtsgericht gefunden, und der war geöffnet. Da habe ich reingeguckt, und da stand da: Hiermit bescheinigen wir Ihnen, daß Sie am 22. Dezember aus der Kirche ausgetreten sind usw. Und der lag denn da so herum. Dann dachte ich – also erstens fand ich das nicht gut, daß es geöffnet wurde – und dann hat keiner was davon gesagt. Und ich war mal neugierig, was passiert jetzt? Die wissen es und die sagen nichts, da habe ich auch nichts gesagt. (...) Ich habe den Brief dann auch weggelegt und das war dann irgendwie so wie abgehakt für mich. (Elisabeth)*

Ihren Eltern gegenüber hat sich Elisabeth eine distanzierte Haltung zugelegt, auch wenn sie im ersten Zitat davon spricht, daß es keine Distanz mehr gäbe. Auf der Basis dieser distanzierten Haltung vermag sie das Verhalten ihrer Eltern „abzuhaken", d.h. es berührt sie nicht wirklich, ihre Eltern habe ihre die Wirklichkeit definierende Macht über sie verloren.

Im Prozeß der Distanzierung von den signifikanten Anderen spielen die neuen signifikanten Anderen eine große Rolle. Denn – so schreiben Berger und Luckmann – die neue „Plausibilitätsstruktur muß dem Individuum durch signifikante Andere vermittelt werden, mit denen es zu einer tiefen Identifikation kommen muß. Ohne diese Identifikation ist keine radikale Transformation der subjektiven Wirklichkeit – einschließlich natürlich der Identität – möglich."[78]

---

[78] Berger und Luckmann 1984, S. 168.

Neue signifikante Andere, das ist im Fall der Frauen, die den Islam über einen muslimischen Mann kennengelernt haben, eben dieser Ehemann, sowie in anderen Fällen die islamische Gemeinschaft. Diese Gemeinschaft sieht allerdings für die einzelnen Frauen recht unterschiedlich aus und verändert sich auch im Verlaufe des Konversionsprozesses. In den frühen Stadien der Konversion beschränken sich die Repräsentanten der islamischen Gemeinschaft häufig auf die Verwandtschaft des Ehemannes, die Familie, über die die Annäherung an den Islam erfolgte, und den sie umgebenden Kreis. In späteren Stadien gewinnt in einigen Fällen die Zugehörigkeit zur deutschsprachigen islamischen Gemeinschaft an Bedeutung:

> *Die Erfahrung mit der Gruppe [die islamische Frauengruppe[79], G.H.] mache ich jetzt auch erst seit einem Jahr, die gab es vorher nicht ... wir hatten uns auf der Islamwoche kennengelernt. Da hatte die K. auf die Rückseite von einem Flugblatt geschrieben, daß es also eine Frauengruppe gäbe, und jeder hat ja immer nach einem Anschluß gesucht – mit anderen muslimischen Frauen hatten wir ja meistens die sprachlichen Probleme. (...) Und als islamische Frau so ganz allein hier ... man hat, wie gesagt, eben diese deutschen Bekannten oder Freunde, die aber eben nur auf einem bestimmten Niveau mit einem kommunizieren können, weil sie einem nicht verstehen können oder wollen. (Halima)*

> *Gesucht habe ich Leute ... ich habe immer zu meinem Mann gesagt: ‚Das muß es doch irgendwo noch geben, es muß doch eine Resonanz geben, das gibt es doch nicht, daß ich hier so alleine schwimme als Konvertitin. Da muß es doch noch eine ganze Mannschaft geben und Frauen, die ähnliches erlebt haben, ähnliche Erfahrungen haben auch.' Und da war das Ausländerfest (...) und da war eben dieser Infostand. Und die [die Frauengruppe, G.H.] haben dann eben so Flugblätter verteilt, und dieses Flugblatt, das lag dann immer auch in meiner Schublade, weil ich eben sehr viel zu tun hatte ... also ich hatte in der Zeit gar keinen Nerv dazu, mich näher damit zu befassen, und dann kam eben die Zeit, wo ich dachte: ‚So, jetzt packst du es an.' Und dann bin ich eben zur Schublade und habe das Blatt herausgesucht und eben die K. angetroffen und bin dann seitdem eben mit von der Partie. Und ich bin auch sehr dankbar dafür, weil man eben mehr Austausch hat, und man fühlt sich nicht ganz so sonderbar, sag ich mal. Man fühlt sich doch noch einmal bestätigt und denkt: ‚Na, dann bist du nicht die einzige, die ein bißchen anders denkt.' Das tut schon ganz gut. (Jutta)*

---

[79] Zu der Frauengruppe siehe drittes Kapitel.

In einer Untersuchung über die Bedeutung von Frauengruppen im Alltag von Frauen betont Nadig, daß die politische Richtung der Gruppe oder ihr Grad an Progressivität weniger wichtig sei. Von Bedeutung sei jedoch, daß Frauen dann aus einer Gruppe Befriedigung ziehen könnten, wenn „die Strukturen der Organisation und die Inhalte den lebensgeschichtlich gewachsenen psychischen Bedürfnissen einer Frau entsprechen und daran anknüpfen."[80] In anderen Worten: In der Gruppe möchten die Frauen auf Ansichten und Aktivitäten treffen, die mit ihren eigenen Vorstellungen in Übereinstimmung stehen.

Dieser Anspruch an eine Gruppe wird in obigen Interviewausschnitten deutlich: Hier zeigt sich, wie wichtig es den befragten Frauen ist, sich über ihre Erfahrungen und Ansichten austauschen zu können, sich als Teil der islamischen Gemeinschaft zu sehen. In diesem Erfahrungsaustausch, im persönlichen Kontakt in kleineren Gruppen, in denen diskutiert, gefeiert, gegessen, gebetet, verreist, organisiert wird, wird die neue Wirklichkeitssicht gefestigt. Unterstützt von Schriften dieser Gemeinschaft und von regelmäßigen überregionalen Treffen wird der Islam „erlernt", kurz, in der Gemeinschaft wird an der neuen Plausibilität „gearbeitet": „Nur im Rahmen der Religionsgemeinschaft, der ‚Ecclesia', bleibt eine Konversion wirklich plausibel. Damit bestreiten wir nicht etwa, daß eine Konversion dem Anschluß an die Gemeinde vorausgehen kann. Saulus von Tarsos suchte sich nach seiner Konversion die christliche Gemeinde aus. Darum geht es aber nicht. Eine Konversion als Erlebnis bedeutet nicht allzu viel. Entscheidend ist, daß man dabei bleibt, daß man das Erlebnis ernst nimmt und sich den Sinn für seine Plausibilität erhält. Hier nun kommt die Gemeinde ins Spiel. Sie liefert die unerläßliche Plausibilitätsstruktur für die neue Wirklichkeit. (...) Religion braucht religiöse Gemeinschaft, und Leben in der Religion braucht Zugehörigkeit zur religiösen Gemeinde."[81]

Die Bedeutung der Gemeinschaft für die Konversion steht in einem Spannungsverhältnis zur Entwicklung der Subjekthaftigkeit, wie sie in diesem Kapitel weiter oben herausgearbeitet wurde. Im Prozeß der Konversion, so wurde dargelegt, verändert sich die Qualität des Außenseitertums: Anstelle eines defizitär empfundenen Außenseitertums tritt die selbstbewußte, provokative Andersartigkeit, die sich in der Selbstwahrnehmug als handelndes Subjekt niederschlägt. Im Prozeß der Konversion entwickeln die Frauen eine Individualität, die sie in der Form vorher nicht besessen haben. Gleichzeitig jedoch verlangt die Konversion die Anpassung an die islamische Gemeinschaft, verlangt Einhaltung von Regeln und Begrenzung des Selbst.

---

[80] Nadig, Maya: Frauenräume – Formen gelebter Frauenkultur. Einige Ergebnisse aus einer ethnopsychoanalytischen Untersuchung in der eigenen Kultur. In: Herrschaft, Anpassung, Widerstand. Frankfurt a.M. 1991. S. 36-57, hier S. 50.
[81] Berger und Luckmann 1984, S. 169

Während eines Vortrages zum muslimischen Leben in der Diaspora machte der deutsche Imam Bashir Dultz auf dieses Spannungsverhältnis aufmerksam, indem er darauf hinwies, daß die Konversion eine individuelle Entscheidung sei, das Leben als Muslim oder als Muslimin hingegen das Einfügen in eine Gemeinschaft bedeute[82]. Ihren Niederschlag findet die Spannung zwischen Individualität und Anpassung an eine Gruppe in der islamischen Kleidung. Während die Kleidung auf der einen Seite die eigene Andersartigkeit betont und dazu beiträgt, zwischen Muslimen und Nicht-Muslimen zu unterscheiden, hebt sie auf der anderen Seite differenzierende Merkmale zwischen Muslimen, besonders aber zwischen Musliminnen[83], auf. Gerade durch die weibliche islamische Kleidung verliert sich Individualität, je nach Grad der Verhüllung sind Musliminnen mehr oder weniger schwer voneinander zu unterscheiden.

Das Spannungsverhältnis zwischen Individualität und Anpassung löst sich bei einer näheren Betrachtung von Zugehörigkeit und Abgrenzung auf. Dies möchte ich anhand einer Interviewpassage von Maryam erläutern, in der sie vom Verhalten ihres Sohnes gegenüber anderen berichtet. Maryam hatte mir erzählt, wie problematisch es für sie sei, ihre Ansichten von islamischer Erziehung gegenüber der Schule ihres jüngsten Sohnes durchzusetzen. Sie berichtete mir, daß sie ihren Sohn nicht am Schwimmunterricht teilnehmen ließe, daß sie verhindere, daß er Weihnachtsgedichte im Deutschunterricht lerne, daß sie darauf achte, daß ihr Sohn im Kochunterricht kein Schweinefleisch äße u. dgl.

In Reaktion auf diese Erzählungen Maryams fragte ich sie, ob denn ihr Sohn durch ihr Verhalten nicht von vornherein in eine Außenseiterposition gedrängt würde, unter der er zu leiden hätte. Für Kinder sei es schließlich wichtig, sich nicht zu sehr von anderen zu unterscheiden. Maryam bestätigte, daß ihr Sohn an der Schule Außenseiter sei, wies aber darauf hin, daß sie ausreichend Kontakt zu anderen muslimischen Familien hätten, so daß ihr Sohn genug Spielkameraden hätte. Zusammen mit diesen habe er sogar eine eigene Strategie des Umgangs mit seinem Anderssein entwickelt:

Es ist so, daß mein Mann hier zu Hause nur arabische Kleidung anzieht, und daß die Kinder natürlich auch den Wunsch haben, das anzuziehen. Es kommt dann oft zu der Situation, daß Kinder von mehreren muslimischen Familien hier zusammen sind und die Jungens dann bewußt sagen: ‚Ah, jetzt gehen wir so zum Spielplatz.' Und dann eben diese Kleidung anziehen und damit rausgehen, praktisch um zu provozieren. Das ist natürlich nicht, wie es sein sollte, aber es ist einfach eine Reaktion, um zu zeigen: ‚Ich bin wirklich anders, aber ich bin nicht alleine!' (Maryam)

---

[82]Vortrag gehalten am 18.3.92 im Rahmen einer Vortragsreihe der VHS Frankfurt a.M. Ich hatte den Vortrag auf Band aufgenommen.
[83]Der Unterschied zwischen den Geschlechtern wiederum wird betont.

Im Verhalten dieses Jungen spiegelt sich das Verhalten der konvertierten Frauen wider, wie ich es oben beschrieben habe. Maryams Sohn benutzt seine Andersartigkeit, um sich nun selbst von der Masse abzuheben, setzt sie bewußt und provokativ ein. Damit wird er nicht in die Außenseiterposition gedrängt, sondern er begibt sich von sich aus dort hin. Die Rolle des Andersartigen wird inszeniert und stellt so die Basis für ein Selbstbewußtsein in Abgrenzung von den Anderen dar. Der Junge entwickelt Stolz auf seine Andersartigkeit und benutzt gerade die stigmatisierenden Zeichen zur Identitätsbildung.

Deutlich wird in Maryams Schilderung aber auch, daß diese Umdeutung der Andersartigkeit nur in der Gemeinschaft funktioniert. Die Gemeinschaft gibt Verhaltenssicherheit, setzt verbindliche Regeln und verschafft den notwendigen Hintergrund zur Selbstgewißheit. Die Zugehörigkeit zu dieser Gemeinschaft, die Anerkennung und Geborgenheit darin ermöglichen erst die selbstbewußte Abgrenzung von der nicht-muslimischen Umwelt. Gleichzeitig konstituiert sich in dieser Abgrenzung das Wir-Gefühl der islamischen Gruppe. Erst in dieser Dynamik von Zugehörigkeit und Abgrenzung entwickelt sich die individuelle Handlungskompetenz der befragten Frauen. „Ich bin anders. aber ich bin nicht alleine" ist die Kernaussage im Spannungsverhältnis von Autonomie und Anpassung, von Identifikation und Abgrenzung.

V Faszination und Plausibilität: Geschlechter- und Familienbilder

In der Wahrnehmung der befragten Frauen stellt der Islam ein umfassendes und übergeordnetes Sinnsystem dar, das sie fasziniert und ihnen plausibel erscheint, mit dem sie übereinstimmen und in das sie sich selbst einordnen können. Hatte ich im letzten Kapitel gezeigt, wie das Gefühl von Übereinstimmung und Plausibilität zu einem Wandel in der Selbstwahrnehmung führt, so gehe ich nun auf die Struktur von Faszination und Plausibilität ein. Sowohl Faszination als auch Plausibilität sind vor der Kulisse der eigenen Kultur zu sehen. Beide Erfahrungen ergeben sich daraus, daß der Islam für die Frauen Fragen zu beantworten vermag, die im Westen gestellt werden. Der deutsch-islamische Diskurs knüpft also an westliche Schwierigkeiten an und bietet hierfür Lösungen. In diesem Kapitel stelle ich dar, welche Fragen und Probleme sich für die Frauen in ihrem alltäglichen Leben ergeben und welche Lösungen der Islam für diese Probleme und Schwierigkeiten anbietet. Ebenso verdeutliche ich, warum gerade diese Lösungen für die befragten Frauen akzeptabel sind.

Da die Konversion im Spannungsfeld von Familie bzw. Partnerschaft und Beruf stattfindet, beziehe ich mich in meiner Darstellung in erster Linie auf den umfassenden Komplex von Ehe, Familie, Geschlechterbeziehung und Beruf/ Versorgung. Ideologische und spirituelle Fragen habe ich nur dort angesprochen, wo sie mit diesem Komplex in Zusammenhang stehen.

Im Islam stellt dieser Bereich einen wesentlichen Aspekt des Regelwerkes dar. Kaum etwas ist so ausführlich und detailliert im Koran beschrieben wie diese Thematik, ergaben sich doch hier die meisten ausdrücklich angegebenen Neuerungen im Vergleich zur Vorgeschichte des Islam[1]. In der Hervorhebung dieses Komplexes im Islam findet sich auch schon der erste Hinweis zur Struktur von Faszination und Plausibilität: Gerade weil der Islam diese Thematik so betont, gerade weil hier das alltägliche Leben und die Probleme des alltäglichen Lebens angesprochen werden, erscheint er anziehend und vermag zu überzeugen. Diese ausgeprägte Bezugnahme des islamischen Deutungssystems zu Fragen von Ehe, Familie und Geschlechterbeziehungen dürfte gerade für Frauen einen großen Anreiz bieten, da damit Lebensbereiche angesprochen werden, die vor allem als weibliche Lebensbereiche gelten. Indem das islami-

---

[1] Mernissi, Fatima: Der politische Harem. Mohammed und die Frauen. Freiburg, Basel und Wien 1992. S. 41.

sche Deutungssystem neben philosophischen, ideologischen und spirituellen Fragestellungen auch ausgearbeitete Konzepte zu Ehe, Familie, Kinder, Mütterlichkeit sowie zur Versorgung von Frauen anbietet, unterscheidet es sich von vielen anderen Deutungssystemen, die sich auf Fragen des Glaubens oder der Ideologie beschränken bzw. Konzepte zum familialen Bereich nebenher laufen lassen.[2]

Unsere Vorstellungen den obigen Komplex betreffend, über Familie und über Geschlechterverhältnisse, über Männlichkeit und Weiblichkeit, darüber, wie Männer und Frauen sich verhalten sollen, sind Teil unseres gesellschaftlich konstruierten Wissensbestandes, unseres Alltagswissens. Das Alltagswissen ist jenes Wissen, das uns ermöglicht, unseren Alltag zu organisieren, ohne jede Situation jeweils neu zu durchdenken, es ist das Wissen, durch das wir beurteilen können, wie wir in einer Situation „richtig" handeln. Durch unser Alltagswissen sind wir in der Lage, unsere Welt als geordnet und sinnvoll zu erfahren, es ermöglicht uns, Erfahrungen, Erlebnisse und Tatbestände zu deuten und zu beurteilen und ist so Grundlage unseres Handelns. Das Alltagswissen erscheint uns als selbstverständlich, fraglos gegeben und ist tief in uns verankert; es ist die Grundlage dafür, daß wir die Welt als real wahrnehmen. Begründet wird diese Erfahrung der Realität dadurch, daß das Alltagswissen geteiltes Wissen ist, d.h. den Dingen und Situationen kommt in einer Gruppe, Gesellschaft oder Kultur eine gemeinsame Bedeutung zu, die die Grundlage von Interaktion bildet. Verliert sich aufgrund von neuen Erfahrungen und Erlebnissen die geteilte Bedeutung, so wird ein Wissensbestand „problematisch", er ist nicht mehr fraglos gegeben, muß deshalb überdacht und gegebenenfalls verändert werden. Das Alltagswissen und damit die soziale Realität ist also nicht unveränderlich, sondern wird in einem fortlaufenden Prozeß des komplexen Zusammenspiels von Interaktionen auf der gesellschaftlichen Ebene konstruiert; es ist – obwohl als Selbstverständlichkeit internalisiert – also überindividuell. Dieser Prozeß der ständigen Veränderung verläuft nicht glatt und bruchlos, sondern ungleichmäßig und ungleichzeitig. Im gesellschaftlichen Wissensbestand finden sich dementsprechend Widersprüche, Brüche und gegenläufige Bedeutungszuschreibungen[3].

Zum Alltagswissen gehört auch das Wissen um uns selbst und um unsere eigene Position in der Wirklichkeit, d.h. in der Ordnung der Welt, die uns der

---

[2]Eine ähnliche Aussage trifft Ulrike Haß in einer Analyse der Anziehungskraft, die die politische Rechte auf Frauen ausübt. Siehe dazu: Haß, Ulrike: Zum Verhältnis von Konservatismus, Mütterlichkeit und dem Modell der Neuen Frau. In: Schaeffer-Hegel, Barbara (Hrsg.): Frauen und Macht. Der alltägliche Beitrag der Frauen zur Politik des Patriarchats. Pfaffenweiler 1988. S. 81-87, hier S. 82.
[3]Vgl. zu diesem Abschnitt: Berger und Luckmann 1984; Arbeitsgruppe Bielefelder Soziologen (Hrsg.): Alltagswissen, Interaktion und gesellschaftliche Wirklichkeit. Bd. 1: Symbolischer Interaktionismus und Ethnomethodologie. Opladen 1980.

alltägliche Wissensbestand ermöglicht, ordnen wir auch uns selbst ein. Indem wir im Alltagswissen Orientierung und Handlungsanleitung finden, wissen wir auch immer, welche Handlung von uns erwartet wird. In der Auseinandersetzung mit diesem Wissen konstituieren wir unsere Identität.[4] Brüche und Widersprüche im Fundus des Alltagswissens machen dabei die Identitätsbildung problematisch.

Wie im zweiten Kapitel gezeigt wurde, haben sich im Verlaufe von Prozessen der Individualisierung für Frauen eine Reihe solcher Brüche und Widersprüche ergeben, die sich insbesondere auf das Erleben der Geschlechterbeziehung sowie der Organisation des Alltags und damit auch auf die Identitätsbildung auswirken. An diese Brüche und Widersprüche knüpft der deutschislamische Diskurs an, indem er diese Brüche harmonisiert. Dazu nimmt er schon vorhandene Bilder, Mythen und Deutungsmuster aus dem gesellschaftlichen Wissensbestand auf, bezieht sich auf sie und liefert Begründungen dafür, warum andere Bilder und Vorstellungen verworfen werden können. Vor diesem Hintergrund erscheinen islamische Gebote und Verbote plausibel und logisch, sie ergeben Sinn. In diesem Kapitel spüre ich diesem Sinn nach.

Anmerken muß ich hier noch, daß diesem Kapitel die Aussagen von nur dreizehn der insgesamt fünfzehn befragten Frauen zugrunde liegen. Einige der Äußerungen der beiden Frauen aus der Sufi-Gruppe – Rabiya und Jamila – lassen erkennen, daß sie in einigen Punkten nicht immer mit den anderen befragten Frauen übereinstimmen, in anderen jedoch sehr wohl. Jedoch habe ich mit beiden Frauen relativ wenig über diese Thematik gesprochen[5], so daß es mir nicht möglich war, ihre eigene und spezifische Position herauszuarbeiten. Ich beschränke mich deshalb hier auf die Analyse der Aussagen der restlichen Frauen.

---

[4]Das Konzept des Alltagswissens gleicht in mancherlei Hinsicht dem Mead'schen Konzept des „generalisierten Anderen". So basieren beide Konzepte auf ein in der Interaktion mit anderen Gesellschaftsmitgliedern entwickelten Wissens, das selbstverständlich und in weiten Bereichen auch normativ wirkt. Identität entsteht in beiden Konzepten in der Auseinandersetzung mit diesem Wissen. Zu einem Vergleich zwischen beiden Konzepten siehe Arbeitsgruppe Bielefelder Soziologen 1980, S. 17f.
[5]Daß Jamila und Rabiya – meine beiden ältesten Interviewpartnerinnen – mit mir kaum über den Bereich Ehe, Familie, Geschlechterbeziehungen gesprochen haben, bestätigt die zu Anfang des Kapitels vorgestellte These, daß die Betonung dieser Themen im islamischen Deutungssystem bei der Konversion eine Rolle spielt. Jamila und Rabiya haben beide erwachsene Kinder, die Phase der Familienbildung und der Auseinandersetzung mit Mutterschaft liegt für sie einige Zeit zurück. Damit haben auch die damit verbundenen Probleme nicht mehr eine so große Bedeutung für sie wie für Frauen, die diese Phase gerade erleben. Daß aber der Bezug zu diesen Themen auch bei diesen beiden Frauen zur Entscheidung für das eine oder andere Deutungssystem beigetragen hat, zeigt ein schon zitierter Ausspruch aus dem Interview mit Jamila, in dem sie die Unfähigkeit der zölibatär lebenden katholischen Priester, sich in die weibliche Lebenswelt hineinzudenken, kritisiert.

1 Die Differenz der Geschlechter

Darstellungen der Geschlechterbeziehungen in Broschüren und Zeitschriften der deutschsprachigen islamischen Gemeinschaft bezeichnen die Einheit von Mann und Frau häufig als Grundlage des sozialen Lebens im Islam. Diese Einheit – tauhid[6] – drückt auf einer menschlichen Ebene die Einheit Gottes aus[7], unterscheidet sich von dieser aber durch ihre Dualität. Im Gegensatz zur ungeteilten Einheit Gottes – Gott wird weder in ein böses und ein gutes, noch in ein männliches und ein weibliches Prinzip aufgeteilt – wird die Einheit der Geschöpfe Gottes also als Zusammenschluß zweier einander ergänzender Teile gedacht. Ganzheit und Identität – und damit auch Nähe zu Gott, dem einheitlichen Prinzip per se – sind dieser Logik zufolge für den Menschen nur jeweils in der Verbindung mit dem anderen Teil eines Paares möglich. Zurückgeführt wird diese Antinomie aus Einheit und Dualität auf eine durch den Koran belegte ursprüngliche Identität des Wesens[8], aus dem Mann und Frau gleichermaßen erschaffen seien. Nur in der erneuten Zusammenführung des ursprünglich Einheitlichen ließe sich die Aufforderung zum Streben zur Einheit Gottes verwirklichen: „Mann und Frau bilden ihrem Wesen nach im Islam also eine aufeinander verwiesene Einheit. Die Schöpfung [alles, was nicht Gott ist, G.H.] besteht also gleichermaßen aus Dualität und Einheit. Gerade dann, wenn Mann und Frau zusammenleben, erfüllen sie das islamische Prinzip des tauhid in der Welt."[9] Als zwei Aspekte einer Einheit gelten Mann und Frau in der islamischen Ideologie als gleichwertig, jedoch nicht gleich. Zwar würden sich ihre spirituellen, auf Gott und den Islam gerichteten Fähigkeiten und Aufgaben überschneiden, doch unterschieden sie sich in ihren von Gott erschaffenen na-

---

[6] „Tauhid" bedeutet die „Einheit", wobei vor allem die Einheit Gottes gemeint ist. Eine nähere Erklärung findet sich in Kapitel IV. Es ist im deutschsprachigen Islam üblich, spezielle Erscheinungen mit den arabischen Begriffen zu benennen. Diese werden hier beibehalten.
[7] Mühlbauer, Muhammad Ajjup: Mann und Frau im Islam. In: Al-Islam 2 (1989). S. 2-9.
[8] Den deutschen Koranübersetzungen zufolge ist diese Interpretation problematisch, da aus diesen hervorgeht, daß nicht ursprünglich ein Wesen vorlag, aus dem Mann und Frau erschaffen wurden, sondern aus dem Wesen des Mannes wurde die Frau erschaffen. Vgl. dazu beispielsweise folgende Übersetzung von Paret: „Und zu seinen Zeichen gehört es, daß er euch aus euch selber Gattinnen geschaffen hat (indem er zuerst ein Einzelwesen und aus ihm das ihm entsprechende Wesen machte), damit ihr bei ihnen wohnt (oder: ruhet)." (30:21). Die entsprechende Übersetzung des von Ahmadiyya-Bewegung herausgegebenen Koran lautet: „Und unter seinen Zeichen ist dies, daß Er Gattinnen für euch schuf aus euch selber, auf daß ihr Frieden in ihnen fändet." (30:22) Vgl. dazu auch folgende Koranverse (nach der kufischen Zählung): 4:1; 16:72 bzw. 73; 7:189
[9] Mühlbauer 1989, S. 4.

türlichen physischen und psychischen Eigenschaften, die als sich gegenseitig ergänzend verstanden werden: „Der Islam erkennt den Grundsatz der Gleichberechtigung der Menschen im Falle unterschiedlicher Geschlechter an, aber er richtet sich gegen die Identität der Rechte und Pflichten beider. Die Unterschiede zwischen Mann und Frau sind komplementär. Sie haben mit der Unvollkommenheit des einen und der Vollkommenheit des anderen nichts zu tun."[10] Aus dieser gedachten Einheit in Differenz, aus der Komplementarität, werden die jeweils unterschiedlichen Aufgaben, Rechte und Pflichten des Mannes und der Frau abgeleitet. Als Gläubige genießen in diesem System also beide identische Rechte, davon losgelöst jedoch hat sich ein auf die Geschlechtsspezifik ausgerichtetes zweites Rechtesystem etabliert, in dem – so die muslimische Weltanschauung – die jeweiligen natürlichen Fähigkeiten und Eigenschaften der Geschlechter entwickelt und gepflegt und damit erst vollständig entfaltet werden könnten.

Auch die von mir befragten Frauen sehen geschlechtsspezifische Verhaltensweisen, Gefühle und Denkmuster als gegeben an. Analog zu den Denkmustern der deutschsprachigen islamischen Gemeinschaft, werden diese als einander ergänzend, als zwei Pole einer Einheit begriffen:

Ich meine, es steht ja, daß Gott Mann und Frau füreinander geschaffen hat, und daß die beide da sind, um sich gegenseitig zu ergänzen. Also soll das Ganze wohl auf eine Partnerschaft aufgebaut werden. So würde ich es zumindest einmal verstehen, daß also beide dazu da sind, sich gegenseitig zu ergänzen im Leben und daß beide gleichgestellt sind – aufgrund biologischer Unterschiede halt verschieden, natürlich. Es gibt typisch männliche Eigenschaften, es gibt typisch weibliche Eigenschaften, die auch nicht wegzuleugnen sind. (Halima)

Die Unterschiedlichkeit der Eigenschaften der Geschlechter werden aus biologischen Differenzen zwischen Mann und Frau abgeleitet. Diese Differenzen werden einerseits als physische Differenzen verstanden, die entweder per se schon zu Wesensunterschieden führen oder aber, die die Grundlage unterschiedlicher Kompetenzen bilden. Andererseits werden sie als Unterschiede in der Entwicklung angesehen, die aber auch wieder eine biologische Grundlage haben:

Das Ganze fängt doch damit an: Warum kriegt die Frau das Kind? Der Mann zeugt, aber die Frau trägt das Kind aus, das hat ja auch einen Grund. Nur die Frau kann dem Kind Milch geben, warum nicht der

---

[10] Muslime im Dialog, 5. Frau und Islam. Faltbroschüre des Islamischen Zentrum Hamburg. (Unterstreichung im Original.)

Mann? Das sind alles Dinge, die irgendwie schon darauf deuten: es gibt etwas typisch Weibliches und etwas typisch Männliches. (...) Nach wie vor bekommt die Frau die Kinder, nach wie vor unter großen Schmerzen und die Forschung kann noch so was anstellen, der Mann wird nie ein Kind empfangen können, aber warum? Es muß ja einen Grund haben und den sehe ich eben einfach in der Rolle der Frau. *(Jutta)*

Eine Frau, die Kinder hat, die merkt es eben bereits in der Schwangerschaft: Sie hat ein Verhältnis zu dem Kind entwickelt. Das können Väter natürlich auch, indem sie den Bauch streicheln und merken, daß der Embryo zur Hand hinschwimmt. Aber ich denke, daß die Mutter das Kind bei der Geburt einfach schon viel besser kennt. Und wenn sie das Kind dann anschließend auch noch stillt – was ja unzweifelhaft das Beste für das Kind ist – warum soll sie diesen so gewonnenen sehr engen Kontakt zu dem Kind aufgeben, um arbeiten zu gehen und dem Vater, der das Kind eben nicht so gut kennt, heranlassen, nur um eine Gerechtigkeit in einer Aufgabenverteilung ... ja, um einer absurden Gerechtigkeit gerecht zu werden? Ich glaube, daß es unlogisch und unrationell ist. Ich meine, wenn man eine Gruppe organisieren würde, käme kein Mensch auf die Idee, die schlechter Ausgebildeten heranzulassen dafür, nur um zu sagen, wir haben die Aufgaben gut verteilt. *(Malika)*

Ich habe mal etwas sehr Interessantes in der Zeitschrift „Eltern" gelesen: Es ist vielleicht acht oder neun Jahre her und zwar stand in dem Artikel, daß es für den weiblichen Körper sehr viel leichter ist, ein Mädchen zu reproduzieren als einen Jungen. Daß deshalb Mädchen im Bauch der Mutter einen Entwicklungsvorsprung bereits bei der Geburt von ungefähr sechs Wochen haben, daß sie aufgrund dieses Entwicklungsvorsprunges – einfach weil ihr Hirn zum Zeitpunkt der Geburt weiter entwickelt ist – sie erstens lebensfähiger sind – es ist ja auch bewiesen, es sterben sehr viel mehr Jungen im ersten Lebensjahr als Mädchen –, und daß sie aber auch deshalb sehr viel empfänglicher für Worte sind und deshalb auch viel besser auf eine verbale Ansprache reagieren. Das heißt, daß damit vom Säuglingsalter an dieser Vorsprung ausgebaut wird, der dann dazu führt, daß Frauen sprachlich sehr viel begabter sind, was man ja auch daran sieht, daß eben tatsächlich sehr viel mehr Frauen Sprachen studieren und Sprachen belegen und in der Schule mehr Sprachen lernen als Jungen. Und daß man Jungen deshalb nach der Geburt, weil sie eben auf Wort und Ansprache nicht so gut reagieren, daß man versucht, sie abzulenken und meistens durch Geräusche, durch Klappern, dadurch, daß man irgendwas bewegt und deswegen sind sie von klein auf stärker auf technische Dinge fixiert.

Wo das nun herkommt, ist ja ganz egal, ich meine, fest steht letzten Endes, daß es sich eben dann so darstellt und daß es so ist. (Malika)

Die Differenz der Geschlechter wird als gottgegeben betrachtet, d.h. als von Gott im Wesen der Menschen verankert und damit natürlich. Der Beweis der Natürlichkeit der Geschlechterdifferenz ergibt sich durch das, was ist. Die biologischen Funktionen von Mann und Frau sind also einerseits die Grundlage, von der auf eine gesellschaftliche Ordnung geschlossen wird, andererseits wird die bestehende Ordnung als Beweis dafür genommen, daß es nicht anders sein kann. Durch diese Folgerung erhalten die biologischen Gegebenheiten einen Sinn, es läßt sich erklären, daß sie sind wie sie sind. Hinter einer solchen Argumentation verbirgt sich ein teleologisches Denken, d. h. sie ist nur im Rahmen einer Vorstellung von einer geplanten Schöpfung, ausgehend von der Existenz eines planenden Schöpfers sinnvoll; Zufälligkeiten werden damit ausgeschlossen.

Als herausragendes Merkmal der biologischen Differenz wird in obigen Aussagen die weibliche Fähigkeit, schwanger zu werden und Kinder zu gebären, gesehen. Diese ist die eigentliche Grundlage der Differenz, an dieser Fähigkeit unterscheiden sich die Geschlechter. Indem die Gebärfähigkeit von Frauen als Grundlage der Unterscheidung genommen wird, wird das Wesen sowie die gesellschaftliche Stellung von Frauen aus ihrem Teilaspekt als Mutter abgeleitet, es findet also eine Gleichsetzung von Frau und Mutter statt. Dementsprechend werden Männern die mit Mütterlichkeit verbundenen Fähigkeiten abgesprochen, als Väter haben sie andere Fähigkeiten und Aufgaben als Frauen: *„Ein Mann kann ein Vater sein, aber keine Mutter"*, so drückt Elisabeth diese Ansicht aus. Dabei wird in den Interviews jedoch nicht deutlich, welche Fähigkeiten Männer als Väter haben. Während Weiblichkeit also über das Verhältnis zum Kind bestimmt wird, definiert sich Männlichkeit offenbar in anderen Bereichen.

Schaut man sich die Interviews darauf an, was genau mütterliche Fähigkeiten sind, so werden Fürsorglichkeit, Verständnis und vor allem Geduld genannt:

Ich meine auch, wenn man die Untersuchung liest über die Hausmänner – also wo die Frau Karriere macht und der Mann zu Hause bleibt –, da konnte man ja sehen, daß der Mann das ein halbes Jahr ausgehalten hat, und dann hat er die Flinte ins Korn geworfen und ist wieder zurück in seinen Beruf. Ich denke schon, daß die Frau ein Maß an Geduld mitbringt für ihre eigenen Kinder, was der Mann, ich denke, in der Regel nicht aufbringen kann. (Elisabeth)

Bei dem von Elisabeth erwähnten Buch handelt es sich um eine empirische Untersuchung von Elisabeth Beck-Gernsheim zur Situation von Müttern in unserer Gesellschaft[11]. In einem Kapitel werden auch die Erfahrungen von Hausmännern dargestellt, die im wesentlichen denen der Frauen entsprechen (Einsamkeit, Isolation, finanzielle Abhängigkeit, mangelnde Anregung von außen, wenig eigene Zeit etc.) Anders als die Mütter entscheiden sich jedoch die Väter häufig ihre Position als „Nur-Hausmann" aufzugeben und sich wieder der Berufsarbeit zuzuwenden. Elisabeth hatte dieses Buch in Form eines Referates während eines Treffens der Frauengruppe, bei dem auch ich anwesend war, vorgestellt. Nachdem sie das Kapitel über die Hausväter vorgetragen hatte, kommentierte die Leiterin der Frauengruppe: *„Da sieht man doch wieder einmal, daß Männer und Frauen verschieden sind. Eine Mutter ist eine Mutter!"*[12] Sowohl in der Darstellung Elisabeths als auch im Kommentar der Gruppenleiterin wird – wie schon bei den Begründungen zur Natürlichkeit der Geschlechterdifferenz – der Status quo herangezogen, um die gemachte Aussage zu bestätigen. Andere mögliche Erklärungsansätze, warum Männer weniger Bereitschaft zeigen, sich alleinverantwortlich um Kindererziehung zu kümmern, werden nicht in Betracht gezogen.

Während von den befragten Frauen einhellig die Ansicht einer geschlechtlichen Differenz sowie der besonderen weiblichen Befähigung zur Mütterlichkeit – die Eigenschaften wie Fürsorglichkeit, Verständnis und Geduld impliziert – vertreten wird, konnte von ihnen die Frage danach, was denn über Mütterlichkeit hinaus weibliche oder männliche Eigenschaften seien, nicht explizit beantwortet werden. Sehr häufig trat während der Gespräche die Situation auf, daß die Frauen auf meine Frage, was genau die psychischen und sozialen Unterschiede zwischen den Geschlechtern seien, eine Aufzählung von Eigenschaften begannen, sich aber selbst schnell wieder unterbrachen. Offensichtlich wurde ihnen bewußt, daß sie sich mit einer solchen Aufzählung auf Klischees und Stereotype einlassen würden. Lediglich Elisabeth ließ sich im zweiten Gespräch mit mir auf eine nähere Bestimmung ein, allerdings spielerisch und ihre Aussagen immer wieder durch Sätze wie *„Oje, wir kommen auf eine Schiene, stereotype Bilder ..."* unterbrechend. Dementsprechend bat sie mich auch, nachdem sie das Transkript gelesen hatte, ihre Antworten nicht öffentlich zu machen, so daß ich sie hier nicht vorstelle.

Eine andere Antwort auf diese Frage nach den unterschiedlichen Eigenschaften von Mann und Frau erhielt ich von einer junger Türkin – die sich ihren eigenen Worten zufolge eher als Konvertitin, denn als sozialisierte Muslimin sah. Diese hielt während der Islamwoche 1993 in Darmstadt einen Vortrag

---

[11] Beck-Gernsheim, Elisabeth: Mutterwerden – der Sprung in ein anderes Leben. Frankfurt a.M. 1989b.
[12] Protokoll vom 11.10.92

über die Stellung der Frau im Islam[13], der die Sichtweise der deutschsprachigen islamischen Gemeinschaft wiedergab. Auch in diesem Vortrag war die Rede von den natürlichen Unterschieden im Verhalten, Denken und Fühlen zwischen Mann und Frau. Als ich im Anschluß an den Vortrag die Frage stellte, wie die Differenz denn genau aussehe, antwortete die Referentin mir, daß man das nicht genau sagen könne, da es „*Frauen gibt, die mehr männliche Züge haben als weibliche und umgekehrt.*"[14] In dieser Antwort wird deutlich, daß dem Sprechen von Männlichkeit und Weiblichkeit allgemeingültige Vorstellungen von „männlichen und weiblichen Zügen" zugrunde liegen. Diese können aber nicht – mit Ausnahme der Mütterlichkeit – wie noch vor wenigen Jahrzehnten in aller Selbstverständlichkeit aufgezählt werden, da eine solche Aufzählung stereotyp und klischeehaft erschiene. An Stelle der eindeutigen geschlechtlichen Zuordnungen ist in den letzten Jahrzehnten das – wie Becker-Schmidt und Knapp es nennen – „Androgynitätskonzept" getreten, d.h. es wird, wie in der Antwort der Referentin, davon ausgegangen, daß Männer wie Frauen „gemischte" Eigenschaften haben. Damit wird aber die geschlechtliche Zuordnung von Eigenschaften nicht aufgebrochen, denn das Ideal davon, was „männlich" und was „weiblich" ist, bleibt bestehen: „Aber intern bleibt auch das Androgynitätskonzept der Identitätslogik [der Logik der Geschlechtsidentität, G.H.] verhaftet: zwar kann ein Mensch nun weibliche und männliche Eigenschaften zugleich aufweisen, aber sie bleiben innerhalb des alten Rahmens als weiblich und männlich definiert."[15]

Wenn die befragten Frauen in ihrer Vorstellung des Geschlechterkonzeptes von einer grundsätzlichen Differenz der Geschlechtscharaktere ausgehen, so schöpfen sie aus dem Fundus tief verankerter kultureller Wissensbestände, die unseren Alltag durchziehen. Daß Männer und Frauen sich nicht nur in ihrer Physiologie unterscheiden, sondern auch unterschiedliche Fähigkeiten, Charaktermerkmale und Verhaltensweisen zeigen, gehört zu den Selbstverständlichkeiten, die im Alltag kaum jemals hinterfragt werden. Wer denkt nicht in dieser geschlechtlichen Dichotomie, stößt nicht gelegentlich einen Seufzer: „Typisch Mann!" aus, begründet wahrgenommene Verhaltensweisen durch das Geschlecht oder fühlt sich irritiert, wenn eine bestimmte Verhaltensweise, die eine Person zeigt, nicht zu deren Geschlecht „gehört". Auch die Vorstellung,

---

[13] Cakmak, Hamdiye: Islam: Frauenfreundlich – frauenfeindlich? Die Stellung der Frau im Islam. Vortrag am 14.7.1993 anläßlich der Islamwoche in Darmstadt. Ich habe eine Reihe von Vorträgen zu diesem Thema gehört, die jeweils von der gleichen Frauengruppe ausgearbeitet wurden. Der Kern des Gesagten blieb dabei annähernd erhalten, doch wurden in den jeweilig neuen Vortragsversionen immer wieder die Reaktionen des nicht-muslimischen Publikums verarbeitet.
[14] Notiz vom 14.7.93
[15] Becker-Schmidt, Regina; Knapp, Gudrun-Axeli: Geschlechtertrennung – Geschlechterdifferenz. Suchbewegungen sozialen Lernens. 2. Aufl. Bonn 1989. S. 154.

daß Frauen aufgrund ihrer Gebärfähigkeit eine besondere Befähigung zum mütterlichen Verhalten haben, sowie die häufige Annahme, daß Kinder in den ersten Lebensjahren ihre Mutter – nicht jedoch eine andere Bezugsperson benötigen – , lassen sich in jenen für selbstverständlich gehaltenen gesellschaftlichen Wissensfundus einordnen[16].

Von der Selbstverständlichkeit der Annahme unterschiedlicher Geschlechtscharaktere zeugt auch das Verhalten, wenn diese in Frage gestellt wird. Entweder wird dann – wie bei meinen Interviewpartnerinnen – mit Irritation und Verunsicherung reagiert, oder aber – wie Becker-Schmidt und Knapp schreiben – mit Erregung: „Die Trennungsarbeit [von inneren Bildern, G.H.] ist besonders schwer zu leisten (...), wenn die selbstverständlich gewordenen Vorstellungen einen Orientierungswert besitzen, deren Entzug tiefgreifende Verunsicherungen nach sich zieht. Die Heftigkeit der Erregung, die aufkommt, wenn angeblich ‚natürliche' Attribute der Geschlechter in Frage gestellt werden, ist ein eklatantes Beispiel für diesen Sachverhalt. Im Alltag machen alle Menschen die Erfahrung, daß es schwache Männer und starke Frauen gibt, daß Rationalität keine männliche Besonderheit und mangelnde Fähigkeit zur Emotionalität nicht unbedingt eine männliche Tugend ist. Und dennoch scheint eine Welt ins Wanken zu geraten, wenn an einer festen Zuordenbarkeit von Eigenschaften und Verhaltensweisen auf die Pole maskulin-feminin gezwelfelt wird. Von dieser Polarisierung hängt gesellschaftlich ab, was Männern und Frauen an Verhaltensspielräumen zuerkannt wird."[17]

Selbst in wissenschaftlichen Untersuchungen wird die Selbstverständlichkeit unterschiedlicher Geschlechtscharaktere häufig schon zugrunde gelegt, indem nach anderen möglichen Faktoren für Unterschiede gar nicht gefragt wird. So zeigt Hagemann-White an verschiedenen Untersuchungen zur Geschlechterdifferenz auf, wie die Vorannahme einer Differenz das Untersuchungsdesign und damit auch die Ergebnisse beeinflußt. Sie weist außerdem darauf hin, daß es kaum Verhalten gibt, „das ausschließlich bei einem Geschlecht vorkommt; für alle in der Forschung thematisierten Bereiche gibt es sogar recht erhebliche Überschneidungen, so daß die Variation innerhalb eines Geschlechts auf jeden

---

[16]Zur Verbreitung der genannten Bilder und Vorstellungen siehe: Hagemann-White, Carol: Sozialisation: Weiblich – männlich. Opladen 1984. 26ff. und: Pinn, Irmgard: Das ewig-weibliche ... Zum Frauenbild der „alten" und der „neuen" Rechten. In: Beiträge zur feministischen Theorie und Praxis 27 (1990). S. 143-151. Hagemann-White referiert eine Reihe von Untersuchungsergebnissen zu dieser Thematik, Pinn führt in einem Aufsatz zum Frauenbild der politischen Rechten einige Beispiele aus den Medien, politischen Diskussionen sowie der Verhaltensforschung und Soziobiologie an, die die Verbreitung dieser Ansicht dokumentieren. Siehe dazu auch: Badinter, Elisabeth: Die Mutterliebe. Geschichte eines Gefühls vom 17. Jahrhundert bis heute. München und Zürich 1981. Badinter zeigt in ihrer Geschichte der Mutterliebe auf, wie wenig selbstverständlich und „natürlich" dieses Gefühl ist.
[17]Becker-Schmidt und Knapp 1989, S. 32.

Fall größer als die Differenz zwischen den Mittelwerten für jedes Geschlecht ist."[18] Durch die Vorannahme einer Differenz beeinflußte Forschung oder auch alltägliche Beurteilung – die schon in der Wahrnehmung selektiert und verdrängt – trägt dazu bei, die Vorannahme immer wieder zu bestätigen.

Trotzdem ist die Grundannahme geschlechtlicher Charakterdifferenz nicht mehr absolut ungebrochen, wie das Zögern der befragten Frauen, die geschlechtlichen Eigenschaften aufzuzählen, zeigt. Die Irritation meiner Gesprächspartnerinnen weist einerseits auf die Selbstverständlichkeit der Vorstellung einer geschlechtlichen Differenz hin. Andererseits zeigt ihr Bewußtsein, daß mit einer detaillierten Beschreibung männlicher und weiblicher Eigenschaften Klischees reproduziert werden würden, auf, daß der gesellschaftliche Wissensbestand an diesem Punkt „problematisch", d.h. widersprüchlich, geworden ist. Selbstverständlich ist die Existenz differenter Eigenschaften und Verhaltensweisen, fraglich geworden ist allerdings ihre starre Zuordnung. Dies zwingt zu einer Relativierung der Vorstellung von einem starren Geschlechtscharakter. Selbst diese Relativierung verbleibt jedoch im Rahmen des Denkens von der Differenz, wie der Rückgriff der Referentin auf das „Androgynitätskonzept" während der Islamwoche gezeigt hat[19].

2 Entfremdung und Selbstverwirklichung von Frauen

Die Annahme eines auf biologischen Grundlagen beruhenden Geschlechtscharakters impliziert die Vorstellung, daß dieser nicht durch Sozialisations- oder Enkulturationsprozesse gebildet wird. Vielmehr setze sich dieser Charakter gegen Erziehung durch. So fragt sich Halima, die sagt, daß sie ihre Kinder – einen Junge und ein Mädchen – gleich erziehe, warum sie dann trotzdem unterschiedliche Eigenschaften zeigten, die typisch für das männliche bzw. weibliche Geschlecht seien:

> *Es gibt typisch männliche Eigenschaften, es gibt typisch weibliche Eigenschaften, die auch nicht wegzuleugnen sind. Ich meine, wenn Sie heute ein kleines Mädchen sehen, wenn die wirklich schon alleine anfängt aufzuräumen und der Sohn, der fährt fünfmal über die Zwiebelschale hinweg, bevor er sie aufhebt ... da ist wohl irgendwas vorhanden, was anders ist.*
> *(Halima)*

---

[18] Hagemann-White 1984, S. 12.
[19] Hierbei muß auch bedacht werden, daß es für die befragten Frauen – da sie ja zum Islam konvertiert sind – notwendig ist, das islamische Deutungssystem auch sich selbst gegenüber zu legitimieren. Das Deutungssystem in Frage zu stellen, würde auch die eigene Konversion in Frage stellen.

Die Annahme, daß sich der Geschlechtscharakter gegen Erziehung durchsetze
liegt quer zur von Elisabeth geäußerten Vorstellung, daß die Menschen in der
gegenwärtigen Gesellschaft durch Erziehung ihrem eingeschriebenen geschlechtlichen Wesen entfremdet werden:

> *Also ich würde es mal so formulieren: Man kann bestimmte Verhaltens-*
> *weisen anerziehen, also es ist möglich, aus einer Frau – sage ich es mal so*
> *– einen Mann zu machen – zumindest weitestgehend. Das ist durchaus*
> *möglich und wir sehen ja auch in dieser heutigen Gesellschaft, durch ande-*
> *re Erziehungsprozesse hat sich die Gesellschaft auch verändert. Frauen*
> *wollen wie Männer sein und wollen in Männerberufe. Und haben dadurch*
> *natürlich auch ihre Kleidung verändert: Viele Frauen wollen dadurch auch*
> *Männerkleidung tragen. Ich kann nicht sagen: ‚Es ist nicht möglich'. Ja,*
> *es ist möglich: wir können uns durch unsere Sozialisation, durch die Ge-*
> *sellschaft, durch die Erziehung gänzlich verändern. (Elisabeth)*

Beide Ansichten werden im deutsch-islamischen Diskurs nebeneinander vertreten. Beiden liegt die Vorstellung zugrunde, daß Menschen mit einem eingeschriebenen geschlechtlich definierten Wesen geboren werden. Dieses setzt sich
nach Ansicht Halimas immer wieder durch. Bei Elisabeth hingegen erscheint
es, als würde dieses Wesen „wegerzogen" werden können. Jedoch zeigen weitere Aussagen von ihr, daß sie der Meinung ist, daß sich die „wegerzogenen"
und damit unterdrückten geschlechtlichen Eigenschaften in anderer Form wieder zeigen. So konstatiert sie zunächst eine Verwischung der geschlechtlichen
Unterschiede, um kurz darauf die Folgen, die sich daraus ergeben, zu beschreiben:

> *Eigentlich befinden wir uns doch schon seit Jahren in dem Prozeß in unse-*
> *rer Gesellschaft, daß das angeglichen wird. Es wird ja hier versucht, den*
> *Unterschied weitestgehend zu neutralisieren, daß es also keinen Unter-*
> *schied mehr zwischen Mann und Frau gibt. Und ich finde, daß das gar*
> *nicht notwendig ist. Warum sollte man denn die Eigenschaften der Frau*
> *(...), die Männlichkeit, die Weiblichkeit, warum sollte man versuchen das*
> *zu neutralisieren. Wieso das ein Ziel sein kann, ist mir nicht klar. (...) Es*
> *gibt doch noch angeborene Natürlichkeiten, finde ich schon. (Elisabeth)*

> *Weil ich merke doch auch schon in der Gesellschaft, wenn diese Weib-*
> *lichkeit verwischt wird und wenn die Männlichkeit verwischt wird, wenn*
> *alles eins ist: Ich finde, es kommt nicht mehr – also eine These von mir –*
> *die Erotik 'rüber, also da ist weniger Erotik. Eigentlich habe ich das auch*
> *früher so erlebt: es war kein Reiz mehr. Auch wenn ich jetzt hier viele*

Männer höre: die sind durch Zeitschriften, durch Videos, durch sehr viele Frauenfreundschaften so abgestumpft, daß die gar kein Empfinden mehr haben. (Elisabeth)

Als Folge einer Verwischung geschlechtlicher Unterschiede sieht sie eine Ent-Erotisierung und sexuelle Abstumpfung der westlichen Gesellschaft, einen Verlust der geschlechtlichen Anziehungskraft[20]. Daraus ergibt sich für sie auch der Verlust von Männlichkeit und Weiblichkeit. Dieser Verlust bleibt jedoch nicht ohne Folgen, sondern führt zu Unzufriedenheit und dem Gefühl, daß irgendetwas nicht stimmt:

Ich fühle mich, seit ich übergetreten bin, als Frau. Ich fühle mich weiblich, während ich mich vorher nicht so weiblich empfunden habe. Es ist mir eigentlich auch oft aufgefallen oder bewußt geworden, daß ich mich gerne als Frau fühlen würde, aber es kam nie so herüber, daß ich irgendwie bei dem anderen Geschlecht die Weiblichkeit ... Gerade so jetzt von den Freunden, die ich hatte, von dem Umfeld – sagen wir es mal so – die haben nicht so viel Wert gelegt auf Männlichkeit oder Weiblichkeit, das war alles eins, ein Geschlecht, so kam es mir manchmal vor. Oder es wurde gar nicht darüber nachgedacht oder wie auch immer. Ich habe mich nicht als Frau gefühlt, nicht sonderlich. (Elisabeth)

In dem Wunsch, sich als *„Frau zu fühlen"*, äußern sich nach Elisabeths Ansicht unterdrückte weibliche Wesenseigenschaften, die zwar wegerzogen wurden, unterschwellig jedoch immer noch da und wirksam sind. Ich lasse dies zunächst so stehen, werde aber an anderer Stelle noch einmal auf diesen Gesichtspunkt zurückkommen.

Hier möchte ich nun auf einen anderen Aspekt aufmerksam machen, der sich im Zusammenhang mit der Vorstellung einer Entfremdung der Geschlechter von ihren „natürlichen" Aufgaben zeigt. Schon in den Aussagen Elisabeths zur gesellschaftlichen Veränderungen von Männlichkeit und Weiblichkeit zeigen sich zwei verschiedene Betrachtungsweisen: Einerseits sieht sie eine Angleichung der Geschlechter aneinander – Männer verhalten sich wie Frauen,

---

[20] Die Vorstellung von der sexuellen Abstumpfung steht nur scheinbar in Widerspruch zu weiteren Konzepten der deutschsprachigen islamischen Gemeinschaft, denenzufolge die grundsätzliche sexuelle Anziehungskraft zwischen Mann und Frau Regeln notwendig mache – wie beispielsweise die körperverdeckende Kleidung –, die sie kanalisieren. Vielmehr ist hier zu unterscheiden zwischen einer „puren Sexualität" – wie Elisabeth es einmal nennt – die abgewehrt werden muß und einer „Erotik", die im Islam prinzipiell positiv besetzt ist, die jedoch ihren Ort in der Ehe hat. Danach reduziere die sexuelle Abstumpfung in den westlichen Ländern die „Erotik" auf „Sexualität", einer rein körperlichen Befriedigung, die den Reiz der Anziehung zwischen den Geschlechtern verloren habe.

Frauen wie Männer –, andererseits spricht sie in einem der vorhergehenden Interviewausschnitte davon, daß „*Frauen wie Männer sein wollen*", in „*Männerberufe*" eintreten oder „*männliche*" Kleidung tragen wollen. In dieser Betrachtungsweise geht es also weniger um eine Anpassung der Geschlechter aneinander oder um eine Neutralisierung als vielmehr um eine Anpassung von Frauen an männliche Werte. Explizit wurde diese Auffassung auch noch einmal von Malika, die ganz klar davon ausgeht, daß die Anpassung einseitig ist:

Unsere Gesellschaft hat ungeheuer viele Erwartungen an eine Frau, ja? Und die Erwartung heißt: Die Frau soll versuchen, muß, um anerkannt zu werden, genauso gut oder eher besser als der Mann sein, wobei der Maßstab, der gesetzt wird, der Maßstab ‚Mann' ist. Nun sind aber Männer und Frauen vor Gott gleichwertig, aber in sich verschieden – es gibt also mittlerweile auch Untersuchungen, die bestätigt haben, daß das Gehirn von Männern und Frauen anders arbeitet. Das Frauengehirn arbeitet nicht minderwertiger und das Männergehirn nicht höherwertiger, sondern sie haben verschiedene Schwerpunkte und das ist einfach etwas, was ich akzeptieren muß. Und ich denke, daß ich dann wirklich emanzipiert – was heißt denn emanzipiert überhaupt – befreit bin und ich mich dann wirklich entwickelt habe, wenn ich mich nach meinen Maßstäben hin optimal entwickelt habe und vor allen Dingen, in der Lage bin, dazu zu stehen und das zu akzeptieren. Denn ich muß mir auch mal sagen, umgekehrt käme doch kein Mensch – kein Mann – auf den Gedanken, eben zu versuchen weiblichen Maßstäben zu entsprechen und gerecht zu werden, um besser zu sein. Und ich denke, in einer Gesellschaft, in der ich als Frau versuche, die männlichen Maßstäbe nicht nur zu erfüllen, sondern auch zu übererfüllen, daß ich da doch in Wirklichkeit unterdrückt, nicht anerkannt und nicht akzeptiert bin. Und ich lebe heute als Muslima ein Leben als Frau, und ich versuche, mich als Frau weiterzuentwickeln und meine Aufgaben als Frau wahrzunehmen und eben auch gegen die gesamte übrige Gesellschaft dazu zu stehen. Und deswegen habe ich mich eigentlich bisher emanzipiert. (Malika)

Die in unserer Gesellschaft im Alltagswissen tief verankerte Annahme einer geschlechtlichen Differenz der Eigenschaften ist – wie Malika und Elisabeth konstatieren – tatsächlich nicht wertfrei, sondern hat normativen Charakter. Mit ihr verbinden sich Bilder davon, wie ein Mann oder eine Frau „zu sein haben", sie bestimmt unser Handeln und unsere Beurteilung unserer Selbst und anderer. Anhand dieser Vorstellung stufen wir uns selbst und andere als eher „männlich" oder „weiblich" ein und bewerten danach. Da das Geschlecht eine Kategorie ist, die unserer Gesellschaft eine grundlegende Ordnung gibt, ist die geschlechtliche Wahrnehmung und Beurteilung von großer Bedeutung.

Davon, ob wir uns oder andere als der Geschlechtsnorm entsprechend einstufen, hängt in einem entscheidenden Maße Identität und Selbstwertgefühl ab. Dabei wäre aber eine schlichte Zuordnung von „weiblicher Frau" bzw. „männlichem Mann" und hohem Selbstwertgefühl zu einfach, wie von Hagemann-White referierte Forschungsergebnisse zeigen. Vielmehr kann die Wahrnehmung von Eigenschaften des jeweils anderen Geschlechts an sich selbst das eigene Selbstwertgefühl leicht steigern, in einem hohen Maße aber wird das eigene Selbstwertgefühl sowohl bei Männern als auch bei Frauen durch „männliche" Eigenschaften erhöht[21]. Hagemann-White kommentiert diese Forschungsergebnisse folgendermaßen: „Man möchte fast schließen, daß das normative Ideal für Frauen zwar hochgehalten, aber von niemandem ernst genommen wird."[22] Insofern bestätigt sich die Wahrnehmung von Malika und Elisabeth. Jedoch muß unterschieden werden zwischen der Vorstellung von „biologisch bedingten Geschlechtseigenschaften" und sich daraus wie „natürlich" ergebenden gesellschaftlichen Zuweisungen und gesellschaftlich konstruierten Geschlechterbildern, die auf soziokulturellen Grundlagen entstanden und veränderbar sind.

Vor dem Hintergrund der Vorstellung von natürlich gegebenen geschlechtlichen Rollenverteilungen werden gegenwärtige gesellschaftliche Tendenzen, die einen Umbruch dieser Rollenverteilung verursachen, von den befragten Frauen als Ursache von unterschiedlichen gesellschaftlichen Problemen gesehen. Dabei steht eine Zunahme weiblicher Berufstätigkeit im Mittelpunkt der Verknüpfung von Veränderungen in der traditionellen Rollenverteilung mit gesellschaftlichen Problemlagen:

Guck mal, nimm nur Deutschland: das Sozialsystem geht irgendwo kaputt, guck dir mal die Entwicklung der Kinder an – warum? Die Mütter sind gezwungen zu arbeiten, den ganzen Tag, damit sie sich die Miete leisten können, damit sie sich einen Urlaub leisten können, was weiß ich, warum. Die Kinder erleben weniger die Mutter und dazu noch weniger den Vater, erleben sehr viel mit Medien, das heißt Bezugsperson gleich Fernsehen. Und du erlebst von Generation zu Generation, wie die Kinder sich entwickeln, aber zum Negativen hin. Und das eben macht ganz deutlich, was es heißt, der Schoß der Gesellschaft zu sein. Ein Kind braucht irgendwo bis zu einem gewissen Alter die Mutter und das sage ich nicht aus altmodischen Gründen, sondern weil ich die Erfahrung gemacht habe

---

[21] Hagemann-White 1984, S. 28: Die leichte Steigerung des Selbstwertgefühls durch die Eigenschaften des jeweils anderen Geschlechts ergibt sich bei einem der von Hagemann-White beschriebenen Tests, die Steigerung des Selbstwertgefühls durch männliche Eigenschaften bei beiden Geschlechtern zeigt sich signifikant bei mehreren Tests.
[22] Hagemann-White 1984, S. 29.

[Jutta bezieht sich hierbei auf ihre beruflichen Erfahrungen als Erzieherin, G.H.], es braucht die Mutter. Eben weil sie anders vermitteln kann als ein Vater – Ausnahmen abgesehen – aber im allgemeinen ist das so, es braucht die Mutter bis zu einem gewissen Alter. Und dann kann man sagen: ‚Okay, du bist jetzt ein bißchen mehr auf dich gestellt, ich gehe jetzt arbeiten.' Aber man ist hier gezwungen, aber das merkt man, daß irgendwo in unserer Gesellschaft *** [Unterbrechung durch Batteriewechsel] diese Dinge sich bei uns bemerkbar machen, das kannst du von jeder Erzieherin hören, das kannst du von jedem Lehrer hören. Und das eben führe ich zurück auf das verschobene Familienleben. (Jutta)

Die Männer und Frauen gehen beide arbeiten, die Kinder sind im Kindergarten oder im Hort oder im weitaus häufigeren Fall wahrscheinlich ab dem Hortalter allein zu Hause und sich selbst überlassen. Dies führt meiner Ansicht nach zu einer Vernachlässigung der Kinder, die man ja auch darin sehen kann, daß doch die Drogenproblematik steil ansteigt und ein ganz erhebliches Problem ist. Auch die Jugendkriminalität nimmt ganz rapide zu, was ganz klar ist, wenn die Eltern nicht mehr da sind um ... ja, eine leitende Funktion abzugeben. Das führt dann dazu, daß die Kinder sich andere Leitbilder suchen und das sind dann eben sehr häufig keine guten, sondern negative. Gerade Jungen in der Pubertät neigen sehr häufig dazu, *** [unverständlich] wer der Stärkste ist. Das alles führt auch dazu, daß – wenn beide arbeiten gehen und dann abends noch versuchen, ein bißchen Zeit für die Kinder zu haben, vor allem auch für den Haushalt und im übrigen vor dem Fernseher relaxen –, daß die Kinder abrupt abgleiten und doch sehr gefährdet sind sehr häufig, daß die Ehen zerbrechen, weil beide müde sind und keiner mehr Zeit für den anderen hat, und daß sich beide eigentlich überfordert fühlen. (Malika)

Die Argumentation der befragten Frauen ist nicht neu; eine ähnliche Argumentation findet sich im konservativen politischen Diskurs: Beck-Gernsheim, die diesen Diskurs analysierte, hat herausgearbeitet[23], daß das zentrale Anliegen einer konservativen Familienpolitik die Etablierung einer geschlechtsspezifischen Aufgabenverteilung ist, die die Frau in den Innenraum der Familie verweist, während der Mann für den Außenraum „Öffentlichkeit" zuständig ist. Eine Strategie dieses politischen Diskurses ist dabei die Verknüpfung von weiblicher Berufstätigkeit mit gesellschaftlichen Folgewirkungen wie Zerfall der Familie, hohe Scheidungsquote, Drogenkriminalität etc.[24] Ebenfalls Teil dieses Diskurses ist die Darstellung der Berufstätigkeit von Frauen als Zwang

---

[23] Beck-Gernsheim 1989a, S. 118ff.
[24] Beck-Gernsheim 1989a, S. 148.

– eine Strategie, die auch Jutta in dem oberen Zitat benutzt. Auf dieser Basis erscheint Berufstätigkeit von Frauen als Entfremdung von ihrer Weiblichkeit – die ja als Mütterlichkeit definiert war, als Verlust von Authentizität; die Möglichkeit hingegen, nicht berufstätig zu sein, erscheint als Befreiung, als Urbedürfnis von Frauen – eine Ansicht, die Jutta wie folgt formuliert:

> *Im Grunde genommen wäre es doch so schön für eine Frau, wenn sie für ihre Kinder da sein könnte. Aber zeig mir, wo man hier für sein Kind da sein kann, du mußt ... du wirst gezwungen, Doppelverdiener zu sein, wie das hier abläuft. (Jutta)*

In diesem letzten Zitat – ebenso wie in ihrer obigen Aussage – begründet Jutta den von ihr wahrgenommenen Zwang zur Berufstätigkeit damit, daß der Verdienst beider Ehepartner notwendig sei, um die Existenz der Familie zu sichern. In einer anderen Betrachtungsweise des Zwangs zur weiblichen Berufstätigkeit sind es weniger finanzielle Gründe, die Frauen zur Berufsarbeit zwingen, als vielmehr die Abwertung von Mutterschaft und Haushaltstätigkeit, die Geringschätzung der „Arbeit aus Liebe", im gesellschaftlichen Bewußtsein. Dadurch müßten Frauen, um gesellschaftliche Anerkennung zu finden, etwas „darstellen", sich „männliche" Werte aneignen oder besondere berufliche Leistungen zeigen. Demgegenüber stehe der Islam mit seiner Anerkennung von Weiblichkeit/Mütterlichkeit:

> *Also [im Islam, G.H.] muß ich nicht – wie jetzt in Deutschland oder im Westen überhaupt – eine besondere Frau sein oder eine besondere Stellung in der Berufswelt haben, um Respekt zu bekommen. (Fatimah)*

Frauen in den westlichen Ländern, so die Fortführung dieser Argumentation, sind in einen Konflikt zwischen Beruf und Mutterschaft geraten, der ihnen nicht erlaubt, Mutterschaft auszuleben, ein Konflikt, der im Islam aufgehoben ist:

> *Die Mutter hat eine sehr, sehr hohe Position [im Islam, G.H.], die Mutterrolle wird auch sehr hoch bewertet. (...) Wenn man an das Geschlechterverhältnis denkt, dann muß man bestimmt an die Mutterrolle denken, das ist eine sehr wichtige Rolle. Und das ist ja im Vergleich mit heute ... hier sind die Frauen ja im Konflikt mit Mutterrolle und Selbstverwirklichung durch Beruf und Karriere. (Elisabeth)*

Die hohe Wertschätzung der Mutter im Islam erlaube es den Frauen dort – im Gegensatz zu Frauen im westlichen Ländern – Mutter zu sein und sich in dieser Rolle auf ihr eingeschriebenes Wesen zu besinnen.

In der Feststellung der gesellschaftlichen Geringschätzung von Mutterschaft und Haushaltstätigkeit treffen sich der islamische, der konservative politische[25] sowie der sonst eher gegenläufige Diskurs der Frauenbewegung. Alle drei stimmen darin überein, daß eine gesellschaftliche Neubewertung von Mutterschaft und Hausfrauentätigkeit notwendig sei. Während jedoch die Frauenbewegung sowohl Anerkennung für diese Tätigkeit als auch politische Maßnahmen zur Erleichterung der Frauenberufstätigkeit fordert, erscheint die Aufwertung der Familienarbeit im islamischen wie auch im konservativ politischen Denken als Alternative zur weiblichen Berufstätigkeit. Eine Aufwertung der Familienarbeit würde dazu führen, daß die Frauen sich auf eine ihnen entsprechende Art und Weise selbst verwirklichen könnten. Anders als in der Frauenbewegung, in der Mutterschaft und Berufstätigkeit also als miteinander vereinbar und einander ergänzend gesehen werden, erscheinen diese beiden Tätigkeiten in den traditionell orientierten Diskursen als einander ausschließend, es wird ein Gegensatz aufgebaut.

Im deutsch-islamischen Diskurs erscheint dieser Gegensatz als zwei Pole der weiblichen Selbstverwirklichung – im Beruf oder in der Familie. Dies zeigt sich anhand eines Artikel sowie einiger darauf bezogener Leserbriefe in der Zeitschrift „Al-Islam". Unter dem Titel „Gedanken zum Mutter-sein und zum Leben mit Kindern" erschien 1991 der Artikel einer konvertierten Muslimin, in dem diese sich einige Gedanken zu diesem Thema macht. Mit ihren einleitenden Worten wirft sie ihren muslimischen Glaubensschwestern vor, bei ihren Treffen stillschweigend zu erwarten, daß teilnehmende Mütter ihre Kinder zu Hause lassen, anstatt deren Anwesenheit zu akzeptieren bzw. Kinderbetreuungen zu organisieren. Sie führt dann aus, wie wichtig Mutterschaft ihrer Meinung nach sei und betont die Bedeutung einer einzigen, immer anwesenden Hauptbezugsperson. Dies müsse die Mutter sein, da nur eine Mutter in der Lage sei, alle Wünsche und Bedürfnisse eines Babys zu erfüllen. Dem stellt sie ihre Wahrnehmung der in westlichen Gesellschaften üblichen Verhaltensweisen gegenüber, bei denen es im wesentlichen darum ginge, Kinder irgendwo „abzugeben", sei es im Kindergarten, sei es bei einer Tagesmutter etc. Sie wirft ihren Glaubensschwestern vor, diese westliche Praxis zu stark verinnerlicht zu haben und plädiert für eine größere Wertschätzung der Mutterschaft, die auch unter Musliminnen noch fehle: „Angesichts der hohen Anforderungen und vielfältigen Fertigkeiten, die von einer Mutter (und Hausfrau) verlangt werden, ist es blanker Hohn, daß sie von dieser Gesellschaft als ‚nicht berufstätig' eingeordnet wird. Leider hat diese Einstellung auch unter einigen Schwestern Fuß gefaßt, die eine berufliche Tätigkeit außer Haus für ein erstrebenswertes Ziel halten und alles daran setzen, diese zu erreichen, selbst auf Kosten ihrer Kinder. Bitte versteht mich nicht falsch, ich bin nicht dagegen, daß muslimische

---

[25] Beck-Gernsheim 1989a, S. 153.

Schwestern außer Haus arbeiten (ich habe es selbst jahrelang getan), und ich bin mir bewußt, daß es Umstände gibt, z.B. finanzieller Art, die Schwestern – mit Kindern – zu einer außerhäuslichen Beschäftigung zwingen. Aber eine Tätigkeit außer Haus allein zur Selbstverwirklichung/ Selbstbestätigung (es widerstrebt mir, diese abgegriffenen Wörter zu benutzen), wobei die Kinder die Leidtragenden sind, lehne ich ab. Wir sollten uns unseres Wertes (noch ein abgegriffenes Wort) als Mutter bewußter und stolz darauf sein, die Erziehung unserer Kinder in den Händen zu halten."[26]

Auf diesen Artikel antwortet eine Nummer später eine Muslimin, die sich selber zu den Betroffenen, d.h. zu den Müttern zählt. Sie unterstützt die ihr vorhergehende Schreiberin darin, daß sich Mütter ihres Wertes bewußt sein sollten, verweist aber auch darauf, daß Mütter in bezug auf die Versorgung der Kinder nicht zu übertreiben agieren sollten. Sie fände es nicht schlimm, ihre Kinder einmal für einige Stunden einer anderen Person, vorwiegend dem Vater anzuvertrauen und plädiert dafür, die Kinder von den Treffen wegzulassen, da sie erstens störten und zweitens selber nichts davon hätten. Für sie drückt sich darin also weder Kinderfeindlichkeit, noch das „Abschieben" von Kindern aus, sondern Vernunft. Letzten Endes plädiert aber auch diese Muslimin dafür, der Kindererziehung erste Priorität zu geben und eventuell – wenn sich keine Betreuung organisieren läßt – für einige Jahre auf Islam-Arbeit und Berufstätigkeit zu verzichten. Damit sei eine Frau noch nicht für immer an Heim und Herd gebunden.

In der Ablehnung der „Selbstverwirklichung" durch berufliche Tätigkeit – eine Ablehnung, die auch in einer Diskussion eines „Schwesterntreffens", an dem ich teilnahm, deutlich formuliert wurde – und dem Wunsch nach Anerkennung der Selbstverwirklichung durch Mutterschaft drückt sich die Reaktion auf das in einem früheren Kapitel dargestellte doppelte Leitbild für Frauen aus. Dieses verlangt von Frauen „eine Art Chamäleonfähigkeit: Als Kinderlose sollen sie selbstbewußt einen qualifizierten Arbeitsplatz ausfüllen und ebenso gezielt wie selbständig für ihren eigenen Lebensunterhalt aufkommen. Um den Anforderungen qualifizierter Berufsarbeit Genüge zu leisten, müssen sie sich in der Öffentlichkeit als ‚Quasimänner' bewegen können: selbständige Entscheidungen treffen, ihre Arbeit bewußt planen, ihre eigenen Interessen vertreten. Aus dem alten Motto: ‚Die Frau gehört ins Haus' ist das Gegenteil geworden: ‚Die Frau gehört ins Büro oder ins Geschäft' – es sei denn sie ist auch Mutter. (...) Die zweite Hälfte des doppelten Leitbildes lautet freilich: ‚Die Mutter gehört zu ihren Kindern'. Dieselben Frauen, denen nicht nur zugestanden wird, sondern von denen neuerdings verlangt wird, daß sie vor der Familiengründung beruflich erfolgreich und selbständig eigene Lebenspläne entwickeln, sollen aber mit der Geburt eines Kindes ihre eigenen Interessen zumindest für

---

[26] Al-Islam 3 (1991), S. 2f.

die Phase der Kleinkindererziehung zurückstellen und ganz im Dasein für die Familie aufgehen."[27]

Als Hintergrund dieses doppelten Leitbildes sind miteinander in Konflikt stehende gesellschaftliche Bilder von Weiblichkeit zu erkennen, die von Frauen internalisiert wurden. So wird Mutterschaft zwar gesellschaftlich idealisiert, andererseits jedoch auch abgewertet. Berufsarbeit – Leistung gegen Geld – hingegen wird allgemein hoch bewertet, jedoch bei Müttern von Kleinkindern mißbilligt. Um also gesellschaftliche Anerkennung zu finden, ist es für Frauen einerseits notwendig, berufstätig zu sein, andererseits jedoch müssen sie die Bereitschaft zeigen, sich zumindest zeitweise auf ein „Da-Sein für die Familie" einzulassen. Zeigen sie diese Bereitschaft nicht, haben sie mit der Mißbilligung ihres sozialen Umfeldes zu rechnen oder aber sie werden von Schuldgefühlen gegenüber ihren Kindern geplagt. Letzteres ist offensichtlich bei berufstätigen Müttern weit verbreitet, wenn auch völlig unnötig, wie Beck-Gernsheim, die sich dabei auf neuere Forschungsergebnisse beruft, betont[28]. Nicht-berufstätige Mütter hingegen leiden zwar nicht unter Schuldgefühlen und machen auch die Erfahrung, daß ihr Handeln allgemein als „richtig" eingestuft wird, leiden jedoch häufig darunter, daß ihrer täglichen Arbeitsleistung die Anerkennung versagt wird, daß also die Arbeit als Hausfrau und Mutter gegenüber der Berufsarbeit abgewertet wird[29]. Die einander widerstreitenden gesellschaftlichen Bewertungen schlagen sich in der weiblichen Selbstwahrnehmung und Identitätsbildung nieder. Mütterlichkeit und damit impliziert auch Selbstlosigkeit und Selbstaufgabe werden als weibliche Eigenschaften stilisiert und sind – sei es, daß man diese für sich ablehnt, sei es, daß man sie als Teil von Weiblichkeit akzeptiert – Elemente, die weibliche Identität konstituieren. Gleichzeitig werden diese Eigenschaften aber auch niedrig bewertet, so daß für Frauen, deren Identität sich über deren Akzeptanz gebildet hat, ein negatives Selbstbild entstehen kann. Hingegen machen Konzepte von Weiblichkeit es Frauen – immer noch – schwer, Berufstätigkeit als selbstverständlichen Teil ihrer weiblichen Identität anzunehmen[30], so daß auch hier kein ungebrochenes Selbstbild entstehen kann. Im islamischen Frauenbild löst sich dieser verinnerlichte Konflikt auf, da hier Mutterschaft nicht nur idealisiert, sondern auch als Leistung anerkannt wird. Berufsarbeit dagegen kann von Frauen ausgeübt werden, ist aber nicht Voraussetzung, um sich anerkannt zu fühlen. Auf dieser Ebene kann ein positives Selbstbild auf der Basis von Mütterlichkeit entstehen.

---

[27] Rerrich 1990, S. 122f.
[28] Beck-Gernsheim 1989a, S. 177.
[29] Beck-Gernsheim 1989a, S. 52.
[30] Vgl. Brück, Brigitte u.a.: Feministische Soziologie – Eine Einführung. Frankfurt a.M. und New York 1992. S. 201.

Jedoch stellt sich das Gefühl der Anerkennung nicht nur über ein positives Selbstbild her, sondern ebenso auch über die Wertschätzung durch die islamische Umwelt. Da die islamischen Weiblichkeitskonzepte von der gesamten islamischen Gruppe geteilt werden, erfahren die Frauen auch von außen Bestätigung in ihrer – nun ungebrochenen – weiblichen Identität. Von besonderer Bedeutung ist dabei – wie sich im folgenden noch zeigen wird – die Bestätigung von männlicher Seite, die sich in der Bereitschaft zur Versorgung und Übernahme von Verantwortung gegenüber der Frau zeigt.

In ihrer Darstellung der Geschlechterdifferenz sowie in ihrer Interpretation der gesellschaftlichen Rollenverteilung greifen meine Interviewpartnerinnen auf zwei unterschiedliche Ansätze zurück, die zwar beide biologisch begründet sind, doch trotzdem zwei gegensätzliche Perspektiven – zum Teil in einem Interview vermischt – erkennen lassen. Weedon beschreibt diese Ansätze wie folgt: „Die biologisch begründete Theorie beispielsweise und die Positionen des gesunden Menschenverstandes, die durch sie bestimmt werden, bieten den Frauen feste Formen der Subjektivität an, in denen der Status quo zum natürlichen Zustand erhoben und Ansätze zu seiner Veränderung als unnatürlich abgetan werden. Umgekehrt wird der Status quo im radikalfeministischen Biologismus als unnatürliche, patriarchalische Verzerrung des wahren Weiblichen zugunsten einer separaten Kultur der Frauen abgelehnt, einer Kultur, die auf der biologischen Natur der Frau basiert, aber auf eine andere, positivere Weise definiert ist."[31]

In der Darstellung von Weiblichkeit und Männlichkeit durch die befragten Frauen werden beide vorgestellten Ansätze gleichermaßen genutzt: Einerseits berufen sich meine Gesprächspartnerinnen auf den Status quo, auf die Augenscheinlichkeit der bestehenden Ordnung, um zu beweisen, daß die Verhaltensweisen von Männern und Frauen in der Natur angelegt sind. Dabei beziehen sie sich auf intersubjektiv geteiltes Wissen, auf sozio-kulturelle Selbstverständlichkeiten, die keiner Explikation bedürfen. Andererseits nutzen sie für ihre Argumentation Elemente eines feministischen Diskurses, wobei nun der Status quo veränderungsbedürftig erscheint. Damit wird erreicht, daß das islamische Geschlechterkonzept gleichermaßen gesellschaftskritisch und neu, wie auch verführerisch vertraut wirkt. Es befriedigt so zum einen den Wunsch nach Veränderung der kritisierten Verhältnisse, zum anderen läßt es auch die vertraute Wirklichkeit als einzig mögliche erscheinen.

---

[31] Weedon, Chris: Wissen und Erfahrung. Feministische Praxis und poststrukturalistische Theorie. 2. Aufl. Zürich 1991. S. 42.

3 Nähe und Distanz: Weibliche und männliche Identität

Die Annahme geschlechtsspezifischer Wesenseigenschaften und Fähigkeiten, die sich in den Aussagen der befragten Frauen ausdrückt, gibt, wie im folgenden gezeigt wird, im Denken meiner Interviewpartnerinnen auch der Beziehung der Geschlechter ihre Ordnung. Um dies darzustellen, muß ich hier etwas weiter ausholen.

Zwei meiner Interviewpartnerinnen – Fatimah und Elisabeth – stellte ich die Frage, ob die islamische Forderung nach Jungfräulichkeit in der heutigen Zeit noch sinnvoll sei[32]. Beide Frauen beantworteten diese Frage auf einer sehr persönlichen Ebene und brachten sie in einen direkten Zusammenhang mit eigenen negativen Erfahrungen in Liebesbeziehungen, die sie jedoch in einen übergeordneten gesellschaftlichen Kontext stellten. Besonders Elisabeth verbindet mit ihrer Antwort auf meine Frage ihre Kritik an derzeitigen Geschlechterbeziehungen:

E.: Ich finde es eigentlich schön, wenn man jungfräulich ist. Es hat schon was, mit Reinheit oder ... diese Beziehungen hier, die ich ja auch erlebt habe, die bewerte ich im nachhinein negativ. Obwohl ich wahrscheinlich nicht so denken würde, wenn ich das alles nicht erlebt hätte. Ich würde es gerne rückgängig machen, wenn ich es könnte, die Beziehungen, die man hier erlebt. Weil ich finde es negativ, daß man sich so sehr aufeinander einläßt, daß man alles gibt, sein ganzes Herz, sein ganzes Gefühl, seinen Verstand. Man lebt zusammen – auch wenn man nicht zusammen wohnt – vom Gefühl her aber. Man ist so eng zusammen und dann kommt die Trennung, die anscheinend in dieser Gesellschaft auch unweigerlich dazu gehört. Das finde ich dermaßen schmerzhaft, dieses ... ich finde es so unsicher, diese Beziehungen hier, sehr, sehr unsicher. Für mich hat eine Ehe einen gewissen Sicherheitsfaktor. Der Mann muß sich zu mir bekennen, indem er mich heiratet. Das ist ein Jawort, abgesehen auch davon, daß es dann eben auch vor Gott besiegelt ist – was für mich heute ja wichtig ist, damals war es nicht wichtig. Aber ich finde, die Ehe hat tatsächlich für die Beziehung, für den einzelnen auch Vorteile. Ich empfinde es als Sicherheitsfaktor, daß man nicht gleich beim ersten Problem wegläuft und ‚Tschüs‘ sagt.
G.: Aber das heißt, daß man im Grunde genommen auch in der islamischen Ehe alles gibt, also Herz, Verstand, Gefühl und so, nur eben, daß da nicht die Trennung droht ... natürlich gibt es die da auch ...
E.: Gibt es.

---

[32] Mir wurde mehrfach erklärt, daß das voreheliche Keuschheitsgebot im Islam sowohl für Frauen als auch für Männer gilt. Mit meinen Interviewpartnerinnen sprach ich jedoch zum größten Teil nur über die Bedeutung, die die Jungfräulichkeit für Frauen hat.

G.: ... aber das ist mehr eine Ausnahme. Die Sicherheit ist also, daß du dich eher geben kannst, ohne das Gefühl zu haben, daß du fallengelassen wirst wie eine heiße Kartoffel irgendwann.
E.: Genau, das habe ich öfter erlebt in meinem Leben und das fand ich so schrecklich und das möchte ich nicht mehr erleben. Ich sage jetzt nicht, daß ich nicht, wenn ich irgendwann mal heiraten sollte, geschieden werde – das weiß ich nicht –, aber die Bereitschaft ist doch wenigstens da, daß man es für immer probiert, was bei den Beziehungen hier gar nicht da ist. Meistens ist es hier so: man probiert, man guckt, man ist verliebt, man ist zusammen und irgendwann ... Das kommt mir vor, wie ein Konsumartikel, also genauso wie man sich eine neue CD kauft. Also man gibt zu schnell auf in den Beziehungen hier. Man gibt einerseits zu schnell auf, andererseits gibt man vielleicht gleich zuviel. Vielleicht ist es manchmal ganz gut, wenn man ein bißchen distanzierter ist am Anfang, bevor man zuviel gibt, weil dann hat man alles gegeben und hängt so drin und dann ist die Trennung so schwierig.
G.: Im Islam gibst du halt erst dann ...
E.: ...wenn du weißt, daß du verheiratet bist.
G.: ...wenn du weißt, daß es wahrscheinlich keine Trennung geben wird, vorher ist eine gewisse Distanz da.
E.: Ja, ich persönlich finde das ganz toll. Weil, was ich erlebt habe mit den Beziehungen, wo dann die Trennung erfolgte, was nicht immer in meinem Sinne war – und ich finde das furchtbar, solche Trennungen.
(Elisabeth)

Ausgehend von meiner Frage nach der Bedeutung von Jungfräulichkeit plädiert Elisabeth in dieser Interviewpassage für Wahrung von Distanz in Liebesbeziehungen bis zu einem Zeitpunkt, da die Aufgabe der Distanz relativ gefahrlos – da gesichert durch die gemeinsame Bejahung einer bestimmten Lebensform – erfolgen kann. Durch den Kontext, in dem dieser Interviewausschnitt steht, wird deutlich, daß Sexualität als Basis der Distanz bzw. Nähe gesehen wird. Eindeutiger erscheint dieser Aspekt in der Antwort Fatimahs auf meine entsprechende Frage:

Jetzt im nachhinein durch die vielen negativen Erfahrungen, die ich gemacht habe, finde ich es für ein Mädchen schöner, wenn sie solche Erfahrungen nicht machen muß. Und sie hat halt die Möglichkeit gar nicht, so viele schlechte Erfahrungen zu machen, wenn sie eben sagt: ‚Ich warte bis zu meiner Ehe damit.' (...) Es ist mir mit zwei Partnern passiert, daß die dann andere Freundinnen nebenher hatten und ich denke halt, daß es auch viel mit Sexualität zu tun hat. Und ich denke: Warum muß ich das von mir geben und dann muß er auch noch zu anderen gehen und sich das da

auch holen. Ich habe das irgendwie auf der sexuellen Ebene gesehen.
(Fatimah)

Als ich hier einwarf, daß auch in einer Liebesbeziehung, in der beide Partner vor der Ehe auf eine sexuelle Beziehung zueinander verzichten, Illoyalität bzw. eine Trennung sehr schmerzhaft sein könnten, unterstrich Fatimah das Gesagte noch einmal und wies auf die besondere Bedeutung hin, die Sexualität hat:

Ich finde es aber irgendwo dann noch ... ja, es war ja dann keine Distanz mehr da zwischen einem. Sobald man nämlich sexuelle Beziehungen hatte, ist ja jede Hürde, jede Hülle praktisch gefallen, es bleibt ja nichts mehr. Ich denke, irgendwo finde ich es doch noch intensiver, dann eine Enttäuschung zu erleben, als wenn man den Kontakt halt noch nicht hatte. Und irgendwo fühlt man sich auch ... ja, wenn man halt ganz schlecht drauf ist, dann kann man sich eben Dinge einreden wie: ‚Na ja, du warst halt für das Bett gut und das war es dann.' (Fatimah)

Fatimah läßt hier am Ende des letzten Interviewausschnittes eine weitere Komponente anklingen, die auch bei Elisabeth leicht angedeutet wird: den Aspekt der Ausnutzung der weiblichen Sexualität durch Männer. Die Aussage „*Ich war nur für das Bett gut*" kann allerdings auch als Versuch gewertet werden, sich das Scheitern einer Beziehung zu erklären und sich der eigenen Verantwortung daran zu entziehen: Indem dem Mann unterstellt wird, daß er mit der Frau „nur schlafen will", wird ihm die Schuld daran zugeschoben, daß die Beziehung keinen Bestand hatte, die Frau erscheint als unschuldiges Opfer. Daß mit einer solchen Schuldzuweisung jedoch das Bild einer einseitigen Ausbeutung der Frauen durch die Männer verbunden ist, zeigt sich im folgenden Zitat:

Die Männer sind ja hier [im Westen, G.H.] auch polygam und ich finde, daß es, wie es hier jetzt läuft, wesentlich mehr mit Sexualität zu tun hat [als im Islam, G.H.]. Ich würde sagen: fast nur. Das ist vielleicht auch übertrieben: fast nur, aber es ist ja keine Verantwortung dabei bei den Beziehungen, die man hier eingeht. Das ist ja alles mit offenem Ende, man geht keine Verantwortung ein, man erklärt sich nicht bereit, für den anderen zu sorgen und den entsprechend abzusichern. Und das finde ich dann im Islam eigentlich schon gut, daß eine Frau nicht nur benutzt wird und dann – das ist böse ausgedrückt – dann weggeworfen wird, sondern ... ja, sie hat ihr Gesicht auch bewahrt irgendwo, sie ist trotzdem noch eine Frau, die respektiert wird und ihre Stellung immer noch hat. Ich will jetzt damit nicht sagen, daß eine Frau hier nicht respektiert wird, aber jetzt vom islamischen Gesichtspunkt aus. Sie ist auf alle Fälle abgesichert. (Fatimah)

Obwohl Fatimah diesen Gesprächsabschnitt mit dem geschlechtsneutralen „man" beginnt, wird im weiteren doch klar, daß die Aufgabe der Distanz durch Sexualität besonderes auf Kosten von Frauen geht: Diese würden von Männern „*benutzt*" und schließlich „*weggeworfen*". Die Verknüpfungen, die in den vorausgehenden Interviewausschnitten hergestellt werden, ziehen sich auch durch andere Interviews: Frauen werden als die Verlierer, Männer hingegen als die Gewinner gesellschaftlicher Veränderungsprozesse wahrgenommen. Auf die Spitze getrieben erscheint dieses Motiv im Interview mit Kamile, in dem Frauen zu Opfern dieser Veränderungen stilisiert werden:

Sie leben zusammen, ohne verheiratet zu sein, und dann irgendwann sieht der Freund eine andere Frau und sagt: ‚Tschüs' und dann ... Ja, manchmal geht das nicht gut aus. Ich meine auch für die Frau: Es gibt so viel Fälle, da geht es nicht gut aus, da heißt es ‚Tschüs', da ist es dann zu Ende. Es gibt viele Frauen, die dann – gerade in der westlichen Gesellschaft –, die dann neurotisch werden, wie wir dann so sagen. Die irgendwie psychologisch einige bestimmte Eigenarten entwickeln. Einige vielleicht fangen an zu trinken, andere ... ja, ist schwer zu sagen, auf einzelne Beispiele einzugehen, die also nicht mehr dem normalen entsprechen. (Kamile)

In den von den befragten Frauen hergestellten Verknüpfungen drückt sich aus, wodurch das Gefühl, „*benutzt*" worden zu sein, sich herausbildet, was das weibliche Leid der Trennung – mit allen Konsequenzen, die Kamile andeutet – ausmacht: Die Schwierigkeit der Trennung stellt sich über die Sexualität her, eine Sexualität allerdings, die nicht für beide Geschlechter gleich gesehen wird – schließlich ist es der Mann, der die Frau „*benutzt*" und „*wegwirft*" bzw. „*sitzenläßt*", ein Motiv, das sich sehr ausgeprägt durch alle Interviews zieht.

Diese gedachte Ungleichheit erklärt sich aus unterschiedlichen Zuschreibungen hinsichtlich männlicher und weiblicher Sexualität, Zuschreibungen, die sich mit dem Begriffen Nähe und Distanz umreißen lassen. Männliche Sexualität wird als distanziert betrachtet, wird gesehen als losgelöst von der Person des Mannes. Männer – so der dahinterstehende Gedanke – vermögen mit Frauen sexuell zu verkehren, ohne sich emotional einzulassen, sie geben ihren Körper, jedoch nicht ihr Selbst. Demgegenüber wird weibliche Sexualität als umfassend und ganzheitlich gedacht; sie wird eingebettet gesehen im Rahmen der gesamten Liebesbeziehung und erscheint ohne diese nicht möglich. Frauen geben gemäß dieser Vorstellung nicht nur ihren Körper, sondern sie nutzen ihn auch, um die Distanz zu überwinden und die Getrenntheit zwischen ich und anderen aufzuheben.

Für Gilligan – die sich dabei auf Chodorow bezieht – stehen die Relationen von Distanz und Nähe in einem engen Verhältnis zur Geschlechtsidentität: „Da Männlichkeit durch Ablösung definiert wird, Weiblichkeit hingegen durch Bindung, wird die männliche Geschlechtsidentität durch Intimität bedroht, die weibliche Geschlechtsidentität hingegen durch Trennung."[33] Obwohl Gilligans Thesen als analytisches Werkzeug nicht unumstritten sind[34], reflektiert die zitierte Aussage doch gesellschaftlich wirksame – und empirisch nachweisbare[35] – Bedeutungsstrukturen. Männlichkeit und Weiblichkeit werden auf einer soziokulturellen Ebene wahrgenommen als definiert durch das Verhältnis von Distanz und Nähe und diese Wahrnehmung wird im Individuum als eigenes Erleben nachvollzogen. In diesem Sinne bestätigt sich Gilligans These durch die Aussagen der von mir befragten Frauen. Diese fühlen sich durch einen gesellschaftlichen Wandel, der Trennungen zunehmend normalisiert, bedroht in ihrer Weiblichkeit, die sie mit Ungetrenntheit identifizieren; eine Ungetrenntheit, die durch den sexuellen Akt symbolisch hergestellt wird. In diesem sexuellen Akt wird das ganze Selbst gegeben und die Trennung führt dementsprechend zu Selbst-Verlust: *„Es bleibt ja nichts mehr ..."*, sagt Fatimah im obigen Interviewausschnitt und meint damit ihre eigene Verlorenheit.

Weibliche Ungetrenntheit, die zugesprochene Fähigkeit zur Selbstaufgabe, wird auf der soziokulturellen Ebene jedoch nicht nur als konstituierendes Element von Weiblichkeit behandelt, sondern unterliegt auch einer Bewertung, und zwar einer ambivalenten Bewertung. Einerseits wird Selbstlosigkeit als weibliche Eigenschaft (immer noch oder schon wieder) idealisiert, beispielsweise in der Mütterlichkeit, andererseits wird sie geringgeschätzt, ausgedrückt nicht nur in der geringen Entlohnung entsprechender Tätigkeiten, sondern ebenso in der Höherbewertung von Eigenschaften wie Unabhängigkeit, Individualität oder Durchsetzungsvermögen, die vor allem als männliche Eigenschaften gedacht werden[36]. Dabei ist die Geringschätzung weiblicher Selbstlosigkeit immer auch eingeschrieben in dieselbe, definiert sich Selbstlosigkeit doch gerade durch den Verzicht auf Belohnung bzw. ihre Belohnung ist ihre Idealisierung als Komponente des weiblichen Geschlechtscharakters. Für Rommelspacher – die die Motivationen zur Berufswahl von Frauen in sozialen Berufen untersuchte – verbirgt sich hinter der zwiespältigen Bewertung von Selbstlosigkeit – einerseits Idealisierung, andererseits Abwertung – die gesellschaftliche Machtlosigkeit von Frauen: „(...) bedarf es einer sehr deutlich formulierten Positionsbestimmung weiblicher Eigenart, die ihre Verankerung in ihrer gesellschaftlichen Machtlosigkeit sieht und sich nicht mit einfachen Idealisierun-

---

[33] Gilligan 1990, S. 17.
[34] Vgl. Nunner-Winkler 1991b.
[35] Gilligan 1990, S. 55f.
[36] Rommelspacher 1991, S. 135.

gen abspeisen läßt. D.h. es muß deutlich gesehen werden, daß weibliche Sozialbezogenheit als ein Produkt gesellschaftlicher Machtlosigkeit genau diese Machtverhältnisse immer wieder reproduziert. Oder anders formuliert: Weibliches Beziehungsbedürfnis ist ebenso Ausdruck weiblicher Beziehungsorientierung wie auch Ausdruck weiblicher Zweitrangigkeit."[37] Die Doppelbewertung weiblicher Selbstlosigkeit drückt also in der Abwertung die Machtlosigkeit von Frauen – im Sinne der von Männern definierten politisch-gesellschaftlichen Macht[38] – aus, in der Idealisierung hingegen die Kompensation derselben, d.h. die Akzeptanz der Idealisierung reproduziert diese Machtlosigkeit.

Jedoch liegt in der Selbstlosigkeit von Frauen – so führen verschiedene Autorinnen aus[39] – jenseits ihrer Kompensationsfunktion auch eine Komponente von Macht, die als Beziehungsmacht bezeichnet werden kann. Die Beziehungsmacht ergibt sich aus der Hingabe an andere, aus Selbstaufgabe und grenzenloser Zuwendung; sie ist Resultat einer moralischen Verpflichtung derjenigen, denen die Zuwendung gilt: „Für jemand anders zu leben, eröffnet Frauen zwar eine versteckte und häufig unbewußte, aber dennoch wirksame weibliche Macht, eine Tatsache, die Frauen an ihre traditionelle Rolle emotional bindet: Wenn ich für jemand anderen lebe, wird dieser andere für mein Leben und mein Wohlergehen verantwortlich. Ich erlange das Recht, Mann oder Kinder dafür moralisch zu belangen, daß sie meine Erwartungen nicht erfüllen, nach alledem, was ich für sie getan habe."[40] Die Beziehungsmacht speist sich aus Rechten, die aus der Zuwendung abgeleitet werden können, sie speist sich aber auch aus der Abhängigkeit der anderen, aus dem Gefühl, gebraucht zu werden. Abhängigkeit und moralische Verpflichtung geben die Macht, von den anderen erwarten zu können, dem eigenen Bild zu entsprechen; sie geben die Macht andere zu formen. Bei dieser Form der Macht handelt es sich jedoch – wie Rommelspacher bemerkt – um eine „prekäre und teilweise irreale Macht"[41], da sie auf einer Identität der Selbstaufgabe beruht. Das eigene Selbst konstituiert sich als allumfassendes, die anderen miteinbeziehendes, von ihnen ungetrenntes Selbst: Die Macht, die Stärke, die Fähigkeiten, das Prestige der anderen sind auch die eigene Stärke und das eigene Prestige, jedoch werden eigene Stärken und Fähigkeiten für den oder die anderen gegeben. Die Selbst-Verwirklichung findet in anderen statt, dafür werden vom anderen unabhängige

---

[37] Rommelspacher 1991, S. 137f.
[38] Vgl. Schaeffer-Hegel, Barbara: Nachwort. In: dies. (Hrsg.): Frauen und Macht. Der alltägliche Beitrag der Frauen zur Politik des Patriarchats. Pfaffenweiler 1988. S. 361-368.
[39] Hagemann-White, Carol: Macht und Ohnmacht der Mutter. In: Rommelspacher, Birgit (Hrsg.): Weibliche Beziehungsmuster. Psychologie und Therapie von Frauen. Frankfurt a.M. und New York 1987. S. 15-30. Rommelspacher 1991; Brückner 1988a.
[40] Brückner 1988a, S. 106.
[41] Rommelspacher 1991, S. 132.

Bedürfnisse und Wünsche aufgeben – eine Trennung bedroht dieses über andere konstituierte Selbst, sie läßt nichts zurück. So liegen in dem beschriebenen Konzept von Selbstlosigkeit Macht und Ohnmacht dicht beieinander.

Die Bereitschaft zur Selbstaufgabe der Frau zeigt sich noch einmal deutlich in einem Zitat von Fatimah, in dem diese kritisiert, daß Frauen nicht mehr Befriedigung und Selbstdefinition über den Mann suchen, sondern im Beruf:

> *Ich bin so zufrieden mit allem, auch wenn ich mich so meinem Mann unterwerfe mehr oder weniger, trotzdem habe ich diese Zufriedenheit. Und die Frauen hier versuchen diese Zufriedenheit zu bekommen, indem sie sich von den Männern lösen und indem sie für sich irgendetwas suchen. Und sie erreichen auch vieles: die Emanzipation und im Beruf Erfolg haben. Ja, das kann einem einen Moment lang befriedigen, aber ich glaube nicht, daß es einem eine solche Zufriedenheit gibt wie mir.* (Fatimah)

Die Botschaft in dieser Aussage von Fatimah ist klar: So reizvoll es für Frauen sein mag, neue Wege zu beschreiten, so läßt sich innerer Frieden, „Zufriedenheit", doch nur in der Akzeptanz der traditionellen „natürlichen" Rollenverteilung erfahren. Auch wenn sich dahinter die Bejahung der Vorstellung einer komplementären Einheit von sowohl Frau als auch Mann, ohne die beide keine Ganzheit erfahren, verbergen mag, so sind es doch eher Frauen, in deren Leben Ehe, Familie, Partnerschaft eine besondere Rolle spielen. Dies wird auch bei Kamile deutlich, die zwar einerseits betont, daß die Ehe nicht nur für Frauen, sondern ebenso auch für muslimische Männer empfohlen wird, die anderseits aber besonders das Leben von unverheirateten Frauen als „*unschön*" – und an anderer Stelle als „*würdelos*" – ausmalt:

> *Ich finde wirklich, das ist kein schönes Leben für eine Frau, wenn sie zum Beispiel ... Es schadet einer Frau, sie studiert und sie hat dann sehr viele Freunde und arbeitet nur und wird nie heiraten und dann irgendwann wird sie sterben. Und am Wochenende ist sie alleine, hat keine Kinder und es gibt viele solcher Fälle.* (Kamile)

Das Szenario, das Kamile hier entwirft, sieht für ehe- und familienlose Frauen ein Leben der Leere und der Einsamkeit vor. Was ihnen fehlt – so läßt sich aus beiden obigen Zitaten schließen – ist die Möglichkeit der Definition über den Partner, die Selbst-Verwirklichung in der Selbstaufgabe für die Familie. Was Fatimah – und implizit wohl auch Kamile – letztlich am Lebensstil in den westlichen Kulturen beklagen, ist eine Verschiebung der weiblichen Identitätsfindung. Frauen suchen Selbstverwirklichung im Beruf, in ihrer eigenen Person anstatt im „Da-Sein für andere". In diesen Darstellungen zeigt sich auch noch einmal die weiter oben angesprochene Annahme einer unterschwelligen

Wirksamkeit „natürlicher" Geschlechtseigenschaften. Danach blieben diese selbst dann wirksam, wenn sie „wegerzogen" werden könnten, und äußerten sich in Unzufriedenheiten, Neurosen und einem „*unschönen*" Leben – in ihrer unterschwelligen Wirksamkeit „*schaden sie einer Frau*", die sich von ihnen abwendet. Eine Akzeptanz dieser Eigenschaften führt jedoch zur Zufriedenheit.

4 Das Konzept Familie

Der Unverbindlichkeit der Beziehungen in den europäischen Gesellschaften sowie der Entfremdung von Frauen von ihren vermeintlichen Geschlechtseigenschaften setzen die islamischen Frauen das Konzept „Familie" entgegen, das die unterschiedlichen Eigenschaften von Mann und Frau berücksichtigt und seiner Ordnung zugrunde legt. Diese Ordnung wird im folgenden näher erläutert.

Familie stellt im islamischen Denken ein Konzept dar, das individuelle wie auch gesellschaftliche Sicherheit, Überschaubarkeit und „Gesundheit" im weitesten Sinne bieten soll, ein Begriff, der im deutsch-islamischen Diskurs häufig fällt und für den das folgende Zitat aus dem Interview mit Angelika exemplarisch stehen soll:

Fangen wir mal bei einem rundum ganzheitlich gesunden Individuum an. Ganzheitlich gesunde Individuen gründen eine Familie, die dann wieder in der Lage ist – sagen wir mal – gesunde Kinder zu erzeugen. Und wenn man viele dieser gesunden Familien hat, entsteht daraus auch eine gesunde Gesellschaft. Und das heißt: Weil die Familie so wichtig ist, sowohl für das einzelne Leben wie auch für die Gesellschaft, muß die Familie geschützt werden. (Angelika)

„Gesundheit" im hier benutzten Sinne bedeutet Klarheit, Ordnung, Regeln, aber auch Normalität, und kann als Gegensatz zu der von meinen Gesprächspartnerinnen in westlichen Gesellschaften häufig konstatierten „Grenzen- und Maßlosigkeit" gesehen werden. Eine solcherart „gesunde" Familie erfüllt im Denken der Muslime und Musliminnen eine Reihe von Funktionen, die sich sehr gut einem Zitat aus einer Broschüre einer deutschsprachigen islamischen Gruppe entnehmen lassen. Die Broschüre wurde von Fatima Grimm – einer konvertierten Deutschen – geschrieben:
„1. Die Familie als Wiege der menschlichen Gesellschaft, die ein sicheres, gesundes und förderndes Zuhause für Eltern und Kinder bietet.

2. Die Familie als Hüterin der natürlichen erotischen Bedürfnisse von Mann und Frau, die diesen starken Trieb in gesunde Bahnen leitet.
3. Die Familie als eigentlicher Ort für menschliche Tugenden wie Liebe, Freundlichkeit und Güte.
4. Die Familie als sicherste Stätte der Zuflucht gegen innere und äußere Schwierigkeiten."[42]

Die Erfüllung der dargestellten Funktionen soll durch einen Rahmen, in dem das Verhältnis der Geschlechter zueinander idealerweise klar abgesteckt ist, gewährleistet werden. Gesteckt wird dieser Rahmen durch den Koran sowie durch den Hadith. Jedoch lassen beide ausreichend Spielraum zu Interpretationen. Im folgenden wird es um den durch Koran und Hadith vorgegebenen Rahmen des Geschlechterverhältnisses in der Familie sowie um die darüber hinausreichenden Auslegungen der konvertierten Frauen gehen.

4.1 Die Beziehung der Geschlechter in der Familie

Die Beziehung der Geschlechter zueinander wird im Koran durch zahlreiche Verse beschrieben, von denen hier drei herausgegriffen werden sollen, die eine nähere Bestimmung ermöglichen und die sowohl in Broschüren als auch in Interviews immer wieder zitiert werden. Der eine der Verse klärt die ehelichen Machtverhältnisse und die gegenseitigen Verpflichtungen in der Ehe: „Die Männer sind die Verantwortlichen über die Frauen, weil Allah die einen vor den anderen ausgezeichnet hat und weil sie von ihrem Vermögen hingeben. Darum sind tugendhafte Frauen die Gehorsamen und die (ihrer Gatten) Geheimnisse mit Allahs Hilfe wahren. Und jene, von denen ihr Widerspenstigkeit befürchtet, ermahnt sie, laßt sie allein in den Betten und straft sie. Wenn sie dann gehorchen, so sucht keine Ausrede gegen sie; Allah ist hoch erhaben, groß."[43] Die in deutsch-muslimischen Kreisen verbreitete Interpretation dieses Verses beleuchtet zunächst den arabischen Begriff „verantwortlich über", der auch übersetzt werden kann als „einstehen" oder „vorstehen", d.h. es sind die Männer, die für die Frauen einstehen oder ihnen vorstehen sollen. Der Grund

---

[42]Grimm, Fatima: Das Familienleben im Islam. In: Al-Islam 3 (1989). S. 21-26, hier S. 20.
[43]Ich halte mich hier an die Ahmadiyya-Übersetzung, Sure 4:35, da diese den verschiedenen Übersetzungen in den deutsch-islamischen Broschüren am nächsten kommt; die Übersetzung von Paret lautet: „Die Männer stehen über die Frauen, weil Gott sie (von Natur vor diesen) ausgezeichnet hat und wegen der Ausgaben, die sie von ihrem Vermögen (als Morgengabe für die Frauen?) gemacht haben. Und die rechtschaffenen Frauen sind (Gott) demütig ergeben und geben acht auf das, was (den Außenstehenden) verborgen ist, weil Gott (darauf) acht gibt (d.h. weil Gott darum besorgt ist, daß es nicht an die Öffentlichkeit kommt). Und wenn ihr fürchtet, daß (irgendwelche) Frauen sich auflehnen, dann vermahnt sie, meidet sie im Ehebett und schlagt sie. Wenn sie euch (daraufhin wieder) gehorchen, dann unternehmt (weiter) nichts gegen sie! Gott ist erhaben und groß." (4:34)

dafür, der sich aus dem genannten Vers ergibt, ist der, daß die Männer die Aufgabe haben, ihren Frauen Unterhalt zu gewähren. Festgelegt ist in diesem Vers also des Mannes Verantwortlichkeit für seine Frau und seine Familie. Demgegenüber steht die Verpflichtung der Frau, die Verantwortlichkeit des Mannes anzuerkennen und ihm als Familienoberhaupt in Belangen, die diese Funktion betreffen, zu gehorchen. Der Mann kann seine Autorität mit Strafen wie Ermahnungen, sexuellen Entzug oder nach manchen Übersetzungen auch mit Schlägen durchsetzen, wobei diese – wie die von mir befragten Frauen betonten – vom Propheten eher verurteilt denn gebilligt wurden und darüber hinaus ein bestimmtes Maß auch nicht überschreiten dürften.

Der zweite Vers, der die Beziehung der Geschlechter bestimmt, lautet: „... Sie [die Frauen, G.H.] sind euch ein Gewand, und ihr seid ihnen ein Gewand ..."[44] Dieser Vers relativiert den zuerst zitierten Vers, indem er die Beziehung des Mannes zur Frau in ihrer absoluten Gegenseitigkeit beschreibt. In ihrem Vermögen, einander ein Gewand zu sein, das heißt sich gegenseitig zu schützen, zu wärmen und zu bedecken, stehen sich beide in nichts nach. Unterstützt wird diese Sichtweise durch folgenden Vers, der ebenfalls in Darstellungen zur Geschlechterbeziehung häufig zitiert wird: „Und zu seinen Zeichen gehört es, daß er euch aus euch selber Gattinnen geschaffen hat (indem er zuerst ein Einzelwesen und aus ihm das ihm entsprechende Wesen machte), damit ihr bei ihnen wohnet (oder: ruhet). Und er hat bewirkt, daß ihr (d.h. Mann und Frau) einander in Liebe und Erbarmen zugetan seid (w. [wörtlich, G.H.] er hat Liebe und Erbarmen zwischen euch gemacht). Darin liegen Zeichen für Leute, die nachdenken."[45] Auch hier erscheint Muslimen und Musliminnen wieder die Gegenseitigkeit betont. Neben der beidseitigen Liebe wird hierbei aber vor allem auf die Barmherzigkeit verwiesen, die Respekt, Achtung und Fürsorge füreinander mitumschließt. Der zuletzt zitierte Vers steht auch für das Nebeneinander der physischen und geistigen Beziehung der Gatten in der ehelichen Gemeinschaft. Das Recht auf und die Pflicht zur sexuellen Erfüllung wird nicht allein als körperliche Funktion gesehen, sondern erscheint eingebettet zum einen in der daraus resultierenden Ruhe, die allein zur Gottnähe führt, zum anderen aber in der geistigen Gemeinschaft der Ehepartner.

In der öffentlichen Diskussion werden die konvertierten Frauen immer wieder mit dem zuerst zitierten, sehr bekannten Vers aus der Sure 4 konfrontiert. Auch mich interessierte, wie die befragten Frauen die darin angelegte Forderung nach weiblichem Gehorsam und nach Unterordnung für sich persönlich auslegen. Aus diesem Grund stellte ich dem größten Teil meiner Interviewpartnerinnen eine dementsprechende Frage, auf die im allgemeinen eher mit

---

[44] Ahmadiyya 2:188; Paret übersetzt: „ ...Sie sind für euch, und ihr für sie (wie) eine Bekleidung ..." (2:187)
[45] Paret 30:21.

Unbehagen reagiert wurde. So wurde häufig der Begriff „Gehorsam" abgelehnt und durch andere Begriffe, beispielsweise „Nachgiebigkeit", ersetzt. Grundsätzlich lassen sich jedoch drei Antworten unterscheiden, die ich immer wieder zu hören bekam. Zwei davon sind im folgenden Zitat aus dem Interview mit Jutta enthalten:

> *Es gibt ja auch eine Sura, wo es heißt, der Mann darf seine Frau züchtigen, er darf sie also schlagen, also diese Sura gibt es auch. Aber so dargestellt ist es nicht fair dem Koran gegenüber, weil es viele andere Suren gibt, die das wieder mildern. Aber dann gibt es Menschen, die das so interpretieren: ‚Ach, ich darf ja meine Frau schlagen, also schlage ich sie', diese Muslims gibt es und das können wir auch leider nicht ändern. Aber das hört sich manchmal wahnsinnig brutal an und auch gegen die Frauen eingestellt, aber im Grunde genommen ist es nicht so. Man muß das Ganze lesen. Daß es Suren gibt – da gebe ich dir völlig recht – wo ich zuerst denke: ‚Oje, das kann ich nicht bezeugen oder so kann ich doch nicht leben', möchte ich nicht abstreiten, aber wenn ich ein bißchen weiter gelesen habe oder mich ein bißchen vertieft habe, erkenne ich die Zeilen dazwischen und die sehe ich auch bestätigt im Zusammenleben mit meinen Mann und auch mit seiner Familie. Also das ist nicht so, daß ich die für mich so interpretiere, weil ich das so haben will, sondern ich sehe, es ist tatsächlich so, daß entwickelte Muslime, nicht einfach so leben, weil es da so steht, sondern die gucken, was gemeint ist, was wirklich der Sinn der Sure ist. Und danach leben sie und das ist eben mir widerfahren. (Jutta)*

Hier weist Jutta zum einen darauf hin, daß der Koran immer als Ganzes zu lesen ist, daß also auch die anderen Suren und Verse, die das Geschlechterverhältnis erwähnen, mit zu berücksichtigen sind. Damit bezieht sie sich auf die Entstehungsgeschichte des Korans. Dieser wurde über einen Zeitraum von 22 Jahren verkündet; viele seiner Suren – besonders die aus der medinensischen Phase – stellen dabei Antworten auf Fragen der jungen islamischen Gemeinde dar. Es gibt einander ergänzende, erklärende, auslegende und auch sich widersprechende Suren und Verse – verständlich werden diese häufig nur aus dem Kontext, aus dem heraus sie verkündet wurden[46]. So wehrt sich Jutta dagegen, auf einen einzigen Vers verwiesen zu werden, der das Prinzip der Gegenseitigkeit in anderen Suren und Versen nicht berücksichtigt. Mit einem Verweis auf das Prinzip der geschlechtlichen Gegenseitigkeit und Partnerschaftlichkeit, das den Koran durchziehe, beantwortet auch Angelika meine Frage. Ebenso wie Jutta geht es ihr eher um den „Geist" des Koran als um seine wortwörtliche Auslegung:

---

[46] Siehe dazu Kapitel II.

Das grundsätzliche Prinzip ist aber, daß jeder versucht, den anderen zufriedenzustellen. Also der Mann muß alles tun, um seine Frau zufriedenzustellen, die Frau muß alles tun, um ihren Mann zufriedenzustellen und in den Fragen – also praktisch in allen Belangen – muß man sich gegenseitig beraten. Also es geht nicht, daß der Mann einfach sagt: ‚So, ich mache das jetzt oder wir machen das jetzt, weil ich das will', sondern man muß miteinander sprechen und zu einem gemeinsamen Ergebnis kommen. (Angelika)

Ein weiterer Aspekt, der im ersten Zitat, in Juttas Antwort, zur Sprache kommt, ist die Unterscheidung zwischen richtig – im Sinne des Islam – und falsch handelnden Muslimen und Musliminnen. Diese Unterscheidung wird in den Interviews sehr häufig gemacht, um Kritik am Islam abzuwehren. Bezüglich der Frage des weiblichen Gehorsams fällt diese Unterscheidung in einigen Antworten spezifischer aus: Hier wird zwischen richtig, d.h. im Sinne des Islam, und falsch handelnden Ehemännern bzw. zwischen funktionierenden, „gesunden" und schlechten Beziehungen unterschieden. In einer guten Ehe, in der beide Partner im islamischen Sinne leben, sei die Gehorsamsfrage kein Problem, lautet hierbei die Argumentation:

Ich meine, in einer wohlfunktionierenden Partnerschaft wird es ja meistens wohl darum gehen, daß man sich darüber abspricht. Der eine gibt ein bißchen mehr ab, der andere gibt ein bißchen mehr zu, also ... Daß jetzt der Mann über der Frau steht ... (kann man nicht sagen). (Halima)

Wurde in den bisher dargestellten Antworten auf die Frage nach dem Gehorsam die richtige Interpretation der koranischen Aussagen unterstrichen, so bezieht sich eine dritte Antwortvariante eher darauf, wie Konflikte am besten zu vermeiden seien. So weist Jutta darauf hin, daß Auseinandersetzungen am besten dadurch zu lösen seien, daß einer schließlich nachgebe:

Damit [mit der Sure 4, Vers 35, G.H.] hatte ich Schwierigkeiten und sagte zu meinem Mann: ‚Du Abdul, entweder bin ich noch zu unreif, das zu verstehen oder aber irgendwas ist daran anstößig.' Aber er hat es folgendermaßen erklärt und das leuchtet mir auch ein: ‚Schau mal, wenn du jetzt zum Beispiel eine Familie hast, einen Mann, eine Frau und mehrere Kinder – es muß ja irgendwo eine Richtschnur gefunden werden. Der Mann kann nicht ‚A' sagen und die Frau ‚B' sagen, da gibt es eben Momente, wo es besser ist, daß einer entscheidet und dann eben hat der Koran gewählt, daß meistens der Mann entscheiden soll. (Jutta)

Bei Jutta, von der dieses Zitat stammt, erscheint es relativ willkürlich, wer nun das letzte Wort hat; sie nennt keine Begründung, warum der Koran dem Mann diese Rolle zusprach und ich habe während des Interviews auch nicht nach einer Begründung gefragt – sie erschien mir wohl zu selbstverständlich. Anders verlief das zweite Gespräch mit Fatimah: Bevor ich dieses führte, hatte ich durch die Transkriptionen vorhergehender Interviews gelernt, auch das scheinbar Selbstverständliche zu hinterfragen:

> *F.: Also eine Begründung [für die Gehorsamsforderung, G.H.] könnte ich jetzt nicht anbringen. Ich könnte mir nur denken, daß irgendwo ein Teil davon ist, daß wenn also die Frau jetzt oder wenn beide Partner sehr stark sind und jeder dominieren möchte, daß es oft zu Problemen kommt und – jetzt 'mal ganz blöd ausgedrückt –, wenn also einer von vornherein sagt: ‚Ich bin da etwas nachgiebiger', würde ich sagen, daß das Zusammenleben vereinfacht wird. Gut, das ist ein Kompromiß, daß ich dann eben nachgiebiger bin, aber andererseits steht ja auch im Koran, daß ich ... ja, meinem Mann schon gehorchen soll. Und ich weiß aber, daß ich dafür dann eine Belohnung auch bekomme. Also ich mache das jetzt nicht, weil ich weiß, daß mir das Nachteile bringt und mache es trotzdem, sondern da ist schon ein Egoismus dabei, muß ich sagen. Ich mache das – wie gesagt, immer wenn die Beziehung in Ordnung ist, ist das eigentlich gar kein Thema – aber gehen wir mal davon aus, daß es öfters Probleme gibt. Und wenn man dem Islam halt folgt, dann sollte man die Nachgiebigere sein und wenn man das dann tut, dann gehe ich davon aus, daß Gott mir ja gesagt hat, wenn ich versuche, dem zu folgen, was er uns gesagt hat – er hat dies und jenes gesagt, was wir tun sollen, was gut für uns ist – wenn ich das befolge, daß ich dann erwarten oder hoffen kann, auch eine Belohnung dafür zu bekommen. Wie die jetzt aussieht, das kann eigentlich niemand im einzelnen sagen, aber das ist das, was ich mir dann erhoffe. Und deshalb würde ich sagen, kann ich da auch vieles gelassen sehen, weil ich weiß, daß mir die Gelassenheit erstens in diesem Leben hilft, mich mit gewissen Dingen abzufinden, und andererseits denke, im nächsten Leben kommt mir das auch wieder zugute. Das ist also etwas, wo ich dann denke, das habe ich nicht umsonst gemacht.*
> *G.: Meine Frage ist jetzt natürlich wieder, warum gerade die Frauen, warum ist es nicht umgekehrt, daß eben der Mann derjenige ist, der sich die Belohnung verdienen darf mit seinem Gehorsam der Frau gegenüber?*
> *F.: Ich würde halt sagen, daß der Mann von Natur aus schon – ich will jetzt nicht sagen, der Stärkere ist –, aber schon der Dominierendere ist.*
> *(Fatimah)*

In diesem Interviewausschnitt mit Fatimah verdichten sich die einzelnen Begründungen für die Akzeptanz der Forderung nach Gehorsam seitens der Frau. Auch sie weist darauf hin, daß dieses Gebot in einer gut funktionierenden Beziehung kein Problem ist, daß es aber in weniger guten Beziehungen zu Meinungsverschiedenheiten kommen könne. In diesem Fall – so argumentiert sie ähnlich wie Jutta – müsse eben einer nachgeben. Anders als Jutta begründet sie aufgrund meiner entsprechenden Frage auch, warum der Mann letztendlich die Entscheidungsmacht hat: es entspricht eher seiner Natur, er ist der eher Dominierendere, die Frau ist die eher Nachgiebigere. Fatimah führt dann noch einen weiteren Aspekt in das Gespräch ein – die Belohnung im Jenseits –, auf die ich jedoch später eingehen werde; zunächst möchte ich bei der Frage bleiben, warum es die Frau ist, die letztlich dem Mann Gehorsam zu erweisen hat. Von Interesse ist in diesem Zusammenhang auch eine Passage aus dem Gespräch mit Zainab, die auf meine Frage nach dem weiblichen Gehorsam antwortet:

Ich meine, das ist bei den deutschen Familien auch so, oder nicht? Einer muß irgendwann nachgeben und ich sehe das auch bei deutschen Familien, daß es meistens doch die Frau ist, die nachgibt. Bei meinen Eltern zum Beispiel ... (Zainab)

Implizit sagt Zainab hier dasselbe wie Fatimah: die Verteilung der Entscheidungsmacht, wie der Koran sie sieht, liegt in der Natur der Geschlechter. Als Beweis führt sie – wie es schon im Abschnitt zur Geschlechterdifferenz vorkam – die derzeit bestehende Ordnung an. Diese Argumentation zeigt erneut die Grundlage von Faszination und Plausibilität auf, hier konkret die Grundlage von Faszination und Plausibilität durch die islamische Vorstellung zur Familie: Diese Vorstellung knüpft an das sowieso schon Bekannte an, in ihr wird angesprochen, was wir kennen, erfahren, ständig sehen. Es ist eine uns vertraute Vorstellung und erscheint normal, daß Männer diejenigen sind, die – wenn eine hierarchische Verteilung nicht vermeidbar ist – schließlich die Entscheidungen treffen. Jedoch ist hinter dieser Vorstellung nicht das Bild der traditionell-patriarchalischen Familienstruktur erkennbar, in dem der Mann und Vater als alleiniger Entscheidungsträger funktioniert, sondern grundsätzliche Basis dieses Denkens ist eine partnerschaftliche Entscheidungsstruktur – die Ansicht, daß in einer guten und funktionierenden Beziehung sich die Frage nach Unterordnung und Gehorsam nicht stellt, zeugt davon. Undenkbar erscheint dabei lediglich eine vollständige Umkehrung der Rollen, daß also Frauen als letztendliche Entscheidungsträgerinnen in der Familie fungieren. An der Frage des Gehorsams brechen sich so zwei koranische Tendenzen: einmal die Tendenz – in der Sure 4, Vers 35 festgelegt –, dem Mann die Rolle als Patriarch der Familie zuzuschreiben, zum anderen die Tendenz zu einem partnerschaftlichen Verständnis von Geschlechterbeziehung, wie es in der Sure 2,

Vers 188 erscheint, in der die Ehepartner einander als Gewand dargestellt werden. Die in dieser Spannung angelegten Interpretationsmöglichkeiten nutzen die befragten Frauen, um für sich ein islamisches Beziehungsideal zu entwerfen, in dem die grundsätzlich partnerschaftliche Beziehung nur in Ausnahmefällen durchbrochen wird.

Die Brisanz der Sure, in der die letztliche Unterordnung der Frau unter den Mann festgelegt wird, sowie die häufige Konfrontation der konvertierten Frauen mit dieser Sure durch die nicht-muslimische Umwelt – vielleicht auch eigene Unsicherheit und Zaghaftigkeit – geben den Äußerungen der Frauen zu diesem Punkt einen ausgeprägt legitimatorischen Charakter. Vor diesem Hintergrund ist auch Fatimahs Hinweis auf die Belohnung im Jenseits zu sehen. Wenn auch dem Glaubensverständnis meiner Gesprächspartnerinnen zufolge die islamischen Regeln einen verständlichen und in der heutigen Gesellschaft aktuellen Sinn haben, so sind alle Regeln darüber hinaus immer durch ihren Bezug zu Gott definiert. Jegliche menschliche Sinngebung dieser Regeln läßt sich hinterfragen, nicht jedoch der göttliche Sinn, durch den diese Regeln letztlich immer legitimiert sind. Die Berufung auf die göttliche Autorität kann aber auch, wie Kreile am Beispiel einer ägyptischen Islamistin zeigt, in einem gegenteiligen Sinne benutzt werden. Anstatt mit der göttlichen Autorität den Gehorsam dem Ehemann gegenüber zu untermauern, kann die Absolutheit dieser Autorität dazu genutzt werden, sich gerade diesem Gehorsam zu entziehen: „Unter Berufung auf die Priorität der Unterwerfung unter Gott entzieht sie [die ägyptische Islamistin, G.H.] sich der realen Unterwerfung durch den Ehemann; unter Berufung auf den Islam transzendiert sie die Grenzen des islamistischen Geschlechterdiskurses, und – legitimiert durch die kompromißlose totale Unterwerfung unter Gott – rebelliert sie gegen den Ehemann wie gegen die traditionellen Geschlechterverhältnisse und setzt ihren eigenen Willen durch."[47]

4.2 Aufgabenverteilung in der islamischen Familie

In ihrer Funktion als „Wiege der menschlichen Gesellschaft" hat die Familie im islamischen Verständnis eine Fortpflanzungs- und Erziehungsaufgabe zu erfüllen. Für die Frau heißt das, Gebären, Erziehung und die Sorge um die Kinder als ihre „erste Pflicht"[48] anzusehen, der Mann hingegen hat für den Unterhalt der Familie zu sorgen und die Verantwortung für ihre religiöse Integrität zu übernehmen. In islamischen Selbstdarstellungen hinsichtlich der Stellung der Frau in der Familie ebenso wie auch in den Interviews wird deutlich, daß als eine der ersten Aufgaben der Frau die Mutterschaft gesehen wird, gefolgt

---

[47] Kreile, Renate: Islamistische Fundamentalistinnen – Macht durch Unterwerfung? In: Beiträge zur feministischen Theorie und Praxis 32 (1992). S. 19-28, hier S. 25.
[48] Grimm 1989, S. 32.

von ihrer Rolle als Ehefrau. Hingegen ist sie nicht verpflichtet, die Hausarbeit zu übernehmen, diese ist eine freiwillige Aufgabe, für deren Übernahme Gott sie belohnen wird. Betont wird auch immer wieder, daß der Islam den Männern nahelegt, den Frauen bei der Kinderbetreuung und im Haushalt zu helfen, wobei sich die Musliminnen auf den Propheten berufen, der selber auch Hausarbeit gemacht hat:

> *Ich brauche mir das ja auch eigentlich nicht gefallen lassen, weil es gibt ja auch viel Hadithe, die zeigen, wie der Prophet Mohammed seine Frauen behandelt hat. Der hat sogar seine Schuhe selber geputzt, der hat sogar seine Sachen selber gewaschen, der hat ... also es gibt Überlieferungen, in denen berichtet wird, daß der Prophet Mohammed viel Hausarbeiten gemacht hat. (Zainab)*

> *Und die Frau muß auch nicht unbedingt praktisch so das Hausmütterchen sein wie es oft gesagt wird, also das Heimchen am Herd. Und sie muß nicht arbeiten, muß nicht von morgens bis abends kochen, putzen und was weiß ich, sondern der Mann muß selbst noch der Frau im Haushalt helfen. Also selbst da ist unser Prophet wieder das beste Beispiel, er hat selber seine Sachen genäht, wenn was kaputt war und er hat seinen Frauen eigentlich überall geholfen, wo es ihm möglich war. (Angelika)*

Häufig wird in diesem Zusammenhang auch darauf hingewiesen, daß im Koran ausdrücklich geregelt ist, daß eine muslimische Frau das Recht auf eine Haushaltshilfe habe, wenn ihre häuslichen Pflichten sie zu sehr belasten würden. Denn bei aller Bedeutung, die der Mutterschaft beigemessen wird, soll die Frau doch nicht ihre spirituellen und intellektuellen Pflichten vergessen. Wie den Männern – so betonen meine Gesprächspartnerinnen – legten Hadithe auch ihr nahe, sich zu bilden und an ihrer eigenen Gottergebenheit und Vervollkommnung zu arbeiten:

> *Der Heilige Prophet Mohammed (Friede und Gottes Segen sind auf ihm) hat ausdrücklich gesagt, es ist die Pflicht eines jeden muslimischen Mannes und einer jeden muslimischen Frau, nach Wissen zu streben, und wenn sie dafür bis nach China gehen müßten. Das muß man mal bedenken: China war damals kein islamisches Land, es war etwas, was sehr, sehr weit weg war, was ganz erhebliche Opfer, unter Umständen sogar ein Opfer des Lebens auf dem Weg dorthin erfordert hat. (Malika)*

Was die Bildung anbelangt, sehen die befragten Frauen im Islam eine Gleichheit der Geschlechter gegeben, die sie in den westlichen Ländern vermissen. So weisen einige Frauen auf die mangelhafte Frauen- und Mädchenbildung in

Deutschland in den letzten Jahrhunderten hin wie auch darauf, daß das Christentum nie ein solch umfassendes Bildungskonzept entwickelt habe. Meine Interviewpartnerinnen sind sich allerdings auch darüber im klaren, daß der Bildungsauftrag für Frauen in den islamischen Ländern nicht verwirklicht wurde. Sie erklären sich das dadurch, daß die vorislamische „Kultur" den islamischen Einfluß überlagere:

> *Überall dort eben, wo das [die islamischen Gebote, G.H.] vergessen worden war, und wo die Menschen das nur sehr locker angenommen haben, ist die eigene alte Kultur wieder durchgekommen. (...) Das zeigt sich dann zum Beispiel an solchen Sachen wie ... ja, an der heute in vielen muslimischen Ländern verbreiteten ... ja, vielleicht Geringschätzung der Frau, ich will nicht Unterdrückung sagen, Geringschätzung, wo zum Beispiel Mädchen nicht lesen und schreiben können. (Malika)*

Eine Eigenständigkeit der Frau im islamischen Konzept wird von den Befragten auch im Zusammenhang mit weiblicher Berufstätigkeit gesehen. Gemäß ihres Verständnisses des Islam könne kein Mann seine Ehefrau zwingen, berufstätig zu sein, um sein Einkommen zu ergänzen. Jedoch könne jede Frau, die es wünscht, berufstätig sein, sofern sie ihre wichtigste Aufgabe, die Versorgung der Kinder nicht vernachlässige. Weder könne ihr Mann sie an der Ausübung ihres Berufes hindern, noch hätte er einen Anspruch auf das Geld, das sie dabei verdient. Viele meiner Informantinnen weisen aber auch darauf hin, daß eine Frau sich einen „weiblichen" Beruf suchen solle:

> *Die Pflicht des Mannes ist, daß er arbeitet, also er muß praktisch die Familie ernähren bzw. die Frau. Die Frau darf arbeiten, aber sie muß nicht. Und wenn sie arbeitet, dann soll es eine Arbeit sein, die praktisch nicht zu schwer für sie ist, also wo sie natürlich nicht belastet wird und wo sie natürlich auch nicht in Kontakt mit Männern kommt, also eine ihr entsprechende Arbeit. (Angelika)*

Das Verständnis dessen, was ein weiblicher oder ihr „entsprechender" Beruf sein soll, ist bei den von mir befragten Frauen unterschiedlich. Einige meiner Gesprächspartnerinnen nennen konkrete Berufe wie z.B. Lehrerin, Erzieherin, (Kinder-)Krankenschwester, Ärztin, Sozialarbeiterin und Büroberufe. Andere sprechen davon, daß Frauen sich „helfenden" oder „sozial sinnvollen" Berufen zuwenden sollten; dies dürfte in Übereinstimmung stehen mit den meisten der angeführten Beispiele mit Ausnahme der Bürotätigkeiten. Tatsächlich wird Büroarbeit in einigen Interviews auch kritisiert, da sie zum einen die Frau zwinge, mit Männern zusammenzuarbeiten und zum anderen zu Konkurrenzverhalten und Karrieredenken nötige. Andere meiner Gesprächspartnerinnen halten im Grunde genommen alle Berufe für Frauen offen, sofern diese nicht im Widerspruch mit dem Islam stehen. Als Regelwidrigkeiten im Sinne des Islam werden folgende Verhaltensweisen bzw. Umstände genannt: häufiger Umgang mit fremden Männern; eine Situation, die eine Frau zwingt, mit einem fremden Mann allein in einem Raum zu sein; Konkurrenzsituationen, die Frauen nötigen, ihre Scham oder Würde aufzugeben; Karrierestreben. Als ideal wird eine ehrenamtliche Tätigkeit angesehen, die die „karitativen Fähigkeiten" der Frau nutze oder die dem Aufbau der islamischen Gemeinschaft diene.

Die Umsetzung der islamischen Ideale in die Alltagspraxis verläuft bei den von mir befragten Frauen unterschiedlich. Zum Zeitpunkt des Interviews gingen sieben der befragten Frauen einer außerhäuslichen, beruflichen Tätigkeit nach (einschließlich Studium), zwei davon hatten zudem mehrere Kinder in einem Alter, in dem sie betreut werden mußten, in beiden Fällen hatten die Frauen jedoch zeitliche Regelungen gefunden, die es ihnen erlaubten, sich um ihre Kinder zu kümmern. Drei weitere Frauen – alle mit Kind oder Kindern – übten ehrenamtliche Tätigkeiten aus und zwei Frauen – eine davon mit mehreren Kindern – gingen einer beruflichen Tätigkeit im Haus nach. Lediglich drei Frauen – alle mit Kind oder Kindern – beschränkten sich auf ihre Tätigkeit als Hausfrau und Mutter. Inwieweit die Ehemänner sich an der Hausarbeit beteiligten, läßt sich aufgrund meiner Interviews nicht in allen Fällen nachweisen, da ich keine entsprechende Frage stellte und das Thema nur in einigen Fällen ohne direkte Nachfrage zur Sprache kam. Lediglich in acht Gesprächen wurde die Mithilfe der Männer im Haushalt thematisiert; dabei wird aber nur von gelegentlicher Unterstützung durch den Ehemann berichtet; so heißt es, daß er „öfters mal am Wochenende hilft", „mal staubsaugt" oder „auch mal für uns kocht" usw. In den anderen Gesprächen wird die Mithilfe der Ehemänner zwar nicht direkt angesprochen, doch läßt sich auch hier aus dem Gesprächskontext und aus Beobachtungen schließen, daß der größte Teil der Ehemänner in diesem Bereich eher zurückhaltend ist. Allerdings muß auch erwähnt werden, daß viele der Ehemänner mehreren beruflichen Tätigkeiten nachgehen oder Abendkurse zur beruflichen Weiterbildung bzw. zum Studium besuchen.

Obwohl also die Hausarbeit tendenziell zum größten Teil von den Frauen erledigt wird, berichten diese in den Interviews doch immer wieder davon, wie sie ihren Männern deren Verpflichtung zur Mithilfe im Haushalt vorhalten – ein gängiges Thema auch in der Frauengruppe:

> *Ich wußte auch nicht, daß die Frauen viele Rechte haben, daß sie noch nicht mal verpflichtet sind, den Haushalt zu führen, daß man sich auch eine Haushälterin suchen kann oder daß der Mann mithelfen muß. Da habe ich ganz schön gestaunt und da habe ich zu ihm gesagt: „Jetzt bügelst du deine Hemden selber! Ich brauche sowieso nichts zu Hause zu machen.'*
> *(Asiye)*

Jetzt komme ich halt auch mal meinem Mann mit Argumenten, gell. Jetzt ist es so, daß ich mir Bücher besorge und die, so gut ich kann, durchgehe, dann weiß ich auch, was ich für Rechte habe. (Monika)

Die Diskrepanz zwischen der enthusiastischen Betonung der günstigen Position der Frau im Islam und der geringen Umsetzung dieser Vorteile in die Alltagsrealität tritt besonders kraß am Beispiel Asmas hervor: Asma ist zum Zeitpunkt des Interviews 29 Jahre alt und seit 13 Jahren mit einem türkischen Mann verheiratet, mit dem sie vier Kinder hat. Sie hat eine Ausbildung als Kauffrau und bis zur Geburt des vierten Kindes ging sie zumindest halbtags arbeiten. Ihr Mann half während dieser Zeit bei der Betreuung der Kinder und ein wenig im Haushalt:

G.: Das ist wirklich erstaunlich, drei Kinder und dann noch gearbeitet. Wie haben Sie das gemacht?
A.: Geht alles. Mein Mann hat damals Schicht gearbeitet, ich habe dann vier Stunden ... ich habe dann das Glück gehabt, dadurch daß ich innerhalb der Bank versetzt wurde, daß ich immer wahlweise vor- oder nachmittags arbeiten konnte. Ich hatte dann meinen eigenen Platz, da ging das ganz gut. Da habe ich immer, je nachdem wie er Schicht hatte, entweder nach- oder vormittags gearbeitet und er hat dann auf die Kinder aufgepaßt und hier herumgewurstelt. (Asma)

Nach der Geburt des vierten Kindes hat sich Asma eine Zulassung als Tagesmutter beschafft und betreut heute neben ihren vier eigenen zwei weitere Kinder. Ihr Mann hilft zwar weiterhin im Haushalt, den größeren Teil der Arbeit erledigt sie jedoch offensichtlich selbst:

Da ist die Arbeit ein bißchen geteilt, obwohl ich ziemlich viel mache, weil er studiert nämlich nebenher noch. (...) Aber ich denke, daß ich als Frau ... daß es viel besser ist, nicht so ganz alleine alles machen zu müssen. Das ist nicht so, daß mein Mann nichts macht: er staubsaugt zum Beispiel auch, er kocht für uns auch mal. Das ist so gar nicht üblich in dem Land, aber der Muslim hilft auch seiner Frau. Ja also, eigentlich muß ich das alles gar nicht machen. Wenn er sich am Anfang beschwert hat, seine Hose wäre nicht gebügelt, dann habe ich gesagt: ‚Guck mal, das Bügeleisen steht da, bügel doch mal selbst deine Hose.' Da hat er dumm geguckt, wie ich darauf käme. Da habe ich gesagt: „Ja, guck mal, du lebst ja auch ansonsten so islamisch im Islam. Ich erziehe dir deine Kinder, aber daß ich mich hier aufreibe, das sehe ich gar nicht ein.' Da hat er angefan-

gen, mir zu helfen, putzt auch ab und zu mal die Fenster – also das ist hier mehr oder weniger eine richtige Partnerschaft geworden. (Asma)

Vor diesem Hintergrund löst ihre Antwort auf die Frage, ob der Islam speziell Frauen etwas biete, Erstaunen aus:

Ja, ich denke schon. Frauen wollen ja immer emanzipierter werden, aber die merken gar nicht, daß sie sich damit selbst schaden, indem sie sich damit mehr Streß verursachen, so sehe ich das. Das ist nicht mehr so einfach, Familie zu haben, Haushalt zu haben, schaffen zu gehen, sich beruflich entwickeln zu wollen usw. Ich denke mir mal, das sieht schon nach großer Freiheit aus, aber irgendwann denkt man mal: Für was denn das alles? Weil sie verzichten auf Kinder und irgendwann sitzen sie mal alleine, weil alles immer wichtiger war. Und man kriegt nicht alles in eine Reihe, also nicht optimal. (Asma)

Betrachtet man Asmas Alltagsrealität, so unterscheidet sie sich kaum vom in diesem Zitat negativ dargestellten Lebensentwurf „emanzipierter" Frauen. Lediglich die Schwerpunktsetzung ist eine andere: Während nach Asmas Ansicht „emanzipierte" Frauen den Beruf an erster Stelle setzen – sie wollen sich „beruflich entwickeln", ihnen ist alles „immer wichtiger" –, stellt Asma für sich Kinder und Familie in den Mittelpunkt ihres Daseins. Im konkreten Alltagserleben erscheinen mir aber kaum Unterschiede gegeben.

Der angesprochene Widerspruch zwischen Ideal und Wirklichkeit wirft die Frage auf, warum die befragten Frauen die günstige Position von Frauen im Islam so betonen, wenn sich doch schließlich an ihrer Lebensrealität in diesem Punkt kaum etwas ändert bzw. sie die von ihren Männern geleistete Mitarbeit im Haushalt auch außerhalb des islamischen Lebenszusammenhangs finden könnten. Diese Frage läßt sich auf zwei Ebenen beantworten.

Auf einer Ebene gibt dieser die öffentliche Meinung überraschende und allgemein eher positiv bewertete Aspekt des Islam den konvertierten Frauen die Möglichkeit, ihre Entscheidung zur Konversion in den Augen der Öffentlichkeit – vielleicht auch in ihren eigenen Augen – zu legitimieren. Dies wird notwendig, wenn man bedenkt, daß die Frauen in öffentlichen Diskussionen besonders bezüglich der Stellung der Frau im Islam angesprochen, wenn nicht angegriffen, werden. Das heißt, die Konversion ist gegenüber der Öffentlichkeit – zu der auch ich als Interviewerin gehöre – einem Legitimationszwang ausgesetzt, dem durch eine Betonung der günstigen Stellung der Frau im Islam begegnet werden kann.

Zur Erschließung der zweiten Ebene, auf der diese Frage beantwortet werden kann, muß etwas weiter ausgeholt werden: Das Erledigen der Hausarbeit stellt in Ehen, in denen beide Ehepartner berufstätig sind oder sein wollen mit das größte Konfliktpotential dar, wie Beck-Gernsheim, die zahlreiche Untersuchungen zu dieser Thematik referiert[49], aufzeigt. Das Konfliktpotential ergibt sich daraus, daß viele Frauen nicht mehr bereit sind, auf ihren Beruf zu verzichten – sei es auch nur phasenweise – oder neben dem Beruf den größten Teil der Hausarbeit zu erledigen, viele Männer hingegen – aus verschiedenen Gründen[50] – ihr Selbstverständnis als Familienverdiener ohne oder mit nur geringer Verantwortung im Haushaltsbereich nicht aufgeben wollen. Immer noch erledigen also – trotz eigener Berufsarbeit – zum größten Teil die Frauen den Haushalt, sind aber dabei unzufrieden. Die Brisanz dieses Konfliktes liegt jedoch nicht einfach in der Lust oder Unlust an Hausarbeit, sondern in den mit Hausarbeit verbundenen, tieferliegenden Fragen des geschlechtlichen Selbstverständnisses, Ansichten dazu, wie man sich Familienleben vorstellt, Fragen zu Selbstkonzepten und zum eigenen Identitätsentwurf. Aufgrund dieser zunächst nicht offensichtlichen Inhalte verlangt die Situation nach Strategien zur Bewältigung des Konfliktpotentials.

Beck-Gernsheim hat drei grundsätzliche Maßnahmen zur Konfliktbewältigung herausgearbeitet, die sie als „Vermeiden bzw. objektive Konfliktreduktion", „Verhandeln bzw. intersubjektive Konfliktreduktion" und „Verdrängen bzw. subjektive Konfliktreduktion" zusammenfaßt[51]. Jede dieser drei Maßnahmen wird von ihr zudem noch unterteilt in „präventive" Formen, die schon vor dem Zusammenleben oder der Familiengründung greifen, und „akute" Formen, die während des Zusammenlebens zum Tragen kommen. Als präventive Vermeidungsstrategien nennt sie dabei die entsprechende Partnerwahl oder die Entscheidung zu alternativen Lebensformen; akute Vermeidungsstrategien betreffen die Reduktion der Arbeit, beispielsweise durch Delegation an Haushaltshilfen oder Einschränkung der Berufsarbeit. Präventive Verhandlungsstrategien betreffen vorherige Absprachen, akute Verhandlungsstrategien bedeuten permanente Auseinandersetzung, Diskussionen und Versuche, den oder die andere von der eigenen Ansicht zu überzeugen. In die dritte Kategorie von Konfliktbewältigungsstrategien fallen Versuche der Umdeutung, d.h. hier „wird der Konflikt nicht durch entsprechendes Handeln oder Aushandeln reduziert, sondern im Kopf: durch Wegschauen, Nichtwahrnehmen, Nicht-wahrhaben-wollen."[52] Solche Strategien zeigen sich beispielsweise präventiv im Entwurf unrealistischer Lebenspläne – es wird z.B. nicht wahrgenommen, daß Karriereorientierung und Wunsch nach Mutterschaft widersprüchliche Rol-

---

[49] Beck-Gernsheim, Elisabeth: Arbeitsteilung, Selbstbild und Lebensentwurf. Neue Konfliktlagen in der Familie. In: Kölner Zeitschrift für Soziologie und Sozialpsychologie 2 (1992). S. 273-191, hier S. 273ff.
[50] Vgl. dazu Hochschild und Machung, die an Einzelfällen herausarbeiten, was Männer dazu bewegt, im Haushalt mitzuarbeiten oder es sein zu lassen: Hochschild, Arlie; Machung, Anne: Der 48-Stunden-Tag. Wege aus dem Dilemma berufstätiger Eltern. München 1993.
[51] Beck-Gernsheim 1992, S. 279f.
[52] Beck-Gernsheim 1992, S. 283.

lenerwartungen beinhalten – oder akut im Aufbau von, wie Hochschild und Machung es ausdrücken, „Familienmythen"[53], d.h. Umdeutungen von Situationen und Ausklammerung widersprechender Tatsachen.

Betrachtet man die Äußerungen der befragten Frauen zur Hausarbeit vor diesem Hintergrund, so lassen sich die darin erscheinenden Strategien zum einen dem Bereich des „Aushandelns", zum anderen dem Bereich des „Umdeutens" zurechnen. In beiden Fällen spielt das islamische Konzept, demzufolge Frauen nicht zur Hausarbeit verpflichtet seien, ein Rolle. Im Falle des „Aushandelns" gibt die Kenntnis dieses Konzeptes den Frauen eine „Verhandlungsbasis" und eine starke Position gegenüber den Männern; sie fühlen sich so in der Lage von den Männern Verhaltensweisen einzufordern, die diesen wohl eher fremd sind, sie bekommen „Argumente" geliefert, die sie in Beziehungsdiskussionen einsetzen können. Über die Religion gewinnen die Frauen, wie auch Schiffauer es für den von ihm analysierten Fall einer nach ihrer Migration nach Deutschland religiös gewordenen Türkin konstatiert, „normative Autorität"[54] in der Familie. Durch das von beiden akzeptierte Bezugssystem „Religion" bekommen die Forderungen der Frauen eine Kraft, die sie ohne dieses System nicht hätten. Hier zeigt sich auch noch einmal, die von Kreile herausgearbeitete, weiter oben dargestellte Möglichkeit, unter Berufung auf die göttliche Autorität das islamische Geschlechterkonzept zu transzendieren[55]. Letztlich wird diese Möglichkeit von meinen Gesprächspartnerinnen nicht genutzt, die Frauen verzichten darauf, ihre Forderung durchzusetzen, es reicht ihnen aus, den Männern klar zu machen, daß diese die Übernahme der Hausarbeit nicht als selbstverständlich anzusehen haben. Darin liegt eine Umdeutung der Position der Frauen: Aus der Verpflichtung zur Hausarbeit wird das Geschenk der Hausarbeit, das die Frauen den Männern freiwillig machen. Damit verändert sich auch die Selbstwahrnehmung der befragten Frauen: Sie sehen sich nicht länger als Frau, die einer niedrig bewerteten Arbeit nachgeht, weil sie muß, sondern als starke, selbstbewußte und großzügige Frauen, die eine niedrig bewertete Arbeit dadurch aufwerten, daß sie sie freiwillig und ohne Zwang machen.

Eine große Rolle spielt in diesem Prozeß die islamische Frauengruppe, da viele der Frauen häufig erst hier davon erfahren, welche Ansprüche sie an den Mann stellen können. Zudem wird in der Frauengruppe die Umdeutung unterstützt und damit auch stabilisiert. Hier hat die islamische Gruppe – obwohl in ihren Grundansichten eher konservativ – jenen emanzipatorischen Effekt, den auch Nadig bei ihrer Untersuchung über Frauenräume feststellen konnte: „... es hat sich häufig gezeigt, daß Institutionen, die in unseren Augen konservativ sind

---

[53] Hochschild und Machung 1993, S. 43ff.
[54] Schiffauer 1991, S. 219.
[55] Vgl. Kreile 1992.

und ein traditionelles Frauenbild ansprechen, für einzelne Frauen stark emanzipatorische und persönlichkeitsentfaltende Bedeutung haben können."[56]

Die Versuche der befragten Frauen, auf einer islamischen Basis das Geschlechterverhältnis neu zu bestimmen und z.B. mehr Partnerschaftlichkeit zu erreichen, spiegeln auch die Diskussionen wider, wie sie in den deutsch-islamischen Zeitschriften mittels Leserbriefe geführt werden. Während in den Artikeln und Broschüren häufig ein rundes, widerspruchsfreies Bild präsentiert wird, zeigt sich in den Leserbriefen, die einzelne Texte diskutieren, die Vielfalt der Auslegungsmöglichkeiten, die das islamische Konzept bietet. An einer solchen Diskussion, die 1982 in der Zeitschrift „Al-Islam" geführt wurde, bei der es zwar um eine Trennung der Geschlechter ging, aber auch die Aufgabenverteilung in der islamischen Familie angesprochen wird, soll dargestellt werden, wie unterschiedlich diese Aufgabenverteilung gesehen werden kann.

Anlaß dieser Diskussion waren zwei Leserbriefe in „Al-Islam" 3/4 1982. In dem einen Brief beklagte sich ein Leser darüber, daß es allzu unüblich geworden sei, Frauen den Zutritt zu einem Gebet in der Moschee zu genehmigen. Er plädierte dafür, diese Sitte, die nichts mit dem ursprünglichen Islam zu tun habe, abzuschaffen und alle Moscheen ohne Einschränkung für Frauen zu öffnen. In einem zweiten Brief stellte eine Leserin einen Vorschlag einer der Wortführer der deutsch-islamischen Gemeinschaft, Ahmad von Denffer, zur Diskussion, den dieser bei einem Treffen deutschsprachiger Muslime und Musliminnen gemacht hatte. Den Worten dieser Leserin zufolge, hatte er vorgeschlagen, bei muslimischen Treffen auf eine stärkere Trennung der Geschlechter zu achten, da viele Muslime und Musliminnen diese Treffen zum gegenseitigen Kennenlernen nutzten. Außerdem sei eine Anwesenheit der Frauen nicht nötig, da sie sich das Geschehen von den Männern erzählen lassen könnten. Die Ansicht von Denffers wurde in einer der darauffolgenden Ausgaben der Zeitschrift von einem deutschen Muslim aufgenommen und vor dem Hintergrund einer im Zerfall begriffenen europäischen Gesellschaft verstärkt dargestellt: „Wir haben die Wandlung zur Frauengesellschaft durchlebt: Der Charme der Chefsekretärin, Frauen als Ernährer der Familie, die ihre Ehegatten zu Hausmännern und Kindergärtnern machen, aufgeputzte Damen, die ihre Männer nur noch zum Geldbeuteltragen in die Geschäfte zerren. Wir stehen den Folgen gegenüber: Unsere Gesellschaft ist korrumpiert und handlungsunfähig. (...) Warum diese lange Vorbemerkung: Ich halte die in bester Absicht vertretene Auffassung, Männer und Frauen, Brüder und Schwestern sollten bei allen Gelegenheiten gemeinsam teilnehmen, für äußerst gefährlich für unsere keimende islamische Gesellschaft. Ich erinnere mich vieler unschöner Beispiele: Wortwechsel zwischen Frauen und Männern, von Ecke zu Ecke, die das Getrenntsitzen im selben Raum zum etwas zu dick aufgetragenen make-up werden

---

[56] Nadig 1991, S. 51.

lassen, Verhärtung der Frauen durch das öffentliche Auftreten, Aufbegehren in der Familie, Respektlosigkeit der Frauen gegenüber ihren Männern. Das Argument, die Schwestern seien benachteiligt, sie könnten im Wissen nicht mithalten, sie seien durch ihre Kinder behindert, reicht nicht. Es weist vielmehr auf eine gestörte Familienstruktur hin."[57] Im folgenden verweist der Leser noch auf weitere Folgen der Emanzipation der Frauen, um schließlich darauf hinzuweisen, daß der Islam eine von Allah gewünschte Aufgabenteilung anbietet, die es anzunehmen gelte, wolle man nicht in ein vorislamisches Selbstverständnis zurückfallen. Dieses sieht er charakterisiert durch: „... die Kleinfamilie, Emanzipation der Frau, der (christliche) Kindergarten, der die Frau ihrer Pflicht entbindet. Dafür aber theoretischer Islam die Menge, denn wir haben nun Zeit zum Studieren."[58]

Abgesehen von einem Kommentar einer Muslimin, die in der Geschlechtertrennung einen Schutzraum sieht, sind die meisten Zuschriften (in der Mehrzahl von Frauen) relativ empört über diesen Leserbrief. Zunächst verwehren sich die Frauen dagegen, mit westlichen Feministinnen in einen Topf geworfen zu werden. Sie hätten nicht die Absicht, als Ernährer ihrer Familie aufzutreten oder die Kinder in den Kindergarten abzuschieben. Dann verweisen sie auf muslimische Frauen zur Zeit des Propheten und in der Zeit danach, die zusammen mit den Männern in die Moschee gingen, einen Beruf ausübten und Wissen und Bildung erlangten. In den Zuschriften zu dem entsprechenden Leserbrief wird fernerhin darauf verwiesen, daß es keine Frage der Geschlechtertrennung sei, ob Frauen und Männer von „Ecke zu Ecke" diskutierten, sondern daß es auf muslimisches Verhalten ankomme und daß ein solches Verhalten nicht den islamischen Vorstellungen entspräche. Außerdem sei nirgendwo eine solche Trennung festgelegt, die zudem die Frauen daran hindern würde, sich weiterzubilden und ihre Meinung zu äußern. Es wird auch darauf hingewiesen, daß ein Ausschluß der Frauen von den Treffen diese hindern würde, sich weiterzubilden, was auch ihre Erziehungsaufgabe erschweren würde; schließlich müßten sie den Kindern optimal Auskunft geben können.

In dieser Auseinandersetzung um die Geschlechtertrennung wird die Spannweite der Interpretationsmöglichkeiten deutlich, mit denen der vorgegebene Rahmen des islamischen Geschlechterkonzeptes auf der alltäglichen Ebene gefüllt werden kann. Erkennbar wird, daß die Vorstellungen von Partnerschaftlichkeit und Aufgabenverteilung sowohl innerhalb der als auch zwischen den Geschlechtergruppen differieren, wobei von männlicher Seite eher die Tendenz besteht, eine traditionelle Rollenverteilung aufrechtzuerhalten, während die

---

[57] Al-Islam 6 (1982), S. 35.
[58] l-Islam 6 (1982), S. 35.

Frauen versuchen, die strikten geschlechtsspezifischen Zuordnungen zu lockern.[59]

4.3 Die Familie als Ort der Sexualität

Ein wichtige Funktion hat die Familie als Ort, in dem die Sexualität gelebt werden kann. Im islamischen Denken erscheint Sexualität als natürlicher Trieb sowohl von Männern als auch von Frauen, der positiv, beruhigend und innere Kraft gebend wirken kann, sofern er zum einen Erfüllung im sexuellen Akt findet und zum anderen dieser sexuelle Akt in der Ehe stattfindet. Sexuelle Attraktion hingegen, die unerfüllt bleibt, wird als genauso schädigend und destruktiv für das Individuum und für die Gesellschaft wahrgenommen wie sexuelle Erfüllung außerhalb der kanalisierten Bahnen der Ehe. Sexualität erscheint nur dann als konstruktiv, wenn mit ihr die gegenseitige Verantwortung der Sexualpartner einhergeht. Sie ist somit aufgrund ihrer immensen Kraft und Energie keine ausschließlich private Angelegenheit, sondern die einer Gemeinschaft, die dafür sorgen kann, die Kräfte in die richtige Richtung zu lenken.

Vor dem Hintergrund dieser Vorstellungen erscheinen Familie und Ehe als schützenswerte Institutionen, in denen die Sexualität ihren geeigneten Platz hat, die aber andererseits durch die Kraft der Sexualität einer ständigen Bedrohung ausgesetzt sind. Viele der islamischen Regeln bezüglich des Umgangs der Geschlechter basieren auf dieser Ansicht, wie Angelika in folgender Interviewpassage ausführt:

Und so ist es auch mit dem Schutz der Familie, das heißt alles, was die Familie irgendwie schädigen kann oder was sich zu einer Katastrophe auswirken kann, das wird im Ansatz verhindert. Also sagen wir Ehebruch oder außerehelicher Geschlechtsverkehr – das ist also, wenn man sich das wirklich betrachtet, ist es eigentlich total schrecklich, wenn ein Mann seine Frau betrügt oder umgekehrt und dann die Scheidungskinder und Kind ohne Vater und, was weiß ich, so diese ganzen Dramatiken. Und wenn man sich jetzt das praktisch mal anguckt: Es geht ja eine Frau nicht einfach so mit einem Mann ins Bett, sondern es ist vorher was gelaufen, man ist sich irgendwie näher gekommen, sei es in der Kneipe oder irgendwo

---

[59]Da ich lediglich mit konvertierten Frauen gesprochen habe, kann ich keine Aussagen darüber machen, wie konvertierte oder gebürtige muslimische Männer mit den Emanzipationsbestrebungen ihrer Frauen umgehen. Ebensowenig kann ich Aussagen darüber treffen, welche Haltung die Ehemänner der befragten Frauen dazu einnehmen. Die vorgestellten Leserbriefe lassen die Vermutung zu, daß zumindest ein Teil der muslimischen Männer eine andere Sichtweise auf den Islam hat als die Frauen; andererseits wurde in Vortragsreihen die Darstellungsweise der Frauen häufig auch von Männern unterstützt.

anders. Und da praktisch setzt der Islam schon vorher den Riegel davor, das heißt, bevor irgendwelche Kontakte entstehen können, wird sozusagen gleich Schluß gemacht. Also das heißt, bevor ein Mann an einer Frau irgendwas finden kann – ob das jetzt ein verheirateter Mann ist oder nicht –, was ihn zu weiteren Taten führen könnte. (Angelika)

Während also alles getan wird, um vor- und außereheliche Sexualität zu unterbinden, stellt die gegenseitige Befriedigung des sexuellen Verlangens in der Ehe eine Notwendigkeit dar. Anders als im Christentum steht dabei die Funktion der Sexualität als Mittel zu Ausgeglichenheit und Zufriedenheit gleichberechtigt neben ihrer Fortpflanzungsfunktion. Dies ist ein Aspekt, den die befragten Frauen immer wieder betonten, wenn dieses Thema in den Interviews angeschnitten wurde[60]. Ebenfalls betont wurde von ihnen, daß nach koranischer Vorstellung nicht Eva (Hawwa) Adam durch ihre sexuellen Reize verführte, sondern daß beide gleichermaßen den Einflüsterungen Satans erlagen. Dadurch sei die Vorstellung der weiblichen Sexualität im Islam – ebenfalls anders als im Christentum – frei von Schuld.

Das Bild einer gegenseitigen und für beide Geschlechter äquivalenten Sexualität, wie es hier entworfen wurde, steht im Widerspruch zu folgendem Koranvers: „Eure Frauen sind euch ein Saatfeld. Geht zu diesem eurem Saatfeld, wo immer ihr wollt. (...)"[61] Deutlich benannt wird in diesem Vers die Fortpflanzungsfunktion von Mann und Frau, wobei der Körper der Frau als Gefäß für den Samen des Mannes gesehen wird. Darüber hinaus ist dieser Vers jedoch mehrdeutig und erlaubt unterschiedliche Interpretationen. Eine Interpretation, die von einem Teil der von mir befragten Frauen vertreten wird, wurde mir von der Leiterin der Frauengruppe erläutert: Sie meinte, daß zum Verständnis dieses Verses die negative Konnotation, die der Begriff „Acker" bzw. „Saatfeld" für uns habe, aufgehoben und in den Kontext der damaligen Zeit gestellt werden müsse. So sei der Acker damals ein sehr kostbares Gut gewesen, das man habe pfleglich behandeln müssen und in diesem Sinne sei der Begriff zu sehen. Auch der zweite Teil des oben zitierten Verses, in dem die ständige sexuelle Verfügbarkeit der Frau festgelegt zu sein scheint, hat nach Ansicht eines Teils der von mir befragten Frauen – die sich dabei auf eines der Standardwerke des korrekten islamischen Verhaltens „Erlaubtes und Verbote-

---

[60] Gespräche über Sexualität wurden häufig in einer vertrauteren Atmosphäre nach Ausschalten des Tonbandes geführt, so daß hier nur wenig transkribiertes Material vorliegt.
[61] Paret: 2:223; Weitere Übersetzungen: „Eure Frauen sind euch ein Acker; so naht eurem Acker wann und wie ihr wollt, ..." Ahmadiyya 2:224; „Eure Frauen sind euch ein Acker, geht zu eurem Acker, von wannen ihr wollt ..." Zitiert nach: Al-Qaradawi, Jusuf: Erlaubtes und Verbotenes im Islam. Aus dem Englischen übersetzt von Ahmad von Denffer. München 1989. S. 167.

nes im Islam" von Al-Qaradawi[62] beriefen – eine andere Bedeutung. Danach sei dieser Vers als Hinweis auf die Billigung einer Vielfalt von sexuellen Stellungen zu begreifen. Zu sehen sei dies vor dem Hintergrund der jüdischen Religion, in der eine Abweichung von der „normalen" Stellung während des geschlechtlichen Verkehrs, bei der beide Sexualpartner einander zugewandt liegen, verboten gewesen sein soll. Im Islam sei aber jede Stellung möglich, sofern es sich um Vaginalverkehr handele – darauf deute die Bezeichnung Acker hin. Acker meine also, so schreibt Al-Qaradawi, lediglich das „einzige Behältnis"[63].

Nicht alle der von mir befragten Frauen teilen die hier dargestellte Ansicht bzw. haben eine für sie befriedigende Erklärung gefunden. So hörte Karin, die es zum Zeitpunkt des Interviews noch nicht ganz geschafft hatte, den Koran zu lesen, während des Interviews mit mir zum ersten Mal von diesem Vers. Sie reagierte zunächst routiniert, indem sie auf die Möglichkeit der Auslegungen hinwies, dann aber zunehmend verunsichert:

G.: Dies könnte ich niemals akzeptieren. Da steht: ‚Eure Frauen sind euch ein Saatfeld, geht zu diesem Euren Saatfeld, wo immer ihr wollt.'
K.: Nun ja, da gibt es auch sicher tausend Auslegungen. (Vergleicht mit ihrem Koran): ‚Eure Frauen sind ein Saatfeld für euch, darum kommt zu eurem Saatfeld, wann ihr wollt. Doch schickt Gutes für euch voraus und fürchtet Allah und wisset, daß ihr Ihm begegnen werdet und verheißet den Gläubigen die frohe Botschaft.'
G.: Genau, so etwa. Aber der erste Satz: Wie kommt man als Frau mit so etwas zurecht im Islam?
K.: Schwer, das ist schwer, aber ich denke, gerade deswegen finde ich den Islam ja auch gut irgendwo, es kommt ja nur darauf an, was daraus gemacht wird. Ich denke, Allah hat uns Verstand gegeben und die Leute, die den Koran auslegen, da zweifel ich manchmal an ihrem Verstand. Also es gibt viele Bücher, ich weiß nicht, ob Sie das kennen, Kaplan Omar hat es geschrieben: ‚Die Sexualität im Islam' ...
G.: Ja, das kenne ich.
K.: Das ist hochinteressant, weil da werden eben gerade solche Punkte angeführt, die im Koran stehen und wie eben Männer das anwenden und wie es aber gedacht ist, daß es angewendet werden soll. Im Koran steht ja auch drin, die Frau darf geschlagen werden, Kaplan Omar schreibt aber dazu: ‚Wenn ihr das tut, dann denkt aber auch daran, daß ihr mit dieser Frau anschließend wieder schlafen wollt'. Und eben, daß man den Verstand gebrauchen soll dabei, und nicht nur die Worte hört, aber nicht denkt. (...)

---

[62] Al-Qaradawi 1989.
[63] Al-Qaradawi 1989, S. 168.

Und insofern habe ich damit keine Probleme, weil ich denke, wenn man den Verstand dabei gebraucht und das Herz, dann ist die Religion sehr einfach.
G.: Wie würden denn Sie diese Sure mit dem Saatfeld für sich selber auslegen? Ich meine das mit dem Schlagen, das ist eine längere Stelle und da kommt es sehr auch auf die Übersetzung an, aber dieser eine Satz,
K.: Der ist drin, ja.
G.: ... das einzige ist, daß statt Saatfeld viele Ackerfurche sagen.
K.: Der Acker, ja genau. Ja im Islam, eigentlich sind sie ... an für sich sind sie sehr frei in ihrer Sexualität, anders wie bei den Christen mit den Mönchen, wo das alles verpönt wird. Ich denke mir, auch die Frauen haben ihre Sexualität und warum sollen wir sie nicht annehmen als solche? Und ich glaube nicht, daß mein Mann oder überhaupt ein Mann je das Recht hat, eine Frau zu zwingen, auch nicht mit diesen Worten. Wenn er es nicht selber weiß, dann muß er eben auch mit der Strafe Allahs rechnen, denn er hat kein Recht, eine Frau zu irgendetwas zu zwingen.
G.: Aber ist es nicht so, daß eine Frau, die zum Islam übertritt, sich irgendwo selbst bereit erklärt, sich selbst als Saatfeld zu sehen, zu dem der Mann jederzeit kommen kann, wann er will?
K.: Ich glaube, so heißt es, ja.
G.: Hui, da hätte ich ganz schön Schwierigkeiten!
K.: Ich lasse mich auch nicht als solches benutzen, ich lasse mich nicht als solches benutzen. Da bin ich jetzt aber auch überfragt ... (Karin)

Der betreffende Vers wird in ihrem Buch „Der politische Harem" auch von der marokkanischen Soziologin Fatima Mernissi erörtert. Diese zeigt dabei die Vielfältigkeit der Interpretationsmöglichkeiten auf, weist darauf hin, daß dieser Vers in den Debatten der Gelehrten sowohl als Erlaubnis als auch Verbot des Analverkehrs ausgelegt wurde und erläutert den historischen Hintergrund dieser Debatten. Sie kommt schließlich zu dem Resümee, daß es bei all den Debatten letztendlich jedoch nicht um die Kernfrage dieses Verses gehe. Es komme weniger darauf an, welche Stellungen im Geschlechtsakt erlaubt oder verboten seien, sondern vielmehr darauf, wer die Art der Sexualität bestimme: „Die Kernfrage dieses Verses – die Frage nach dem Grundsatz, der im Islam die Rolle der Frau beim Geschlechtsakt definiert – bleibt unbeantwortet. Verfügt die Frau als Muslimin über einen eigenen Willen? Wenn ja, unter welchen Gegebenheiten?"[64] Wenn Karin sich in dem Interview mit den Worten „*Ich lasse mich nicht benutzen*" gegen diesen Vers wehrt, so wehrt sie sich in erster Linie gegen den Geist dieses Verses, durch den die sexuelle Selbstbestimmung von Frauen in Frage gestellt zu sein scheint.

---

[64]Mernissi 1992, S. 197.

Ebenfalls problematisch im Rahmen der Vorstellung einer einander äquivalenten Sexualität erscheint die islamische Polygynie-Regelung, die die Beschränkung der Sexualität auf die Ehe für beide Geschlechter unterschiedlich definiert: Während Frauen nur eine zeitgleiche Ehe eingehen dürfen, ist es Männern theoretisch erlaubt, vier Ehefrauen gleichzeitig zu haben. Es erscheint zunächst schwierig, das Konzept der Polygynie in das übergeordnete Prinzip des Schutzes der Familie einzupassen; eine Betrachtung der Begründungen, die meine Gesprächspartnerinnen für diese Regelung nennen, kann diese Problematik jedoch erhellen.

Zunächst möchte ich jedoch einfügen, daß die Aussagen zur Polygynie in einem sehr starken Maße einem Legitimationsdruck unterliegen. Fast in jedem Kontext, in dem die Konversion thematisiert wird – sei es in den Medien, in privaten Gesprächen oder in wissenschaftlichen Veröffentlichungen – taucht die Frage danach auf, wie die konvertierten Frauen zu diesem Aspekt des Islam stehen. *„Ich wußte, daß diese Frage kommt",* war dementsprechend ein vielfach zu hörendes Statement, wenn ich in den Interviews (natürlich) auf diese Thematik zu sprechen kam. Häufig wird diese Frage jedoch nicht nur aus Interesse gestellt, sondern mit ihr ist Vorwurf, Unverständnis, Empörung und Aggressivität verbunden. Ebenso habe ich in öffentlichen Diskussionen nicht selten erlebt, daß die Polygynieregelung als letztes, unschlagbares und zorniges Argument benutzt wird, um die Darstellungen von gläubigen Musliminnen zu widerlegen, Darstellungen, in denen diese die Rolle der Frau im Islam im Sinne einer „Emanzipation unter dem Schleier" thematisieren. Entsprechend dieser allgemeinen Reaktion auf die islamische Polygynieregelung – eine Reaktion im übrigen, die aufgrund ihrer Heftigkeit nachdenklich macht – hat sich bezüglich dieses Problemfeldes im islamischen Diskurs ein Gerüst mit stark standardisierten Antwortmöglichkeiten herausgebildet, die in zahlreichen deutsch-islamischen Publikationen auftauchen und die auch von meinen Interviewpartnerinnen reproduziert wurden. Folgendes Zitat aus dem Interview mit Fatimah nennt zwei der häufigsten Gründe:

Also die Mehrfachehe ist für mich eine Kann-Bestimmung und für mich – so wie ich es erklärt bekommen habe, und wie es für mich auch verständlich ist – ist es in Ausnahmesituationen zulässig. Wenn Kriege sind, wenn jetzt zum Beispiel die Männer in den Krieg ziehen und viele sterben, die Frauen bleiben alleine zurück und können sich nicht mehr selber versorgen – wenn dann ein Mann da ist, der eben nach dem Krieg noch die Möglichkeit hat, den Frauen zu helfen, dann finde ich, ist es auch richtig, wenn er zum Beispiel bis zu vier Frauen heiratet, um die auch zu versorgen. (...) Andererseits gibt es auch noch die Bestimmung, wenn jetzt eine Frau keine Kinder bekommen kann – und im Islam ist es schon wichtig, eine Familie zu haben und Kinder zu bekommen – das ist dann nicht so, daß der Mann eine andere Frau heiraten muß, aber wenn er das Bedürfnis hat, Kinder zu bekommen, dann kann er sich eine zweite Frau nehmen, die dann Kinder bekommen kann. (Fatimah)

In einem späteren Interview mit mir fügt Fatimah diesen Gründen noch hinzu, daß auch die sexuelle Verweigerung seitens der Frau ein Grund für eine zweite Eheschließung des Mannes sein kann. Auf meine daran anschließende Frage, was denn die Frau bei einer sexuellen Verweigerung des Mannes mache, wich sie mir aus:

Ich weiß halt nicht, ob die Situation wirklich entsteht so extrem, daß es wirklich mal so weit kommt. Ob man dann eigentlich noch Wert auf diese Ehe legt, wenn es mal so weit ist, das weiß ich nicht. (Fatimah)

Zusammengefaßt gesagt, stellt die Polygynie eine Möglichkeit dar, mit deren Hilfe zum einen die Fortpflanzung und zum anderen die sexuelle Befriedigung sowohl von Männern als auch von Frauen – im Falle eines Frauenüberschusses – gesichert werden kann. Während jedoch die Notwendigkeit zur Eheschließung von Frauen eher unter dem Versorgungsaspekt betrachtet wird, erscheint sie bei Männern mehr als sexuelle Notwendigkeit. Bestätigt wird dieser Eindruck durch ein weiteres Argument für die Polygynieregelung, das jedoch seltener genannt wird und das auch unter Muslimen und Musliminnen nicht unumstritten ist. So ist gelegentlich die Rede davon, daß ja auch in unserer Gesellschaft die Männer häufig eine „zweite Frau" – eine Geliebte – hätten, die jedoch im Gegensatz zur „zweiten Frau" im Islam nicht „abgesichert" sei. Dieses Argument spielt mit einer Motivation zur Polygynie, die im Grunde genommen nicht akzeptiert werden kann: der sexuellen Lust des Mannes. Dabei wird davon ausgegangen, daß – wenn Männer schon nicht treu sein könnten – es immer noch besser sei, die Untreue finde legitimiert im Rahmen einer zweiten Ehe statt. In diesem Argument verbinden sich zwei verschiedene Stränge. Einerseits verlangt die islamische Moral – wie die befragten Frauen sie verstehen – die Beschränkung der Sexualität auf die Ehe mit einer Frau, d.h. die Disziplinierung der Sexualität. Die Polygynieregelung soll dabei nur Ausnahmesituationen ausgleichen. Andererseits wird aber die Polygynie als eine pragmatische Lösung für die Unmöglichkeit männlicher Treue gesehen, ihr liegt somit die Vorstellung einer männlichen Sexualität zugrunde, die sich nicht auf eine Partnerin beschränken kann.

Vor diesem Hintergrund gesehen verhindert die islamische Regelung die von den Frauen gleichermaßen gefürchtete wie aufgrund ihrer Erfahrungen antizipierte Trennung, da der gedachten männlichen Neigung zur Promiskuität eine Ausweichmöglichkeit gegeben ist. Trotz dieser eher impliziten Vorstellungen, die ihnen die Polygynie zumindest logisch und nachvollziehbar erscheinen lassen, lehnen die Frauen es doch eher ab, eine Mehrfachehe des eigenen Mannes zu akzeptieren. „*Ich kenne keine Frau, der das wirklich gefallen würde*", sagt Kamile dazu. Die Befürchtungen der Frauen, daß ihr eigener Mann eine weitere Frau heiraten könnte, sind allerdings nicht sehr groß, da dieser Fall zum einen durch einen Ehevertrag ausgeschlossen werden kann – die wenigsten der befragten Frauen haben jedoch diese Möglichkeit für sich in Anspruch genommen – und sie zum anderen einige Bedingungen sehen, die Männer erfüllen müssen, um weitere Frauen zu heiraten. Geschützt vor einer weiteren Heirat ihres Mannes fühlen sich die Frauen vor allem durch diese Bedingungen einer Mehrfachehe, da sie im Grunde genommen nicht glauben, daß ein Mann diese erfüllen kann. Sie betonen, daß es im Falle einer Mehrfachehe die Pflicht des Mannes sei, alle Frauen gleich zu behandeln. Dabei ist umstritten, ob es sich bei dieser „Gleichbehandlung" nur um eine materielle (Kleidung, Wohnung) und physische (Sexualität) oder auch um eine emotionale (Liebe) Gleichbehandlung handelt. Viele der von mir befragten Frauen vertreten die Ansicht, daß auch die emotionale Gleichbehandlung gegeben sein muß und folgern weiterhin: Da diese Forderung nicht zu erfüllen ist, dürfen die Männer auch nicht mehrere Frauen heiraten, die Polygynieregelung hebt sich also selber auf bzw. kann nur eine Notlösung sein:

> *Erstens muß der Mann dann alle Frauen gleich behandeln, und das ist auch so eingerichtet, daß es praktisch unmöglich ist, ganz alleine, weil es die Natur des Menschen ist, er mag eben eine mehr, eine weniger. (...) Es ist dann nicht so, daß ein Mann dann eine zweite heiratet und sagt: ‚Du kannst mich jetzt mal in Ruhe lassen. Ich schlafe nicht mehr mit dir.' Das ist ja unmöglich, er muß sich im klaren sein, muß sich überlegen, ob er wirklich in der Lage ist, zwei, drei, vier Frauen gleich behandeln zu können. (Halima)*

Die Tatsache, daß mit der islamischen Möglichkeit zur Polygynie häufig Mißbrauch betrieben wird, spricht nach Meinung der von mir befragten Frauen weniger gegen die entsprechende Regelung, als vielmehr gegen die Männer, die diesen Mißbrauch betreiben und sich nicht im Sinne der islamischen Gebote verhalten:

> *Das ist dann eben die Schwäche der Menschen, das hat aber in dem Augenblick nichts mit Islam zu tun. Ich meine, der Mann kann sich dann eben nicht für zwei gleichzeitig entscheiden. (Halima)*

4.4 Die Familie als Zufluchtstätte

In der Funktion der Familie als Zufluchtstätte trifft sich die Vorstellung von „Familie" im deutsch-muslimischen Denken mit der Idee der bürgerlichen Familie, wie sie sich im 19. Jahrhundert herausgebildet hat. Mit dieser Vorstellung verbunden sind einmal Werte wie Harmonie, Geborgenheit, Ruhe und Friede; weitere Werte werden in einem veröffentlichten Aufsatz der konvertierten Muslimin Eva Maria Al-Shabassy genannt: „Die muslimische Familie soll auf festem Grund gebaut sein, d.h. sie soll Gewähr bieten für Dauerhaftigkeit, Sicherheit und Vertrautheit, gegenseitige Bindung und Befriedigung der verschiedensten Bedürfnisse."[65] Die Familie erscheint in den verschiedenen Broschüren und Selbstdarstellungen der deutsch-islamischen Gemeinschaft zum einen als wesentlicher Bestandteil der islamischen Gesellschaft, mit der sie in Wechselwirkung tritt, indem sie diese stützt und gleichzeitig von ihr gestützt wird. Sie erscheint aber zum anderen auch – vor allem wohl in der Diaspora – als Burg, die Schutz bietet gegen als schädlich empfundene Einflüsse von außen.

Die mit dem Begriff „Familie" verbundenen Werte wie Harmonie, Geborgenheit, Sicherheit und Wärme sind nach Ansicht der von mir befragten Frauen fast überhaupt nicht in westlichen, dafür aber in islamischen Ländern anzutreffen. Immer wieder wird von der Familienverbundenheit, Herzlichkeit und Wärme gesprochen, die Muslimen und Musliminnen eignet. Damit stehen ihre Äußerungen in diesem Punkt in einem gewissen Gegensatz zu anderen Äußerungen über gebürtige Muslime und Musliminnen, wird diesen von meinen Gesprächspartnerinnen doch nicht selten vorgeworfen, die „eigentlichen" islamischen Regeln nicht zu leben, den Koran falsch auszulegen und sich eher an einer kulturellen als islamischen Tradition zu orientieren. Im familialen Alltag von Muslimen und Musliminnen – sei es in den entsprechenden Ländern, sei es bei Migranten und Migrantinnen – jedoch sehen die von mir befragten Frauen die islamischen Werte verwirklicht, wie es in einem weiter oben schon einmal teilweise zitierten Ausschnitt aus dem Gespräch mit Fatimah deutlich wird:

Das [Fatimah besuchte ihren zukünftigen Ehemann in Algerien, G.H.] war das erste Mal, daß ich überhaupt in einem muslimischen Land war. Aber da hatte ich eigentlich wenig mit dem Islam im Sinn gehabt, weil ich wollte eigentlich zu ihm fahren. Er war damals dort gewesen und ich war hier, da war mein Bestreben zu ihm zu fahren, ihn zu sehen.

---

[65] Al-Shabassy, Eva Maria: Die Familie im Islam. In: Islam hier und heute. Beiträge vom 1.-12. Treffen deutschsprachiger Muslime (1976-1981). Herausgegeben und eingeleitet von Ahmad von Denffer. Köln 1981. S. 152-157, hier S. 155.

Die erste Überraschung war dann, daß die ganze Familie auf mich gewartet hat. Den ganzen Tag haben sie auf mich gewartet und ich habe praktisch nur darauf gewartet, daß ich ihn sehe. Und für mich war klar – er hatte eine eigene Wohnung –, daß wir dann in seine Wohnung fahren und am nächsten Tag die Familie besuchen würden. Und die erste Überraschung war, daß ich gleich zur Familie geschleppt wurde – da ist es so gang und gäbe. Die haben sich furchtbar gefreut und die haben natürlich gedacht, daß auch ich mich furchtbar freue, die jetzt alle kennenzulernen. Und ich habe mich auch gefreut, aber im ersten Moment war ich auch ein wenig enttäuscht gewesen.
Aber ich habe da auch so eine unheimliche Wärme und Herzlichkeit gespürt und ich habe mir dann oft überlegt, wie ist es umgekehrt? Also, meine Eltern sind ja sowieso damit, daß ich konvertiert bin, gar nicht einverstanden, und daß er Muslim ist, war schon immer ein Problem für meine Eltern. Und ich will nicht sagen, daß es nicht familiär zugeht in unserer Familie, aber es ist alles so mit ein bißchen mehr Distanz, alles etwas distanziert und meine Eltern haben ihre eingefahrenen Bahnen und was den Vorstellungen nicht entspricht, das ist nicht so ganz akzeptabel. Ich habe mir dann oft gedacht: ‚Schade, daß es bei uns nicht so ist, daß jemand so herzlich empfangen wird wie ich zum Beispiel'. Ich hätte mir zum Beispiel auch gedacht – weil wir ja noch gar nicht verheiratet waren –, daß das überhaupt nicht geht, daß man überhaupt nicht so empfangen wird. Ich dachte immer, man kann nur akzeptiert werden, wenn man dann gleich verheiratet ist und so. Das war dann überhaupt nicht der Fall, es war alles unheimlich herzlich, auch die Schwestern, die Brüder – es ist eine große Familie – haben mich wie eine Schwester aufgenommen und das war schon toll. Und überhaupt die ganze Verwandtschaft, die ich dann kennengelernt habe, die waren alle unheimlich warm und herzlich, die haben mich direkt aufgenommen und da habe ich dann schon manchmal gedacht: ‚Ja, komisch, daß es bei uns so gar nicht so ist, daß es bei uns ein bißchen kalt ist, reserviert.' (Fatimah)

Bei Fatimah zeigt sich hier, daß die Idealisierung der Familienverbundenheit, Herzlichkeit und Wärme der Muslime und Musliminnen vor dem Hintergrund der als „ein bißchen kalt" und distanziert wahrgenommenen eigenen Familie zu sehen ist[66]. Damit steht sie nicht alleine da; in den meisten Interviews wird die Wärme der islamischen der Kälte der westlichen Familie gegenübergestellt.

---

[66] Nur am Rande sei hier vermerkt, daß auch die islamische Familie Fatimah wohl nicht ganz geheuer ist, worauf die Häufung des Adjektivs „unheimlich" in diesem Kontext hinweist. Nur in einem weiteren Interviewabschnitt benutzt Fatimah dieses Adjektiv so häufig: da geht es um die Wärme und Zuneigung islamischer Frauen untereinander.

Eine solche Einschätzung kann auf zwei Ebenen interpretiert werden: Einerseits drückt sich hierin die Enttäuschung über die eigenen Eltern, über die Familie insgesamt aus, die in den meisten Fällen die Konversion der Tochter nicht akzeptiert und deren Ablehnung von den Frauen als Kälte und Unverständnis interpretiert wird. Andererseits jedoch wird über die eigenen Eltern und über die eigene Familie hinaus das Familienleben in den westlichen Ländern insgesamt kritisiert. Die eigene Familie steht für eine Lebensweise, die von den Frauen für sich abgelehnt wird, die sie aber in den Kulturen der westlichen Staaten verbreitet sehen. Näher beschrieben – insbesondere bezüglich des Verhältnisses der Ehepartner zueinander – ist diese Lebensweise bei Elisabeth, die ich hier etwas ausführlicher zu Wort kommen lassen möchte:

Mein Vater ist einer, der sich nicht sonderlich um Erziehung und Kinder gekümmert hat, der in der Regel außer Haus ist, während meine Mutter zuständig ist für den Haushalt. Und zwar allein zuständig – mein Vater hilft nicht – zuständig für Haushalt, für mich – als ich noch kleiner war natürlich – und noch für ihren Beruf. Ich weiß nicht, wie man das alles unter einen Hut kriegt. Unglaublich wirklich. (...) Ja, das Rollenverhältnis meiner Eltern ist ganz wie es früher wohl meistens üblich war, nur der einzige Unterschied: sie ist berufstätig. (...) Die Ehe meiner Eltern ist kein sehr positives Beispiel. Ich wollte niemals eine solche Ehe führen, ich finde es schlimm, wenn man nicht mehr miteinander reden kann, die Zeit vor dem Fernseher verbringt, den Mann nur noch abends sieht und er sich dann hinsetzt und schläft und man nur noch die dreckige Wäsche von ihm hat und sein Schnarchen. Also das übliche Eheleben, was ich so kenne, was ich oft erlebt habe oder gesehen habe hier in Deutschland, vielleicht auch in anderen Ländern. Das ist eine Ehe, die ich nicht nachahmen möchte. Und ich wünsche mir, daß es bei mir nicht so ist. (Elisabeth)

An dieser Stelle erläutert Elisabeth, daß auch ihre Mutter sich ein anderes Leben für die Tochter gewünscht habe und sie deshalb besonders zu Selbständigkeit und Unabhängigkeit erzogen habe. Sie habe zudem darauf geachtet, daß Elisabeth eine gute Ausbildung bekomme. Wichtig sei es für Elisabeths Mutter auch gewesen, daß Elisabeth verschiedene Männer kennenlerne und Erfahrungen sammele. Für Elisabeth standen die expliziten Erziehungsziele ihrer Mutter jedoch immer im Gegensatz zu deren eigenem Leben und dem Vorbild, das sie dadurch lieferte:

E.: Da entstehen dann auch Konflikte. Meistens ist es ja dann auch so, daß man das Liberale in irgendeiner Form vermittelt bekommt, aber indem man das andere sieht, wird man ja genauso. Meistens ahmt man eher das Verhalten nach, das man sieht als das, was man vorgesagt bekommt.

Und von daher habe ich auch oft Verhaltensweisen meiner Mutter übernommen, die ich eigentlich negativ bewertet habe, die ich nie machen und haben wollte, und ich habe es doch gemacht. Ich denke, das passiert häufig. Gerade, was die Ehe meiner Eltern anbetrifft, wollte ich nie einen Mann, der nie Zeit für mich hat, der nur seinen Beruf sieht, nur sein Geschäft und fertig und der ... ja, genau das wollte ich alles nicht. Und trotzdem bin ich in meinen Beziehungen meistens an so jemanden geraten, jemanden, der so ist wie mein Vater. Nicht genau wie mein Vater – wir wollen nicht zu psychoanalytisch werden – aber der so ist, wie ich es eigentlich nicht wollte, was mich aber trotzdem ungemein angezogen hat. Meine Mutter war immer unglücklich in ihrem Leben, weil sie nicht genug beachtet worden ist von meinem Vater, das wollte ich eigentlich nie erleben. Trotzdem hat sie immer alles für ihn gemacht, es ging immer um ihn, um sein Geschäft, um seine Idee. Sie versucht immer, das zu unterstützen, was er in seinem Kopf hat, seinen Weg zu unterstützen. Es geht nicht darum, einen gemeinsamen Weg zu unterstützen oder eine gegenseitige Unterstützung, er ihr und sie sein, sondern, was so oft der Fall ist, die Frau unterstützt die Idee des Mannes und das wird dann *** (unverständlich) Das ist oft so. Das ist mir natürlich genauso passiert, ich war genauso wie meine Mutter, aber nicht nur wie meine Mutter, sondern wie viele Frauen auch.

G.: Und du hoffst jetzt in muslimischen Kreisen einen Mann zu finden, der anders denkt und mit dem du anders leben kannst?

E.: Ja, ich hoffe das. (...) Wenn es ein praktizierender Muslim ist, dann muß er sehr viel Wert legen auf seine Familie, dann muß er Wert legen auf die Erziehung seiner Kinder, dann muß er oft bei der Frau sein, dann muß er zusammen mit ihr was unternehmen.

G.: Ich habe in der Zeitschrift „Al-Islam" einen Artikel von Musliminnen gelesen, in dem sie kritisieren, daß die muslimischen Männer wegen ihrer Arbeit ihre Familie vernachlässigen: das scheint also eine Kritik zu sein, die relativ viele Frauen wohl haben.

E.: Ja, das trifft nicht nur auf die muslimischen Frauen zu, sondern auf alle – was ich ja eben auch so bei meiner Familie erlebt habe, vielmehr noch erlebe. Also ich muß sagen, meine Tanten, die sind nicht viel älter als ich, die haben sich genau solche Männer ausgesucht, die haben die jetzt vor kurzen geheiratet, das sind genau solche Männer, die sind nur außer Haus, kommen abends heim und fertig, schlafen, das war es.

G.: Aber ich meine, im Grunde genommen ist es ja so, da wo der Islam in der traditionell geprägten Form ...

(...)

E.: ... ist es genauso schlimm, aber deswegen komme ich ja auf den praktizierenden Muslim, die Theorie sagt es anders. Wobei ich allerdings ...

meistens habe ich solche muslimischen Männer gesehen, für die Familie und Kinder eine größere Bedeutung hat als für die Männer hier. Die deutschen Väter, die können meistens gar nichts mit den Kindern anfangen, wissen gar nicht, was sie damit machen sollen, sind ganz distanziert. (...) Das ist leider die Realität. Aber ich denke, in jeder Gesellschaft, unabhängig von islamischer oder nicht-islamischer ist das wirklich ein Problem.
G.: Aber du meinst auch, im Islam, wie er im Koran dargestellt ist und im Hadith ist das anders?
E.: Da ist das anders.
G.: Da ist also eine ausgeprägtere Partnerschaftlichkeit im Sinne von „gemeinsam einen Weg" gehen?
E.: Ja. Wenn wir die Sunna betrachten, das ist ganz deutlich wie da mit der Frau auch immer was unternommen wurde ... das ist optimal, aber die Umsetzung, das ist das Problem. (Elisabeth)

Elisabeth spricht hier für den Bereich Ehe, Partnerschaft und Familie einige in der öffentlichen Diskussion zu dieser Thematik häufig aufkommende Kritikpunkte an. Konkret werden von ihr das Problem des „abwesenden", distanzierten Vaters, d.h. des Mannes, der Kindererziehung nicht als Teil seines Verantwortungsbereiches sieht, genannt. Weiterhin erwähnt sie die Selbstaufopferung der Frau, die Ehe und Familie in den Mittelpunkt ihres Denkens stellt, außerdem Doppelbelastung von Frauen in Haushalt und Beruf und schließlich fehlende Gemeinsamkeit und fehlender Austausch zwischen den Ehepartnern. Indem Elisabeth sich auf diese weitverbreitete Kritik am Familienleben in den Industrienationen stützt, macht sie plausibel, warum sie nach Alternativen sucht.

Jedoch ist Elisabeths Kritik einseitig: Sie blendet Tendenzen in der gesellschaftlichen Entwicklung aus, die in eine andere Richtung weisen und die ihr – wie an anderer Stelle des Interviews deutlich wird – auch bekannt sind. So zeigt Nave-Herz auf, daß die von Elisabeth dargestellten Erfahrungen hinsichtlich des Familienlebens so nicht mehr ungebrochen zutreffen. Es trifft zwar zu – wie schon erwähnt wurde –, daß Frauen den größten Teil der Hausarbeit übernehmen, doch in den anderen Bereichen hat es Änderungen gegeben: Männer beteiligen sich zunehmend auch an der Kindererziehung – wobei Frauen allerdings immer noch die Hauptverantwortung dafür tragen –, Frauen beginnen, sich eigene Bereiche zu schaffen und zwischen den Ehepartnern gibt es Gemeinschaftlichkeit und Austausch[67]. Zwar treten diese Änderungen gegenüber dem traditionellen Rollenverhalten bisher nur relativ vereinzelt auf und sind zudem von ökonomischen, sozialen und regionalen Faktoren abhängig, jedoch

---

[67]Vgl. zu diesen Problematiken Nave-Herz 1994, die eine Reihe von Arbeiten zu diesen Themen referiert.

zeigen sich hier Ansätze und Modelle eines veränderten Rollenverständnisses auf der Basis von Partnerschaftlichkeit und Gleichheit. Aus Elisabeths Kritik wird also zunächst nicht ersichtlich, warum gerade das islamische Familienmodell für sie eine Lösung für die kritisierten Punkte darstellt; es ist eine Alternative unter mehreren.

Die Überzeugungskraft, die das islamische Familienmodell hat, wird dann deutlicher, wenn man sich die Implikationen eines veränderten Rollenverständnisses im obigen Sinne vor Augen hält: In einer Ehe, in der der Mann sich gleichermaßen wie die Frau um den Haushalt und die Erziehung der Kinder kümmert, trägt die Frau auch gleichermaßen wie der Mann die Verantwortung für die Versorgung der Familie. Dies erfordert von beiden eine Aufgabe der Bindung an traditionelle Vorstellungen hinsichtlich des Versorgungsbedürfnisses. Männer können nicht länger erwarten, von Frauen zu Hause umsorgt zu werden, Frauen müssen lernen, ihre Fürsorglichkeit (und die daraus resultierende weibliche Macht) ebenso aufzugeben, wie ihren Versorgungsanspruch an den Mann. Beide müßten auch lernen, Verantwortung in Bereichen zu übernehmen, für die sie sich traditionell nicht verantwortlich fühlten. Dies ist besonders für Frauen mit tiefgehenden Ängsten verbunden: „Dieser Prozeß [die Aufgabe des Versorgungsanspruches an den Mann, G.H.] ist gekennzeichnet von Rückfällen und Verlassensängsten, denn die mit der weiblichen Rolle verknüpften Bedürfnisse sind Teil unserer historisch verwurzelten Identitätsstruktur. An sie zu rühren kann Gefühle des Alleinseins und der Einsamkeit hervorrufen. Wir übernehmen die Verantwortung für unser eigenes Leben, treffen unsere Entscheidungen selbst, aber damit stehen wir nicht nur vor den daraus resultierenden Anforderungen an uns selbst, sondern werden mit der ganzen Unsicherheit, die Entscheidungsfreiheit mit sich bringt, konfrontiert und gleichzeitig schmerzhaft an unsere eigenen Grenzen erinnert."[68]

Die Aufgabe des Versorgungsanspruches von Frauen an Männer rührt jedoch nicht nur an tief verankerte weibliche Identitätsstrukturen, sondern kann auch beängstigende ökonomische Konsequenzen haben. Die Brüche im weiblichen Rollenverständnis sind ja nicht nur individuell erfahrene innere Brüche, sondern diese spiegeln gesellschaftliche Bilder von Weiblichkeit und Männlichkeit. Konkret ausgedrückt heißt das: Obwohl von Frauen erwartet wird, auf männliche Versorgung zu verzichten und für sich selbst verantwortlich zu sein, wird ihnen und kann ihnen andererseits auf dem Arbeitsmarkt nicht das Recht auf vollständige eigene Versorgung eingeräumt werden, d.h. die ökonomische Praxis baut auf die Versorgung der Frau durch den Mann: „Die wirklich *durchgesetzte* Arbeitsmarktgesellschaft, die *allen* Frauen und Männern eine eigenständige ökonomische Existenzsicherung ermöglicht, würde die Arbeitslosenzahlen hochschnellen lassen. Das heißt: Unter Bedingungen der Massen-

---

[68] Brückner 1988a, S. 55.

arbeitslosigkeit und der Verdrängung aus dem Arbeitsmarkt sind Frauen zwar freigesetzt *von* der Eheversorgung, aber nicht frei *zu* einer eigenständigen Sicherung durch Erwerbsarbeit. Dies bedeutet aber auch: sie sind nach wie vor zu einem großen Teil auf die ökonomische Sicherung durch den Mann *angewiesen*, die *keine* mehr ist. Dieses Zwischenstadium zwischen ‚Freiheit von', aber nicht ‚Freiheit zu' wirklichem Lohnarbeiterverhalten wird durch die Rückbindung an *Mutterschaft* zusätzlich bestärkt."[69]

Vor diesem Hintergrund wird verständlich, warum Elisabeth einerseits die in obigem Interviewausschnitt beschriebene Lebensweise ihrer Mutter und Tanten für sich ablehnt, andererseits aber kein auf Gleichheit der Geschlechter basierendes Beziehungsmodell akzeptieren könnte. Sie sucht eine zwar partnerschaftliche und am Familienleben orientierte Beziehung, in der sie jedoch ihre Versorgungsansprüche nicht aufgeben muß, sondern diese als selbstverständlich erscheinen. Im Islam sieht sie ihre Idealvorstellungen einer solchen Lebensweise zumindest als Leitgedanken verwirklicht: ein partnerschaftlicher Umgang zwischen den Ehepartnern, Männer, die sich um ihre Familie und um ihre Kinder kümmern[70], die – ebenso wie es ihrer Ansicht nach bei Frauen üblich ist – die Familie in den Mittelpunkt ihres Denkens stellen. Bezüglich der Realität äußert sie sich widersprüchlich: einerseits sieht sie, daß auch in islamischen Ländern die Ideale nicht verwirklicht werden, andererseits kann sie Beispiele von islamischen Familien anführen, die entsprechend ihrem Ideal leben. Sie löst den Widerspruch letztlich dadurch auf, daß auch sie – wie andere Interviewpartnerinnen in anderen Zusammenhängen – zwischen richtig und falsch handelnden Muslimen unterscheidet. Die Absetzung von der Ehe der Eltern und der Wunsch nach einer anderen Lebensweise ist ein Motiv, das sich durch die meisten Interviews zieht. Basis dieser anderen Lebensweise ist dabei immer der Wunsch nach Partnerschaftlichkeit, der sich ja auch schon bei der Analyse des Umgangs mit dem Gebot zum Gehorsam äußerte.

Oben beschriebene Ängste und Unsicherheiten stellen auch den Hintergrund für den ausgeprägten Wunsch nach Dauerhaftigkeit einer Ehe dar, einen Wunsch, von dem die Frauen glauben, daß er sich im Rahmen der islamischen Gemeinschaft erfüllen läßt. Zwar ist nach islamischen Recht eine Scheidung möglich, jedoch betonen meine Gesprächspartnerinnen auch, daß es sich dabei um eine verpönte Möglichkeit handelt, die soweit wie möglich vermieden werden sollte. Ein vielzitierter Hadith benennt dementsprechend die Scheidung

---

[69] Beck 1990, S. 46 (Kursiv im Original).
[70] Daß Männer sich um ihre Kinder kümmern, steht nicht im Widerspruch zu der islamischen Auffassung, daß die Hauptaufgabe der Frau darin besteht, sich um die Erziehung der Kinder zu kümmern. Die Aufgaben, die ein Vater bei der Erziehung seiner Kinder zu leisten hat, werden als ergänzend zu denen der Mutter betrachtet und ebenfalls als sehr wichtig angesehen. Es wurde in den Gesprächen jedoch nicht ausgeführt, worin die Aufgaben der Väter genau liegen und wie die jeweiligen Ehemänner der befragten Frauen diesen nachkommen.

als „das Verhaßteste unter den erlaubten Dingen". Erlaubt ist sie jedoch, weil davon ausgegangen wird, daß ein ernsthaft zerstrittenes Ehepaar die familiale Grundlage der Gesellschaft eher stören würde als Scheidung dies vermag.
   Allerdings, so betonen die befragten Frauen, seien einer Scheidung einige Hindernisse in den Weg gelegt. So wird empfohlen, im Falle eines nicht allein beizulegenden Konfliktes zunächst Rat bei zwei Familienangehörigen oder neutralen Personen einzuholen – wobei eine die Seite der Frau und eine die Seite des Mannes vertreten solle – und eine Versöhnung anzustreben. Erweist sich dieser Weg als nicht begehbar, so haben Mann und Frau nun unterschiedliche Möglichkeiten. Der Mann kann die Scheidung aussprechen, jedoch darf er die entsprechenden Worte nicht sprechen während der Menstruation seiner Frau, während des Ausflusses nach einer Schwangerschaft – beides Zustände, während der auch sexuelle Beziehungen verboten sind – und, falls er in der Zwischenzeit die sexuellen Beziehungen zu ihr wieder aufgenommen hat, auch nicht vor der nächsten Menstruation seiner Frau. Laut dem schon erwähnten Standardwerk islamischen Verhaltens „Erlaubtes und Verbotenes im Islam" von Al-Qaradawi wurden diese Regelungen erlassen, damit der Mann einerseits nicht aus einer Laune, vorübergehenden Unstimmigkeit oder sexueller Frustration heraus die Scheidung ausspreche und andererseits, um abzuwarten, ob eine eventuelle Schwangerschaft der Frau ihn umstimmen könne. Hat er jedoch die Scheidung zu einem korrekten Zeitpunkt ausgesprochen, läuft ab diesem Moment eine Wartefrist von drei Monatszyklen, während der der Mann seine Frau nicht aus dem Haus weisen darf (es ist nicht klar, ob sie denn trotzdem gehen darf oder auch bleiben muß). Diese Frist soll dazu dienen, eine eventuelle Schwangerschaft der Frau abzuwarten wie auch den Ehegatten Gelegenheit zu einer Versöhnung zu geben; eine Wiederaufnahme der ehelichen Beziehungen innerhalb dieses Zeitraumes würde die Scheidung ungültig machen, ansonsten bekäme sie nach Ablauf der Wartefrist Gültigkeit. Würde es nach einer Versöhnung erneut zu einem Streit und zum Aussprechen der Scheidung kommen, könnte die ganze Prozedur wiederholt werden; erst das dritte Aussprechen der Scheidung, das als Indiz für die endgültige Zerrüttung einer Ehe genommen wird, erlaube keine unmittelbare Versöhnung. Wesentlich ist nach Ansicht der Frauen auch, daß die verschiedenen Verlautbarungen der Scheidungen nicht bei einer Gelegenheit hintereinander gesprochen werden dürfen. Eine gültige Scheidung verpflichtet zudem den Mann, seiner geschiedenen Frau eine ausreichende finanzielle Absicherung zukommen zu lassen.
   Der von der Frau ausgehende Scheidungswunsch unterliegt, wie aus verschiedenen islamischen Broschüren ersichtlich wird, etwas anderen Bedingungen: Hat der Mann das Recht, die Ehe – zwar mit Hindernissen, jedoch ohne Nennung von Gründen – aufzulösen, so muß die Frau im Falle einer gegen den Willen des Mannes erwünschten Scheidung ein Gericht aufsuchen. Gründe, die als Scheidungsursachen für Frauen ohne Diskussion anerkannt werden,

sind eine unheilbare Krankheit des Mannes, die Vernachlässigung seiner Unterhaltspflicht, Impotenz, die entweder vor der Eheschließung der Frau nicht bekannt war oder erst danach auftrat, zu lange Abwesenheit des Mannes von zu Hause bzw. Vernachlässigung seiner ehelichen Pflichten (4 Monate) sowie unerträgliche Behandlung der Frau durch den Mann. Darüber hinausgehende Begründungen der Frau müßten von einem Gericht beurteilt werden. Die Grundlage der Beurteilung ist dabei sehr weit gespannt. Während ein Hadith Frauen, die eine Scheidung ohne „triftigen" Grund verlangen, hart verurteilt, steht ein anderer Hadith als Beispiel für eine genehmigte Scheidung aufgrund eines unbegründeten Widerwillens auf Seiten der Frau. In einem solchen Fall ist die Frau verpflichtet, die vom Mann erhaltene „Morgengabe" und andere Geschenke zurückzugeben. Maßstab der Beurteilung ist das islamische Prinzip der Ehe und Familie wie es oben dargestellt wurde.

Über das Dargestellte hinaus ist die Ehescheidung ohne weiteren Aufwand im gegenseitigen Einverständnis möglich. Unter Wahrung der islamischen Gesetze ist es aber auch möglich, die Bedingungen einer Ehescheidung schon in einem Ehevertrag festzulegen. Das Sorgerecht für die Kinder wird im Normalfall dem Vater bzw. einem männlichen Verwandten zugesprochen, wobei Kleinkinder bis zum 7. Lebensjahr bei Jungen bzw. 9. Lebensjahr bei Mädchen vorläufig bei der Mutter bleiben.[71]

Für die befragten Frauen bedeuten diese Regelungen, daß den streitenden Ehepartnern immer wieder die Möglichkeit gegeben wird, ihre Entscheidung für eine Ehescheidung zu überdenken und gegebenenfalls zu revidieren. Ihrer Meinung nach unterstreichen die Scheidungsregelungen so eher das islamische Prinzip der Dauerhaftigkeit als daß sie es durchbrechen. Natürlich sehen meine Interviewpartnerinnen die Dauerhaftigkeit einer Ehe nicht durch diese Regelungen garantiert, gehen jedoch davon aus, daß Männer, die im islamischen Sinne leben, eine andere Einstellung zu Familie und Partnerschaft haben als die Männer in den westlichen Ländern. So zeigen islamische Männer ihrer Meinung nach mehr Verantwortungsgefühl im Sinne einer Bereitschaft zur Versorgung einer Familie und weniger Bindungsscheu, d.h. sie sind eher bereit, sich auf eine feste Beziehung einzulassen, geben den Frauen weniger das Gefühl „benutzt" zu werden – eine Eigenschaft, die Fatimah an ihrem späteren Ehemann – einem algerischen Muslim – am Anfang ihrer Beziehung besonders schätzte:

Mir wurde ganz schnell klar – schon in ein oder zwei Wochen habe ich das einfach gespürt –, daß der das ehrlich meint. Er hat dann auch schon von Zukunft gesprochen, was mir vorher völlig fremd war. Ich habe mir das

---

[71] Zur Scheidung vgl.: Rassoul, Muhammad Ahmad: Die Scheidung nach islamischen Recht. 2. Aufl. Köln: IB Verlag Islamische Bibliothek 1983b.

immer gewünscht, daß ein Partner mich mal auf die Zukunft anspricht und das war nie der Fall. Und er hatte dann schon nach ein, zwei Wochen angefangen über die Zukunft zu sprechen, ob wir denn eine gemeinsame Zukunft haben und so. Das war alles plötzlich ganz anders. Ja, also es war plötzlich alles so ehrlich, da war überhaupt keine Schauspielerei und nur nach außen hin, sondern alles ganz offen und ehrlich. (Fatimah)

Auch andere Frauen berichten, daß ihre muslimischen – und in den meisten Fällen auch ausländischen – Männer eher Bereitschaft zeigten, sich auf eine feste und verbindliche Beziehung einzulassen als sie es von deutschen bzw. nicht-muslimischen Männern gewohnt waren. Diese Bereitschaft gab und gibt den Frauen eine Sicherheit, die sie bei nicht-muslimischen Männern nicht finden konnten. Allerdings können – wie das Beispiel Elisabeths zeigt – auch gegenüber ausländischen Muslimen Ängste, ausgenutzt zu werden, aufkommen: Auf dem Weg zu einem unserer Gesprächstermine fragte ich sie – die zum Zeitpunkt des Interviews noch unverheiratet war – wie es denn für sie möglich sei, einen Mann kennenzulernen, da ihre Religion ihr den Kontakt zu Männern sehr erschwere. Sie meinte daraufhin, daß es denkbar sei, deutsche oder deutschsprachige Muslime bei Treffen, Vorträgen und dergleichen kennenzulernen. Daraufhin bemerkte ich, daß es in vielen islamischen Ländern üblich sei, daß die Eltern die Ehepartner aussuchten. Elisabeth antwortete, daß dies zum Teil auch in muslimischen Kreisen in Deutschland gängig sei: Man wüßte, daß eine Freundin einen Bruder habe und der habe einen Freund und von dem habe man gehört, daß er an einer Eheschließung interessiert sei. Der würde vorgeschlagen, ein Treffen werde dann arrangiert, auf dem man schauen könne, ob man zusammenpasse. Hier fügte sie hinzu, daß es dabei aber sehr wichtig sei, den Hintergrund des Ehewunsches des betreffenden Mannes zu kennen und möglichst viel über ihn herauszufinden, damit es sich nicht nur um eine Eheschließung handele, bei der es nicht um eine Frau, sondern um eine Aufenthaltsgenehmigung gehe – auf diese Weise wolle sie nicht ausgenutzt werden.

Das islamische Familienkonzept, wie meine Gesprächspartnerinnen es wahrnehmen, beschreibt nicht nur die Beziehung der Ehepartner zueinander, sondern ebenso auch das Verhältnis zwischen den Generationen. Dabei gehen die befragten Frauen von einem Ideal aus, das geprägt ist durch den verbreiteten – wie Mitterauer es bezeichnet – „Mythos"[72] eines einstmals existierenden Drei-Generationen-Idylls, ein Ideal, das durch die Geschichtswissenschaften in den letzten zwei Jahrzehnten widerlegt wurde. In den Aussagen der befragten Frau-

---

[72] Mitterauer, Michael: Der Mythos von der vorindustriellen Großfamilie. In: Rosenbaum, Heidi (Hrsg.): Seminar: Familie und Gesellschaftsstruktur. Materialien zu den sozioökonomischen Bedingungen von Familienformen. Frankfurt a.M. 1978. S. 128-150.

en jedoch spiegelt sich das gesellschaftliche Alltagswissen, zu dessen Fundus die selbstverständliche Annahme einer intakten, harmonischen und beständigen Großfamilie gehört, die in einem nicht näher bestimmten „Früher" existiert haben soll und die nun durch die unbeständige und gefühllose Kleinfamilie ersetzt wurde. Einhergehend mit dieser Auffassung von Familie ist häufig die Vorstellung, daß in anderen Kulturen – besonders den orientalischen Kulturen – „noch" ein intakter Familienverband existiere, der dem in unserer Geschichte ähneln soll:

> ... oder auch alte Menschen, daß die nicht abgeschoben werden sollen. Sicher wenn medizinische Gründe dafür sprechen, daß es nicht zu Hause zu kurieren geht, dann ja. Aber nicht so einfach: ‚Jetzt bist du 70, jetzt bist du in Rente, jetzt gehst du.' Oder: ‚Jetzt kann ich dich nicht mehr brauchen, jetzt hast du jahrelang auf meine Kinder aufgepaßt, jetzt kannst du mich mal.' Oder: ‚Ich will in Urlaub, ich steck dich ins Krankenhaus.' Das ist ja leider Gottes heutzutage an der Tagesordnung, daß alte Menschen abgeschoben werden. Und da finde ich es dann immer so schön, wenn dann so drei Generationen zusammen sind, kleine Kinder, Ururenkelchen, oder was weiß ich, krabbeln da auf den Schößen von alten Menschen herum. Und ich habe vor allem gemerkt, daß alte Menschen, wie ich glaube, im Islam weniger Angst vor dem Tod haben. Die sind so ruhig. Ich merke hier, alte Menschen, die werden hier unheimlich aggressiv, weil sie wahrscheinlich auch dauernd alleine sind, weil sie Angst haben vor dem Tod. Ich habe gemerkt – also ich habe viel, viel alte Menschen kennengelernt zum Beispiel in Pakistan, oder auch wenn du alte türkische Frauen siehst oder irgendwie so – ich habe gemerkt, die haben eben dieses Gottvertrauen, daß es weitergeht und daß eben diese Sachen gottgegeben sind und daß man keine Angst haben muß vor solchen Sachen oder mit sich kämpfen muß, daß man noch weiterleben will. (...) Mein Schwiegervater [in Pakistan, G.H.] ist 84, er sagt zum Beispiel: ‚Laßt mich doch, ich will nicht an tausend Apparate. Ich will lieber bißchen kürzer leben, aber ruhig.' Ich finde das toll. Was würde man hier alles mit ihm machen: Dialyse und von Krankenhaus zu Krankenhaus. Wenn er sagt: ‚Es ist Schluß', dann ist Schluß und ich finde das schön. Der Mensch hat mit sich abgeschlossen, aber er ist ruhig, betet fünfmal am Tag und erzählt tolle Geschichten, er ist eben ein richtiger Opa. Ja, so richtig einer im Schaukelstuhl – Schaukelstuhl haben wir jetzt keinen –, aber er sitzt mit seiner Wasserpfeife da, erzählt den Kindern Geschichten. Er hört schlecht und sieht schlecht – natürlich hat er seine Probleme, aber man merkt, er hat seinen Frie-

den. Das wünsche ich manchmal wirklich den alten Menschen hier, so von der Familie. (Halima)

5 Die weibliche islamische Kleidung als Ausdruck des Geschlechterkonzeptes

Die islamische Kleiderordnung für Frauen steht in engem Zusammenhang mit der islamischen Deutung der Geschlechterbeziehungen. In den Begründungen, die die befragten Frauen für die Notwendigkeit dieser Kleiderordnung nennen, verdichten sich die Vorstellungen über Männer und Frauen, über weibliche und männliche Sexualität, Vorstellungen darüber, was von Männern und Frauen erwartet wird, wie sie sein und wie sie handeln sollen. In der Argumentation für die islamische Kleidung treten noch einmal die gesellschaftlichen Bilder, Mythen und Deutungsmuster zum Geschlechterverhältnis hervor, vor deren Hintergrund der Islam erst Sinn ergibt, es treten ebenso die Brüche und Widersprüche in diesen Bildern und Vorstellungen hervor sowie die damit verbundenen Ängste und Unsicherheiten. In dieser Argumentation können zudem noch einmal die bisher in diesem Kapitel herausgearbeiteten Inhalte der Geschlechterdifferenz pointiert aufgezeigt werden, da sie hier besonders deutlich aufscheinen.

Die Notwendigkeit der islamischen Kleidung für Frauen wird in erster Linie durch zwei Verse aus dem Koran abgeleitet, von denen der erste folgendermaßen lautet: „Sag den gläubigen Männern, sie sollen (statt jemanden anzustarren, lieber) ihre Augen niederschlagen, und sie sollen darauf achten, daß ihre Scham bedeckt ist (w. sie sollen ihre Scham bewahren). So halten sie sich am ehesten sittlich (und rein) (w. das ist lauterer für sie). Gott ist wohl darüber unterrichtet, was sie tun. Und sag den gläubigen Frauen, sei sollen (statt jemanden anzustarren, lieber) ihre Augen niederschlagen und sie sollen darauf achten, daß ihre Scham bedeckt ist (w. sie sollen ihre Scham bewahren), den Schmuck den sie (am Körper) tragen, nicht offen zeigen, soweit er nicht (normalerweise) sichtbar ist, ihren Schal sich über den (vom Halsausschnitt nach vorne heruntergehenden) Schlitz (des Kleides) und den Schmuck, den sie (am Körper) tragen, niemand (w. nicht) offen zeigen, außer ihrem Mann ..."[73] Diese Sure wird dann weitergeführt mit der Nennung der männlichen Personen, vor denen sich die Frauen unbedeckt, also in häuslicher Kleidung sehen lassen können. Das sind alle Männer, zu denen entweder eine eheliche Beziehung besteht oder die in einem Verwandtschaftsgrad zu der Frau stehen, der eine eheliche Beziehung ausschließt. Präzise sind das Gatte, Vater, Großvater,

---

[73] Paret: 24:30,31.

Sohn, Bruder, Onkel oder Neffe. Fernerhin nennt die Sure weitere Personen, die die Frau unbedeckt sehen dürfen: Eunuchen, andere Frauen und Kinder, die noch kein Interesse an sexuellen Dingen haben.

Die zweite Sure, die Bezug nimmt auf die Bekleidung von Frauen, lautet folgendermaßen: „Prophet! Sag deinen Gattinnen und Töchtern und den Frauen der Gläubigen, sie sollen (wenn sie austreten) sich etwas von ihrem Gewand (über den Kopf) herunterziehen. So ist es am ehesten gewährleistet, daß sie als (ehrbare Frauen) erkannt und daraufhin nicht belästigt werden. Gott aber ist barmherzig und bereit zu vergeben."[74] Diese Verse aus dem Koran können unterschiedlich interpretiert werden und sie haben auch im Verlaufe der Geschichte des Islam verschiedene Auslegungen erfahren, wie Susanne Enderwitz in ihrem Aufsatz „Der Schleier im Islam"[75] nachweist. In großen Teilen der deutschsprachigen islamischen Gemeinde, d.h. in der Gemeinschaft der deutschstämmigen oder deutschsprachigen Muslime, gibt es einen Konsens in dem Sinne, daß die Kleidung der Frauen in der Öffentlichkeit zum einen weder durchsichtig noch enganliegend sein und darüber hinaus lediglich Gesicht und Hände unbedeckt lassen sollte.

Auch in bezug auf Personen des eigenen Geschlechts bzw. bezüglich nahen männlichen Verwandten ist vollständige Entblößung verpönt; hier gilt es, die sogenannte „aura"[76] zu wahren, womit die Körperbereiche gemeint sind, die ohne Ausnahme nur zwischen Ehegatten entblößt werden dürfen. Bei dem Mann ist das nach übereinstimmender Festlegung der Bereich zwischen Bauchnabel und Knie, für die Frau bezieht sich das auf die Brüste, den Rücken, den Bauch, den Schambereich und die Oberschenkel.

Über die Ableitung aus dem Koran hinaus, nennen die befragten Frauen zahlreiche Gründe, warum die islamische Kleidung nicht nur aus Glaubensgründen, sondern darüber hinaus auch vor dem Hintergrund derzeitiger gesellschaftlicher Verhältnisse sinnvoll ist. Zunächst möchte ich auf eine Begründung eingehen, die sehr häufig auftauchte. Dazu zitiere ich Angelika, die in einer Interviewpassage den Zwang zur Schönheit, dem europäische Frauen unterliegen würden, thematisiert:

Ich denke normalerweise – es gibt sicher auch Ausnahmen – ist die europäische Frau einem gewissen Zwang ausgesetzt, nämlich dem Zwang, schön zu sein, dem Zwang, jung zu sein, den Männern zu gefallen, darauf ist ja auch die ganze Mode ausgerichtet. Das heißt, ich muß sexy, adrett und schick und sonst was sein. (Angelika)

---

[74] Paret: 33:59.
[75] Enderwitz, Susanne: Der Schleier im Islam – Ausdruck von Identität? In: Elsas, Christoph (Hrsg.): Identität. Hamburg 1983. S. 143 – 173.
[76] Das zu Verhüllende, vgl. Al-Qaradawi 1989, S. 134.

Die europäische Frau – Angelika baut mit ihrer Rede hier eine Allgemeinheit auf, die sie jedoch wieder dadurch entschärft, daß sie Ausnahmen anspricht – die europäische Frau ist im Gegensatz zur orientalisch-islamischen Frau – das ist im Zitat implizit mitgedacht – gezwungen, sich schön zu machen. Sie ist diesem Zwang ausgesetzt, d.h. sie ist passives Opfer eines Zwanges, von dem man nicht erfährt, wer ihn ausübt. Jedoch man erfährt den Grund: Sie muß den Männern gefallen. Andere Gründe für den Zwang zur Schönheit werden von Malika genannt:

> *Gehen Sie mal an einen Zeitschriftenstand vorbei, ich als Frau werde vermarktet. (...) Es ist ja auch so, wenn Sie sich einen Job in einem Büro suchen: Von der Frau wird immer erwartet, daß sie gepflegt ist und gut aussieht und repräsentativ aussieht. Das heißt, sie ist sozusagen die Visitenkarte ihres meist männlichen Chefs, das heißt in dem gleichen Maße würde man diese Dinge niemals von einem Mann erwarten, die erwartet man so nur von einer Frau. (Malika)*

Eine Frau, so wird hier deutlich, muß schön sein, um beruflichen Erfolg zu haben, den sie dann aber doch nicht hat, denn sie ist letztlich nur „*die Visitenkarte*" eines ihr übergeordneten Mannes. Oder anders – etwas böse – ausgedrückt: ihr beruflicher Erfolg ist es, die „Visitenkarte" des Chefs zu sein. Auch hier findet man wieder obiges Motiv: Frauen müssen den Männern gefallen. Aber in dem Zitat von Malika wird noch ein weiterer Aspekt thematisiert: So notwendig es für Frauen ist, schön zu sein, so sehr gerät ihre Schönheit ihnen auch zum Nachteil, denn sie wird vermarktet. In allen Interviews ist von der Vermarktung des weiblichen Körpers die Rede; er erscheint den Frauen als Objekt der Werbung, weibliche Nacktheit blickt ihnen aus Zeitschriften und von Werbeplakaten entgegen. Der Körper ist es auch – so erscheint es den befragten Frauen –, der in unserer Gesellschaft das Verhältnis zu anderen Frauen prägt. Über den mehr oder weniger schönen Körper wird die eigene Position in Verhältnis zu der der anderen gesetzt, d.h. weibliche Konkurrenz findet, wie Jutta deutlich macht, über den Körper statt:

> *Du kannst es so genau beobachten, besonders bei pubertierenden Mädchen, die sich da gegenseitig ausschlachten: ‚Wer hat die schöneren Beine und den kürzesten Rock an?' ... verstehst du? Das ist so ein Konkurrenzdenken zwischen denen. (Jutta)*

Dadurch, daß weibliche Schönheit wie oben dargestellt als etwas wahrgenommen wird, das dem Mann gilt – sei es, um ihm zu gefallen, sei es um ihn zu schmücken –, wird auch klar, um was Frauen nach Meinung der Musliminnen mittels ihres Körpers konkurrieren: um den Mann.

Mit ihrer Kritik am Zwang zur Schönheit übernehmen die befragten Frauen Elemente des feministischen Diskurses der 60er und 70er Jahre, der das vorherrschende Schönheitsideal in den Kontext patriarchalischer Strukturen setzte und deshalb ablehnte. Doch schon die frühe feministische Kritik war nicht frei von Ambivalenzen. Neben der Ablehnung jeglichen verschönernden Utensils hatte auch immer die Lust an der Verschönerung des eigenen Körpers, die Lust am Sich-Zeigen Bestand. Das hinter diesem Zwiespalt stehende Dilemma drückt Akashe-Böhme folgendermaßen aus: „Schön sein, aber nicht als Geschlechtswesen auftreten wollen, macht das Ambivalenzverhältnis aus (...) (Die Frau) macht sich zum Anblick, der Begehren erweckt. Als Blickunterworfene aber kann sie nicht darüber bestimmen, wer sie mit den Blicken begehrt, und sie kann dies auch nicht verhindern. Schön sein und sich darin nicht als objektiviert zu erfahren, sich schön machen, erotische Signale ausstrahlen, aber gleichzeitig unsichtbar sein wollen: das ist der paradoxe Wunsch der Frauen."[77]

Für die von mir befragten Frauen löst sich dieses Paradoxon in der islamischen Kleidung auf, indem sie durch diese Öffentlichkeit und Privatheit voneinander trennen. In der Öffentlichkeit treten die Frauen unerotisch, quasi unsichtbar und dem allgemein gültigen Schönheitsideal entzogen auf. Dabei sehen sie sich selbst jedoch nicht als unattraktiv an – sie definieren für sich lediglich ein anderes Schönheitsideal. So wird ein Teil ihrer Gespräche bestimmt durch Tips, wo schöne, aber trotzdem den islamischen Richtlinien entsprechende Kleidung erworben werden kann, es werden die Stickereien auf den Kopftüchern bewundert und Bindetechniken besprochen. Wichtig ist allen Frauen, zu zeigen, daß islamische Kleidung variationsreich, praktisch und schön sein kann und sich nicht auf Kopftuch und bodenlangem Popelinemantel beschränkt, wie es stereotype Vorstellungen gerne sehen. In der Privatheit hingegen wird Schönheit mit Erotik verbunden; jedoch ist diese dem eigenen Ehemann vorbehalten. Damit bestimmt die Frau, wer sie begehrt und wer seinen Blick auf sie richtet.

Das ist dann nur für den eigenen Mann zu sehen, das geht den anderen nichts an. Nur für den eigenen Mann sich schön machen und nicht für die anderen. Man hat einen und für den soll man sich schön machen dann, das finde ich also. (Asiye)

Dies möchte ich vorläufig so stehen lassen und mich nun weiteren Begründungen der befragten Frauen für ihre islamische Bekleidung zuwenden.

---

[77] Akashe-Böhme, Farideh: Ambivalenzen des Schönseins. In: dies. (Hrsg.): Reflexionen vor dem Spiegel. Frankfurt a.M. 1992b. S. 15-20, hier S. 18.

Indem Frauen sich aus dem Prozeß des Zwanges zur Schönheit, der Konkurrenz und der Modeabhängigkeit „ausklinken" – so Malikas Ausdruck —, leben sie ein „Stück Eigenverantwortung". Ich zitiere dazu Malika, die übrigens als einzige der befragten Frauen auch einen Gesichtsschleier trägt:

Indem ich mich islamisch kleide, übernehme ich ein Stück Eigenverantwortung. Ich erwarte nicht, daß irgendwelche Männer sich von mir fernhalten, ich schiebe also die Verantwortung für mich nicht auf andere ab und ich sage mir: ‚Okay, ich selber übernehme hiermit Verantwortung für mich' und natürlich auch ein Stück für die anderen. Es ist unwahrscheinlicher, daß eine Frau in islamischer Kleidung überfallen wird als es bei einer leichtbekleideten Frau der Fall wäre. (Malika)

In diesem Zitat verdichten sich eine Menge altbekannter und vertrauter Muster, Bilder, Vorstellungen und – Mythen. Im folgenden möchte ich versuchen, diese näher zu bestimmen. Wenn Malika sagt, daß sie nicht erwarte, daß sich irgendwelche Männer von ihr fernhielten und daß leichtbekleidete Frauen eher sexueller Gewalt ausgesetzt seien, so drückt sie damit aus, daß sie mit ihrer Kleidung ein deutliches Signal der Unantastbarkeit setzt. Dieses Signal wird gesetzt, indem sie ihren Körper verhüllt. An diesem weiblichen Körper, daran, ob er und wie er zu sehen ist, entscheidet sich also – zugespitzt gesagt –, ob ihm Gewalt angetan wird oder nicht.

Dies macht nur Sinn vor dem Hintergrund eines Komplexes miteinander verzahnter Mythen bezüglich männlicher und weiblicher Sexualität, der sich verdichtet in der Vorstellung von der „Verführungsmacht des weiblichen Körpers"[78] sowie der ständigen Bereitschaft des Mannes, dieser Verführung zu erliegen. Ausgangspunkt dieser Vorstellung ist eine Reihe von alltagstheoretischen Konstrukten hinsichtlich der männlichen Sexualität, die Monika Bormann als Mythen beschreibt. Auch ich spreche hier von Mythen oder alltagstheoretischen Konstrukten, um einerseits auf die gesellschaftliche Konstruiertheit dieser Vorstellungen und andererseits auf ihre weite Verbreitung zu verweisen. Im folgenden sollen einige dieser Mythen mit Aussagen der von mir befragten Frauen verglichen werden. Der erste grundlegende Mythos zur männlichen Sexualität wird von Bormann wie folgt zusammengefaßt: „Ein schöner Frauenkörper erregt jeden Mann unmittelbar und total, und wenn er erregt ist, will er ihn auch sexuell besitzen"[79] Diese Vorstellung thematisiert ein kollektives Denkmuster, demzufolge Männer permanente Bereitschaft und Willigkeit

---

[78] Bormann, Monika: „Am liebsten ginge ich in Sackleinen": Wenn Frauen sich ihrem Körper ausgeliefert fühlen. In: Vogt, Irmgard; Bormann, Monika (Hrsg.): Frauen-Körper. Lust und Last. Tübingen 1992. S. 73-88, hier S. 74.
[79] Bormann 1992, S. 75f.

zu Sex verspüren. Bereitschaft und Willigkeit verwandeln sich durch den Anblick einer attraktiven Frau in Drang. Deutlich wird dieses Motiv in folgender Interviewpassage:

> *Ich bin eine Frau, aber ich weiß, wie Männer denken. Männer denken ganz anders in der Beziehung. Und wenn die dann eine Frau sehen, die wunderschöne Haare hat, dann werden die sich sicher angezogen fühlen und werden halt hingucken. Und wenn es nur das Hingucken ist und sonst nichts, aber irgendwie ... eine schöne Frau zieht an, das ist ganz klar.* (Fatimah)

Für Fatimah besteht kein Zweifel, daß die Schönheit einer Frau – in dem Zitat aufgrund meiner vorhergehenden Frage gleichgesetzt mit Schönheit der Haare – die Macht hat, einen Mann anzuziehen und ihn zum „*Hingucken*" zu bewegen. Dies ist aber, wie sie andeutet, nicht ohne Gefahr, denn vielleicht beläßt er es nicht beim Gucken. Dieser Moment der Bedrohung, der im Hingucken liegt, knüpft an den zweiten Teil des oben zitierten Mythos an: Der Mann will sexuell besitzen, was ihn erregt. Der permanenten Willigkeit des Mannes steht die Vorstellung von einem geringer ausgeprägten sexuellen Verlangen der Frau gegenüber:

> *Mein persönlicher Standpunkt ist jetzt einfach mal, jetzt allein vom Sexuellen, daß Männer – sage ich jetzt einfach mal so – mehr Bedürfnis auf Sexualität haben als Frauen.* (Fatimah)

Fatimah steht mit diesem Standpunkt nicht allein da, sondern reproduziert weit verbreitete kollektive Deutungsmuster, die allerdings nicht mehr ungebrochen wirksam sind – die Betonung Fatimahs, daß es sich um ihren Standpunkt handelt, weist darauf hin, daß ihr gegenläufige Diskurse bekannt sind.

Ein weiteres weitverbreitetes alltagstheoretisches Konstrukt bezüglich männlicher Sexualität ist der zweite von Bormann herausgearbeitete Mythos: „Ein Mann, der einmal erregt ist, kann nicht wieder stoppen und muß bis zur Ejakulation durchstarten können."[80] Hier werden zwei Aspekte der in Alltagstheorien als „typisch männlich" wahrgenommenen Sexualität angesprochen. Der eine Aspekt ist die Vorstellung, daß männliche Sexualität nur im Geschlechtsakt und in der Ejakulation Befriedigung finden kann. Der andere Aspekt verweist auf die weitverbreitete Ansicht, daß Männer ihren Trieben hilflos ausgeliefert seien, daß sie unfähig seien, diese zu beherrschen oder zurückzunehmen. Godenzi spricht in diesem Zusammenhang von der „Theorie des überhitzten,

---

[80] Bormann 1992, S. 77.

unkontrollierbaren Dampfkessels"[81]. Demgegenüber wird weibliche Sexualität als kontrollierter und vernünftiger empfunden; Frauen, so heißt es, sind ihren Trieben weniger ausgeliefert, sie können eher einen kühlen Kopf bewahren.

Das oben erwähnte Bild vom Dampfkessel leitet über zur dritten von Bormann herausgearbeiteten Alltagstheorie: „Ein Mann braucht seinen Orgasmus (seine Ejakulation), und die Frau muß ihm dafür zur Verfügung stehen (...)."[82] In diesem Satz wird die Annahme der Schädlichkeit der unbefriedigten Sexualität für den Mann deutlich, aber auch die Aufgabe und Verantwortung, die den Frauen zugesprochen wird. In dem Gespräch mit Maryam, wird dieser Moment von weiblicher Verantwortung erwähnt[83]:

> *Als eine Aufgabe der Frau nannte Maryam, daß von Frauen erwartet werde, ihren Männern sexuell zur Verfügung zu stehen. Ich fragte sie, ob es da eine Regel gäbe, wie häufig sie dieser Aufgabe nachkommen sollten. Maryam erwiderte, daß es da zwar keine feste Regel gäbe, jedoch sollten Frauen vermeiden, den Mann auf einen Punkt zutreiben zu lassen, da er seine Sexualität nicht mehr beherrschen könne und gezwungen sei, sich eine andere Frau zu suchen. Sie fügte hinzu, daß es Frauen schließlich möglich sei, sich ohne allzu große Lust hinzugeben.*

Die sexuelle Befriedigung des Mannes wird hier von Maryam als soziale Aufgabe der Frau wahrgenommen, die – wie im weiteren Gespräch deutlich wurde – dem Erhalt der Familie dient. Das Zitat sagt jedoch nicht nur etwas über die Aufgaben der Frau aus, sondern gibt zudem noch Aufschluß darüber, wie männliche im Gegensatz zur weiblichen Sexualität gedacht wird. Noch einmal wird der sich verselbständigende, unbeherrschbare männliche Trieb thematisiert – der hier sogar als Grund dafür herhalten muß, daß der Mann sich einer anderen Frau zuwenden könnte – und noch einmal kommt hier eine Vorstellung von weiblicher Sexualität zur Sprache, in der diese eher als Strategie in der Geschlechterbeziehung erscheint denn als Lust.

Die Wahrnehmung der weiblichen Sexualität als geringer, kontrollierter und weniger eigenständig als die des Mannes scheint in Frage gestellt, wenn viele der von mir befragten Frauen betonen, daß im Islam auch der Mann die Verpflichtung habe, die Frau sexuell zu befriedigen. Hierbei gibt es sogar eine Frist – vier Monate darf ein Mann seiner Frau fernbleiben; nähert er sich dann ihr immer noch nicht, kann sie die Scheidung verlangen. Die Emphase, mit

---

[81] Godenzi, Alberto: Bieder, brutal. Frauen und Männer sprechen über sexuelle Gewalt. Zürich 1989. S. 30.
[82] Bormann 1992, S. 78.
[83] Da dieser Teil des Gesprächs nicht auf Band aufgenommen wurde, zitiere ich hier aus meinem Forschungstagebuch.

der erklärt wird, daß die Verpflichtung zur sexuellen Befriedigung im Islam eine gegenseitige sei, macht jedoch deutlich, daß eine solche Gegenseitigkeit nicht als selbstverständlich empfunden wird. Meine Gesprächspartnerinnen setzen ihre expliziten Äußerungen in Kontrast zum impliziten gesellschaftlichen Diskurs, d.h. zu den als selbstverständlich geltenden allgemeinen Vorstellungen. Sie beziehen sich dabei auf den islamischen Diskurs, demzufolge zwischen den Geschlechtern eine natürliche sexuelle Spannung herrsche:

Ich glaube, daß das Zusammensein zwischen den Geschlechtern, daß das immer genauso geladen war wie jetzt auch. (...) Dieses Männliche und Weibliche, dieses Gegensätzliche, das tritt immer wieder zu Tage. (Maryam)

Der Teil des islamischen Diskurses, der die Gegenseitigkeit geschlechtlicher Anziehung betont, steht in Konflikt mit dem Diskurs über männliche und weibliche Sexualität, wie er sich in den von Bormann herausgearbeiteten alltagstheoretischen Konstrukten äußert. Daß neben dem offiziellen, expliziten islamischen Diskurs immer auch die impliziten Deutungsmuster ihre Gültigkeit bewahren, wird auch in folgender Interviewpassage noch einmal deutlich, in der Fatimah sich zur Anziehungskraft zwischen Mann und Frau äußert:

Ich habe das auch schon von Männern, die nichts mit dem Islam zu tun haben, gehört, daß es bei Männern oft schwierig ist, eine rein platonische Freundschaft mit einer Frau einzugehen; das habe ich also schon öfter gehört. Daß eben diese Anziehungskraft immer präsent ist, auch wenn man das unterdrücken kann oder gar nicht aufkommen läßt, ein geringer Teil von Anziehungskraft ist wohl doch immer da. (Fatimah)

Bei dieser Aussage hakte ich nach, woraufhin Fatimah das Gesagte bestätigte:

G.: Aber du meinst, das geht eher von männlicher Seite aus?
F.: Das würde ich jetzt denken, weil ich von mir aus Erfahrung weiß, daß ich von meiner Seite aus mit Männern genauso eine Freundschaft eingehen könnte wie mit einer Freundin. Aber ich habe das schon öfter gehört oder auch aus eigener Erfahrung, daß es umgekehrt schwieriger ist. (Fatimah)

Damit bin ich wieder am Ausgangspunkt meiner Überlegungen zur islamischen Kleidung angekommen, in denen es um die Verführungsmacht des weiblichen Körpers und um die männliche Verführbarkeit ging. Die hier vorgestellten alltagstheoretischen Konstrukte hinsichtlich der männlichen Sexualität bilden die Voraussetzungen der Verführungsmacht des weiblichen Körpers. Frauen haben diese Macht, da die Verführbarkeit des Mannes ihnen diese einräumt.

Die Macht verpflichtet die Frauen jedoch auch; dort, wo sie verführen, müssen sie auch befriedigen. Dem liegt die Vorstellung zugrunde, daß Frauen nicht unschuldig und unabsichtlich verführen, sondern daß sie – wissend um die gleichermaßen drangvolle wie hilflose männliche Sexualität – ihren per se verführerischen Körper strategisch einsetzen:

> *Mir tun Frauen unheimlich leid, die sich als emanzipiert schreien und es nötig haben, einen Minirock zu tragen, damit man auf sie guckt. Verstehst du, was ich meine? Ich finde, das hat nichts mit Selbstverwirklichung zu tun und das wird so verwechselt. Das hat mehr mit äußeren Dingen zu tun: ‚Ich zeige mich jetzt' und so. Das ist nicht einfach eine Modeerscheinung. Oder daß die Frauen sagen: ‚Ich will das, weil mir das gefällt,' das sind die wenigsten. Das machen die meisten wirklich aus Gründen des Auffallen-Wollens, das ist in Wirklichkeit eine Frage von Provokation. Eine sexuelle, eine körperliche, auch eine typisch frauliche Provokation möchte ich mal sagen, eine ganz typische Erscheinung von Frauen, denke ich mal, die was damit bezwecken wollen. (Jutta)*

Der weibliche Körper, so wird hier deutlich, ist eine Herausforderung. Ihn ganz oder auch nur teilweise zu entblößen, unterstreicht seine sowieso schon vorhandene provokative Wirkung. Mit dem weiblichen Körper wird ein Signal gesetzt, das aufgrund von kollektiven Deutungsmustern eindeutig ist. Eine Frau, die ihren Körper zeigt, will etwas damit „*bezwecken*" oder aber ist naiv, wie sich aus den Worten Halimas schließen läßt:

> *Wenn ich mich heute als europäische Frau kleide ... na ja, sagen wir mal Ausschnitt so, Ärmel ganz kurz oder gar keine Ärmel, kurzes Röckchen oder so an ... ja, woher soll ein Mann wissen, daß das, was sie anhat und signalisiert, überhaupt nicht das ist, was sie will? (Halima)*

Die Eindeutigkeit der Signale stellt sich über das allgemeine Wissen um das her, was als die Sexualität der Männer wahrgenommen wird. Männer wie Frauen wissen darum, und können ihr Handeln dementsprechend ausrichten – insofern ist der weibliche Körper niemals unschuldig. Die oben beschriebenen alltagstheoretischen Konstrukte – von Bormann als Mythen bezeichnet –, werden in Filmen, Büchern, Witzen, mündlichen Erzählungen, Ratschlägen usw. tradiert; sie legen die Realität nicht nur aus bzw. bilden sie ab, sondern konstituieren sie ebenso auch: Der Mythos ist schmerzlich wirksam; besonders schmerzlich dann, wenn mit ihm die sehr reale sexuelle Gewalt gegen Frauen begründet oder gar legitimiert wird. In einer anonymen Telefonbefragung über Motive von Vergewaltigungen hat Godenzi nachweisen können, daß „knapp zwei Drittel der nicht-angezeigten Täter das Motiv ihrer Handlungen in einem sexuellen Notstand (sehen). Lust und Leidenschaft hätten sie angetrieben. Trotz Widerstandes oder Inaktivität der Frau wollten sie zu einem sie befriedigenden Schluss kommen. Sie seien durch die Frau oder die Situation so angeregt gewesen, dass sie keinen anderen Weg als den der Gewalt gesehen haben."[84] Die Männer, die so argumentieren, sind keine abnormen Triebtäter, sondern ganz normale Väter, Ehemänner oder Brüder, die sich dabei auf den „ganz normalen Trieb des Mannes" berufen.

Auch die von mir befragten Frauen stellen häufig eine Verbindung zwischen den oben erläuterten Mythen zur männlichen Sexualität und der Vergewaltigung einer Frau her, indem sie Bekleidung oder Verhalten der Frau als Ursache von sexueller Gewalt betrachten. Dies wurde in einem oben zitierten Interviewausschnitt schon einmal angedeutet. Ganz klar drückt es Angelika aus:

Die Frau ist selber schuld, wenn sie sich so kleidet, da müssen die Männer ja drauf reinfallen. Also ich denke, so kraß es klingt, aber ich denke, es ist so, daß sich die Frau selber zum Lustobjekt macht. In irgendwelchen Umfragen, da ging es einmal um den Minirock, und die Frauen sagten: „Ja, ich will eben meine schönen Beine zeigen'. Ja gut, wenn die Frau ihre schönen Beine zeigen will, dann muß sie das Risiko tragen, daß irgend jemand kommt und sie irgendwie belästigt und letztendlich vergewaltigt, was sicher passieren kann. (Angelika)

Vor dem Hintergrund eines solchen Denkens bedeutet die islamische Kleidung für die befragten Frauen Schutz vor männlicher Gewalt. Indem sie ihren Körper verhüllen, übernehmen sie – wie Malika es oben sagte – ein *„Stück Eigenverantwortung und auch ein Stück Verantwortung für die anderen"*, sprich für die Männer, die es offensichtlich nicht können. Die Frauen verstehen sich so nicht als potentielles Opfer männlicher Gewalt, sondern sie sehen sich damit als handelnde Subjekte, die die Möglichkeit haben, die Dinge zu beeinflussen anstatt ihnen hilflos ausgeliefert zu sein. In dieser Logik ist es die Handlung der Frau selbst, die die Konsequenzen bestimmt, die Frau selbst fordert Gewalt heraus oder schützt sich vor ihr, aber sie hat die Wahl. Jedoch übersehen die befragten Frauen dabei, daß es sich bei den Vorstellungen über männliche Sexualität um Mythen handelt, sie übersehen, daß sie sich vor einem Teil der eigentlichen Täter – Ehemännern, Brüdern, Vätern – überhaupt nicht verschleiern, sie übersehen, daß die Gewalt von Männern gegenüber Frauen strukturell ist, daß der Schleier diese Strukturen eher verstärkt, denn sie verändert. Und schließlich übersehen die Frauen, daß muslimische Kleidung vor männlicher Gewalt nicht schützt.

---

[84] Godenzi 1989, S. 49.

In engem Zusammenhang mit dem soeben Dargelegten steht eine weiterer Grund für ihre Bekleidung, den meine Gesprächspartnerinnen häufig anführten. Sie sagen aus, daß die islamische Kleidung ihnen zu mehr Respekt verhelfe. Wenn sie von „Respekt" reden, meinen die Frauen jedoch nicht alle das gleiche; vielmehr sind zwei Argumentationsstränge zu unterscheiden, die allerdings wiederum eng miteinander verflochten sind: Ein Teil der Frauen sieht sich durch die Kleidung losgelöst von geschlechtlichen Zuordnungen und als Person respektiert, der andere Teil sieht sich respektiert als „anständige" Frau. Beiden Strängen möchte ich im folgenden nachgehen.

In einem vorangehenden Abschnitt habe ich den weiblichen Körper als herausfordernden Körper identifiziert. Als solcher hatte er einen Adressaten: den Mann oder besser gesagt, den männlichen Blick. Dieser männliche Blick auf den weiblichen Körper verknüpft alle bisher genannten Gründe für die islamische Kleidung miteinander. Aufschlußreich in bezug darauf ist Juttas Beschreibung einer Pubertätserfahrung:

Also ganz plötzlich empfand ich Scham und dachte: ‚Alle gucken immer nur oder reden soviel über sexuelle Dinge.' Und sobald du im Schwimmbad warst, da pfiffen dir Leute hinterher und ich dachte: ‚Warum? Warum, wir sind doch auch nackt geboren, warum kann ich nicht hier so schwimmen?' Und ganz plötzlich dachte ich: ‚Ne, das möchte ich nicht. Das ist ekelhaft.' (Jutta)

Zwar redet Jutta in diesem Interviewausschnitt von „Leuten", die ihr hinterherpfeifen, ich denke jedoch, daß es keiner weiteren Erörterung bedarf, daß sie dabei an „männliche" Leute denkt. Die Scham stellte sich bei Jutta während ihrer Pubertät ein, als sie im Bikini im Schwimmbad herumlief. Plötzlich „*gucken alle*", „*pfeifen ihr hinterher*" und „*reden über sexuelle Dinge*"; Jutta fühlt sich angeguckt; der männliche Blick hat sie erkannt und Jutta schämt sich. Sie verliert die unschuldige Nacktheit ihrer Geburt und lernt, ihren Körper als Provokation zu betrachten, den es zu verstecken gilt; ihr Körper erscheint ihr nicht nur nackt, sondern entblößt, im Sinne von verwundbar und den Blicken ausgesetzt[85]. „Jede Frau", schreibt Monika Bormann, „erlebt irgendwann in der Kinder- und Jugendzeit diese Zurichtung auf den männlichen Blick, lernt, sich begutachtet zu fühlen, wenn sie durch die Straßen geht."[86] Die Blicke der anderen sind konstitutiv für unser Selbst, in ihnen erfahren wir uns und an ihnen stoßen wir uns; sie sind Bestätigung oder Reibungsfläche, in den Augen der

---

[85]Zentgraf, Maritta: Vom Mädchen zur Frau: Fluch und Verheißung in der Entwicklung des weiblichen Körpers. In: Vogt, Irmgard; Bormann, Monika (Hrsg.): Frauen-Körper. Lust und Last. Tübingen 1992. S. 39-71, hier S. 59.
[86]Bormann 1992, S. 82.

anderen sehen wir uns geliebt, abgelehnt oder einfach unbedeutend. Die fremden Blicke weisen uns auf die Grenzen unserer Möglichkeiten hin, sie ziehen unseren Umriß nach, beschränken uns und geben uns eine Form.

Unter dem männlichen Blick erhalten Frauen jedoch nicht eine Form als Menschen, sondern als Frau. Frauen erscheinen sexualisiert; sie werden in erster Linie als Geschlecht betrachtet und ihre Lebensperspektiven werden – wie Sichtermann es ausdrückt – auf das Geschlechtliche reduziert[87]. Zwar ist diese Reduktion von Frauen auf ihr Geschlechtsdasein heute nur noch als Tendenz vorhanden, aber durchaus spürbar[88]. Unmittelbarer Ausdruck der Geschlechtlichkeit von Frauen ist ihr Körper, der dazu dient, sie einzuschätzen und zu beurteilen. Noch immer werden Frauen in erster Linie nicht anhand ihres Handelns oder ihres Sprechens gemessen, sondern an ihrer Haarfarbe, an der Größe ihrer Brüste, der Form ihres Mundes usw. Im männlichen Blick spiegelt sich die Frau also als Frau. Diesem Mechanismus wollen die von mir befragten Frauen entgehen, wenn sie sich islamisch kleiden:

> *Indem ich nur noch Kleidung und Augen bin, wenn ich jemandem Fremden gegenüberstehe, zwinge ich den Menschen, mit dem ich im Kontakt stehe – also den Mann, weil einer Frau gegenüber wie Ihnen trage ich keinen Schleier – eben dazu, sich auf mich als Mensch, auf meine Persönlichkeit und auf die Aussage dessen, was ich mache, zu konzentrieren, weil ich eben nicht mehr Anschauungsobjekt bin. (Malika)*

Dem männlichen Blick wird die Macht zugewiesen, die Frau auf ihre Geschlechtlichkeit zu reduzieren und ihr Persönlichkeit und Sprache zu rauben. Durch die Kleidung entmachtet sie diesen Blick und vermag dem Verlust zu entgehen.

Jedoch scheint der männliche Blick die Frau nicht nur auf ihre Geschlechtlichkeit festzulegen, sondern darüber hinaus wird er als taxierend und einschätzend empfunden. Und vor allem: Er gilt als Grundlage der Unterscheidung zwischen anständiger und unanständiger Frau. Das Motiv der „anständigen Frau" taucht in den von mir durchgeführten Interviews eher unterschwellig, in der eigenen Absetzung von der sich zeigenden und sich darstellenden Frau, auf. Fast alle der interviewten Frauen betonen, daß sie sich auch schon vor ihrem Übertritt „*dezent*", „*zurückhaltend*" oder verhüllend gekleidet haben:

---

[87] Vgl. Sichtermann, Barbara: Über die Schönheit, die Demokratie und den Tod. In: Akashe-Böhme, Farideh (Hrsg.): Reflexionen vor dem Spiegel. Frankfurt a.M. 1992. S. 21-34, hier S. 23. Allerdings schränkt Sichtermann ihre Aussage ein, indem sie sagt, daß diese Reduktion nie vollständig war.
[88] Sichtermann 1992, S. 23.

Ich habe also noch nie einen Minirock getragen, also meine Kleider waren schon immer weiter, nicht hauteng und nicht, daß man den halben Po sah, sondern ich hatte schon immer lange Pullover getragen bis über das Knie oder zumindest bis über den Po, ich hatte noch nie hautenge Sachen getragen oder ärmellose Sachen. (Jutta)

Die sich zeigende Frau, das wird in dieser Distanzierung deutlich, gilt als unanständige Frau. In ihrer Kleidung, die den Körper unterstreicht, anstatt ihn zu verbergen, wirkt sie *„billig", „nicht edel", „unfein"* oder *„primitiv"* – alles Begriffe, die in den Interviews in Zusammenhang mit freizügiger Kleidung fielen. Diese Vorstellung von der Notwendigkeit verbergender Kleidung knüpft an die Wahrnehmung des weiblichen Körpers als herausfordernden Körper an. Nur eine Frau, die die Herausforderung dämpft, so wird deutlich, ist als anständige Frau zu betrachten. Dies macht aber nur Sinn, wenn es im Hintergrund einen Betrachter gibt, der das Urteil fällt. Der männliche Blick wird so zum Spiegel der Selbstwahrnehmung für Frauen, im männlichen Blick spiegeln sie sich schön oder häßlich, anständig oder unanständig, respektiert oder verachtet wider. Diese Zurichtung auf den männlichen Blick ist es dann auch, die es den befragten Frauen erlaubt, sich mit der verhüllenden Kleidung nicht nur als Person, sondern ebenso als anständige Frau eher respektiert zu fühlen. Auffällig oft sprachen meine Gesprächspartnerinnen jedoch nicht von Männern allgemein, die sie nun respektieren würden, sondern von ausländischen Männern, die ihnen nun mehr Respekt entgegenbringen würden. Dazu möchte ich einen Ausschnitt aus dem Interview mit Elisabeth zitieren:

G.: Du hast vorhin gesagt, du fühlst dich mehr respektiert, was meinst du, was der Hintergrund ist?
E.: Das ist leider was Negatives. Das ist das Bild der ausländischen Männer, die hierher kommen nach Deutschland. Weil das Bild, das diese ausländischen Männer in der Regel von der deutschen Frau haben, ist sehr beschämend. Also der Hund an der Ecke hat wahrscheinlich mehr Wert als die deutsche Frau in deren Augen. Das ist traurige Wahrheit. Die sehen die deutsche Frau als billige Frau an, die mit jedem nach drei Minuten ins Bett springt und die unweiblich ist und die ja sowieso nicht wertvoll ist oder so. (...) mit diesem Bild wurde ich nämlich konfrontiert als ich nicht Muslima war. Was die mögen, ist eine Frau, die Grenzen zeigt.
(Elisabeth)

Schon während des Interviews ging mir die Frage durch den Kopf, was Elisabeth daran stören mochte, wie ausländische Männer von ihr denken. Als ich ihr die Frage stellte, wich sie mir zunächst aus, doch erfuhr ich später, daß Elisabeth eine Beziehung zu einem ausländischen Mann gehabt hatte. Mein erstes „Aha, deshalb also" erschien mir dann aber zu vordergründig. Vielmehr erhielt ich den Eindruck, daß sich im Blick des fremden Mannes der begutachtende, abschätzende und bewertende männliche Blick überhaupt verdichtet. Sich selbst durch die Blicke der anderen zu sehen, bedeutet ja auch, sich selbst als Objekt, als Gegenstand, bedeutet sich selbst ent-fremdet zu sehen. Der Blick des anderen „macht mich zum ‚Gegenstand der Schätzung und der Abschätzung", schreibt Akashe-Böhme, „und gibt mir meinen ‚Wert'; d.h. mit anderen Worten, daß der Blick der anderen eine Macht ist, der ich unterliege."[89] Was aber kann eine Frau mehr zum Gegenstand, sich selbst fremder machen als der Blick des fremden Mannes? Durch den Blick des fremden Mannes schauen die Frauen auf sich selbst und sehen sich entweder als *„billige Frau, die mit jedem nach drei Minuten ins Bett springt"* oder aber als Frau, die *„Grenzen zeigt"*. Allerdings vermag der Blick des fremden Mannes nur die distanzierte, objektivierte Betrachtung verstärken; die Macht, die ihm zukommt, wird ihm von den Frauen selbst gegeben. Denn wenn die Frauen sich selbst durch den Blick des fremden Mannes sehen, so sind doch immer auch sie selbst es, die da sehen, d.h. sie erscheinen gleichzeitig sowohl als Subjekt als auch Objekt des Blickes[90]. Nur das Anklingen eigener Vorstellungen gibt dem fremden Blick also die Macht zwischen anständig und unanständig, zwischen wertvoll und wertlos zu unterscheiden. Was die Frauen in den Blicken der fremden Männer wahrnehmen, ist die Essenz des eigenen.

Die Blicke der anderen als konstituierende Elemente des Selbst sind zunächst geschlechtsunabhängig. Wenn hier trotzdem vor allem von den männlichen Blicken auf Frauen die Rede ist, so hat das zum einen damit zu tun, daß ich nur Frauen befragt habe, zum anderen aber damit, daß das Schauen als Privileg des Mannes gilt. Männer schauen, Frauen werden angeschaut, so läßt sich die Geschichte des Blickes in Mitteleuropa in ihrer vorherrschenden Tendenz auf den Punkt bringen: „Der Akt des Sehens", schreibt Claudia Gehrke bezüglich des 19. und des beginnenden 20. Jahrhunderts, „wird dem Männlichen zugeordnet (...) Frauen dagegen dürfen nicht blicken; im Gegenteil, sie sollen den Blick niederschlagen oder in unbestimmte Ferne schauen."[91] Schauten Frauen trotzdem, so wurde ihr Blick als böse, dämonisch oder eben wieder als herausfordernd empfunden[92]. Die Wirksamkeit der Tendenz zur geschlechtsspezifischen Verteilung des Blickes wird in einem Satz einer meiner Ge-

---

[89] Akashe-Böhme, Farideh: Frau/Spiegel – Frau und Spiegel. In: dies. (Hrsg.): Reflexionen vor dem Spiegel. Frankfurt a.M. 1992a. S. 9-11, hier S. 10.
[90] Vgl. Akashe-Böhme 1992a, S. 10f.
[91] Gehrke, Claudia: Pornographie und Schaulust. Über die »Kommerzialisierung« des weiblichen Körpers. In: Wulf, Christoph (Hrsg.): Lust und Liebe. München und Zürich 1985. S. 348-366, hier S. 350.
[92] Kleinspehn, Thomas: Schaulust und Scham: Zur Sexualisierung des Blicks. In: Hoffmann, Detlef (Hrsg.): Der nackte Mensch. Marburg 1989. S. 31-50, hier S. 42.

sprächspartnerinnen deutlich. Eigentlich wollte sie mir mit diesem Satz die Gleichheit der Erziehung von Junge und Mädchen bei Muslimen veranschaulichen, unbewußt jedoch machte sie deutlich, wer schaut und wer angeschaut wird:

> ... nicht nur ein Mädchen darf sich nicht im Badeanzug zeigen, sondern ein Junge darf auch kein Mädchen in einem Badeanzug sehen. (Malika)

Die Blickrichtung in dieser Aussage ist klar: Jungen schauen auf Mädchen. Aber klar wird in diesem Satz auch, daß der muslimische männliche Blick nicht frei umherschweifen kann, sondern ebenso diszipliniert wird wie der weibliche Blick – Männer wie Frauen sollen im Islam ihre Blicke niederschlagen.

Jedoch verschleiert die islamische Kleidung der Frauen nicht nur ihren Körper, sondern ebenso ihre Blickrichtung. Hinter dem Schleier, unter dem heruntergezogenen Kopftuch ist es möglich, den eigenen Blick unbehelligt auf die Welt zu richten wie es beispielsweise in dem Interview mit Angelika deutlich wird:

> Die Kleidung ist für mich auch so eine Art Schutz. Das ist so ein Gefühl, mich kann keiner sehen, aber ich kann alles sehen, so ungefähr. (Angelika)

Die Kleidung dient also nicht nur dazu, sich den Blicken zu entziehen und den eigenen Körper weniger öffentlich zu machen, sondern mit ihrer Hilfe kann der Spieß umgekehrt werden. Nun sind es die Frauen, die schauen und die Männer erscheinen öffentlicher, verwundbarer, sind Objekte des Blickes. Der Blick hinter dem Schleier hervor wird nicht als Herausforderung oder als Provokation empfunden, denn mit der Kleidung ist der Status der Frauen geklärt. Die verhüllten Körper gehören den anständigen Frauen, ihre Position ist eindeutig und berechenbar. Der Blick hinter dem Schleier hervor ist ein entsexualisierter Blick. „Keiner kann mich sehen", sagt Angelika und meint damit, daß sie keiner auf ihr Geschlecht reduziert wahrnimmt – dies ermöglicht ihr, selbst zu blicken.

Die Begründungen für das religiöse Gebot, den Körper zu verhüllen, die bisher zur Sprache kamen, waren Schutz – Schutz vor dem Schönheitszwang, vor Sexualisierung ihrer Person, vor Anmache und Vergewaltigung – sowie Respekt. Aus diesen Begründungen geht hervor, daß die bedeckende Kleidung nicht nur den Körper als solchen, sondern ebenso die Geschlechtlichkeit dieses Körpers verhüllt. Nicht Nacktheit ist Ausgangspunkt der Verhüllung, sondern soziale Entblößung, die Schutzlosigkeit und das Ausgeliefertsein des weiblichen Körpers. So hat denn auch Jutta, als sie zum ersten Mal das Kopftuch trägt, vor allem ein Gefühl von Geborgenheit:

Dieses Gefühl gab mir nur Schutz, ich habe mich so beschützt wie noch nie gefühlt und so angezogen, ich habe überhaupt nichts von mir bloßgegeben. (Jutta)

Zum Schluß dieses Abschnittes möchte ich noch einmal darauf hinweisen, daß nicht alle der von mir befragten Frauen islamische Kleidung tragen; auch nennen nicht alle Frauen, die sich islamisch kleiden, die hier vorgestellten Begründungen. Doch da diese auch in Broschüren und islamischen Zeitschriften immer wieder auftauchen, damit also Teil des internen islamischen Diskurses sind, habe ich ihnen hier eine gewisse Allgemeingültigkeit zugestanden. Unabhängig davon ist es mir aber wichtig, zu betonen, daß für alle Frauen – egal welche Gründe sie außerdem noch nennen – die islamische Kleidung zunächst Ausdruck ihres Glaubens ist, d.h. die letzte Instanz zur Legitimation der Einhaltung der islamischen Regeln ist im Verständnis der konvertierten Frauen Gott:

Für mich ist es das oberste, daß es ein Dienst für Gott ist, das Kopftuch zu tragen. Weil ich es als Pflicht sehe, die sich für mich im Koran ausdrückt, und deshalb trage ich das Kopftuch. Das ist der wichtigste Punkt überhaupt. (Elisabeth)

6 Emanzipation unter dem Schleier? Feminismus und Islam

Einhergehend mit ihrer Akzeptanz und Unterstützung des islamischen Geschlechterkonzeptes vertreten die befragten Frauen den Anspruch, sich gegen Rollen- und Identitätsnormen von Frauen in der westlichen Gesellschaft zu wenden. Diese zwingen ihrer Meinung nach Frauen dazu, ihr weibliches Selbst zu verleugnen und sowohl männliche Verhaltensweisen zu zeigen, als auch sich selbst über den Mann zu definieren. Frauen in der westlichen Gesellschaft, so heißt es weiter, seien sich selbst und ihrer Weiblichkeit entfremdet. Im islamischen Konzept mit seiner Basis der geschlechtlichen Differenz sehen die befragten Frauen die Möglichkeit, dem entgegenzuwirken und ihr ureigenes weibliches „Wesen" zu verwirklichen. In ihrem Geschlechterkonzept sehen meine Interviewpartnerinnen also ein frauenemanzipatorisches Potential, das darin liegt, verborgene und entfremdete Weiblichkeit „freizulegen", wobei der Islam nur den Rahmen bietet, der noch ausgefüllt werden muß. Im Gegensatz zu dieser Form der Emanzipation sehen sie die „westliche" Emanzipation, die Frauen zu einer Gleichheit zwinge, die ihrer „Natur" zuwiderlaufe.

Die Argumentation der Frauen ist weder neu, noch auf eine ideologische Gruppe beschränkt. Sowohl konservative Frauengruppen als auch linke feministische Gruppierungen betonen die geschlechtliche Differenz und konstatieren eine Fremdheit von Frauen in unserer Gesellschaft. In allen diesen Gruppen wird versucht, Weiblichkeit wiederzuentdecken oder aber neu zu formulieren und dadurch eine emanzipatorische Haltung zu gewinnen. Unterschiede zwischen den Gruppen gibt es jedoch in der Bestimmung dessen, was als Weiblichkeit angesehen wird, sowie in den Mitteln, mit denen diese Weiblichkeit gefunden werden soll. Im folgenden möchte ich einige Überlegungen dazu anstellen, wie in dem von dem konvertierten Frauen vertretenen deutschislamischen Geschlechterkonzept Weiblichkeit verstanden wird ebenso wie dazu, welche Wege eingeschlagen werden, um diese zu erlangen. Dazu gehe ich zunächst auf den feministischen „Differenzansatz"[93] ein, da die von meinen Interviewpartnerinnen geäußerten Vorstellungen einer Anpassung von Frauen an männliche Ideale und damit Entfremdung von ihrer Weiblichkeit Bezüge zu dieser feministischen Richtung zeigen. Exponierteste Vertreterin des „Differenzansatzes" ist Luce Irigaray. In ihrem „Denken der Differenz" vertritt sie die Auffassung, daß sich unter den Bedingungen einer patriarchalisch geprägten Kultur eine symbolische Ordnung konstituierte, die das Weibliche verdrängt hat oder mit den Worten Marianne Schullers ausgedrückt: „Mit der Einsetzung einer geschlechtsspezifischen ‚symbolischen Ordnung', die sprachliche und andere Repräsentationssysteme umfaßt, hat sich eine der beiden menschlichen Gattungen dadurch selbst gesetzt und zum universalen Maßstab gemacht, daß sie der anderen die Gattungskonstitution verweigerte."[94] Durch diese Verweigerung der Konstitution einer eigenen Gattung seien Frauen sich selbst und ihrer ursprünglichen Weiblichkeit entfremdet; ihr Blick auf sich selbst sei der männliche Blick. Wesentlich im Prozeß des weiblichen Selbstverlustes sei die symbolische Trennung der Tochter von der Mutter – auf der gesellschaftlichen Ebene ausgedrückt im Übergang vom Matriarchat zum Patriarchat[95] –, die dazu führte, daß die Töchter ihre Mütter verließen, um ihren Männern zu folgen. Um zurück zu einer ursprünglich weiblichen – nicht männlich imaginierten – Identität zu gelangen, sei es nun für Frauen notwendig, sich auf ihre eigene symbolische Ordnung zu besinnen. Grundlage des Prozes-

---

[93] Mit dieser Bezeichnung lehne ich mich an Brück u.a. 1992, S. 70 an.
[94] Schuller, Marianne: Wie entsteht weibliche Freiheit? In: Verein Sozialwissenschaftliche Forschung und Bildung für Frauen (Hrsg.): Genealogie und Traditionen. (= Materialienband. Facetten feministischer Forschung, 6). Frankfurt a.M. 1990. S. 35-48, hier S. 44.
[95] Irigaray, Luce: Das vergessene Geheimnis der weiblichen Genealogien. In: dies.: Die Zeit der Differenz. Für eine friedliche Revolution. Frankfurt a.M. und New York 1991. S. 117-142, S. 132.

ses der Re-konstitution eines selbständigen Symbolsystems sei dabei die Gewinnung einer Freiheit, die sich aus dem Wesen des Weiblichen entwickeln soll und die nicht mit der Freiheit, die das Patriarchat anbietet identisch sei: „Natürlich muß diese [weibliche, G.H.] Freiheit real und nicht befohlen sein; die Freiheit, entsprechend den männlichen Instinkten zu verführen oder die Gleichberechtigung innerhalb einer eingeschlechtlichen männlichen Ordnung zu erlangen, ist nur eine oberflächliche Freiheit, die die Frau bereits sich selbst entfremdet, ihr bereits jede spezifische Identität geraubt hat."[96] Wesentlich bei dem Versuch, eine ursprüngliche weibliche Identität zu erlangen, ist, daß jenseits der patriarchalisch definierten symbolischen Ordnung nach einer Neubestimmung von Weiblichkeit gesucht wird. Bei dieser Neubestimmung geht es also nicht um Umkehrungen, Umdeutungen oder positiven Besetzungen von Weiblichkeit, nicht nur um neue Bilder, sondern um grundlegende Änderungen. Der Weg dahin ist kompliziert und schwierig zu benennen, denn „außerhalb dieser [patriarchalischen, G.H.] Ordnung und ihrer Definitionen können wir aber ‚Weiblichkeit' (noch) gar nicht denken. Es gibt sie nur im Verhältnis zum Männlichen – und als Mütterlichkeit im Verhältnis zum Kind."[97] Die Neubestimmung von Weiblichkeit stellt also den Versuch dar, das noch nicht Gedachte oder Vergessene zu denken, Wege zu finden, die bisher noch nicht beschritten wurden. Diese sollen dadurch gefunden werden, daß versucht wird, eine weibliche Genealogie zu erstellen, weibliche Geschichte zu schreiben sowie dadurch, daß Frauen sich aufeinander beziehen, eigene autonome Zusammenhänge entwickeln und der männlichen eine weibliche Bestimmung von „Weiblichkeit" gegenüberstellen[98]. Einen anderen Weg zur weiblichen Erkenntnis schlagen Schmidt-Becker und Knapp vor: Für sie finden sich Spuren von Weiblichkeit in Widersprüchen, Brüchen, in der Nicht-Anpassung an die Identitätsnormen, dem Sich-Verweigern. In diesem Raum der „*Nichtübereinstimmung*", wie sie es nennen, liegt das Potential zur Emanzipation, läßt sich möglicherweise das finden, „was Frauen außerhalb dieser Bestimmung [durch gesellschaftliche Identitätsnormen, G.H.] ausmacht und was sie ausmachen könnte."[99]

Im Gegensatz zu diesem feministischen Ansatz versuchen die befragten Frauen keine Neubestimmung von Weiblichkeit, sondern sie beziehen sich, wie in diesem Kapitel gezeigt wurde, auf den Fundus des Alltagswissens, auf verbreitete Deutungsmuster und Mythen, sowie auf den Status quo ihrer vertrauten Umwelt. Ihre Darstellung eines idealen Weiblichkeitskonzeptes berührt

---

[96] Irigaray 1991, S. 137f.
[97] Becker-Schmidt und Knapp 1989, S. 165.
[98] Vgl. dazu: Libreria delle donne di Milano: Wie weibliche Freiheit entsteht. Eine neue politische Praxis. Berlin 1988.
[99] Becker-Schmidt und Knapp 1989, S. 143.

immer wieder die historisch gewachsene weibliche Identitätsstruktur und bestätigt diese. Brüche und Widersprüche werden nicht als emanzipatorisches Potential erfahren, sondern als Verunsicherung und dementsprechend zugunsten einer einheitlichen Idealvorstellung geglättet. Das heißt, abweichende Bedürfnisse von Frauen werden als „unnormal", „unnatürlich" oder „entfremdet" ausgeblendet. Das, was die befragten Frauen so als Weiblichkeit außerhalb der entfremdenden westlichen Industriegesellschaft verstehen, ist im wesentlichen bestimmt durch traditionelle Rollenbilder. Da diese jedoch einer negativen bzw. zwiespältigen gesellschaftlichen Bewertung unterliegen, werden sie umbewertet und positiv besetzt. Aus dem ungebildeten, scheuen und isolierten Hausmütterchen wird die stolze, selbstbewußte, gebildete und engagierte Familienfrau. Obwohl die derart bestimmte Weiblichkeit keine tatsächliche Neubestimmung darstellt, liegt darin doch emanzipatorisches Potential. Wie gezeigt wurde, gewinnen die Frauen durch die Umdeutung alter Muster neue Sprachmacht und neues Selbstbewußtsein, sie gewinnen Selbstsicherheit und lernen ein neues Auftreten, sie gewinnen auch normative Autorität in der Familie. Dadurch aber, daß sich die Veränderung im Rahmen der alten Geschlechterordnung bewegt, wird diese gestützt und nicht aufgebrochen. Vor allem die Aufwertung der Mütterlichkeit, die im islamischen Konzept eine große Rolle spielt, stützt und bestätigt eine Weiblichkeit, die in Relation zum Kind gedacht wird. Infolgedessen werden andere Möglichkeiten von Weiblichkeit reduziert und begrenzt.

Obwohl die meisten Interviews sowie der größte Teil der von mir zu dieser Thematik durchgearbeiteten islamischen Selbstdarstellungen im Bereich der Neubewertung alter Muster verbleiben, lassen sich doch auch – vorerst vereinzelte – Versuche, darüber hinaus zu kommen, erkennen. Als Beispiel eines Versuches, Weiblichkeit im Islam tatsächlich neu zu bestimmen, möchte ich einen 1991 von Asma Rahima Abd'allah-Timpel unter dem Titel „Die Entwicklung des Selbstvertrauens der islamischen Frau"[100] in der deutschislamischen Zeitschrift „Al-Islam" veröffentlichten Artikel vorstellen. Angeregt wurde die Veröffentlichung des Beitrags durch das Lützelbacher „Schwesterntreffen", einer Gruppe von Frauen, die regelmäßig im Haus des Islam zusammenkommt, um aktuelle Fragen und Probleme des weiblichen islamischen Daseins zu besprechen.

Der Artikel von Abd'Allah-Timpel geht vom Bild der islamischen Frau im westlichen Denken aus, in dem diese häufig nach wie vor als kopftuchtragend, scheu und unterwürfig erscheinen würde, wenn auch mit der Tendenz zu einer anderen Wahrnehmung. Dem hält sie als Extrem auf der anderen Seite die selbstbewußte und starke Frau entgegen, wie sie durch die Rückbesinnung auf

---

[100] Abd'Allah-Timpel, Asma Rahima: Die Entwicklung des Selbstvertrauens der islamischen Frau. In: Al-Islam 3 (1991). S. 6-10.

die ursprünglichen islamischen Prinzipien im Verlaufe der Iranischen Revolution entstehen konnte. Die „durchschnittliche" islamische Frau hingegen entspräche weder dem einen noch dem anderen Extrem, sondern ließe sich dazwischen anordnen, wobei jedoch die Neigung bestünde, sich selber unterzuordnen: „Eine erschreckende Tatsache ist jedoch, daß viele muslimische Frauen sich auf eine traditionell niedrige Stufe verdrängen lassen, obwohl dies islamisch nicht fundiert oder gar notwendig ist. Wir können auch nicht leugnen, daß viele muslimische Männer versuchen, eine Machtposition gegenüber der muslimischen Frau beizubehalten und sogar auszunutzen."[101] Im folgenden versucht Abd'Allah-Timpel nun eine Rückbesinnung auf im Koran verankerte Eigenschaften, mit deren Hilfe es Frauen möglich sein könnte, sich aus ihrer selbstverursachten inferioren Position zu befreien. Notwendig erscheint ihr dabei, auf der einen Seite die Ursachen der negativen Selbsteinschätzung zu erkennen und auf der anderen Seite durch Besinnung auf eigene Fähigkeiten und den eigenen Wert sowie durch den Rekurs auf weibliche Vorbilder im Islam, mehr Selbstvertrauen zu gewinnen. Als eine der Ursachen der Bereitschaft zur Unterordnung sieht sie die Erziehung zur Weiblichkeit, die aus Frauen passive, unterwürfige und sich selbst erniedrigende Wesen mache. Um dem entgegenzuwirken sei es notwendig, sich in sich selbst zu versenken und sich mit den eigenen guten und schlechten Eigenschaften auseinanderzusetzen. Jedoch sollte die Versenkung in sich selbst auch immer den Gedanken an das Göttliche Prinzip und die Schöpfung beinhalten. In dieser Kontemplation könnten die anerzogenen, gesellschaftlich geprägten Wertvorstellungen, die auf die Frauen selbst ebenso wirkten wie auf ihre Umgebung, hinterfragt werden: „Wir müssen das Bild der unterwürfigen Mutter, die immer nachgibt und alles hinnimmt, unbedingt von uns selbst abschütteln. Solche Stereotypen beeinträchtigen nämlich die Fähigkeit eines jungen Mädchens, sich als starke, wertvolle Person zu betrachten. Solange wir Frauen als unentschlossen, zerstreut, passiv, unlogisch, manipulierend, zu gefühlsbetont und sogar als bösartig dargestellt werden und wir dieses Bild annehmen und verinnerlichen, können wir kein positives Bild von uns selbst entwikeln. Warum wird angenommen, Frauen könnten sich nicht selbst schützen und schon gar nicht andere?"[102] Dabei geht es ihr auch – und das ist wesentlich – um die Neudefinition einer Eigenschaft, die im deutsch-islamischen Diskurs ansonsten hoch bewertet wird: um die Mütterlichkeit. Dabei soll diese, wie das folgende Zitat zeigt, nicht einfach positiv besetzt werden, sondern sie möchte tatsächlich eine andere Form finden: „Auch Frauen gehen den ihnen auferlegten Stereotypen nur zu oft nach. Zum Beispiel, indem wir uns immer wieder freiwillig in die fürsorgliche Mutterrolle hineinbegeben oder zwingen lassen, laden wir andere zum Chauvi-

---

[101] Abd'Allah-Timpel 1991, S. 7.
[102] Abd'Allah-Timpel 1991, S. 9.

nismus ein."[103] Die Neudefinition weiblicher Eigenschaften soll auf der Basis der natürlichen gottgegebenen weiblichen Veranlagungen erfolgen, wobei gesellschaftlich vermittelten Ideologien abgestreift werden sollen: „Eine moderne Muslima kann jedoch getrost sein, sie kann ihre positiven weiblichen Eigenschaften bewahren. Zum Beispiel, unser Einfühlungsvermögen, die Art mit Gefühlen und Emotionen umzugehen, unsere fürsorglichen Fähigkeiten richtig eingesetzt, sollten wir pflegen und fördern."[104] Neben der Kontemplation mit dem Ziel der Neubestimmung der weiblichen Eigenschaften, schlägt Abd'Allah-Timpel als nächsten Schritt zur Entwicklung des Selbstvertrauens die Besinnung auf islamische Vorbilder vor: „Als die vier perfekten Frauen werden im Islam genannt Asiya, die Frau des Pharao, Maria, die Tochter von Imran und Mutter Jesu (vielleicht die eine Prophetin?!), Khadidscha, die Frau des Propheten Muhammad (s) und Fatimah, seine Tochter."[105] Die Eigenschaften, die Abd'Allah-Timpel mit diesen Frauen verbindet, sind Unabhängigkeit, Bildung, gute Erziehung und außerfamiliale Aktivitäten; darüber hinaus verbindet sie mit ihnen die in Sure 66, Vers 5 aufgezählten Eigenschaften einer guten Muslimin, als da wären: Gottergebenheit, Glaube, Gehorsam, Fähigkeit zur Reue, Frömmigkeit, Fastenbereitschaft[106]. Besinnung auf sich selbst und Orientierung an weiblichen gottgefälligen Vorbildern soll es Frauen ermöglichen, ein neugestaltetes, positives Selbstbild und ein verändertes Bewußtsein ihrer selbst zu gewinnen: „Jedoch können wir mit Gottes Hilfe unsere Schönheit und unsere Pracht in uns selbst betrachten und erkennen, daß wir ein Teil des Göttlichen sind, sogar mit kreativem Leben ausgestattet."[107] Einhergehend mit den Prozessen der Selbstveränderung durch Selbsterkenntnis und Orientierung an Vorbildern – quasi auf einer technischen Ebene diese unterstützend – schlägt Abd'Allah-Timpel weiterhin eine Schulung des Ausdrucksvermögens und der Selbstdarstellung vor. In Rhetorikkursen sollen Frauen zunächst lernen, die Ursachen ihrer negativen Selbstwahrnehmung zu benennen, um sie dann zu überwinden und schließlich in der Lage zu sein, die neugewonnenen Erkenntnisse auch nach außen zu tragen. Ziel des Ganzen ist eine konfliktfähige Persönlichkeit, die im Sinne des Islam Auseinandersetzungen nicht scheut und die in der Lage ist, mit ihrem Ehemann eine Gesprächsebene zu finden, die zu beidseitigem Einvernehmen der Ehegatten und weg vom blindem Ge-

---

[103] Abd'Allah-Timpel 1991, S. 7.
[104] Abd'Allah-Timpel 1991, S. 7.
[105] Abd'Allah Timpel 1991, S. 9 (Bezug Sure 66:10-11).
[106] In der Darstellung der Eigenschaften folge ich der Ahmadiyya-Übersetzung. Zur Ergänzung hier die entsprechenden Übersetzungsansätze nach Paret: „... Frauen, die den Islam angenommen haben, die gläubig sind, (Gott) demütig ergeben, bußfertig, fromm (w. Dienerinnen (Gottes)), asketisch (?) (w. die (nach Art von Wandermönchen) umherziehen?), solche, die schon verheiratet waren oder (w. und) noch Jungfrauen sind." 66:5.
[107] Abd'Allah-Timpel 1991, S. 8.

horsam der Frau führt. Sollte eine solche konstruktive Form der Auseinandersetzung sich als unmöglich erweisen, rät Abd'Allah-Timpel dazu, „neue" Ausdrucksmöglichkeiten für Wut und Frustration zu finden, statt diese „hinunterzuschlucken" oder in herkömmliche weibliche Ausdrucksformen wie Entschuldigen, Tränen, Flehen etc. zurückzufallen.

Daß dieser Artikel tatsächlich aus dem Rahmen der üblichen deutschislamischen Darstellungen zum Geschlechterkonzept fällt, zeigen die Reaktionen darauf. Schon die Veröffentlichung dieses Beitrags war von beunruhigten Worten der Redaktion begleitet, die in den Vorstellungen von Abd'Allah-Timpel zu viel westliches Gedankengut und zu wenig islamisches Denken verarbeitet fand: „Handelt es sich dabei nicht bloß um einen Aufguß aus westlicher (anglo-amerikanischer) „Emanzen"- und „Lebenshilfe"-Literatur, garniert mit ein paar Koranversen, oder werden da echte Fragen muslimischer Frauen in zeitgenössischer Sprache behandelt? Wie sind aus islamischer Sicht solche Hinweise zu verstehen wie ‚Maria ... vielleicht die eine Prophetin?!' oder ‚wir erkennen, daß wir ein Teil des Göttlichen sind, sogar mit kreativem Leben ausgestattet ...'? Bricht da nicht doch bloß das ‚neue Matriarchat' auf, das letzlich im Gedanken von der ‚Mutter-Gottheit' endet? Hat der Islam nicht eher ein Modell für die Beziehung der Geschlechter vorgegeben, das wirklich partnerschaftlich ist, anstelle des westlichen Konfliktmodells, auf Grund dessen, die Frau sich stets ‚gegen' den Mann zu behaupten hat, statt sich in Gemeinsamkeit mit ihm um die Vervollkommnung angesichts der beiden, Männer wie Frauen, von Gott gegebenen Maßstäbe zu bemühen?"[108] Diese Einleitung zu dem eingereichten Text empörte die Frauen des „Schwesterntreffens", die eine Veröffentlichung angeregt hatten. In einem Leserbrief warfen sie der Redaktion vor, die Meinung des Lesers mit solchen einleitenden Worten zu beeinflussen und sie selbst hätten im Text keinerlei „mit dem Islam nicht zu vereinbarenden Inhalte"[109] feststellen können. Fernerhin erklärten sie, daß sie sehr wohl wüßten, daß der Islam ein Modell für eine partnerschaftliche Beziehung vorgebe, daß aber „in der ALLTAGSREALITÄT – auch und gerade IM NAMEN DES ISLAM – Zustände herrschten, die die Frauen leider sehr oft an der Entfaltung ihrer Fähigkeiten hindern, und Männer charakterlich zu Verhaltensweisen veranlaßt, die mit der Sunna des Propheten Muhammad (s) schlichtweg nichts mehr zu tun haben."[110]

Andere Leserbriefe zu dieser Thematik äußern sich eher kritisch, wenn auch im allgemeinen eine Veröffentlichung des Beitrages begrüßt wurde. Kritikpunkte sind vor allem der in dem Aufsatz erfolgte Rekurs auf europäische Literatur und Gedankengut, was „stark nach westlicher Emanzipation" rieche. In

---

[108] Al-Islam 3 (1991), S. 6.
[109] Al-Islam 4 (1991), S. 22.
[110] Al-Islam 4 (1991), S. 22 (Großschreibung im Original).

verschiedenen Briefen wird darauf hingewiesen, was auch die Herausgeber schon betonten, daß nämlich der Islam ein partnerschaftliches Konzept biete, das es nur anzunehmen gelte. In einem Brief, der von mehreren Frauen unterschrieben wurde, wird vor allem auf die Vorstellung der Differenz von Mann und Frau eingegangen, die es doch gerade ermögliche, ein eigenes und spezifisches Selbstwertgefühl zu entwickeln. Gerade indem die Frau ihre Mutterschaft als Grundlage der Selbstdefinition benutze, könne sie dieses Selbstwertgefühl entwickeln. Dies würde ja den Islam vom westlichen Denken unterscheiden, das die Rolle der Mutter nicht hoch genug einschätze. Fernerhin wird in diesem Brief kritisiert, daß vorgeschlagen wurde, Wut zu entwickeln. Anhand eines Hadith wird darauf hingewiesen, daß gerade Wut einem Muslim oder einer Muslimin nicht erlaubt sei. In einem anderen Leserbrief, geschrieben von einer schweizerischen Muslimin, wird zwar akzeptiert, daß viele muslimische Frauen ohne Selbstvertrauen seien und als unterdrückt bezeichnet werden könnten, jedoch wird vor einer allzu strikten Separierung der Geschlechter gewarnt: Statt eigene und separate Wege gehen zu wollen, sei es doch notwendig, zusammen mit den Männern Lösungen zu entwickeln, da ansonsten der von Abd'Allah-Timpel vorgeschlagene Weg leicht in „einer familiären Tragödie enden" könne. Nach diesen Statements, die fast ausschließlich von Frauen stammten, verlief die Diskussion im Sande.

Obwohl der Aufsatz von Abd'Allah-Timpel sich über weite Strecken ebenso wie der größte Teil des deutsch-islamischen Diskurses zum Geschlechterverhältnis auf traditionelle Bilder und den Fundus des Alltagswissens bezieht, geht er an einigen Punkten doch darüber hinaus. So wird in Bezug auf den Begriff der „Mütterlichkeit" nicht nur eine Umbewertung, sondern eine Neubestimmung versucht. Deutlich wird dies an der als gegeben angesehenen weiblichen Eigenschaft „Fürsorglichkeit", die nicht einfach nur zur positiven Eigenschaft gemacht wird, sondern die in der gegebenen Form kritisiert und die „richtig eingesetzt" werden soll, d.h. hier wird die Suche nach Wegen vorgeschlagen, vorhandene Eigenschaften anders zu benutzen. Ebenso wird der Versuch einer Neubestimmung von Weiblichkeit in der Beschreibung weiblicher Vorbilder deutlich, bei der nach neuen Potentialen jenseits des Gegebenen gesucht wird. Gerade diese Punkte sind es aber, die in den Leserbriefen die Kritik hervorrufen. Der islamische Rahmen des Geschlechterverhältnisses, wie er von den befragten Frauen sowie in den meisten deutschsprachigen Broschüren und Artikeln vorgestellt wird, sieht eben nicht eine Neubestimmung, sondern lediglich eine Neubewertung vor.

Vor diesem Hintergrund läßt sich tatsächlich die Frage stellen, die auch im begleitenden Kommentar der Redaktion zur Veröffentlichung des Artikels schon gestellt wurde: Ist eine Neubestimmung von Weiblichkeit mit dem Islam zu vereinbaren? In ihrem verteidigenden Leserbrief schreiben die Frauen des Lützelbacher „Schwesterntreffs", daß in dem Artikel von Abd'Allah-

Timpel keine mit dem Islam nicht zu vereinbarenden Inhalte vorkämen. Dies ist richtig, liegt aber nur daran, daß die Kernfrage einer Definition von Weiblichkeit nur angedeutet, nicht jedoch tatsächlich diskutiert wird. Die wirklich brisante Frage einer Neubestimmung der Geschlechterbeziehung auf der Basis der Differenz, die Frage danach, was Weiblichkeit jenseits von Mann und Kind, Ehe und Mütterlichkeit, jenseits der Definition als das „andere Geschlecht" ist oder sein könnte, wird nicht gestellt. Ein Ansatz jedoch, der für sich den Anspruch erhebt, frauenemanzipatorisches Potential zu besitzen, sollte sich mit dieser Frage auseinandersetzen.

Nachwort

Wenn man mich fragt, warum ich mich vor rund 15 Jahren entschied, Ethnologie zu studieren, so sage ich aus heutiger Sicht: Weil dieses Fach die zwei zentralen Themen meines Lebens, meine Leitlinien, berührt und thematisiert. Diese ließen sich auch als die zwei grundlegenden Ambivalenzen meines Lebens deuten.

Da ist einmal die Ambivalenz zwischen der Lust an der intensiven Teilnahme, an der Zugehörigkeit, und dem Wunsch, die Dinge aus der Ferne, aus der Beobachtungsperspektive zu betrachten. Diese Ambivalenz taucht in der Ethnologie in einem ihrer zentralen Topoi, dem der Teilnehmenden Beobachtung auf.

Ein zweiter Zwiespalt ist der zwischen Ablehnung von und Faszination durch Fremdheit. Auch diese Spaltung ist zentral für die Ethnologie und schlägt sich in zahlreichen Feldforschungsberichten und -reflexionen nieder.

Der Balanceakt zwischen Nähe und Ferne, der aus den beiden beschriebenen Ambivalenzen folgt, und den ich als prägend für mein Leben empfinde, äußert sich so in der Wahl meines Studienfaches. Und umgekehrt. Denn es wäre auf keinen Fall richtig, zu folgern, daß ich mir dieser Zwiespälte bewußt ein Fach suchte, in dem diese auf einer wissenschaftlichen Ebene wieder auftauchten. Dazu wußte ich damals viel zu wenig von meinen inneren Ambivalenzen, und noch viel weniger davon, was Ethnologie ist. Aber irgendwie haben mich fremde „Sitten" und „Kulturen" interessiert, und ich wollte etwas darüber erfahren. So begann ich aus einem eher vagen Interesse heraus, dieses Fach zu studieren.

Erst heute, in der Retrospektive, kann ich meine damalige Motivation in Worte fassen. Aber was hat das noch mit meiner damaligen Motivation zu tun? War es doch erst die wissenschaftliche Beschäftigung mit Begriffen wie Fremdheit, Nähe, Teilnahme, Beobachtung, die es mir ermöglichten, die Leitlinien meines eigenen Lebens zu erkennen. Und erst vor dem Hintergrund dieser Erkenntnis begriff ich, warum es gerade die Ethnologie war, die ich wählte. Und je länger ich dabei blieb, desto mehr erkannte ich die Verknüpfungen zwischen meinem Leben und meinem Fach, das mir mittlerweile viel mehr geworden ist als nur ein Studienfach. Heute benutze ich die Sprache der Ethnologie, um mein eigenes Leben zu deuten.

Als ich dann im Verlaufe meiner Forschung über die Worte der konvertierten Frauen grübelte und mir Gedanken über Erzählprozesse und retrospektive Betrachtungsweisen machte, kam mir mein eigene Entwicklung zur Ethnologin in den Sinn. Ähnlich wie mir, so wurde mir auf der Suche nach Konversionsmotiven klar, muß es auch meinen Interviewpartnerinnen gegangen sein.

So wie ich in der Ethnologie ein Deutungsgefüge fand, das es mir ermöglichte, zurückliegende Erfahrungen ein- und umzuordnen, mir somit über die Leitlinien meines Lebens klar zu werden, so fanden die befragten Frauen es im deutschsprachigen Islam und seinen Deutungsmustern. Meine Interviewpartnerin Malika spricht diesen Gedanken in dem Gespräch mit mir auch an: *„Natürlich konnte ich das damals nicht so ausgefeilt formulieren wie heute, aber ich kann heute formulieren, was ich damals gefühlt habe."*

Der Erzählung des Konversionsverlaufes kann nicht – wie ich schon in der Einleitung ausführlich schreibe und begründe – die Motivation zur Konversion entnommen werden. Jedoch lassen sich zentrale Themen im Leben der befragten Frauen erkennen, die – auch wenn sie erst *nach* der Konversion in Worte gefaßt werden –, doch *vorher* schon wirksam waren und der Konversionsentscheidung mit zugrunde lagen. Diese zentralen Themen sind in der Sprache des Islam abgefaßt, denn so wie die Ethnologie mir meine Worte gab, gab der Islam den konvertierten Frauen eine Sprache, in der sie zu reflektieren vermögen.

Die zentralen Themen, die Leitlinien, im Leben der Frauen habe ich in den letzten zwei Kapiteln meiner Arbeit ausführlich analysiert.

In Kapitel vier steht die Individualitätserfahrung meiner Gesprächspartnerinnen im Mittelpunkt. In den Interviews mit den konvertierten Frauen zeigt sich in der Selbstbeschreibung vor der Konversion die Tendenz, sich selbst im Vergleich mit Anderen zu sehen, wobei die eigene Person entweder als unterlegen wahrgenommen oder versucht wird, Besonderheit zu inszenieren. Es findet eine Selbstobjektivierung statt, die zu innerer Zerrissenheit führt.

In den Selbstdarstellungen nach der Konversion läßt sich eine Veränderung erkennen: Zwar findet weiterhin ein Vergleich mit Anderen statt, jedoch konstituiert sich das Selbst in der Abgrenzung von diesen Anderen, die Selbstwahrnehmung läßt sich nun mit einem selbstbewußten: „Ich bin anders" beschreiben. Allerdings findet lediglich eine Abgrenzung von den nicht-muslimischen Anderen statt. Die Abgrenzung wird durch den letztendlichen Bezug zu Gott, aus dem sich das Gefühl des Geleitet- wie des Aufgehoben-Seins ableitet, ermöglicht. Die muslimischen Anderen stützen und repräsentieren diesen Bezug zu Gott. Das selbstbewußte „Ich bin anders" wird also nur durch den Zusatz „aber ich bin nicht allein" möglich. Damit entspricht die Selbstkonstitution in Abgrenzung von Anderen nicht einer Form der Identitätsbildung, die Einheit aus sich selbst, aus der individuellen Kontinuität, zu erzeugen vermag, sondern die Fähigkeit, innere Einheit herzustellen, erwächst aus dem Bezug zu einem übergeordneten, verbindlichen Sinnsystem. Insofern steht die veränderte Individualitätserfahrung auch nicht im Widerspruch zu einer die Anderen – aber eben die muslimischen Anderen – mit einschließenden Identitätsbildung, die häufig mit der weiblichen Form der Selbstkonstitution gleichgesetzt wird.

Im fünften Kapitel greife ich als zweites zentrales Thema der Konversionserzählung die ambivalenten Erfahrungen auf, die meine Gesprächspartnerinnen als Frauen gemacht haben, sowie ihren Umgang mit diesen Erfahrungen. Deutlich werden dabei individuelle Vorstellungen von Weiblichkeit, in denen sich gesellschaftliche Bilder und Konstrukte spiegeln.

Fast alle der von mir befragten Frauen hatten vor ihrer Konversion problematische Beziehungen und leidvolle Trennungen erleben müssen. Ihr Wunsch nach Nähe, Geborgenheit, Sicherheit, Kontinuität und auch Versorgung erschien ihnen durch gesellschaftliche Individualisierungsprozesse und damit gerade im Bereich des Geschlechterverhältnisses einhergehende Veränderungen bedroht. Ebenso bedroht erschienen vertraute Deutungsmuster von „Männlichkeit" und „Weiblichkeit" und die selbstverständlichen Grundlagen des Alltagswissens. Das deutsch-islamische Deutungssystem schließt an traditionelle Grundstrukturen hinsichtlich der Geschlechterverhältnisse an und garantiert so die Kontinuität des Vertrauten. Gleichzeitig ist es aber auch offen genug, um als Grundlage für liberalere Tendenzen wie beispielsweise eine partnerschaftliche Beziehung zu dienen. Damit ist dafür geeignet, an zentrale Ambivalenzen im Leben meiner Gesprächspartnerinnen anzuknüpfen.

Wenn ich erzählte, an welcher Thematik ich arbeitete, sind mir häufig zwei Fragen gestellt worden: Einmal die Frage danach, ob ich selber denn konvertieren wollte. Diese Frage konnte ich immer mit einem klaren „Nein" beantworten. Zu keinem Zeitpunkt meiner Forschung war ich versucht, zum Islam oder irgendeiner anderen Religion zu konvertieren. Die zweite Frage war eher eine Forderung, die – manchmal empört geäußerte – Forderung, Stellung zu beziehen. Wobei sich hinter diesem Verlangen nach Stellungnahme nicht selten der Anspruch nach einem kritischeren Umgang mit den konvertierten Frauen verbarg. Obwohl ich nicht der Ansicht bin, daß es zu meinen Aufgaben als Ethnologin gehört, die Handlungsweisen der von mir Befragten zu kritisieren, möchte ich hier doch eine Position beziehen.

So wenig mein Studium der Ethnologie meine eingangs beschriebenen Ambivalenzen auflösen konnte, hat die Konversion zum Islam die Probleme meiner Interviewpartnerinnen lösen können. Jedoch hat das deutsch-islamische Deutungssystem den Frauen eine Reflexionsgrundlage gegeben, die sie in eine andere Ausgangsposition versetzte und ihnen neue Handlungsmöglichkeiten eröffnete. Dadurch hat sich ihr Leben vielfach entscheidend geändert. Aus Frauen, die an dumpfer und vager Unzufriedenheit, Depression, mangelndem Selbstwertgefühl, Einsamkeit, Leere und Sinnlosigkeit litten, sind selbstbewußt auftretende und handlungsfähige Persönlichkeiten geworden, die das Gefühl haben, selbstbestimmt agieren zu können. Insofern hat die Auseinandersetzung mit dem deutsch-islamischen Deutungsmuster die Frauen zu ihrem Vorteil verändert und ihrem Leben eine positive Wendung gegeben.

Trotz dieses Wandels sehe ich in der Konversion den Versuch, gesellschaftliche Probleme individuell zu lösen. Zwar konnte die eigene Persönlichkeit gestärkt werden, doch die eigentlichen Probleme, die gesellschaftliche Ungleichheitsstrukturen, bleiben bestehen.

Natürlich kann die Konversion auch als Übertritt zu einem gesellschaftsverändernden System gesehen werden. Jedoch trifft dies auf die von mir befragten Frauen meiner Ansicht nach nicht zu, ihre Entscheidung war völlig unpolitisch. Selbst wenn gesellschaftliche Veränderungen angestrebt worden wären, so durch die (Rück-)besinnung auf traditionelle Werte lediglich traditionelle Strukturen gestützt werden. Für mich liegt im deutsch-islamischen Deutungssystem keine Suche nach neuen Wegen und keine Möglichkeiten, neue Werte zu schaffen.

Umschrift der arabischen Buchstaben

Für die im Text benutzten arabischen Begriffe habe ich im folgenden die wichtigsten Laute in ihrer Umschrift erklärt[1]. Im Deutschen übliche Begriffe wie z.B. „Koran", „Kaaba" etc. habe ich nicht in Umschrift, sondern in der im Deutschen gebräuchlichen Form geschrieben.

dh	Stimmhafter Reibelaut (wie in engl. „there")
gh	Gaumen-r
ğ	dsch
ḫ	hartes ch
q	kehliges k
sh	sch
th	wie engl. „th"
y	j
z	weiches s
'	stimmloser Laut, fester Stimmeinsatz (wie im Deutschen vor anlautenden Vokalen und zwischen Vokalen, z.B. be'enden)
ʿ	stimmhafter Reibelaut

---

[1] Zur Beschreibung der Laute habe ich mich an folgenden Schriften orientiert: Ende, Werner, Steinbach, Udo (Hrsg.): Der Islam in der Gegenwart. Entwicklung und Ausbreitung, Staat, Politik und Recht, Kultur und Religion. Lizenzausgabe für die Büchergilde Gutenberg, Frankfurt a.M. und Wien 1991; Der Islam I. Vom Ursprung bis zu den Anfängen des Osmanenreiches. Fischer-Weltgeschichte Bd. 14. Hg. und verfaßt von Claude Cahen. Frankfurt 1987.

Literatur- und Quellenverzeichnis

Quellenverzeichnis

Abd'Allah-Timpel, Asma Rahima: Die Entwicklung des Selbstvertrauens der islamischen Frau. In: Al-Islam 3 (1991). S. 6-10.
Abd Al-Wahhab, Muhammad Ibn: Offenlegung der Scheinargumente gegen den Monotheismus. Ein Abhandlung über den Monotheismus im Islam. o.O. 1984.
Abitalib, Ali Ibn: Wer ist ein Gläubiger? In: Al-Islam 4/5 (1986). S. 29f.
Ahmad, Khurshid: Grundsätze der islamischen Erziehung. (= Schriftenreihe des Islamischen Zentrums München, Nr. 3). München 1976.
Ahmad, Hazrat Mirza Ghulam: Unsere Lehre. Frankfurt a.M. 1989.
Ahmad, Mirza Mahmud: Mohammad. Der Befreier der Frauen. Frankfurt a.M.: Verlag Der Islam o.J.
Ahmad, Mirza Mahmud: Sozialer Aspekt des Islams. Frankfurt a.M.: Verlag Der Islam o.J.
Ahmadiyya-Bewegung. Eine islamische Bewegung. Frankfurt a.M. o.J.
Al-Buḫari, Sahih: Nachrichten von den Taten und Aussprüchen des Propheten Muhammad. Ausgewählt, aus dem Arabischen übersetzt und herausgegeben von Dieter Ferchel. Stuttgart 1991.
Al-Islam-Redaktion: Haus des Islam – noch nie gehört? In: Al-Islam 4/5 (1982). S. 27f.
Al-Qubrusi, Scheich Nazim: Ratschlag für den Umgang mit neuen Muslimen. In: Al-Islam 3/4 (1983). S. 38.
Al-Shabassy, Eva Maria: Die Familie im Islam. In: Islam hier und heute. Beiträge vom 1.-12. Treffen deutschsprachiger Muslime (1976-1981). Herausgegeben und eingeleitet von Ahmad von Denffer. Köln 1981. S. 152-157.
Al-Shabassy, Eva-Maria: Betr. Al-Islam Spezial für Frauen. In: Al-Islam 1 (1990). S. 31.
Al-Qaradawi, Jusuf: Erlaubtes und Verbotenes im Islam. Aus dem Englischen übersetzt von Ahmad von Denffer. München 1989.
Aries, Wolf Ahmad: Gefragt ist gesellschaftliche Mitarbeit. Gedanken zur Situation der Muslime in Deutschland. In: MR/Allahu akbar 1/2 (1986a). S. 18-20.

Aries, Wolf Ahmad: Verhältnis von Staat und Religionsgemeinschaft. In: Islam und der Westen 4 (1986b). S. 13f.

Ausgewählte Hadith. Frankfurt a.M.: Verlag Der Islam o.J.

Backhausen, Manfred Yahya: Der Islam. Ein Artikel im Supermarkt des Übersinnlichen? In: Al-Islam 5 (1988). S. 13.

Balic, Smail: Gleichberechtigung der Frau. In: Islam und der Westen 4 (1982). S. 4-6.

Balic, Smail: Der Islam vor der Herausforderung durch die Industriegesellschaft. In: Islam und der Westen 1/2 (1983). S. 1-4.

Balic, Smail: Die Gerechtigkeit. In: Islam und der Westen 3 (1984). S. 1-4.

Balic, Smail: Über die islamischen Speise- und Reinheitsvorschriften. In: Islam und der Westen 2 (1985).

Balic, Smail: Die Stellung der Frau im Our'an und in muslimischen Gesellschaften. In: Islam und der Westen 2 (1985). S. 2-3.

Balic, Smail: Der Islam in der Bundesrepublik. In: Islam und der Westen 1 (1986). S. 8-11.

Balic, Smail: „Es gibt keinen anderen Gott ..." Glaube und Ethos im Islam. In: Islam und der Westen 1 (1988). S. 1-6.

Balioğlu, Safiya: Kinder und Islam-Arbeit – vereinbar? In: Al-Islam 4 (1991). S. 2-3.

Bauer, Sonja: Frau und Mann im Islam. Gleichheit vor Gott. In: Al-Fadschr 6 (1984). S. 26-27.

Christlich-Islamische Gesellschaft: Grundsatzerklärung. In: Islam und der Westen 1/2 (1983). S. 34.

Bonakdar, Sima: Ich bin stolz darauf, ein Kopftuch tragen zu dürfen. In: Al-Islam 2 (1982). S. 19.

Borek, Abdullah: Muslime in Deutschland. Eine Denkschrift zur Lage der deutschen Muslime. In: Al-Islam 2 (1991). S. 15-20.

Brohi, Allah Bukhsh K.: Frau und Familie im Zeitalter des Überflusses. In: Al-Islam 4/5 (1982). S. 6-8.

Ceylan, Selma: Gewalt – Religion – Frau. Ein Gespräch mit Mehmet Bilgic, Imam bei der Moschee der „Islamischen Gemeinde zu Hagia Sophia in Kassel". In: Die Brücke. Nachrichten, Meinungen, Kultur für Gleichberechtigung und Völkerverständigung, 48 (1989). S. 37-38.

Coly, Daouda Naba: Das Fasten in der Natur und beim Menschen. In: Al-Islam 2 (1988). S. 5-9.

Denffer, Ahmad von (Hrsg.): Islam hier und heute. Beiträge vom 1.-12. Treffen deutschsprachiger Muslime (1976-1981). Köln 1981.

Denffer, Ahmad von: Koran und Umwelt. In: Al-Islam 5/6 (1983). S. 2-7.

Denffer, Ahmad von: Da'wa hier und heute. In: Da'wa hier und heute. Beiträge zum 18. Treffen deutschsprachiger Muslime in Aachen. (=

Schriftenreihe der Treffen deutschsprachiger Muslime, Nr. 5. Lützelbach, Haus des Islam 1983. S. 9 – 19.

Denffer, Ahmad von: Die Umweltfrage und der Islam. In: Al-Islam 2 (1989). S. 20-28.

Denffer, Ahmad von: Unsere Rolle als Muslime hier und heute. Zum 42. Treffen deutschsprachiger Muslime, Lützelbach 8.6.1991. In: Al-Islam 2 (1991). S. 7-14.

Denffer, Ahmed von: Was sagt der Islam zur Wirtschaftsordnung? In: Al-Islam 2 (1992). S. 15-18.

DIF: Deutschsprachige Islamische Frauengemeinschaft Köln. In: Al-Islam 2 (1984). S. 19.

DIF: Deutschsprachige Islamische Frauengemeinschaft berichtet. In: Al-Islam 1 (1985). S. 12-13.

DIF: Selbstdarstellung. In: Al-Islam 2 (1992). S. 23-26.

Ehlers, Helga: Muslimische Frauen zwischen Tradition und Anpassung. In: Islam und der Westen 4 (1985). S. 14-16.

Ehrenfels, Umar R.: Die Frau in der islamischen Symbolik. In: Islam und der Westen 3 (1986). S. 12-13.

Erbakan, Amine: Der Islam und die Verfassung. In: Al-Islam 6 (1986). S. 29-30.

Erbakan, Emine: Reform in der Religion? In: Al-Islam 2 (1987). S. 26f.

Frenzel, Bettina: Kindererziehung im Islam als Aufgabenfeld für Sozialpädagogen. Diplomarbeit im Fachbereich Sozialpädagogik der Evangelischen Fachhochschule Darmstadt. Darmstadt 1991. (Unveröffentlichtes Manuskript).

Frenzel-Hassan, Maryam Al-Zahra: Gedanken zum Mutter-Sein und zum Leben mit Kindern. In: Al-Islam 3 (1991). S. 2-3.

Frenzel-Hassan, M.; Müller-Haque, R.: Das Leben, ein Geschenk Allahs. Gesundheit und Krankheit aus islamischer Sicht. Köln 1991.

Geylan, Kamile: Für Da'wa oder Nafs? In: Al-Islam 3 (1991). S. 26-27.

Grimm, Fatima: Das Familienleben im Islam. In: Al-Islam 3 (1989). S. 21-26.

Haus des Islam: Da'wa hier und heute. (= Schriftenreihe der Treffen deutschsprachiger Muslime, Nr. 5). Lützelbach 1983.

Haus des Islam: Jahresprogramm 1992.

Haus des Islam: Jahresprogramm 1993.

Hofmann, Murad Wilfried: Die Rolle des Fundamentalismus im Islam. In: Al-Islam 5/6 (1983). S. 18-19.

Hofmann, Murad Wilfried: Islam in Deutschland? In: Al-Islam 6 (1984). S. 23.

Hohbohm, Mohammad Aman: Aspekte des religiösen Selbstverständnisses im Islam (I-III). In: Aktuelle Fragen aus der Welt des Islam 3 (1985) - 1 (1986).

Hübsch, Hadayatullah: Auf der Suche nach der lebendigen Religion. Frankfurt a.M.: Verlag Der Islam o.J.

Islamischer Frauenverein Berlin: Yusuf Islam (Cat Stevens) in Berlin. Al-Islam 3 (1988). S. 25-28.

Islamisches Zentrum Hamburg: Frau und Islam. Muslime im Dialog, Faltblatt Nr. 5.

Islamisches Zentrum Hamburg: Die gläubige Frau. Muslime im Dialog, Faltblatt Nr. 12.

Islamisches Zentrum München: Zum Thema Kopftuch. (= Schriftenreihe des Islamischen Zentrums München, Nr. 10). München 1982.

Ismail, Muhammad: Islam und Wissenschaft. In: Al-Islam 5/6 (1983). S. 8-9.

Kalisch, Muhammad Yildirim: Einheit und Toleranz im Islam. In: Al-Fadschr 5 (1984). S. 6-7.

Kamal, Adbul Aziz: Islamisches Recht für den Alltag. Al-Islam 2 (1991).

Kandil, Fuat: Fremdenhaß und Westenfeindlichkeit in der islamischen Welt. In: Islam und der Westen 4 (1987). S. 1-5.

Kandil, Fuat: Islamische Ethik. Versuch einer Grundlegung allgemeiner Prinzipien und Orientierungen (I-II). In: Aktuelle Fragen aus der Welt des Islam 4 (1988) - 1/2 (1989).

Khamenehi, S. Ali: Tawhid: Einheit Gottes. In: Al-Fadschr 48 (1990). S. 5-8.

Khan, Muhammad Zafrullah: Grundsätze der islamischen Kultur. Frankfurt a.M.: Verlag Der Islam o.J.

Khan, Muhammad Zafrullah: Die Frau im Islam. Frankfurt a.M.: Verlag Der Islam o.J.

Khoury, Adel Theodor: So sprach der Prophet. Worte aus der islamischen Überlieferung. Gütersloh 1988.

Köhler, Axel: Staat und Wirtschaft im Islam. In: Islam und der Westen 2 (1982). S. 10.

Köhler, Axel: Kein Fortschritt in der Gleichberechtigung der Frauen. In: Al-Islam 1/2 (1983). S. 7.

Köhler-Zilelioğlu, Asiye: Eine Chance für die Frauen. In: Al-Islam 4 (1986). S. 9-15.

Körting-Mahran, Karimah: Und die Mütter stillten ihre Kinder volle zwei Jahre. In: Al-Islam 4 (1991). S. 3-5.

Krausen, Halima: Fremdheit und Nähe. Zur Situation muslimischer Frauen unter uns. In: Al-Islam 3 (1982). S. 8-9.

Krausen, Halima: Einheit in der Vielfalt. Ringen um islamische Identität in Deutschland. In: Al-Fadschr 9 (1984). S. 16-18.

Krausen, Halima: Muslime in Deutschland. Was brauchen wir? Wie packen wir's an? In: Al-Fadschr 46 (1990). S. 14-16.
Krausen, Halima: Wie demokratisch ist die Demokratie? (unveröffentl. Manuskript.)
Last, G.: Der Hund im Islam. In: Al-Islam 4/5 (1982). S. 35-37.
Last, G.: Alkohol in Orient und Okzident. In: Al-Islam 3/4 (1983). S. 28-30.
Last, G.: Alkohol im Islam. In: Al-Islam 5 (1984). S. 12-13.
Lemu, Aisha B.: Die Frau im Islam. In: Lemu Aisha B.; Grimm, Fatima: Frau und Familienleben im Islam. Schriftenreihe des Islamischen Zentrums München, Nr. 20. München 1991. S. 3-27.
Lemu Aisha B.; Grimm, Fatima: Frau und Familienleben im Islam. Schriftenreihe des Islamischen Zentrums München, Nr. 20. München 1991.
Marschall, Abdul Maalik: Überlegungen zum Tee. In: Al-Islam 6 (1984). S. 24.
Maudoodi, Sayyid Abu-l-A'la: Weltanschauung und Leben im Islam. Leicester 1978.
Motahari, Morteza: Stellung der Frau im Islam. Übersetzt und herausgegeben von der Botschaft der Islamischen Republik Iran. Bonn 1982.
Mühlbauer, Muhammad Ajjup: Mann und Frau im Islam. Al-Islam 2 (1989). S. 2-9
Niksic, Mirsad: Die Situation der Muslime in Deutschland am Beispiel Berlins. Ein Bericht vom 31. Treffen deutschsprachiger Muslime in Berlin. In: Al-Islam 3 (1987). S. 5-8.
Niksic, Mirsad: Die Macht des Feindes Alkohol. In: Al-Islam 1 (1988). S. 5-7.
Özkan, Zahide: Der Schleier. In: Islam und der Westen 2 (1984). S. 17-19.
Rassoul, Muhammad Ahmad: Die Brüderlichkeit im Islam. 2. Aufl. Köln: IB Verlag Islamische Bibliothek 1983a.
Rassoul, Muhammad Ahmad: Die Scheidung nach islamischen Recht. 2. Aufl. Köln: IB Verlag Islamische Bibliothek 1983b.
Razvi, Mehdi: Fundamente islamischen Denkens. In: Al-Fadschr 5 (1984). S. 3-4.
Razvi, Mehdi: Die spirituellen Grundlagen der islamischen Gesellschaft. In: Al-Fadschr 12 (1984). S. 3-4.
Röseler, Abdul Rahman: Betrachtungen eines deutschen Muslim über den Islam. Hamburg 1978.
Rüschoff, S. Ibrahim: Da'wa unter Christen. In: Materialdienst der EWZ 8 (1984). S. 238-242.
Rüschoff, S. Ibrahim: Zum Bild des Menschen im Islam. In: Al-Islam 3 (1985). S. 19.

Saleh-Ronnweber, Amina: Die Frau im Islam – Ideal und Wirklichkeit. In: Al-Islam 1 (1992). S. 16-20.
Schariati, Ali: Die Weltanschauung des „Tauhid" (II). In: Al-Fadschr 3 (1983). S.33-34.
Schariati, Ali: Der ideale Mensch. In: Al-Fadschr 6 (1984). S.10-11.
Schmiede, Achmed H.: Islam in unserer Zeit. (=Schriftenreihe des Islamischen Zentrums München, Nr. 2). Hrsg. von der Redaktion der Zeitschrift Al-Islam. München 1976.
Schroedter, Omar: Islam und Wissenschaft. In: Al-Islam 3 (1985). S. 13.
Schroedter, Omar: Das Fasten: Eine Medizin für den Körper. In: Al-Islam 2 (1986). S. 9-13.
Siddiq, Muhammad: Islamische Organisationsform (Stichworte). In: Denffer, Ahmad von (Hrsg.): Islam hier und heute. Beiträge vom 1.-12. Treffen deutschsprachiger Muslime (1976-1981). Köln 1981. S. 102-105.
Siddiq, Muhammad: Praktische Da'wa-Arbeit. In: Da'wa hier und heute. Beiträge zum 18. Treffen deutschsprachiger Muslime in Aachen. (= Schriftenreihe der Treffen deutschsprachiger Muslime, Nr. 5. Lützelbach, Haus des Islam 1983. S. 25-27.
Siddiqui, Zeba: Die Bekleidung der Frau. In: Zum Thema Kopftuch. Schriftenreihe des Islamischen Zentrums München, Nr. 10. München 1982. S. 26-48.
Wagner, Adbul Wahab: Nikotin. Ein gefährliches Rauschmittel. In. Al-Islam 4 (1984). S. 18.
World assembly of Muslim Youth (WAMY): Der Gottesdienstbegriff im Islam. Faltblatt Nr. 8.
World assembly of Muslim Youth (WAMY): Der Gottesbegriff im Islam. Faltblatt Nr. 9.
Yalniz, Rabia: Über den Schleier. 2. Aufl. Frankfurt a.M.: Verlag Der Islam 1989.
Zimmermann, Ala'udin: Ein alkoholkranker Muslim. In: Al-Islam 3 (1990). S. 7-9.

Quellen, die nicht namentlich gekennzeichnet sind:

AIDS und Islam. In: Al-Islam 1 (1987). S. 21f.
Älteste deutsche Moslemzeitschrift erscheint wieder. In: Aktuelle Fragen 3 (1986). S. 83.
Divan-Brief (Vierteljährliche Publikation des WEST-ÖSTLICHER DIVAN Wiesbaden; Gemeinnütziger und mildtätiger Verein) Januar-März 1993.

Dreißig Jahre Islamisches Zentrum Hamburg. In: Al-Fadschr 39 (1989). S. 51f.
Einheit der Muslime. Bericht vom 3. TDM in Norddeutschland. In: Al-Fadschr 56 (1992). S. 57-58.
Das Fasten. In: Al-Islam 3 (1984). S. 4-8.
Frau und Familie im Islam. Diskussion. In: Al-Islam 1 (1990). S. 9-11.
Gutes und Böses im Islam. Antwort auf die Anfrage in einem Leserbrief. In: Al-Fadschr 3 (1983). S. 37f.
Internationaler muslimischer Frauenkongreß. In: Al-Fadschr 33 (1988). S. 19f.
Das Islam-Archiv-Deutschland in Soest. In: Aktuelle Fragen 1 (1985). S. 4-15.
Muslime in der BRD suchen Anerkennung und Integration. In: Al-Fadschr 14 (1985). S. 38.
Sexuelle Befreiung oder moralische Verwahrlosung. Zu den Ursachen der steigenden Abtreibungsraten. In: Al-Fadschr 5 (1984). S. 27.
Die Situation der Muslime in der BRD. Bericht zum 31. TDM in Berlin. Al-Fadschr 29 (1987). S. 46.
Zwischen Verkündigung und Dialog. Die islamische Presse in der BRD. In: Moslemische Revue. 1/2 (1986). S. 11-14.

Leserbriefe:

Al-Shabassy, Eva: Leserbrief zum Thema „Geschlechtertrennung". In: Al-Islam 3/4 (1983). S. 40.
Bhatti, Naila: Leserbrief zum Thema „Kopftuch". In: Al-Islam 1/2 (1983). S. 29.
Bleher, Sahib Mustaqim: Leserbrief zum Thema „Geschlechtertrennung". In: Al-Islam 6 (1982). S. 33f.
Caspary, Arifa: Vom Umgang miteinander. In: Al-Islam (1985). S. 24f.
Caspary, Arifa: Leserbrief zum Thema „Geschlechtertrennung". In: Al-Islam 1/2 (1983). S. 27.
Denffer, Ahmad von: Leserbrief zum Thema „Geschlechtertrennung". In: Al-Islam 1/2 (1983). S. 27.
Doempke, Angela: Leserbrief zum Thema „Schwimmunterricht für islamische Kinder". Al-Islam 1 (1992). S. 26.
Figler, Samira: Leserbrief zum Thema „Geschlechtertrennung". In: Al-Islam 1/2 (1983). S. 28f.
Fouzi, Esther: Leserbrief zum Thema „Die Entwicklung des Selbstvertrauens der islamischen Frau". In: Al-Islam 1 (1992). S. 25.

Geigenberger, Muhammad Yusuf: Zur Kriegsdienstverweigerung. In: Al-Islam 2 (1982). S. 24f.
Geigenberger, H. Jusuf: Kann ein deutscher Muslim Deutscher sein? In: Al-Islam 1 (1986). S. 27.
Habib, Ibrahim: Leserbrief zum Thema „Geschlechtertrennung". In: Al-Islam 1/2 (1983). S. 26f.
Köppel, Pia: Muslime in der Diaspora. In: Al-Fadschr 36 (1988). S. 61f.
Lehnert, Amal: Leserbrief zum Thema „Geschlechtertrennung". In: Al-Islam 6 (1982). S. 34.
Mohmamed, Shamim: Leserbrief zum Thema „Geschlechtertrennung". In: Al-Islam 6 (1982). S. 35.
Mohmamed, Shamim: Leserbrief zum Thema „Geschlechtertrennung". In: Al-Islam 1/2 (1983). S. 27f.
Nawaz, Aisha; Frenzel-Hassan, Meryem; Müller-Haque, Rabeya: Leserbrief zum Thema „Die Entwicklung des Selbstvertrauens der islamischen Frau". In: Al-Islam 4 (1991). S. 21f.
Schüler-Ibrahim, Renate u.a.: Leserbrief zum Thema „Die Entwicklung des Selbstvertrauens der islamischen Frau". In: Al-Islam 4 (1991). S. 22.
Wagner, F. Abdul Wahab: „Lebensmittel". In: Al-Islam 5/6 (1983). S. 40f.
Zubair, Ruqyyah: Leserbrief zum Thema „Bekleidung islamischer Frauen." In: Al-Islam 3/4 (1983). S. 40.

Literaturverzeichnis

Abdullah, Muhammad S.: Geschichte des Islams in Deutschland. Graz, Wien und Köln 1981.

Abdullah, Muhammad S.: Halbmond unter dem Preussenadler. Die Geschichte der islamischen Gemeinschaft in Preußen (1731-1934). Altenberge 1984.

Abdullah, Muhammad S.: Die „Deutsche Muslim-Liga" – Porträt einer deutschen islamischen Gemeinschaft. In: Allahu akbar 4/5 (1985a). S. 6-8.

Abdullah, Muhammad S.: Im Zeichen des Islamischen Weltkongresses. Ein Beitrag zur Geschichte des Islam in Deutschland (4. Teil). In: Aktuelle Fragen 1 (1985b). S. 36-40.

Abdullah, Muhammad S.: Die Geschichte einer traditionsreichen Zeitschrift. In: Moslemische Revue/Allahu akbar 1 (1986). S.1-2.

Abdullah, Muhammad S.: ... und gab ihnen sein Königswort. Berlin – Preußen – Bundesrepublik. Ein Abriß der Geschichte der islamischen Minderheit in Deutschland. Altenberge 1987a.

Abdullah, Muhammad S.: Die gegenwärtige islamische Organisationstruktur. In: Aktuelle Fragen 2 (1987b). S. 43-45.

Abdullah, Muhammad S.: Der Kommentar: Umbruch. In: Aktuelle Fragen 4 (1988). S. 122-123.

Abdullah, Muhammad S.: Was will der Islam in Deutschland? Gütersloh 1993.

Acar, Feride: Was die islamische Bewegung für Frauen so anziehend macht. Eine Untersuchung über Frauenzeitschriften und eine Gruppe von Studentinnen. In: Neusel, Aylâ; Şirin; Akkent, Meral (Hrsg.): Aufstand im Haus der Frauen. Frauenforschung aus der Türkei. Berlin 1991. S. 73-92.

Akashe-Böhme, Farideh: Frau/Spiegel – Frau und Spiegel. In: dies. (Hrsg.): Reflexionen vor dem Spiegel. Frankfurt a.M. 1992a. S. 9-11.

Akashe-Böhme, Farideh: Ambivalenzen des Schönseins. In: dies. (Hrsg.): Reflexionen vor dem Spiegel. Frankfurt a.M. 1992b. S. 15-20.

Akashe-Böhme, Farideh: Fremdheit vor dem Spiegel. In: dies. (Hrsg.): Reflexionen vor dem Spiegel. Frankfurt a.M. 1992c. S. 38-49.

Akashe-Böhme, Farideh: Frausein – Fremdsein. Frankfurt a.M. 1993.

Arat, Yeşim: Zum Verhältnis von Feminismus und Islam. Überlegungen zur Frauenzeitschrift „Kadın ve Aile". In: Neusel, Aylâ; Şirin; Akkent, Meral (Hrsg.): Aufstand im Haus der Frauen. Frauenforschung aus der Türkei. Berlin 1991. S. 93-106.

Aries, Wolf D.: Islamische Repräsentanz in der Bundesrepublik. In: Zeitschrift für Ausländerrecht und Ausländerpolitik 2 (1986). S.85-86.

Ariès, Philippe: Geschichte der Kindheit. 8. Aufl. München 1988 (Originalausgabe: Paris 1960).
Augé, Marc: Die Sinnkrise der Gegenwart. In: Kuhlmann, Andreas (Hrsg.): Philosophische Ansichten der Moderne. Frankfurt a.M. 1994. S. 33-47.
Badinter, Elisabeth: Die Mutterliebe. Geschichte eines Gefühls vom 17. Jahrhundert bis heute. München und Zürich 1981.
Bast, Christa: Weibliche Autonomie und Identität. Untersuchungen über die Probleme von Mädchenerziehung heute. Weinheim und München 1988.
Bausinger, Hermann: Identität. In: ders. u.a. (Hrsg.): Grundzüge der Volkskunde. 2., unveränd. Aufl. Darmstadt 1989. S. 204-263.
Becher, Ursula: Geschichte des modernen Lebensstils. Essen – Wohnen – Freizeit – Reisen. München 1990.
Beck, Ulrich: Risikogesellschaft. Auf dem Weg in eine andere Moderne. Frankfurt a.M. 1986.
Beck, Ulrich: Freiheit oder Liebe. Vom Ohne-, Mit- und Gegeneinander der Geschlechter innerhalb und außerhalb der Familien. In: Beck, Ulrich; Beck-Gernsheim, Elisabeth: Das ganze normale Chaos der Liebe. Frankfurt a.M. 1990. S. 20-64.
Beck, Ulrich; Beck-Gernsheim, Elisabeth: Riskante Chancen – Gesellschaftliche Individualisierung und soziale Lebens- und Liebesformen. In: Beck, Ulrich; Beck-Gernsheim, Elisabeth: Das ganze normale Chaos der Liebe. Frankfurt a.M. 1990a. S. 7-19.
Beck, Ulrich; Beck-Gernsheim, Elisabeth: Das ganze normale Chaos der Liebe. Frankfurt a.M. 1990b.
Beck, Ulrich; Beck-Gernsheim, Elisabeth (Hrsg.): Riskante Freiheiten. Individualisierungen in modernen Gesellschaften. Frankfurt a.M. 1994a.
Beck, Ulrich; Beck-Gernsheim, Elisabeth: Individualisierungen in modernen Gesellschaften – Perspektiven und Kontroversen einer subjektorientierten Soziologie. In: Beck, Ulrich; Beck-Gernsheim, Elisabeth (Hrsg.): Riskante Freiheiten. Individualisierungen in modernen Gesellschaften. Frankfurt a.M. 1994b. S. 10-39.
Beck-Gernsheim, Elisabeth: Vom Geburtenrückgang zur Neuen Mütterlichkeit? Über private und politische Interessen am Kind. Frankfurt a.M. 1989a.
Beck-Gernsheim, Elisabeth: Mutterwerden – der Sprung in ein anderes Leben. Frankfurt a.M. 1989b.
Beck-Gernsheim, Elisabeth: Alles aus Liebe zum Kind. In: Beck, Ulrich; Beck-Gernsheim, Elisabeth: Das ganze normale Chaos der Liebe. Frankfurt a.M. 1990a. S. 135-183.

Beck-Gernsheim, Elisabeth: Freie Liebe, freie Scheidung. Zum Doppelgesicht von Freisetzungsprozessen. In: Beck, Ulrich; Beck-Gernsheim, Elisabeth: Das ganze normale Chaos der Liebe. Frankfurt a.M. 1990b. S. 105-134.

Beck-Gernsheim, Elisabeth: Arbeitsteilung, Selbstbild und Lebensentwurf. Neue Konfliktlagen in der Familie. In: Kölner Zeitschrift für Soziologie und Sozialpsychologie 2 (1992). S. 273-191.

Beck-Gernsheim, Elisabeth: Auf dem Weg in die postfamiliale Familie. Von der Notgemeinschaft zur Wahlverwandtschaft. In: Beck, Ulrich; Beck-Gernsheim, Elisabeth (Hrsg.): Riskante Freiheiten. Individualisierungen in modernen Gesellschaften. Frankfurt a.M. 1994. S. 115-138.

Becker, Hildegard: Unter dem Schleier eine waschechte Kölnerin. Immer mehr Deutsche suchen im Islam die Antwort auf ihre Lebensfragen. In: Publik-Forum 17 (24.8.1990). S. 28-31.

Becker-Schmidt, Regina: Zur Bedeutung feministischer Diskurse in der soziologischen Lehre. In: Sommerkorn, Ingrid (Hrsg.): Lehren und Lernen in der Soziologie heute. Aktuelle Fragen zu einem alten Problem. Berlin 1990. S. 147-150.

Becker-Schmidt, Regina; Knapp, Gudrun-Axeli: Geschlechtertrennung – Geschlechterdifferenz. Suchbewegungen sozialen Lernens. 2. Aufl. Bonn 1989.

Beckford, James A.: Accounting for conversion. In: British Journal of Sociology 29/2 (1978). S. 249-262.

Berger, Peter L.; Luckmann, Thomas: Die gesellschaftliche Konstruktion der Wirklichkeit. Eine Theorie der Wissenssoziologie. Frankfurt a.M. 1984 (Amerikanisches Original: 1966).

Berger, Peter L.; Berger, Brigitte; Kellner, Hansfried: Das Unbehagen in der Modernität. Frankfurt a.M. und New York 1987.

Bertaux, Daniel; Bertaux-Wiame, Isabelle: Autobiographische Erinnerungen und kollektives Gedächtnis. In: Niethammer, Lutz (Hrsg.): Lebenserfahrung und kollektives Gedächtnis. Die Praxis der »Oral History«. Frankfurt a.M. 1985.

Bertram, Hans; Borrmann-Müller, Renate: Von der Hausfrau zur Berufsfrau? Der Einfluß struktureller Wandlungen des Frauseins auf familiales Zusammenleben. In: Gerhard, Ute; Schütze, Yvonne (Hrsg.): Frauensituation. Veränderungen in den letzten zwanzig Jahren. Frankfurt a.M. 1988. S. 251-272.

Bilden, Helga: Geschlechterverhältnis und Identität im gesellschaftlichen Umbruch. In: Keupp, Heiner; Bilden Helga: Verunsicherungen. Das Subjekt im gesellschaftlichen Wandel. Göttingen, Toronto und Zürich 1989. S. 19-46.

Bilden, Helga; Geiger, Gabriele: Individualität, Identität und Geschlecht. In: Verhaltenstherapie und soziale Praxis 4 (1988). S. 439-453.

Binswanger, Karl: Wenn aus Maria Meryem wird. In: Informationen für und über Ausländer 12 (1987). S. 3-6.

Binswanger, Karl: Islamischer Fundamentalismus in der Bundesrepublik. Entwicklung – Bestandsaufnahme -Ausblick. In: Nirumand, Bahmann (Hrsg.): Im Namen Allahs. Islamische Gruppen und der Fundamtalismus in der Bundesrepublik Deutschland. Köln 1990. S. 38-54.

Biskup, Harald: Auf verschlungenen Pfaden zu Allah. Oft belächelt und manchmal angefeindet – Der Tagesrhythmus ist von den fünf Gebetszeiten bestimmt – Exoten im eigenen Land. In: Frankfurter Neue Presse v. 9.12.1986

Borchers, Ulrike: Deutsche Frauen konvertieren zum Islam. Eine psychologische Untersuchung. Unveröffentlichte Diplomarbeit im Fach Psychologie der Universität Köln. Köln 1991.

Bormann, Monika: „Am liebsten ginge ich in Sackleinen": Wenn Frauen sich ihrem Körper ausgeliefert fühlen. In: Vogt, Irmgard; Bormann, Monika (Hrsg.): Frauen-Körper. Lust und Last. Tübingen 1992. S. 73-88.

Broyles-Gonzales, Yolanda: Türkische Frauen in der Bundesrepublik Deutschland: Die Macht der Repräsentation. In: Zeitschrift für Türkeistudien 1 (1990). S. 107-134.

Brück, Brigitte u.a.: Feministische Soziologie – Eine Einführung. Frankfurt a.M. und New York 1992.

Brückner, Margrit: Die Liebe der Frauen. Über Weiblichkeit und Mißhandlung. Frankfurt a.M. 1988a.

Brückner, Margrit: Die Sehnsucht nach den Kugelmenschen oder: Vom Wunsch nach Aufhebung der Geschlechtertrennung. In: Hagemann-White, Carol; Rerrich, Maria S. (Hrsg.): FrauenMännerBilder. Männer und Männlichkeit in der feministischen Diskussion. Bielefeld 1988b. S. 194-223.

Bruner, Edward M. (Hrsg.): Text, Play and Story. The Construction and Reconstruction of Self and Society. (Proceedings of The American Ethnological Society) Washington D.C. 1984.

Bruner, Edward M.: Introduction: The Opening Up of Anthropology. In: ders. (Hrsg.): Text, Play and Story. The Construction and Reconstruction of Self and Society. (Proceedings of The American Ethnological Society) Washington D.C. 1984. S. 1-18.

Bucaille, Maurice: Bibel, Koran und Wissenschaft. Die Heiligen Schriften im Licht moderner Erkenntnisse. München 1989.

Bynum, Caroline Walker: Introduction: The Complexitiy of Symbols. In: Bynum, Caroline Walker; Harrel, Stevan; Richman, Paula (Hrsg.): Gender and Religion: On the Complexity of Symbols. Boston 1986. S. 1-20.

Clarke, Peter B. (Hrsg.): Atlas der Weltreligionen. Entstehung – Entwicklung – Glaubensinhalte. München 1994.

Deutsche Welle. Aus der Welt des Glaubens. Nachrichten aus der Welt des Islam (Hrsg. von der Deutschen Welle, Köln) 17 (1984).

Deutsche Welle. Aus der Welt des Glaubens. Nachrichten aus der Welt des Islam (Hrsg. von der Deutschen Welle, Köln) 47 (1986)

Devereux, Georges: Angst und Methode in den Verhaltenswissenschaften. Frankfurt a.M. 1984 (Originalausgabe: 1967).

Diewald, Martin: Soziale Beziehungen: Verlust oder Liberalisierung. Soziale Unterstützung in informellen Netzwerken. Berlin 1991.

Diezinger, Angelika: Frauen: Arbeit und Individualisierung. Chancen und Risiken. Eine empirische Untersuchung anhand von Fallgeschichten. Opladen 1991.

Diezinger, Angelika: Geschlechterverhältnis und Individualisierung: Von der Ungleichheitsrelevanz primärer Beziehungen. In: Frerichs, Petra; Steinrücke, Margareta (Hrsg.): Soziale Ungleichheit und Geschlechterverhältnis. Opladen 1993. S. 145-158.

Dilthey, Wilhelm: Gesammelte Schriften. Bd. V: Die geistige Welt I. Stuttgart 1991

Döbert, Rainer: Männliche Moral – weibliche Moral. In: Nunner-Winkler, Gertrud (Hrsg.): Weibliche Moral. Die Kontroverse um eine geschlechtsspezifische Ethik. Frankfurt a.M. und New York 1991. S. 121-146.

Dornbrach, Abdullah Halis: Ordensgemeinschaften in der BRD. Versuch einer Darstellung. Jünkerath 1991.

„Du bist verstoßen". In: Der Spiegel 8 (1993).

Dubiel, Helmut: Die Industriegesellschaft im Gegenlicht der Moderne. Überlegungen zu Ulrich Becks „Risikogesellschaft". In: Münkler, Herfried; Saage, Richard (Hrsg.): Kultur und Politik. Brechungen der Fortschrittsperspektive heute. Opladen 1990.

Elias, Norbert: Die Gesellschaft der Individuen. Frankfurt a.M. 1991.

Ende, Werner, Steinbach, Udo (Hrsg.): Der Islam in der Gegenwart. Entwicklung und Ausbreitung, Staat, Politik und Recht, Kultur und Religion. Lizenzausgabe für die Büchergilde Gutenberg, Frankfurt a.M. und Wien 1991.

Enderwitz, Susanne: Der Schleier im Islam – Ausdruck von Identität? In: Elsas, Christoph (Hrsg.): Identität. Hamburg 1983. S. 143 – 173.

Erdheim, Mario: Zur Ethnopsychoanalyse von Exotismus und Xenophobie. In: Exotische Welten – Europäische Phantasien. Katalog zur Ausstellung des Instituts für Auslandsbeziehungen und des Württembergischen Kunstvereins im Kunstgebäude am Schloßplatz vom 2.September – 29. November 1987. Stuttgart 1987. S. 48-53.

Erdheim, Mario: Fremdeln. Kulturelle Unverträglichkeit und Anziehung. In: Kursbuch 107 (März 1992). S. 19-32.

Esposito, John (Hrsg.): The Oxford Encylopedia of the Modern Islamic World. New York und Oxford 1995.

Falaturi, Abdoljavad; Tworuschka, Udo: Der Islam im Unterricht. Beiträge zur interkulturellen Erziehung in Europa. Beilage zu den Studien zur internationalen Schulbuchforschung. Braunschweig 1992.

Fuchs, Werner: Biographische Forschung. Eine Einführung in Praxis und Methoden. Opladen 1984.

Gärtner, Christel; Bischoff, Klaus: „Es gibt so viele Wege wie Menschen". Individueller Synkretismus. In: Greverus, Ina-Maria; Welz, Gisela (Hrsg.): Spirituelle Wege und Orte. Untersuchungen zum New Age im urbanen Raum (Kulturanthropologie-Notizen 33) Frankfurt a.M. 1990. S. 173-200.

Gehrke, Claudia: Pornographie und Schaulust. Über die »Kommerzialisierung« des weiblichen Körpers. In: Wulf, Christoph (Hrsg.): Lust und Liebe. Wandlungen der Sexualität. München und Zürich 1985. S. 348-366.

Geissler, Birgit; Oechsle, Mechthild: Lebensplanung als Konstruktion: Biographische Dilemmata und Lebenslauf-Entwürfe junger Frauen. In: Beck, Ulrich; Beck-Gernsheim, Elisabeth (Hrsg.): Riskante Freiheiten. Individualisierungen in modernen Gesellschaften. Frankfurt a.M. 1994. S. 139-167.

Gerhard, Ute: Die Rechtsstellung der Frau in der bürgerlichen Gesellschaft des 19. Jahrhundert. Frankreich und Deutschland im Vergleich. In: Kocka, Jürgen (Hrsg.): Bürgertum im 19. Jahrhundert. Deutschland im europäischen Vergleich. Bd. 1. München 1988. S. 439-468.

Gilligan, Carol: Die andere Stimme. Lebenskonflikte und Moral der Frau. München 1990.

Godenzi, Alberto: Bieder, brutal. Frauen und Männer sprechen über sexuelle Gewalt. Zürich 1989.

Goffman, Erving: Stigma. Über Techniken der Bewältigung beschädigter Identität. 2. Aufl. Frankfurt a.M. 1977.

Gramlich, Richard: Alte Vorbilder des Sufitums. 2 Bde. Wiesbaden 1995.

Greverus, Ina-Maria: Kultur und Alltagswelt. Eine Einführung in Fragen der Kulturanthropologie. München 1978.

Greverus, Ina-Maria: Neues Zeitalter oder Verkehrte Welt. Anthropologie als Kritik. Darmstadt 1990.
Greverus, Ina-Maria: Ich und die Anderen. Studentin-Sein aus der Perspektive einer Anthropologie des Selbst. In: dies. (Hrsg.): StudentinSein. Station Uni Frankfurt a.M. (Kulturanthropologie-Notizen 43). Frankfurt a.M. 1993. S. 1-47.
Groffmann, Anne Claire: Frauen und Rechtsradikalismus. Orientierungs- und Handlungsmuster am Beispiel weiblicher Mitglieder der „Republikaner". Unveröffentl. Magisterarbeit im Fach Kulturanthropologie und Europäische Ethnologie der Universität Frankfurt a.M.. Frankfurt a.M. 1992.
Gronau, Dietrich; Jagota, Anita: Über alle Grenzen verliebt. Beziehungen zwischen deutschen Frauen und Ausländern. Frankfurt a.M. 1991.
Günther, Ursula: Die Frau in der Revolte. Fatima Mernissis feministische Gesellschaftskritik. (=Mitteilungen des Deutschen Orient-Instituts Hamburg, Bd. 46.) Hamburg 1993.
Haarman, Ulrich (Hrsg.): Geschichte der arabischen Welt. 2., durchgesehene Auflage. München 1991.
Hagemann-White, Carol: Sozialisation: Weiblich – männlich? Opladen 1984.
Hagemann-White, Carol: Macht und Ohnmacht der Mutter. In: Rommelspacher, Birgit (Hrsg.): Weibliche Beziehungsmuster. Psychologie und Therapie von Frauen. Frankfurt a.M. und New York 1987. S. 15-30.
Halbwachs, Maurice: Das Gedächtnis und seine sozialen Bedingungen. Frankfurt a.M. 1985 (Originalausgabe: 1925).
Halbwachs, Maurice: Das kollektive Gedächtnis. Frankfurt a.M. 1985.
Halm, Heinz: Der schiitische Islam. Von der Religion zur Revolution. München 1994.
Hamdan, Fouad: Immer mehr Deutsche werden Moslems. In: Frankfurter Neue Presse v. 22.6.1987
Hareven, Tamara K.: Family Time and Historical Time. In: Mitterauer, Michael; Sieder Reinhard (Hrsg.): Historische Familienforschung. Frankfurt a.M. 1982. S. 64-87.
Hartmann, Andreas: Über die Kulturanalyse des Diskurses – eine Erkundung. In: Zeitschrift für Volkskunde 87/1 (1991). S. 19-28.
Hartmann, Angelika: Der islamische „Fundamentalismus". Wahrnehmung und Realität einer neuen Entwicklung im Islam. In: Spiegel der Forschung. Wissenschaftsmagazin der Justus-Liebig-Universität Gießen 2 (1994). S. 13-19.
Haß, Ulrike: Zum Verhältnis von Konservatismus, Mütterlichkeit und dem Modell der Neuen Frau. In: Schaeffer-Hegel, Barbara (Hrsg.): Frauen und Macht. Der alltägliche Beitrag der Frauen zur Politik des Patriarchats. Pfaffenweiler 1988. S. 81-87. Hier S. 82.

Hausen, Karin: Die Polarisierung der Geschlechtscharaktere. Eine Spiegelung der Dissoziation von Erwerbs- und Familienleben. In: Rosenbaum, Heidi (Hrsg.): Seminar: Familie und Gesellschaftsstruktur. Materialien zu den sozio-ökonomischen Bedingungen von Familienformen. Frankfurt a.M. 1978. S. 161-190.
Hecht-El Minshawi, Béatrice: „Wir suchen, wovon wir träumen". Studie über deutsch-ausländische Paare. 2., überarbeitete Auflage. Frankfurt a.M. 1990.
Hecht-El Minshawi, Béatrice: Zwei Welten, eine Liebe. Leben mit Partnern aus anderen Kulturen. Reinbek bei Hamburg 1992.
Heller, Erdmute; Hassouna Mosbahi: Hinter den Schleiern des Islam. Erotik und Sexualität in der arabischen Kultur. München 1993.
Herzinger, Richard: In der Gemeinschaftsfalle. Ohne Individualismus keine Verantwortung - wider die konservative Klage vom Untergang der Werte. In: „Die Zeit" v. 4. April 1997. S. 45-46.
Heyl, Menso: „Ich bin deutscher Moslem". In: Bild am Sonntag v. 12.3.1989
Hochschild, Arlie; Machung, Anne: Der 48-Stunden-Tag. Wege aus dem Dilemma berufstätiger Eltern. München 1993.
Hofmann, Gabriele: Frauenwelten. Geschlechtertrennung und Frauennachmittage in einer türkischen Kleinstadt. In: Hessische Blätter für Volks- und Kulturforschung, N.F. 29. Marburg 1992. S. 63-81.
Hofmann, Gabriele: Auf der Suche nach einer neuen Weiblichkeit. Deutsche Frauen konvertieren zum Islam. In: Greverus, Ina-Maria u.a. (Hrsg.): Kulturtexte. Zwanzig Jahre Institut für Kulturanthropologie und Europäische Ethnologie (Kulturanthropologie-Notizen 46). Frankfurt 1994. S. 215-234.
Hofmann, Gabriele: Körperhüllen – Verhüllung und Entblößung im Selbstverständnis deutsch-islamischer Frauen. In: Hessische Blätter für Volks- und Kulturforschung, Neue Folge der Hessischen Blätter für Volkskunde, Bd. 31. Marburg 1996. S. 179-191.
Hofmann, Murad Wilfried: Der Islam als Alternative. München 1992.
Hourani, Albert: Die Geschichte der arabischen Völker. Broschierte Sonderausgabe, 2. Aufl. Frankfurt 1991.
Irigaray, Luce: Das Geschlecht, das nicht eins ist. Berlin 1979.
Irigaray, Luce: Speculum, Spiegel des anderen Geschlechts. Frankfurt a.M. 1980.
Irigaray, Luce: Das vergessene Geheimnis der weiblichen Genealogien. In: dies.: Die Zeit der Differenz. Für eine friedliche Revolution. Frankfurt a.M. und New York 1991. S. 117-142.
Irigaray, Luce: Die Zeit der Differenz. Für eine friedliche Revolution. Frankfurt a.M. und New York 1991.

Der Islam I. Vom Ursprung bis zu den Anfängen des Osmanenreiches. Fischer-Weltgeschichte Bd. 14. Hg. und verfaßt von Claude Cahen. Frankfurt 1987.

Kabbani, Rana: Mythos Morgenland. Wie Vorurteile und Klischees unser Bild vom Orient bis heute prägen. München 1993.

Kandt, Angela; Feyll, Susanne: Allahs deutsche Töchter. In: Viva 11 (1988)

Kappert, Petra: Europa und der Orient. In: Hippler, Jochen; Lueg, Andrea: Feindbild Islam. Hamburg 1993. S. 44-76.

Keupp, Heiner: Soziale Netzwerke – Eine Metapher des gesellschaftlichen Umbruchs? In: Keupp, Heiner; Röhrle, Bernd (Hrsg.): Soziale Netzwerke. Frankfurt a.M. und New York 1987. S. 11-53.

Keupp, Heiner: Einleitung: Subjekt und Gesellschaft: Sozialpsychologische Verknüpfungen. In: Keupp, Heiner; Bilden Helga: Verunsicherungen. Das Subjekt im gesellschaftlichen Wandel. Göttingen, Toronto und Zürich 1989. S. 9-18.

Keupp, Heiner: Auf der Suche nach der verlorenen Identität. In: Keupp, Heiner; Bilden Helga: Verunsicherungen. Das Subjekt im gesellschaftlichen Wandel. Göttingen, Toronto und Zürich 1989. S. 47-69.

Keupp, Heiner (Hrsg.): Perspektiven einer reflexiven Sozialpsychologie. Frankfurt a.M. am Main 1994.

Kleinspehn, Thomas: Schaulust und Scham: Zur Sexualisierung des Blicks. In: Hoffmann, Detlef (Hrsg.): Der nackte Mensch. Marburg 1989. S. 31-50.

Knecht, Michi: Bilder – Texte – Macht. In: Wissenschaftlerinnen in der Europäischen Ethnologie (WIDEE) (Hrsg.): Nahe Fremde – fremde Nähe. Frauen forschen zu Ethnos, Kultur, Geschlecht. 5. Tagung zur Frauenforschung vom 15.-18. Oktober 1992 in Retzhof/Leibnitz. Wien 1993. S. 273-302.

Kocka, Jürgen: Bürgertum und bürgerliche Gesellschaft im 19. Jahrhundert. Europäische Entwicklungen und deutsche Eigenarten. In: ders. (Hrsg.): Bürgertum im 19. Jahrhundert. Deutschland im europäischen Vergleich. Bd 1. München 1988. S. 11-76.

Kohli, Martin: Die Institutionalisierung des Lebenslaufes. Historische Befunde und theoretische Argumente. In: Kölner Zeitschrift für Soziologie und Sozialpsychologie 1 (1985). S. 1-29.

Kohli, Martin: Gesellschaftszeit und Lebenszeit. Der Lebenslauf im Strukturwandel der Moderne. In: Berger, Johannes (Hrsg.): Die Moderne. Kontinuitäten und Zäsuren. Göttingen 1986. S. 183-208.

Kohli, Martin: Normalbiographie und Individualität. Zur institutionellen Dynamik des gegenwärtigen Lebenslaufregimes. In: Brose, Hanns-Georg;

Hildenbrand, Bruno (Hrsg.): Vom Ende des Individuums zur Individualität ohne Ende. Opladen 1988. S. 33-53.

Kohli, Martin: Institutionalisierung und Individualisierung der Erwerbsbiographie. In: Beck, Ulrich; Beck-Gernsheim, Elisabeth (Hrsg.): Riskante Freiheiten. Individualisierungen in modernen Gesellschaften. Frankfurt a.M. 1994. S. 219-244.

Der Koran. Übersetzung von Rudi Paret. Taschenbuchausgabe, 4. Aufl. Stuttgart, Berlin, Köln und Mainz 1985.

Krappmann, Lothar: Soziologische Dimensionen der Identität. Strukturelle Bedingungen für die Teilnahme an Interaktionsprozessen. 3. Aufl. Stuttgart 1973.

Kreile, Renate: Islamische Fundamentalistinnen – Macht durch Unterwerfung? In: Beiträge zur feministischen Theorie und Praxis 32 (1992). S. 19-28.

Lacan, Jacques: Das Spiegelstadium als Bildner der Ich-Funktion. In: Schriften I. Frankfurt a.M. 1975. S. 61-70.

Lamnek, Siegfried: Qualitative Sozialforschung. Band 1: Methodologie. München und Weinheim 1988.

Lamnek, Siegfried: Qualitative Sozialforschung. Band 2: Methoden und Techniken. München und Weinheim 1989.

Leggewie, Claus: Faszination des Islam – Europäische Konversionen. In: ders.: Alhambra – Der Islam im Westen. Reinbek bei Hamburg 1993a. S. 123-132.

Leggewie, Claus: Alhambra – Der Islam im Westen. Reinbek bei Hamburg 1993b.

Lehmann, Albrecht: Erzählstruktur und Lebenslauf. Autobiographische Untersuchungen. Frankfurt a.M. und New York 1983.

Libreria delle donne di Milano: Wie weibliche Freiheit entsteht. Eine neue politische Praxis. Berlin 1988.

List, Elisabeth: Fremde Frauen, fremde Körper. Über Alterität und Körperlichkeit in Kultur- und Geschlechtertheorien. In: Wissenschaftlerinnen in der Europäischen Ethnologie (WIDEE) (Hrsg.): Nahe Fremde – fremde Nähe. Frauen forschen zu Ethnos, Kultur, Geschlecht. 5. Tagung zur Frauenforschung vom 15.-18. Oktober 1992 in Retzhof/Leibnitz. Wien 1993. S. 123-143.

Lueg, Andrea: Das Feindbild Islam in der westlichen Öffentlichkeit. In: Hippler, Jochen; Lueg, Andrea: Feindbild Islam. Hamburg 1993. S. 14-43.

Lutz, Helma: Unsichtbare Schatten? Die „orientalische" Frau in westlichen Diskursen – Zur Konzeptualisierung einer Opferfigur. In: Peripherie 37 (1989). S. 51-65.

Magdi, Chérifa: Ethik und Politik in Christentum und Islam. In: Frauen im Gespräch mit Gott. Die politische Bedeutung weiblicher Spiritualität in Christentum und Islam. In: Loccumer Protokolle 56 (1992). S. 5-27

Matter, Max: „Beim Barte des Propheten." Gedanken zur Bedeutung der Haare in der türkischen Gesellschaft. In: Hessische Blätter für Volks- und Kulturforschung, N.F. 29. Marburg 1992. S. 105-123.

Matthes, Joachim; Schütze, Fritz: Zur Einführung: Alltagswissen, Interaktion und gesellschaftliche Wirklichkeit. In: Arbeitsgruppe Bielefelder Soziologen (Hrsg.): Alltagswissen, Interaktion und gesellschaftliche Wirklichkeit. Bd. 1: Symbolischer Interaktionismus und Ethnomethodologie. Opladen 1980. S. 11-53.

Mayer, Karl Ulrich: Lebensverläufe und sozialer Wandel. Anmerkungen zu einem Forschungsprogramm. In: Lebensverläufe und sozialer Wandel. Kölner Zeitschrift für Soziologie und Sozialpsychologie, Sonderheft 30 (1990). S. 7-21.

Mayer, Karl Ulrich; Müller, Walter: Individualisierung und Standardisierung im Strukturwandel der Moderne. Lebensverläufe im Wohlfahrtsstaat. In: Beck, Ulrich; Beck-Gernsheim, Elisabeth (Hrsg.): Riskante Freiheiten. Individualisierungen in modernen Gesellschaften. Frankfurt a.M. 1994. S. 265-295.

Mead, George H.: Geist, Identität und Gesellschaft aus der Sicht des Sozialbehaviorismus. 9. Aufl. Frankfurt a.M. 1993 (Engl. Originalausgabe 1934).

Mernissi, Fatima: Geschlecht – Ideologie – Islam. München 1987.

Mernissi, Fatima: Der politische Harem. Mohammed und die Frauen. Freiburg, Basel und Wien 1992.

Mies, Maria: Methodische Postulate zur Frauenforschung. In: Beiträge zur feministischen Theorie und Praxis 11 (1987). S. 7-26.

„Mir war, als würde ich gerufen". (Protokolliert von Sonja Sayed.) In: Brigitte 22 (1992)

Mischke, Roland: Wie aus Achim Armin wurde. Der Islam findet auch unter jungen Deutschen Anhänger. In: Frankfurter Allgemeine Zeitung v. 5.7.1986

Mitterauer, Michael: Der Mythos von der vorindustriellem Großfamilie. In: Rosenbaum, Heidi (Hrsg.): Seminar: Familie und Gesellschaftsstruktur. Materialien zu den sozioökonomischen Bedingungen von Familienformen. Frankfurt a.M. 1978. S. 128-150.

Mitterauer, Michael; Sieder, Reinhard (Hrsg.): Historische Familienforschung. Frankfurt a.M. 1982.

Mönninger, Michael: „Wir sind die besseren Christen". Morgenlandfahrer auf Religionssuche: Wenn Deutsche zum Islam übertreten. In: Frankfurter Allgemeine Zeitung v. 8.10.1988

Mühlmann, Wilhelm E.: Chiliasmus und Nativismus. Studien zur Psychologie, Soziologie und historischen Kasuistik der Umsturzbewegungen. Berlin 1964 (Originalausgabe: 1961).

Müller, Ursula: Gleicheit im Zeitalter der Differenz. Einige methodologische Erwägungen zur Frauenforschung. In: Psychologie und Gesellschaftskritik 3/4 (1991). S. 73-89.

Muth-Oelsche, Brigitte: Statt des Göttlichen oft nur leere Worte. Wenn deutsche Katholiken zum Islam übertreten. In: Der Sonntag 45 v. 9.11.1985

Nadig, Maya: Die verborgene Kultur der Frau. Ethnopsychoanalytische Gespräche mit Bäuerinnen in Mexiko. Frankfurt a.M. 1986.

Nadig, Maya: Frauenräume – Formen gelebter Frauenkultur. Einige Ergebnisse aus einer ethnopsychoanalytischen Untersuchung in der eigenen Kultur. In: Herrschaft, Anpassung, Widerstand. Frankfurt a.M. 1991. S. 36-57.

Nails, Debra: Sozialwissenschaftlicher Sexismus: Carol Gilligans Fehlvermessung des Menschen. In: Nunner-Winkler, Gertrud (Hrsg.): Weibliche Moral. Die Kontroverse um eine geschlechtsspezifische Ethik. Frankfurt a.M. und New York 1991. S. 101 – 108.

Nave-Herz, Rosemarie: Familie heute. Wandel der Familienstrukturen und Folgen für die Erziehung. Darmstadt 1994.

Neumann, Sabine: Allahs deutsche Töchter: „Glaubensfreiheit gilt auch für uns". In: Süddeutsche Zeitung v. 23.5.1989

Nirumand, Bahmann: Interview mit Medina. In: Nirumand, Bahmann (Hrsg.): Im Namen Allahs. Islamische Gruppen und der Fundamtalismus in der Bundesrepublik Deutschland. Köln 1990b. S. 55-80.

Nothelle, Claudia: Von Mao zu Allah: ein Moslem in Jeans und Sweatshirt. Aus Paul Gerhard Hübsch wurde nach der Studentenrevolte Hadayatullah Jamil/ Orient in Unterliederbach. In: Frankfurter Neue Presse vom 28.3.1985

Nunner-Winkler, Gertrud: Identität und Individualität. In: Soziale Welt 4 (1985). S. 466-482.

Nunner-Winkler, Gertrud: Zur Einführung: Die These von den zwei Moralen. In: Nunner-Winkler, Gertrud (Hrsg.): Weibliche Moral. Die Kontroverse um eine geschlechtsspezifische Ethik. Frankfurt a.M. und New York 1991a. S. 9-27.

Nunner-Winkler, Gertrud (Hrsg.): Weibliche Moral. Die Kontroverse um eine geschlechtsspezifische Ethik. Frankfurt a.M. und New York 1991b.

Özelsel, Michaela Mihriban: Frauen im Islam. Betrachtungen aus kulturanthropologischer Perspektive. In: Die Brücke. Nachrichten. Meinungen. Kultur für Gleichberechtigung und Völkerverständigung. Sonderband 1 (1992): Islam im Abendland. S. 79-91.
Ott, Ursula: Mitten unter uns. In: Emma Juli/August 1993
Otto, Rudolf: Das Heilige. Über das Irrationale in der Idee des Göttlichen und sein Verhältnis zum Rationalen. Gotha 1927.
Pahnke, Donata: Patriachaler Fundamentalismus im Islam und Christentum. In: Beiträge zur feministischen Theorie und Praxis 32 (1992). S. 9-18.
Peacock, James L.: Religion and Life History: An Exploration in Cultural Psychology. In: Bruner, E. (Hrsg.): Text, Play and Story. The Construction and Reconstruction of Self and Society. (Proceedings of The American Ethnological Society) Washington D.C. 1984. S. 94-116.
Petersen, Andrea: Ehre und Scham. Das Verhältnis der Geschlechter in der Türkei. Berlin 1985
Pfaff, Anita B.: Feminisierung der Armut durch den Sozialstaat. In: Armut im modernen Wohlfahrtsstaat. Kölner Zeitschrift für Soziologie und Sozialpsychologie, Sonderheft 32 (1992). S. 421-445.
Pinn, Irmgard: Das ewig-weibliche ... Zum Frauenbild der „alten" und der „neuen" Rechten. In: Beiträge zur feministischen Theorie und Praxis 27 (1990). S. 143-151.
Pinn, Irmgard; Wehner, Marlies: Das Bild der islamischen Frau in westlichen Medien. In: Osnabrücker Beiträge zur Sprachtheorie (OBST) 46 (März 1992). S. 179-193.
Der heilige Qur'an. Arabisch und Deutsch. Hrsg. unter der Leitung von Hazrat Mirza Tahir Ahmad. Ahmadiyya Muslim Jamaat in der Bundesrepublik Deutschland. 2., überarbeitete Taschenbuchausgabe Frankfurt a.M. 1989.
Ratzenböck, Gertraud: Mutterliebe. Bemerkungen zur gesellschaftlich konstruierten Verknüpfung von Mutterliebe und Familie. In: Bernold, Monika u.a. (Hrsg.): Familie: Arbeitsplatz oder Ort des Glücks? Historische Schritte ins Private. Wien 1990. S. 19-49.
Reissner, Johannes: Internationale islamische Organisationen. In: Ende, Werner, Steinbach, Udo (Hrsg.): Der Islam in der Gegenwart. Entwicklung und Ausbreitung, Staat, Politik und Recht, Kultur und Religion. Lizenzausgabe für die Büchergilde Gutenberg, Frankfurt a.M. und Wien 1991. S. 539-547.
Rerrich, Maria S.: Balanceakt Familie. Zwischen alten Leitbildern und neuen Lebensformen. 2., aktualisierte Aufl. Freiburg 1990.
Rerrich, Maria S.: Zusammenfügen, was auseinanderstrebt: Zur familialen Lebensführung von Berufstätigen. In: Beck, Ulrich; Beck-Gernsheim,

Elisabeth (Hrsg.): Riskante Freiheiten. Individualisierungen in modernen Gesellschaften. Frankfurt a.M. 1994. S. 201-218.

Rocher, Lisbeth; Cherqaoui, Fatima: D'une foi l'autre. Les conversions à l'islam en Occident. Paris 1986.

Rohe, Cornelia; Sauter, Sven: Von Gurus, Schülern und Klienten. Ein Beitrag zur Verstehensproblematik, oder: warum es manchmal sowohl an Verstehen als auch an Verständnis mangelt. In: Greverus, Ina-Maria; Welz, Gisela (Hrsg.): Spirituelle Wege und Orte. Untersuchungen zum New Age im urbanen Raum (Kulturanthropologie-Notizen 33) Frankfurt a.M. 1990. S. 201-248

Rohr, Elisabeth: Faszination und Angst. In: Jansen, Mechthild M.; Prokop, Ulrike (Hrsg.): Fremdenangst und Fremdenfeindlichkeit. Basel und Frankfurt a.M. 1993. S. 133-163.

Rommelspacher, Birgit: Weibliche Sozialarbeit: Dienst am anderen oder Selbstverwirklichung? In: Nestmann, Frank; Schmerl, Christiane (Hrsg.): Frauen – das hilfreiche Geschlecht: Dienst am Nächsten oder soziales Expertentum. Reinbek bei Hamburg 1991. S. 124-148.

Rommelspacher, Birgit: Mitmenschlichkeit und Unterwerfung: Zur Ambivalenz der weiblichen Moral. Frankfurt a.M. und New York 1992.

Rosenbaum, Heidi: Formen der Familie. Untersuchungen zum Zusammenhang von Familienverhältnissen, Sozialstruktur und sozialem Wandel in der deutschen Gesellschaft des 19. Jahrhunderts. Frankfurt a.M. 1982.

Rotter, Gernot: Wurzeln der Angst – das Feindbild der anderen Seite. In: ders. (Hrsg.): Die Welten des Islam. Neunundzwanzig Vorschläge, das Unvertraute zu verstehen. Frankfurt a.M. 1993a. S. 219-222.

Said, Edward W.: Orientalismus. Frankfurt a.M., Berlin und Wien 1981.

Sampson, Edward E.: The Debate on Individualism. Indigenous Psychologies of the Individual and Their Role in Personal an Societal Functioning. In: American Psychologist 43/I (1988). S. 15-22.

Schachtner, Christel: Zum empirischen Vorgehen einer interpretativen Psychologie. In: Keupp, Heiner (Hrsg.): Perspektiven einer reflexiven Sozialpsychologie. Frankfurt a.M. 1994. S. 275-294.

Schaeffer-Hegel, Barbara: Nachwort. In: dies. (Hrsg.): Frauen und Macht. Der alltägliche Beitrag der Frauen zur Politik des Patriarchats. Pfaffenweiler 1988. S. 361-368.

Scheibler, Petra M.: Binationale Ehen. Zur Lebenssituation europäischer Paare in Deutschland. Weinheim 1992.

Schiffauer, Werner: Die Gewalt der Ehre. Erklärungen zu einem türkisch-deutschen Sexualkonflikt. Frankfurt a.M. 1983

Schiffauer, Werner: Die Migranten aus Subay. Türken in Deutschland. Eine Ethnographie. Stuttgart 1991.
Schimmel, Annemarie: Mystische Dimensionen des Islam. Die Geschichte des Sufismus. 2. Aufl. München 1992.
Schütz, Alfred: Der Fremde. Ein sozialpsychologischer Versuch. In: Studien zur soziologischen Theorie II. Hrsg. v. Arvid Brodersen. Den Haag 1972. S. 53-69.
Schuller, Marianne: Wie entsteht weibliche Freiheit? In: Verein Sozialwissenschaftliche Forschung und Bildung für Frauen (Hrsg.): Genealogie und Traditionen. (= Materialienband. Facetten feministischer Forschung, 6). Frankfurt a.M. 1990. S. 35-48.
Schulze, Rainer: Geschichte der islamischen Welt im 20. Jahrhundert. München 1994.
Schwarz, Xaver: Islamisierungswelle im Abendland: Allahs Söhne auf dem Marsch! In: Bildpost v. 9.12.1990
Sennett, Richard: Verfall und Ende des öffentlichen Lebens. Die Tyrannei der Intimität. Frankfurt a.M. 1991.
Sichtermann, Barbara: Über die Schönheit, die Demokratie und den Tod. In: Akashe-Böhme, Farideh (Hrsg.): Reflexionen vor dem Spiegel. Frankfurt a.M. 1992 (Erstmalig erschienen: 1981). S. 21-34.
Sieder, Reinhard: Sozialgeschichte der Familie. Frankfurt a.M. 1987.
Simmel, Georg: Der Fremde. In: Simmel, Georg. Das individuelle Gesetz. Philosophische Exkurse. Hrsg. von Michael Landmann. Frankfurt a.M. 1987. S. 63-70.
Simmel, Georg: Individualismus. In: ders. Schriften zur Soziologie. Eine Auswahl. Hrsg. und eingeleitet von Heinz-Jürgen Dahme und Ottheim Rammstedt. Frankfurt a.M. 1983 (Erstmalig erschienen: 1917). S. 267-274.
Sprondel, Walter M.: Subjektives Erlebnis und das Institut der Konversion. In: Soziologie und gesellschaftliche Entwicklung. Verhandlungen des 22. Deutschen Soziologentages in Dortmund 1984. Hrsg. im Auftrag der Deutschen Gesellschaft für Soziologie von Burkart Lutz. Frankfurt a.M. und New York 1985. S. 549-558.
Stahl, Christian: Männliche Sexualität: Klischee oder Wirklichkeit? In: Karatepe, Haydar; Stahl; Christian (Hrsg.): Männersexualität. Reinbek bei Hamburg 1993. S. 13-27.
Stock, Jürgen: Wenn Deutsche sich zum Gebet gen Mekka neigen. In: Rheinische Post v. 10.4.1992
Stowasser, Barbara Freyer: Women in the Qur'an, Traditions, and Interpretation. New York und Oxford 1994.

Strasser, Sabine: Die Unreinheit ist fruchtbar. Grenzüberschreitungen in einem türkischen Dorf am Schwarzen Meer. Wien 1995.

Tamer, Ü.E.: Warum ein deutscher Botschafter Moslem wurde. In: Bild am Sonntag vom 17.2.1991

Thelen, Sybille: Auf dem Weg zu Allah. Deutsche Frauen, die zum Islam konvertieren. In: Frankfurter Rundschau v. 3.12.1988

Ülker, Bettina: Fremd im eigenen Land – Islam als neue Hoffnung: Zur Problematik deutscher muslimischer Frauen zwischen zwei Welten. Unveröffentl. Diplomarbeit im Fachbereich Sozialwesen, Hochschule Bremen. Bremen 1993.

Ulmer, Bernd: Konversionserzählungen als rekonstruktive Gattung. Erzählerische Mittel und Strategien bei der Rekonstruktion eines Bekehrungserlebnisses. In: Zeitschrift für Soziologie 17/1 (1988). S. 19-33.

Verein Sozialwissenschaftliche Forschung und Bildung für Frauen (Hrsg.): Genealogie und Traditionen. (= Materialienband. Facetten feministischer Forschung, 6). Frankfurt a.M. 1990.

Vöcking, Hans: Deutsche bekehren sich zum Islam. In: Herder Korrespondenz 38/1 (1984). S. 7-8.

Walker, Lawrence J.: Geschlechtsunterschiede in der Entwicklung des moralischen Urteils. In: Nunner-Winkler, Gertrud (Hrsg.): Weibliche Moral. Die Kontroverse um eine geschlechtsspezifische Ethik. Frankfurt a.M. und New York 1991. S. 109-120.

Wanzura, P. Werner: Ökumene zwischen Christen und Moslems in der islamischen Diaspora in Westeuropa (III). In: Aktuelle Fragen 2 (1988). S. 54-56.

Wanzura, Werner; Schlesinger, Edith: Deutschland unter dem Halbmond? Moslems in unserer Gesellschaft. In: Pastoralblatt 8 (1991). S. 240-249.

Watt, W. Montgomery; Welch, Alford T.: Der Islam. Bd. I: Mohammed und die Frühzeit – Islamisches Recht – Religiöses Leben. Stuttgart, Berlin, Köln, Mainz 1980.

Weber, Max: Wirtschaft und Gesellschaft. Grundriß der verstehenden Soziologie. 5., rev. Aufl., Studienausgabe, besorgt von Johannes Winckelmann, 19.-23. Tsd. Tübingen 1980 (Erstmalig erschienen: 1922).

Weber-Kellermann, Ingeborg: Die deutsche Familie. Versuch einer Sozialgeschichte. Frankfurt a.M. 1974.

Weedon, Chris: Wissen und Erfahrung. Feministische Praxis und poststrukturalistische Theorie. 2. Aufl. Zürich 1991.

Wensinck, A.J.; Kramers, J. H. (Hrsg.): Handwörterbuch des Islam. Leiden 1941.

Weymann, Ansgar: Handlungsspielräume im Lebenslauf. Ein Essay zur Einführung. In: ders. (Hrsg.): Handlungsspielräume. Stuttgart 1989. S. 1-39.

Wiesberger, Franz: Bausteine zu einer soziologischen Theorie der Konversion. Soziokulturelle, interaktive und biographische Determinanten religiöser Konversionsprozesse. Berlin 1990.

Yücelen, Yüksel: Was sagt der Koran dazu? Die Lehren und die Gebote des Heiligen Buches, nach Themen geordnet. 3. Aufl. München 1991.

Zentgraf, Maritta: Vom Mädchen zur Frau: Fluch und Verheißung in der Entwicklung des weiblichen Körpers. In: Vogt, Irmgard; Bormann, Monika (Hrsg.): Frauen-Körper. Lust und Last. Tübingen 1992. S. 39-71.

Zilbergeld, Bernie: Männliche Sexualität. Was (nicht) alle schon immer über Männer wußten. Tübingen 1983.

Zschoch, Barbara: Deutsche Muslime – Biographische Erzählungen über die Konversion zum fundamentalistischen Islam. Unveröff. Magisterarbeit im Fach Völkerkunde, Philosophische Fakultät der Universität Köln. Köln 1992.

ANHANG

Frageleitfaden

I. Person

- Alter
- Familienstand
- Kinder
- Beruf
- Islamische Richtung

II. Biographisches

- Schulischer Werdegang
- Wohnorte und Wohnweisen
- Engagement (Politik, Verein, Sozial, Freizeitinteressen)
- Ehe/ Beziehungen (Gab es Beziehungen zu ausl./musl. Männern?)
- Eltern (Beruf, Engagement, Aufgabenteilung)
- Geschwister (Folge, Anzahl)
- Frühere Religion
- Erziehung (religiöse Erziehung?)

III. Motivation

- Wodurch wurde die Befragte auf den Islam aufmerksam?
- Kontakte zu Muslimen (deutsche und nicht-deutsche) vor Konversion
- Beziehungen zu TR/Orient/Arabien (Urlaub etc.)
- Gab es vorher Auseinandersetzungen mit der eigenen/einer anderen Religion?

IV. Auffassung des Islam

Mit welchem Aspekt des Islam (Alltagsleben; rel. Aspekt) begann die Auseinandersetzung?
- Was ist heute der entscheidende Aspekt des Islam?
- Was können wir vom Islam lernen?
- In wenigen Worten: Herausragende Werte des Islam.
- Empfindung beim Gebet

V. Veränderungen und Reaktionen

- Was hat sich durch die Konversion im Leben am meisten verändert?
- Reaktionen der deutschen Umwelt (Eltern, Freunde, Bekannte, Verwandte, Beruf; Reaktionen von Fremden auf das Kopftuch)

VI. Geschlechterverhältnis

- Wird eine Differenz der Geschlechter gesehen?
  Wenn ja: Wie sieht diese aus?
- Typische männl./weibl. Eigenschaften
- Soziale Aufgaben von Mann/ Frau
- Wie wird dieser Begriff der Differenz im alltäglichen Leben gefüllt? (Anteil bei gemeinsamen Aufgaben wie: Erziehung, Haushalt, Lebensplanung)
- Kindererziehung: Wird die Differenz vermittelt?
- Polygynie

VII. Körperlichkeit

- Reinheit und Unrein-Verhältnis, z.B. Enthaarung, Menstruation
- männl. Unreinheit
- Kleidung: Welche Bedeutung hat die isl. Kleidung/ Kopfbedeckung

VIII. Gesellschaftskritik

- Falls Kritik an der Gesellschaft: Was konkret wird in der existierenden Gesellschaft vermißt bzw. als falsch empfunden?
- Werden andere Möglichkeiten der Umsetzung von Gesellschaftskritik gesehen? (z.B.: Politische Arbeit, Soziales Engagement)

IX. Lebensperspektiven

- Beruf
- Familie
- Kinder
- Ehe mit einem Nicht-Muslim denkbar?

X. Gesprächsreflexion

- Wie empfanden Sie das Gespräch?
- Entsprach das Gespräch Ihren Erwartungen?
- Änderungsvorschläge/ Kritik